As bruxas

Casco
Wells
York
Exeter
Amesbury
Salisbury
Newburyport
Rowley
Rio Merrimack
Rio Ipswich
Ipswich
Andover
Topsfield
Gloucester
Groton
Boxford
Aldeia de Salem
Wenham
Beverly
Salem
Lancaster
Concord
Reading
Lynn
Marblehead
Medford
Charlestown
Sudbury
Cambridge
Boston
Baia de Massachusetts
Dorchester Roxbury
Milton
Watertown
Scituate
Plymouth
Nipnak Country
Dartmouth
Barn
Portsmouth
Martha's Vineyard

Oceano
Atlântico

Detalhe da Baía
de Massachusetts

1692

Stacy Schiff

As bruxas

Intriga, traição e histeria em Salem

Tradução:
José Rubens Siqueira

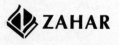

Para Wendy Belzberg

Título original:
The Witches
(*Salem, 1692*)

Tradução e edição reduzida autorizadas da primeira edição americana,
publicada em 2015 por Little, Brown and Company,
de Nova York, Estados Unidos

Copyright © 2015, Stacy Schiff

Copyright da edição brasileira © 2019:
Jorge Zahar Editor Ltda.
rua Marquês de S. Vicente 99 – 1º | 22451-041 Rio de Janeiro, RJ
tel (21) 2529-4750 | fax (21) 2529-4787
editora@zahar.com.br | www.zahar.com.br

Todos os direitos reservados.
A reprodução não autorizada desta publicação, no todo
ou em parte, constitui violação de direitos autorais. (Lei 9.610/98)

Grafia atualizada respeitando o novo
Acordo Ortográfico da Língua Portuguesa

Preparação: Angela Ramalho Vianna | Revisão: Eduardo Monteiro, Carolina Sampaio
Capa: Tereza Bettinardi | Imagem de capa: © José Picayo

CIP-Brasil. Catalogação na publicação
Sindicato Nacional dos Editores de Livros, RJ

S358b	Schiff, Stacy, 1961- As bruxas: intriga, traição e histeria em Salem/Stacy Schiff; tradução José Rubens Siqueira. – 1.ed. – Rio de Janeiro: Zahar, 2019. il. Tradução de: The witches Inclui bibliografia e índice ISBN 978-85-378-1814-5 1. Feitiçaria – Salem – Massachusetts. 2. Feitiçaria – Estados Unidos – História. I. Siqueira, José Rubens. II. Título.
18-52838	CDD: 133.43 CDU: 133.4

Meri Gleice Rodrigues de Souza – Bibliotecária – CRB-7/6439

Sumário

Os personagens   9

1. As doenças da perplexidade   19
2. Aquele velho enganador   26
3. A operação de portentos   46
4. Um de vocês é um diabo   69
5. O bruxo   96
6. Um subúrbio do inferno   123
7. Agora dizem que são mais de setecentos   151
8. Nessas reuniões infernais   173
9. Nosso caso é extraordinário   201
10. Publicado para evitar relatos falsos   228
11. Essa escura e misteriosa estação   252
12. Uma longa trilha de miseráveis consequências   281

Notas   289
Bibliografia selecionada   313
Créditos das ilustrações   315
Agradecimentos   316
Índice onomástico   318

Os personagens

Na paróquia e seus arredores

BAYLEY, JAMES: primeiro pastor da aldeia de Salem, de 1673 a 1679. Cunhado de Thomas Putnam, tio da convulsa e uivante Ann Putnam, filha.

BURROUGHS, GEORGE: 42 anos, charmoso e livre-pensador, sucedeu Bayley no púlpito da aldeia, de 1679 a 1683. Foi embora repentinamente, e em 1692 era pastor na fronteira do Maine. Pai de sete filhos, combativo e controlador.

LAWSON, DEODAT: polido, de fala mansa, sucedeu Burroughs como pastor da aldeia de 1684 a 1688.

PARRIS, SAMUEL: 39 anos, clérigo no núcleo da invasão diabólica. Pai e tio das primeiras meninas enfeitiçadas, professor da primeira bruxa confessa, no púlpito de Salem de 1688 a 1696. Ávido, inflexível, sem tato.

A família PARRIS. ABIGAIL WILLIAMS: onze anos, sobrinha do pastor; interrompia sermões e, latindo, saltava de um lado para outro da sala. BETTY PARRIS: nove anos, a única filha dos Parris a apresentar sintomas de enfeitiçamento; nunca compareceu a julgamentos. DOIS OUTROS FILHOS: um menino de dez anos e uma menina de quatro, intocados e que ficaram perdidos no passado. TITUBA: há muitos anos escrava indígena; bondosa, primeira a vislumbrar um pacto diabólico e a relatar um voo. JOHN INDIAN: escravo insistentemente enfeitiçado; ao que tudo indica, marido de Tituba. ELIZABETH PARRIS: cerca de 44 anos, esposa do pastor, nascida em Boston; atingida mais tarde, no verão.

Alguns outros aldeões de Salem

CHEEVER, EZEKIEL: 37 anos, alfaiate e fazendeiro, relator eventual e acusador nos julgamentos.

GRIGGS, WILLIAM: 71 anos, médico recém-chegado à aldeia, amigo íntimo de Thomas Putnam.

HUTCHINSON, BENJAMIN: vinte e poucos anos, filho adotivo de Nathaniel Ingersoll, o proprietário da taverna. Valente, golpeia cegamente espectros com seu forcado e seu florete.

INGERSOLL, HANNAH: cerca de sessenta anos, esposa do dono da taverna e vizinha da paróquia.

INGERSOLL, NATHANIEL: sessenta anos, tenente da milícia, primeiro diácono da aldeia, proprietário da taverna em que têm lugar acusações, inquéritos, conferências judiciais, ataques de espectros e muita especulação. Confidente de Putnam e Parris.

NURSE, FRANCIS: 74 anos. Experiente e firme, marido da acusada Rebecca Nurse. Insatisfeito com seu pastor já muito antes da crise.

POPE, BATHSHUA: quarenta anos, matrona enfeitiçada que interrompe sermões e levita durante o julgamento.

PUTNAM, THOMAS: quarenta anos, sargento da milícia, veterano da Guerra do Rei Felipe. Relator dos julgamentos, escriturário da paróquia, sólido apoiador de Parris. Mora com quatro vítimas de bruxaria. Faz as primeiras acusações e dá início a praticamente metade das restantes.

PUTNAM, EDWARD: 38 anos, irmão de Thomas, diácono da igreja. Cossignatário das primeiras acusações de bruxaria.

SIBLEY, MARY: 32 anos, vizinha da paróquia, grávida e preocupada. Sugere e supervisiona a confecção do bolo de bruxa na casa dos Parris.

WALCOTT, JONATHAN: 53 anos, capitão da milícia da aldeia e cunhado de Putnam, pai de Mary.

O núcleo de acusadores

BIBBER, SARAH: 36 anos, matrona briguenta e intrometida. Espetada por alfinetes no julgamento.

CHURCHILL, SARAH: cerca de vinte anos, refugiada e empregada doméstica na casa dos Jacob. Tenta abjurar, sem sucesso. Parente distante de Mary Walcott.

HOBBS, ABIGAIL: menina de catorze anos, de Topsfield, teimosa e desregrada, antes empregada doméstica no Maine. Segunda a confessar bruxaria, e desde então acusadora. Manda pai e mãe para a prisão.

HUBBARD, ELIZABETH: dezesseis anos, órfã e empregada doméstica na casa do tio, dr. Griggs. Está entre as cinco acusadoras mais ativas.

LEWIS, MERCY: dezenove anos, órfã, duas vezes refugiada. Empregada doméstica dos Burroughs no Maine, em 1692 é empregada dos Putnam em Salem. Faz identificações confiáveis de atacantes invisíveis e fornece testemunhos muito detalhados. Conhecida como "moça visionária".

PUTNAM, ANN, FILHA: doze anos, a mais velha de seis irmãos. Consegue prever acontecimentos e se lembra de outros que assolaram seu nascimento. Única acusadora a viver em casa com pai e mãe.

PUTNAM, ANN, MÃE: por volta de trinta anos, mãe de Ann Putnam, grávida, piedosa, incapacitada por fantasmas e bruxas, sujeita a transes.

SHELDEN, SUSANNAH: dezoito anos, duas vezes refugiada do Maine. Testemunhou atrocidades praticadas por indígenas e havia recém-enterrado o pai. Denuncia inúmeros assassinatos.

WALCOTT, MARY: dezesseis anos, filha de um capitão da milícia da aldeia, mora com os primos Putnam. Sobrinha de Ingersoll, acusa ao menos setenta pessoas de bruxaria.

WARREN, MARY: vinte anos, refugiada órfã, empregada doméstica da família Procter. Torturada, acusada, torturada novamente. Extremamente bonita, suporta torturas violentas e sanguinárias.

Alguns acusados

ALDEN, JOHN: sessenta e tantos anos, esperto comerciante de peles de Boston, oficial da milícia e capitão do mar. Há muito associado a Bartholomew Gedney, comerciante de Salem. Paroquiano de Willard, amigo e vizinho de Samuel Sewall.

BARKER, WILLIAM: 46 anos, fazendeiro eloquente e cheio de dívidas.

BISHOP, BRIDGET: cinquenta e poucos anos, viúva residente na cidade de Salem, beligerante, provocadora, impetuosa. No julgamento foi confundida com Sarah Bishop, da aldeia de Salem.

CARRIER, MARTHA: quase quarenta anos, amarga mãe de cinco filhos. Muito antes de 1692 parecia candidata provável a "Rainha do Inferno". Zomba afirmando que as atormentadas estão "fora de si". Primeira bruxa de Andover a ser presa.

CARRIER, RICHARD, dezoito anos, e ANDREW, dezesseis anos: robustos filhos de Martha, ambos submetidos a torturas, depois das quais Richard cita mais confederados diabólicos que qualquer outro confesso do sexo masculino.

CARY, ELIZABETH: quarenta e poucos anos. Esposa de um irascível construtor de navios de Charlestown. Viaja a Salem para limpar seu nome e sai acorrentada.

CLOYCE, SARAH: 44 anos, irmã muito mais nova e infeliz de Rebecca Nurse. Membro da igreja da aldeia, parente de Francis Dane pelo primeiro casamento.

COLSON, ELIZABETH: dezesseis anos, vigorosa adolescente de Reading, única das meninas a evitar a prisão.

COREY, GILES: cerca de setenta anos, fazendeiro destemido e combativo. Inicialmente acusa a esposa, depois desafia a corte.

COREY, MARTHA: sessenta e poucos anos, terceira esposa de Giles. Desaforada, teimosa, dogmática. Passa por todas as prisões de Massachusetts.

ENGLISH, PHILIP: 42 anos, nascido Philippe l'Anglois, originário de Jersey, franco e decidido. Imigrante empreendedor, comerciante mais rico de Salem, recém-eleito para o Conselho Municipal.

ENGLISH, MARY: cerca de quarenta anos, esposa de Philip. Filha de importante comerciante de Salem e de uma mulher antes acusada de bruxaria. Consegue escapar com o marido.

ESTY, MARY: 58 anos, mulher bondosa, originária de Topsfield, mãe de sete filhos, a mais nova das três irmãs Towne. Encanta até seus carcereiros.

FOSTER, ANN: cerca de setenta anos, viúva calada, mãe de uma vítima de 22 anos e sogra de um assassino executado. Capta os primeiros indícios de voo e faz a ligação deles com sabás diabólicos.

GOOD, SARAH: 38 anos, mendiga mal-humorada e combativa. A primeira a ser interrogada por suspeita de bruxaria. Mãe de uma acusada de cinco anos.

HOAR, DORCAS: 58 anos, viúva, adivinha fofoqueira e dada ao furto. De aspecto fora do comum, assusta as crianças com facilidade.

HOW, ELIZABETH: cinquenta e poucos anos, esposa dedicada de um fazendeiro cego de Topsfield. Parente dos Dane, Carrier e Nurse. Há muito é suspeita de bruxaria.

JACOBS, GEORGE: velho fazendeiro animado e analfabeto.

JACOBS, MARGARET: dezessete anos, neta de George, articulada e expressiva. Confessa, abjura, chora copiosamente no calabouço de Salem.

LACEY, MARY, FILHA: dezoito anos, autodescreve-se como filha desobediente. Muito falante, com pendores teatrais.

LACEY, MARY, MÃE: quarenta anos, mãe de Mary Lacey e filha de Ann Foster.

MARTIN, SUSANNAH: 71 anos, diminuta viúva de Amesbury, dura, controlada. Acusada e liberada da suspeita de bruxaria em 1669.

NURSE, REBECCA: 71 anos, bisavó quase surda, doente e sensível. Representa o maior desafio à corte de julgamento.

OSBORNE, SARAH: cerca de cinquenta anos, frágil, estava entre as três primeiras suspeitas. Envolvida numa prolongada disputa com seus parentes Putnam.

PROCTER, ELIZABETH: 41 anos, grávida, mãe de cinco e madrasta de seis crianças. Temperamental, gosta de ler. Neta de uma suspeita de 1669.

PROCTER, JOHN: sessenta anos, marido bem mais velho de Elizabeth, fazendeiro e taverneiro desbocado e enganador. Jura que os possuídos devem ser enforcados. Primeiro homem a ser acusado de bruxaria em 1692.

TOOTHAKER, MARY: 44 anos, originária de Billerica, viúva de um acusado de magia. Meditativa, ingênua, apática, é irmã de Martha Carrier e sobrinha do reverendo Dane.

WARDWELL, SAMUEL: 49 anos, adivinho e carpinteiro, no fim da lista de contribuintes de Andover. Faz uma confissão vívida, depois abjura. Pai de sete filhos.

WILDS, SARAH: sessenta e tantos anos, esposa de um carpinteiro de Topsfield, já fora acusada dezesseis anos antes. Mãe do guarda da cidade.

WILLARD, JOHN: cerca de trinta anos, guarda da aldeia, ex-camponês dos Putnam. Marido violento maltratado pelos parentes.

As autoridades

BRADSTREET, DUDLEY: 44 anos, filho do governador anterior da colônia. Importante cidadão de Andover, juiz de paz, membro do Conselho Municipal de 1692. Ordena a ampliação das prisões por bruxaria. Foge quando acusado.

CORWIN, GEORGE: 26 anos, oportunista, alto xerife do condado de Essex. Sobrinho de dois juízes de bruxaria e genro de um terceiro.

CORWIN, JONATHAN: 52 anos, comerciante e vendedor de bebidas da cidade. Há muito confederado de Hathorne e experiente juiz de paz, membro permanente das audiências. Aparentado por casamento com os Winthrop, os Hathorne e os Sergeant.

DANFORTH, THOMAS: 69 anos, proprietário de terras de Charlestown. Reverteu um veredicto de culpado num caso de bruxaria anterior; comanda os primeiros exames de magia em 1692. Produz os primeiros relatos de encontros de bruxas, mas acaba por se opor aos julgamentos.

GEDNEY, BARTHOLOMEW: 52 anos, audacioso e empreendedor proprietário de moinho. Respeitado médico, magistrado e major da milícia. Parente dos Corwin.

HATHORNE, JOHN: 51 anos, próspero magistrado local, arbitrário, intimidante. Originário de uma das primeiras famílias da cidade de Salem, é parente dos Putnam.

HERRICK, GEORGE: trinta e poucos anos, bonito e bem-nascido subxerife de Salem, tapeceiro por profissão. Passou o ano de 1692 prendendo e transportando bruxas.

HIGGINSON, JOHN, JR.: 46 anos, filho mais velho do reverendo Higginson, oficial da milícia, dedicado ao negócio da pesca. Recém-eleito juiz de paz, um dos examinadores das bruxas.

PHIPS, SIR WILLIAM: 41 anos, capitão do mar, aventureiro e empreendedor sem instrução. Foi nomeado governador de Massachusetts.

RICHARDS, JOHN: 67 anos, o membro mais velho da corte de julgamento. Parente de três colegas, solicita orientação jurídica. Comerciante de Boston, tesoureiro de Harvard, destacado patrocinador de Cotton Mather.

SALTONSTALL, NATHANIEL: 53 anos, membro da corte por pouco tempo. Considerado o "mais popular e de melhores princípios" dos oficiais militares de Massachusetts.

SERGEANT, PETER: 45 anos, comerciante e juiz de bruxas de Boston, fabulosamente rico. Emprestou recursos ao estado de Massachusetts, é sócio de Samuel Sewall.

SEWALL, SAMUEL: quarenta anos, bostoniano gordo, alegre, sofisticado e devoto. Membro mais jovem da corte de julgamento e irmão do escriturário da corte.

SEWALL, STEPHEN: 35 anos, escriturário da corte e mantenedor dos documentos. Comerciante da cidade de Salem e oficial militar, abriga Betty Parris.

STOUGHTON, WILLIAM: sessenta anos, juiz principal do grande júri. Homem corpulento, engomado, de olhos miúdos, tem alto discernimento e requintado conhecimento de teologia. É a autoridade judicial mais confiável da Nova Inglaterra. Especulador de propriedades e solteirão a vida inteira.

WINTHROP, WAIT STILL: 51 anos, neto de John Winthrop, fundador da Colônia da Baía. Major-general e influente proprietário de terras, é apolítico, atento à moda e servidor público relutante. Amigo de Samuel Sewall e íntimo de Cotton Mather.

Dentre os pastores

BARNARD, THOMAS: 34 anos, agitado pastor ortodoxo, originário de Andover. Organiza o teste de toque nos julgamentos.

DANE, FRANCIS: 76 anos, pastor mais velho de Andover, no púlpito desde 1648. Cauteloso quanto à bruxaria, autocrático e inflexível, não tem instrução formal.

HALE, JOHN: 56 anos, nascido em Charlestown, pastor de Beverly simpático e compassivo. Fascinado pelos procedimentos e a mecânica da bruxaria, quando criança assistiu ao enforcamento da primeira bruxa de Massachusetts. Parente de Noyes por casamento.

HIGGINSON, JOHN: 76 anos, há trinta anos no púlpito da cidade de Salem. Sóbrio, bem-falante, altamente respeitado.

MATHER, COTTON: 29 anos, filho de Increase Mather e pastor assistente da Segunda Igreja de Boston. Estudante de Harvard aos onze anos, mestre em teologia aos dezoito, é a estrela ascendente do clero da Nova Inglaterra, hábil, brilhante, prolífico, grande conversador.

MATHER, INCREASE: 53 anos, pastor da Segunda Igreja desde 1664. Clérigo mais importante da Nova Inglaterra e seu mais destacado intelectual, presidiu o Harvard College de 1685 a 1701. É o procurador da nova Carta da colônia.

MOODY, JOSHUA: 59 anos, pastor da Primeira Igreja de Boston, colega de escola de Willard. Acredita mais na bruxaria que na corte de Stoughton e ajuda em fugas.

NOYES, NICHOLAS: 45 anos, colega de escola de Burroughs em Harvard, pastor assistente de Higginson. Solteirão corpulento e vivaz, autor de versos mortalmente ruins. Amigo mais próximo de Samuel Sewall na cidade de Salem.

WILLARD, SAMUEL: 52 anos, pastor da Terceira Igreja. Ao lado de Mather, o mais eminente dos clérigos de Boston. Erudito, diplomático, de visão clara, discreto.

Uns poucos céticos

BRATTLE, THOMAS: 34 anos, solteirão, cientista e lógico talentoso com pendores anglicanos. Recém-chegado de uma viagem à Inglaterra, passada em grande parte na companhia de Samuel Sewall, comparece a várias audiências de Salem.

CALEF, ROBERT: 44 anos, comerciante de tecidos de Boston, tem alguma sabedoria. Compareceu aos julgamentos e pelo menos a um enforcamento, e é o principal antagonista de Mather.

MAULE, THOMAS: 47 anos, combativo e arguto dono de loja na cidade de Salem que acusou Bridget Bishop. Mais tarde tornou-se quacre e crítico dos julgamentos.

MILBORNE, WILLIAM: cinquenta e poucos anos, ex-residente nas Bermudas; pastor batista problemático, com formação jurídica. Preso por perturbação da ordem.

PIKE, ROBERT: setenta e tantos anos, membro do Conselho e capitão da milícia, importante morador de Salisbury. Franco, provavelmente é o primeiro funcionário público a expressar preocupação com os julgamentos.

WISE, JOHN: quarenta anos, pastor de Ipswich, contemporâneo de Parris e seu colega em Harvard. Ousado, magnético, articulado, é um herói local. Cumpriu pena por protestar contra abusos do governo.

1. As doenças da perplexidade

> Com toda a franqueza, declaramos que nada é claro neste mundo. Apenas tolos e charlatães sabem e conhecem tudo.[1]
>
> ANTON TCHEKHOV

EM 1692, a Colônia da Baía de Massachusetts executou por bruxaria catorze mulheres, cinco homens e dois cachorros. A feitiçaria se materializou em janeiro, o primeiro enforcamento ocorreu em junho, o último em setembro. Seguiu-se um rígido silêncio chocado. O que incomodou os sobreviventes não foi a maliciosa prática de bruxaria, mas a desastrada aplicação da justiça. Parece que inocentes foram enforcados, enquanto alguns culpados escaparam. Não houve voto de jamais esquecer; entregar esses nove meses ao olvido parecia a reação mais adequada – e funcionou durante uma geração. Desde então nós conjuramos Salem, o pesadelo nacional americano, o episódio cruel de tabloide, o capítulo distópico do passado. Ele explode e salta através da história e da literatura dos Estados Unidos.

Ninguém foi queimado na fogueira, nenhuma parteira morreu. O vodu chegou mais tarde, com um historiador do século XIX;[2] o escravo meio negro, com Henry Longfellow; os encantamentos na floresta, com Arthur Miller. A erudição desempenha na história um papel maior que a ignorância. No entanto, é verdade que 55 pessoas confessaram prática de bruxaria e um pastor foi enforcado. Embora nunca saibamos o número exato dos formalmente acusados de ter "maldosa, maliciosa e delituosamente" se envolvido com bruxaria, algo entre 144 e 185 bruxas e bruxos foram citados em 25 aldeias e cidades antes do fim da crise.³ Há relatos de que mais de setecentas bruxas voaram sobre Massachusetts. Tantos foram os acusados que as testemunhas confundiam seus feiticeiros.

A bruxa mais nova tinha cinco anos, a mais velha quase oitenta. Uma filha acusou a mãe, que por sua vez acusou a mãe, que acusou uma vizinha e um pastor. Uma esposa e uma filha denunciaram o marido e pai. Uma mulher que viajou até Salem para limpar seu nome acabou algemada antes do fim da tarde. Em Andover – a comunidade mais severamente afligida –, uma em cada quinze pessoas foi acusada. O pastor mais velho da cidade descobriu que conhecia nada menos que vinte bruxas. Ao longo do episódio vêm à tona várias perguntas que tocam o nervo exposto de nossos medos: quem estava conspirando? É possível ser bruxa sem saber? Alguém estaria a salvo?

Como, três gerações depois da fundação, a idealista Colônia da Baía chegou a um lugar tão escuro? As teorias que se propõem explicar os julgamentos de bruxos em Salem são inúmeras: tensões geracionais, sexuais, econômicas, eclesiásticas e de classe; hostilidades regionais importadas da Inglaterra; envenenamento alimentar; histeria adolescente; fraude, impostos, conspiração; trauma de ataques indígenas; e feitiçaria em si estão entre as mais razoáveis. As acusações de bruxaria tendem a atingir o pico no final do inverno. Ao longo dos anos, várias partes desempenharam o papel de vilão. Os moradores de Salem procuravam explicar o que levava um guarda com um mandado de prisão a qual porta. Para eles, o padrão era só ligeiramente mais claro que para nós. Mesmo na época, ficou evidente para alguns que Salem era uma história atrás da qual havia outra história sobre algo completamente diferente.⁴ Em trezentos anos, ainda não penetramos nesses nove meses da história de Massachusetts. Se soubéssemos mais sobre Salem poderíamos prestar-lhe menos atenção.

A população da Nova Inglaterra em 1692 caberia no atual Yankee Stadium. Praticamente todos eram puritanos. Tendo sofrido por sua fé, aquelas famílias viajaram para a América do Norte a fim de exercer sua crença "com mais pureza e menos perigo do que no país de onde vinham", como disse um pastor no auge da crise.⁵ Eles consideravam incompleta a

Reforma, insuficientemente pura a Igreja da Inglaterra. Tencionavam completar a tarefa em novo local e tinham a vantagem de construir do nada uma civilização. Protestantes não conformistas, eles eram duplamente dissidentes. Isso não os tornava pessoas bem-aceitas, pois tendiam a criar cisões e facções. Como qualquer povo oprimido, se definiam por aquilo que os ofendia, o que daria à Nova Inglaterra um sabor destemido e, como já se afirmou, levaria à independência dos Estados Unidos. Calvinistas rigorosos tinham percorrido uma grande distância para rezar como quisessem e eram intolerantes com os diferentes. Eram ardorosos, incuravelmente lógicos, de uma cultura tão homogênea como jamais existiu naquele continente. Se havia algum livro nas casas, este era a Bíblia. Os americanos dos primórdios respiravam, sonhavam, disciplinavam e alucinavam com base em imagens e textos bíblicos.

O Novo Mundo era um plágio do Velho, mas com algumas mudanças cruciais. Estendendo-se de Martha's Vineyard à Nova Escócia, e incorporando partes dos atuais Rhode Island, Connecticut, New Hampshire e Maine, a comunidade bíblica se empoleirava à margem da natureza selvagem. Desde o primeiro momento ela se batia com outra matéria-prima americana: o selvagem diabólico, o terror moreno ali no quintal. Mesmo os postos menos isolados da colônia sentiam a própria fragilidade. Os americanos de então viviam não apenas na fronteira, mas fora do tempo. Os residentes da baía de Massachusetts nem sempre sabiam quem ocupava o trono ao qual deviam obediência; em 1692 não conheciam os termos de seu governo e tinham passado três anos sem governo algum, quando uma nova Carta chegou de navio. Durante três meses de 1691 não tinham certeza do ano em que viviam, porque o papa aprovou o calendário gregoriano, mas a Nova Inglaterra o rejeitou, continuando a datar o começo do ano em 25 de março. (Quando as bruxas atacaram suas primeiras vítimas na aldeia de Salem, era 1691 na Nova Inglaterra e 1692 na Europa.)

Em assentamentos isolados, em casas sombrias, os moradores da Nova Inglaterra viviam no escuro, onde vicejam o sagrado e o oculto. Seus medos e caprichos eram pouco diferentes dos nossos. Mas o escuro deles era um escuro diferente. O céu sobre a Nova Inglaterra era de um negro bíblico, tão negro que era difícil seguir uma trilha à noite. Em toda a Nova Inglaterra seria difícil encontrar mais que umas poucas almas para quem o sobrenatural não fizesse parte da cultura, assim como o próprio diabo. Um ano depois de passada a crise de bruxaria, Cotton Mather, um dos homens mais cultos dos Estados Unidos, visitou Salem. Ele perdeu as anotações de seu sermão, que apareceram um mês depois, espalhadas nas ruas de uma cidade vizinha. Concluiu que agentes diabólicos as tinham roubado.[6] Não se duvidava da realidade da bruxaria, como também não se duvidava da verdade literal da Bíblia. Ao lado da fé, a bruxaria servia a um propósito útil. Aquilo que irritava, confundia, humilhava, tudo se dissolvia em seu caldeirão. Para algumas das coisas que assolavam o habitante da Nova Inglaterra do século XVII temos explicações modernas. Para outras, não. O mundo do século XVII parecia cheio de acontecimentos inexplicáveis, não muito diferentes daqueles do mundo moderno automatizado.

Mesmo aqueles que não ocupavam o alto plano espiritual dos puritanos eram suscetíveis ao que Mather chamou de "doenças da perplexidade".[7] Antes e depois dos julgamentos, a Nova Inglaterra se banqueteava com histórias sensacionais de mulheres ousadas que demonstravam fortaleza sob ataques indígenas. Essas narrativas de cativeiro forneceram algo como um padrão para a bruxaria. Salem é em parte a história do que acontece quando um conjunto de perguntas sem respostas encontra um conjunto de respostas inquestionáveis.

Rica em seres humanos que mudam de forma, voos fantásticos, madrastas más e feno enfeitiçado, a crise de Salem é parecida com outro gênero do século XVII: o conto de fadas. Salem toca naquilo que é irreal, mas de forma alguma mentiroso; no seu cerne estão desejos frustrados e ansiedades não expressas, pulsões sexuais subjacentes e terror rude. O episódio se desenrola naquele espaço fértil de sonho entre o fantástico e o absurdo. Houve julgamentos de bruxas antes na Nova Inglaterra, mas não precipitados por uma coorte de meninas adolescentes e pré-adolescentes enfeitiçadas. Também como um conto de fadas, Salem é uma história em que as mulheres – mulheres determinadas e mulheres medrosas, subservientes, matronas corretas e adolescentes transviadas – desempenham papel decisivo. Um grupo de meninas muito jovens, privadas de direitos, desencadeou a crise, revelando forças que ninguém podia conter e que ainda hoje espantam – que podem ou não ter algo a ver com a razão para se transformar uma história de mulheres em perigo numa história de mulheres perigosas.

Mulheres são as vilãs nos contos de fadas – qual o significado de sentar no próprio emblema do humilhante trabalho doméstico e sair voando? Mas esses contos são também o território da juventude. Em todos os níveis, a crise de Salem está ligada à adolescência, essa idade imoderada e vulnerável na qual saltamos a fronteira entre o racional e o irracional. A crise começou com duas meninas pré-pubescentes e logo passou a envolver um grupo de adolescentes consideradas enfeitiçadas por parte de indivíduos que a maioria delas nunca havia visto. As meninas vinham de uma aldeia que clamava por autonomia. Durante anos a Coroa tentara impor suas autoridades à Nova Inglaterra, e as últimas delas haviam sido desbancadas pelos cidadãos importantes de Massachusetts – entre os quais se encontravam quase todos os juízes de bruxaria. Eles tinham toda a razão de solicitar proteção da Inglaterra contra indígenas saqueadores e franceses astutos. Mas, embora lamentassem sua vulnerabilidade, os colonos não aceitavam supervisão. Desde o começo se manifestaram contra a interferência, prometendo rejeitá-la quando ocorresse e se sentindo humilhados quando ocorreu. A relação com a terra-mãe evoluíra para uma querela constante; durante algum tempo as pessoas que deviam proteger os colonos pareciam persegui-los. As autoridades de Massachusetts também sofriam de outra ansiedade que viria a desempenhar seu papel em 1692: toda vez que olhavam para trás, com admiração pelos homens que haviam fundado sua comunidade temente a Deus, cada vez que louvavam aquela grande geração, eles próprios ficavam um pouquinho menores.

A VERDADE HISTÓRICA só vem à tona com o tempo. Com Salem ela se esgueirara vacilante. Ávidos mantenedores de registros, os puritanos não gostavam que as coisas fossem esquecidas. No entanto, meados de 1692 é um período em que, se levarmos em conta os arquivos existentes, aparentemente ninguém em Massachusetts mantinha um diário regular, nem os mais fanáticos por diários. O *Compleat Body of Divinity*, de Samuel Willard – compêndio tão volumoso que nenhuma gráfica da Nova Inglaterra conseguiu imprimir –, faz um silêncio espetacular entre 19 de abril e 8 de agosto, embora não tenha saltado nem um mês de 1691 ou 1693. Um respeitável pastor de Salem escreveu a seu filho mais velho nesse verão que a irmã havia sido abandonada pelo marido desgraçado.[8] Ele não mencionou que ela fora também detida por acusações de bruxaria. Aos 29 anos, a caminho da eminência, Cotton Mather residia em Boston, mas depois ficou tanto tempo em Salem que se inscreveu em sua história. Ele compôs grande parte de seu diário de 1692 depois do fato ocorrido. Salem nos chega marcada por omissões do século XVII e invenções do século XIX. O Holocausto levou Marion Starkey à bruxaria de Salem em 1949. Ela produziu o volume que inspiraria Arthur Miller a escrever *As bruxas de Salem* no começo da crise do macarthismo. Assim como Nathaniel Hawthorne, Miller se afastou muito da história.

Não sobrou traço de uma única sessão da corte dos julgamentos de bruxaria. Há relatos dos julgamentos, mas não registro oficial; restam depoimentos, acusações, confissões, petições e duas sentenças de morte. O livro de registros da aldeia de Salem foi expurgado e ainda não circulava nenhum jornal na colônia na época. Embora as enfeitiçadas tenham mobilizado uma plateia arrebatada durante boa parte do ano, suas palavras nos chegam exclusivamente através de homens raras vezes imparciais e nem sempre transcrevendo da sala em que ouviam as declarações. Eles mutilam as vozes das acusadas, são desatentos com os acusadores. É difícil dizer com certeza quais falas são de quem. Os relatores logo desistiram de transcrever com fidelidade, preferindo resumir, acrescentando temperos. Um deles simplesmente anotou que a acusada adotou "uma maneira muito perversa e desdenhosa"; outro interrompeu seu trabalho para chamar a suspeita de mentirosa.[9] Mais de cem relatores registraram testemunhos, no entanto poucos eram treinados para isso, e tudo era inconsistente. Mesmo quando transcreviam a resposta, não anotavam a pergunta, embora seja fácil imaginá-la quando se pensa numa jovem de dezenove anos parada diante de três dos homens mais imponentes que irá ver na vida, a gritar "Eu conto! Eu conto!" – passando a confessar bruxaria.[10]

Os acusadores confundem as suspeitas, e os cronistas as confundem ainda mais. Diversas bruxas tinham o mesmo nome. Sabemos pouco sobre a maioria delas, são como personagens de contos de fadas, reconhecidas só por um detalhe: Mary Warren é muito bonita, Abigail Hobbs é desavergonhada. O que queremos que as envolvidas nos julgamentos nos revelem? O que estavam pensando quando confessavam voar no ar ou sufocar o vizinho? Onde estava o diabo em Salem e o que ele queria? Como aqueles que suportaram as perversas acusações encontraram forças para resistir? Todos eles morreram acreditando em bruxas. Em que momento lhes terá ocorrido que, embora a bruxaria pudesse ser real, os julgamentos foram uma farsa?

Há muita coisa que não podemos saber, e voltamos insistentemente às suas palavras para arrancar respostas do seco texto puritano, para liberar o sentido de um episódio que se originou na alegoria, explodiu numa história incandescente e acabou assentado de volta na alegoria. Se conseguirmos apenas fixar as palavras na ordem correta, o horizonte ficará mais claro, nossa visão será melhor, e – se a incerteza abrir suas garras – tudo se encaixará milagrosamente em seu lugar.

2. Aquele velho enganador

> Mas quem é capaz de dizer as coisas miraculosas que irei ver antes que este ano termine?[1]
>
> COTTON MATHER, 1692

DESLIZANDO ACIMA de bosques de carvalhos, pântanos e um emaranhado de córregos, Ann Foster voou montada num galho. Era meados de maio de 1692. No mesmo galho, à sua frente, estava Martha Carrier, com metade da idade de Ann e destemida mãe de quatro filhos. Martha persuadira Ann a acompanhá-la, conhecia o caminho. Há anos as duas mulheres, vizinhas próximas cujas famílias eram de origem escocesa, frequentavam a mesma igreja em Andover, Massachusetts.

Viajavam em alta velocidade, percorrendo um trajeto que exigiria viagem de três horas e meia a cavalo, num terreno pedregoso, irregular e intransitável no escuro. O voo não ocorreu sem incidentes. Flutuando num minuto, as mulheres se viram em queda livre no minuto seguinte, quando o galho de repente se partiu e as duas caíram. Ann sentiu a perna dobrar. Instintivamente agarrou-se ao pescoço de Martha, de tal forma que as duas saíram voando de novo para pousar em segurança num campo da aldeia de Salem. A reunião ainda não havia começado; tiveram tempo de fazer um piquenique na grama. O acidente não era o primeiro desses desastres aéreos. Duas décadas antes, uma menina na Suécia, a caminho de uma importante reunião tarde da noite no campo, despencara de grande altitude. Ela acabou com "uma imensa dor nos quartos".[2]

Ann Foster e Martha Carrier voaram quase vinte quilômetros sobre terras pouco habitadas. Fazia sentido que ninguém as visse riscar o céu.

Que ninguém ouvisse a queda surpreendia mais. O som ecoava no ar da Nova Inglaterra, exercendo poder amplificador na imaginação.³ O rugido de ursos-negros se irradiava até muito longe, assim como o grito da multidão quando um cadafalso se abria. Cada distúrbio pedia uma explicação. Um urro incrível? Em Boston, Samuel Sewall descobriu que era o lamento de uma vaca mordida por um cachorro. Cães uivavam durante a noite para os lobos. Mas às vezes o louco latido e o estalar da madeira antes do amanhecer indicavam algo mais sinistro: eram os vizinhos desmontando a casa ao lado, hábil solução para uma disputa de propriedade.

Também não fazia sentido acreditar nos próprios olhos. Às vezes os passos pesados no escuro revelavam estrangeiros em fardas brilhantes que deixavam trilhas visíveis antes de evaporar nos milharais, pomares e pântanos. Eles disparavam tiros de verdade, mas mostravam-se imunes às balas dos milicianos de Ipswich. Entenderam que se tratava de fantasmas de franceses e indígenas. Era uma explicação melhor que as outras. Você podia acordar à noite e descobrir uma família de gatos brincalhões. O luar claro podia também revelar que a a agitação na janela fora Susannah Martin, que se enfiara em sua cama e, montada em sua barriga, tentava agarrar seu pescoço; e o que dizer da água-viva a brilhar no escuro, tarde da noite? Quem havia deslocado os pontos de referência, fazendo um homem de Amesbury tropeçar nas moitas e cair num poço inexistente?

Formas emergiam do escuro e se transformavam em entidades totalmente diferentes. A tropa de homens e cavalos na praia a meia distância era um índio manco com uma rede de pescar ao ombro. Quando Tituba, a criada do reverendo Samuel Parris, topou com uma criatura peluda de noventa centímetros de altura, com asas e nariz comprido, se aquecendo diante da lareira da casa paroquial, ela a tomou pela impertinente Sarah Osborne. O pastor de Beverly, John Hale, talvez tenha sido mais correto ao avaliar que, quando alguma coisa descia rasgando a chaminé, fazendo tremer as vasilhas e paralisando seu braço, tratava-se de um raio. Numa tentativa igualmente segura de adequar percepção e compreensão, vários pastores eminentes, debatendo por que a "artilharia celeste" parecia se voltar de preferência para a casa dos clérigos, tinham razão ao concluir que, quando montes de granizo de repente estilhaçavam as janelas e se espalhavam pelo chão, era porque alguém, em algum lugar, queria dizer alguma coisa.[4]

DUAS COISAS VOAVAM ainda mais depressa que as mulheres de Andover na Nova Inglaterra. Os nativos americanos saíam correndo da floresta e deslizavam silenciosamente pelas aldeias. "Feiticeiros temíveis e diabólicos conjuradores", pareciam verdadeiros príncipes das trevas. Índios armados podiam aparecer em sua sala para se aquecer, fazendo-lhe propostas enquanto você se encolhia num canto. Você podia voltar de uma viagem a Boston e encontrar sua casa reduzida a cinzas, sua família levada em cativeiro, tudo cortesia de um inimigo invisível.[5] "Eles são mais difíceis de encontrar que de rastrear", observou Cotton Mather, o brilhante jovem pastor de cabelo louro.[6] Os índios se esquivavam, espreitavam, cometiam atrocidades e desapareciam. "Nossos homens não conseguem ver nem um inimigo em quem atirar", lamentou um major-general de Cambridge. A Guerra do Rei Felipe, contenda de quinze meses entre colonos e nativos americanos, terminara em 1678. O conflito destruiu um terço das cem cidades da Nova Inglaterra, pulverizou sua economia e cobrou 10% da população de homens adultos.[7] Todo residente da Colônia da Baía, sobretudo os do condado de Essex, ao qual Salem pertencia, perdera um amigo ou parente. Em 1692 os colonos se referiam a esses meses terríveis como "a última guerra indígena" por uma razão: outra luta começara a tomar forma. Uma série de ataques devastadores pressagiou um novo conflito com os Abenaki – e com os franceses que se aliaram a eles.[8]

Rumores eram o outro viajante célere. Conforme observou um livreiro do século XVII: "Toda a raça humana é em geral contaminada por um ardente desejo de ouvir novidades."[9] Esse estado de coisas se tornava mais agudo pela ausência de jornais. O morador da Nova Inglaterra devia se contentar com os boatos. Um casal de Salem levou um criado a julgamento por espioná-los e vender o que via. Com as camas compartilhadas e as casas lotadas – a família média da aldeia de Salem era formada por seis pessoas abrigadas em quatro cômodos –, era difícil ter privacidade. Muitos residentes de Massachusetts acordavam às vezes com trocas de risadas na própria cama em que dormiam.

Com uma população de não mais de 550 pessoas, a aldeia de Salem conhecia muito mistério e pouco segredo. Boatos tinham longa duração, enfeitados com acréscimos. Em 1692, todos em Andover sabiam que três anos antes Ann Foster sofrera uma perda horrível. Uma noite, o genro e a filha tinham discutido sobre a venda de uma terra, e o genro encerrou o assunto cortando o pescoço da esposa, grávida do oitavo filho do casal. O assassino se arrependeu na prisão, testemunhando publicamente sobre as virtudes da harmonia familiar. Em 1689, o neto de Ann escapou por milagre de uma emboscada indígena. Parcialmente escalpelado, foi dado como morto. Também não era segredo que Martha Carrier, a companheira de voo de Ann, tivera um filho antes de se casar com o pai da criança, um criado galês sem tostão. Em 1690, os Carrier contraíram varíola, Andover ordenou que deixassem a cidade, e eles se recusaram. Os conselheiros locais puseram a família em quarentena, temendo que "espalhassem a afecção com perverso descuido". Décadas antes, correra o boato de que Martha era bruxa.

No final de janeiro de 1692 – na época do terrível ataque indígena que arrasou York, no Maine, deixando o pastor mutilado e morto à porta de sua casa; quando o degelo liberou a Nova Inglaterra de um inverno brutal; quando chegou a notícia de que, do outro lado do oceano, um novo governador de Massachusetts havia beijado o anel de Guilherme III e estaria voltando para casa com uma nova Carta, prometendo libertar a colônia de meses de anarquia – surgiram relatos de que havia algo de errado na família de Samuel Parris, o pastor da aldeia de Salem.[10]

A coisa começou durante uma semana de noites muito escuras. Abigail Williams, a sobrinha do reverendo, de onze anos, foi atingida primeiro. Logo Betty Parris, de nove anos, apresentou os mesmos sintomas. As primas reclamaram de picadas e beliscões de "agentes invisíveis"; elas latiam, ficavam mudas, seus corpos amoleciam ou ficavam rígidos. Nenhuma das meninas tinha febre nem epilepsia. Emitiam palavras "tolas, ridículas, que nem elas mesmas conseguiam entender". Rastejavam para buracos ou para debaixo de cadeiras das quais eram retiradas com dificuldade. Uma delas desapareceu no poço, Abigail tentou se alçar no ar batendo os braços. Não pareciam ter tempo para as orações, embora até janeiro ambas fossem bem-comportadas e cordatas. À noite, dormiam como bebês.

Tudo isso já havia acontecido antes. O exemplo mais memorável era o de quatro crianças de Boston, filhos e filhas de um devoto pedreiro, de "temperamento e maneiras exemplares", que sofreram uma perturbação inexplicável. "Latiam uns para os outros e ronronavam como gatos", registrou Cotton Mather, que observou os filhos de John Goodwin em 1689. Encolhiam-se a golpes de varas invisíveis, gritavam que eram cortados por facas ou presos com correntes. As dores os atacavam em todo o corpo, e as crianças não podiam ser despidas nem vestidas por causa das contorções. "Às vezes ficavam surdas, às vezes mudas, às vezes cegas, com frequência tudo ao mesmo tempo", anotou Mather. A censura paterna os lançava em agonia, as tarefas eram um desafio. "Mas nada no mundo", relatou Mather, "os perturbava tanto quanto um exercício religioso." Qualquer menção a Deus ou a Cristo os lançava numa "angústia intolerável".

No verão, Goodwin levou Martha, de treze anos, para se cuidar. A menina marchou e galopou pela casa de Mather em seu "corcel aéreo", assobiando durante a reza familiar e batendo em quem tentasse rezar em sua presença.[11] Samuel Parris e sua esposa, Elizabeth, tinham se mudado para Salem na mesma estação; eles travavam relações na aldeia enquanto em Boston Martha atirava livros na cabeça de Cotton Mather, e em 1692 Parris deve ter pensado nos Goodwin; conhecia todos os detalhes das dificuldades dessa família pelo livro de Mather, *Memorable Providences Relating to Witchcraft and Possessions*. Os sintomas na casa da família Parris eram idênticos, só que mais agudos. Abigail e Betty gritavam que estavam sendo espetadas com agulhas finas, a pele delas queimava. Numa casa paroquial de dois andares que media 12,5 por seis metros, não havia como Parris deixar de ouvir os gritos. A família tinha também um menino de dez anos, Thomas Parris, e uma menina de quatro, Susannah, nenhum dos dois atingido.

Embora possuísse dois escravos indígenas, Tituba e John, a família tinha razão de se sentir sitiada em termos práticos e espirituais. Quando não estava cuidando do gado, do jardim ou da lareira, fazendo assados ou velas, a moça puritana devia tricotar, fiar ou tecer. As garotas perturbadas destruíam totalmente a rotina familiar e não se podia deixá-las sozinhas. Parris também não conseguia preparar o sermão no andar de cima. Os mais dotados de seus colegas dedicavam sete horas e muita concentração a essa atividade; outros empenhavam uma semana de estudo solitário, lendo e meditando sobre o assunto. Se um pastor puritano passava boa parte do tempo em silêncio, a provação de Parris agora era a oposta. Ele trabalhava ouvindo gritos lancinantes.

A casa paroquial recebia visitantes o tempo todo, e a partir de fevereiro ficou superlotada. A doença era um acontecimento público no século XVII; a doença inexplicável mais ainda. Curiosos se aglomeravam, arrepiados. Chegava a quarenta ou cinquenta o número de pessoas apertadas no quarto das enfermas, e o vizinho que não aparecia era uma exceção. Outros viajavam quilômetros para sentar na saleta enfumaçada da casa dos Parris. Entre orações, entoavam salmos, como o fizera uma grande multidão na casa dos Goodwin. Às vezes eram brindados com mais do que esperavam; as meninas eram agressivas com os pastores e insolentes com os visitantes.

Arrolador e registrador por natureza, Samuel Parris era irritável e exigente, mas não agia com precipitação. Indícios da perturbação em sua casa se infiltravam nos sermões, que ele proferia uma vez na quinta-feira e duas no domingo. Eram falas pouco inspiradas, Parris não se afastava dos temas habituais, alongando-se na Ascensão de Cristo, na mediação entre Deus e o homem. Ao longo de fevereiro ele se dedicou ao jejum, à oração, e consultou colegas pastores. Seu primo e contemporâneo, o pastor de Milton, pode ter sido particularmente prestativo: suas filhas já haviam sofrido convulsões. Com sidra e bolos, Samuel e Elizabeth Parris recebiam as visitas que lotavam a casa e oravam ardorosamente. Mas quando o pastor se fartou de posturas estranhas e gestos malucos, quando ficou claro que as Escrituras não aliviariam os sintomas sobrenaturais das meninas, ele chamou os médicos.

Anos mais tarde, a prática da medicina em Boston seria considerada "perniciosamente má" por um médico formado na universidade.[12] Em 1692, nenhum médico formado chegara à cidade de Salem nem à minúscula aldeia vizinha também chamada Salem, onde as meninas se contorciam e rosnavam. O kit médico básico da época não diferia daquele da Grécia antiga: sangue de besouro, pulmão de raposa, coração de golfinho. As lesmas figuravam em muitos remédios. O médico mais bem informado das colônias na época defendia o uso de salitre para sarampo, dor de cabeça e ciática. A histeria havia sido catalogada bem antes de 1692, e um médico de Salem a tratava com infusão de leite humano e sangue da orelha amputada de um gato macho.

A aldeia de Salem tinha cerca de noventa famílias, e naquele janeiro possuía um médico praticante, William Griggs, novo na comunidade, tendo comprado uma fazenda perto da casa paroquial. Cidadão ativo, piedoso, ele possuía nove textos médicos, sabia ler, mas não escrever. Era o provável candidato a examinar as meninas. Anos antes fizera parte da congregação de Parris em Boston, e os dois eram chegados às mesmas famílias de Salem. Há pelo menos uma razão concreta para supor que Parris chamou o velho de 71 anos: o contágio também atingira a casa dos Griggs. Supunha-se que ataques prolongados e violentos eram enviados pelo diabo – a primeira pergunta que a vítima fazia nessas circunstâncias era "Estou enfeitiçado?".[13] Todos que examinaram Abigail e Betty chegaram à mesma conclusão. Claramente a explicação sobrenatural era a que já estava nas ruas. A "mão do mal" foi o diagnóstico que "os vizinhos logo adotaram", observou o reverendo John Hale, único cronista a registrar os primeiros beliscões e cutucadas nas meninas.[14]

Hale possuía alguma experiência na área, tendo em criança participado de uma delegação que visitou uma bruxa encarcerada no dia de sua execução, com a esperança de arrancar-lhe a confissão. A suspeita era uma vizinha, a primeira mulher a ser enforcada em Massachusetts. Também falara com outra mulher acusada de bruxaria depois que suspenderam a sentença, em 1680. Oficiando na cidade próxima de Beverly, o simpático homem de 56 anos fazia parte do grupo de colegas mais próximos de Parris. Assim como quase todo mundo na Nova Inglaterra, ele acreditava em bruxas. Como recebeu o diagnóstico? Não deve ter se surpreendido, talvez até se sentisse aliviado. "Operações infernais", termo que ele usou, dissipavam qualquer dúvida sobre a alma das meninas e o absolvia da responsabilidade.

Parris não fez nenhuma tentativa de recuar do drama celestial em que se encontrava; dava para vislumbrar o amor divino por trás do infortúnio. Em seu escritório, ele prosseguia meditando sobre o Salmo 110: Deus estava "zangado e enviava destruidores", alertou. Era essencial perseverar, "evitar desmaios quando somos castigados", combater bravamente "todos os nossos inimigos espirituais".[15] Era perversamente lisonjeiro ser escolhido para combater o mal, havia uma razão para os ataques seletivos. "Sou um homem muito atacado por Satã", Cotton Mather observou, soando quase vaidoso. "Será porque muito fiz contra esse inimigo?"[16] Uma pergunta devia assolar Parris: o que tinha feito para incitar a censura celestial? A casa de um ministro devia ser uma "escola de devoção", não um "covil de diabos".[17]

O que veio depois deixa claro como a aldeia recebeu o diagnóstico. Em 25 de fevereiro, Parris e a esposa viajaram. Talvez tenham pedido à vizinha, Mary Sibley, para cuidar de Abigail e Betty, que bramiam há mais de um mês. Mãe de cinco filhos, Mary estava no sexto mês de gravidez. Um dos casais mais ricos da comunidade, ela e o marido tanoeiro eram sustentáculos da igreja; Samuel Sibley era quem entrava em ação quando uma propriedade precisava ser arrumada ou um contrato garantido. Sua esposa sentia-se à vontade na casa dos Parris e preparou um experimento furtivo. A questão não era mais o que afligia as crianças, mas quem, e Mary estava decidida a pegar uma bruxa. Instruído por ela, John, o escravo indígena dos Parris, misturou urina das meninas num bolo de farinha de centeio, que Mary deu ao cachorro da família. É um tanto nebulosa a maneira como a contramagia funcionava, mas a velha receita inglesa decerto era eficaz.[18]

Parris ficou lívido quando soube do experimento. Não havia lugar para contramagia na paróquia, e ele continuava firme na intenção de que o flagelo não saísse de sua casa. Segundo o pastor, Mary Sibley enfrentara grandes perigos favorecendo a superstição, prática que Parris descrevia como "recorrer ao diabo para exorcizar o diabo". A intromissão da moça liberara forças ocultas pouco compreendidas. Um mês depois, o pastor sitiado convocou-a para uma conversa e censurou-a severamente. Soluçando, Mary disse que tinha agido sem pensar, "a partir daquilo que ouvira de outras pessoas ignorantes". No futuro seria mais cuidadosa. Parris leu para ela a rígida repriménda que pretendia compartilhar com a congregação depois do sermão de domingo. "Por esse meio (ao que parece), o diabo ergueu-se entre nós", anunciou ele antes da comunhão de 27 de março, "e sua fúria é veemente e terrível. Quando ele irá silenciar, só Deus sabe." Alertou os paroquianos contra "os ardis e manobras de Satã" e pediu que prestassem testemunho coletivo do malfeito de Mary Sibley, para "levar nossa irmã à profunda humilhação pelo que fez".[19] A expiação pública era essencial. Mary apresentou desculpas emocionadas, e Parris prosseguiu: "Irmãos, se estão com isso satisfeitos, demonstrem erguendo as mãos." Todas as mãos (masculinas) se ergueram, no último consenso possível na igreja da aldeia em 1692.

Na casa paroquial, Parris censurou os criados também. Na época o pastor tinha questões mais importantes com que lidar. Sua sobrinha e sua filha faziam muito barulho, mas era impossível decifrar o que queriam dizer. O bolo operara sua magia diabólica; dias depois, Betty e Abigail começaram a mencionar nomes. Não uma, mas três bruxas estavam à solta em Salem, as meninas as viam perfeitamente. No final de fevereiro, em meio a chuvas torrenciais, as bruxas estavam voando montadas em seus galhos.

A ALDEIA DE SALEM devia sua existência em parte ao medo de emboscadas. Assentamento mais antigo da baía de Massachusetts e muito perto de ser a capital da Nova Inglaterra, a cidade de Salem recebera seu nome em 1629.[20] Boa comunidade florescente, com quase dois quilômetros de extensão, era um dos mais agradáveis locais da colônia. A cidade desfrutava um ativo comércio com a Europa e as Índias Ocidentais Britânicas. Construída numa península, abrigava prósperas indústrias pesqueiras e estaleiros. Mais sossegada e menos cosmopolita, era em tudo tão requintada quanto Boston.

Já em 1640 os fazendeiros começaram a se aventurar para o norte e o oeste, longe do porto próspero, em busca de terra mais arável. Seu assentamento tornou-se a aldeia de Salem (a moderna Danvers). Depressa esses aldeões começaram a reivindicar instituições próprias. As famílias não gostavam de fazer a viagem de quilômetros debaixo de neve para comparecer aos cultos, e havia também outras considerações. Fazia sentido se deslocar até a cidade de Salem para assumir seus turnos na sentinela militar? A partida dos fazendeiros enchia de terror o coração das esposas, "principalmente considerando as terríveis visitas indígenas (e de outros estranhos) nas horas noturnas, quando os maridos estavam ausentes".[21] Além disso, alegavam com inelutável lógica, não era profanar o Senhor viajar tão longe para vigiar uma cidade em tempo de paz? (A comunidade mais velha insistia no perigo; além do mais, seus líderes preferiam não reduzir a base de impostos nem seu território.) Certamente a cidade podia manter sua vigilância sem os aldeões. Não seria mais indicado o povo da cidade vigiar a aldeia, e não o contrário? Os fazendeiros venceram.

Os ânimos voltaram a se exaltar vários anos depois, quando a cidade de Salem se propôs construir uma igreja maior. Não vamos pagar por ela, anunciaram os aldeões, a menos que vocês nos ajudem a pagar uma igreja nossa. Eles pleiteavam uma paróquia independente e foram atendidos nos últimos dias de 1672. As duas Salem continuaram a se alfinetar, a aldeia porque era obrigada a apelar para a cidade em busca de aplicar as leis, a cidade porque os aldeões eram incapazes de resolver suas disputas acerca de assuntos próprios. Pouco depois que a família Parris se instalou na casa paroquial, os líderes da cidade alertaram os aldeões para deixá-los em paz.

A aldeia contratou oficialmente seu primeiro pastor em 1672. Dezesseis anos depois, com Samuel Parris, contratava o quarto. Cada qual se mostraria envolvido nos acontecimentos de 1692, quando seus caminhos se cruzaram: um deles seguia os processos, outro os registrava, um terceiro voltaria como bruxo poderoso. Formado recentemente em Harvard, James Bayley fez seu primeiro sermão em Salem em outubro de 1671. Tinha completado 22 anos e se casara semanas antes. A comunidade não foi unânime em aceitá-lo, Bayley não se mostrava qualificado: era agressivo, negligente, imaginava-se estável no posto. Um hóspede que passou três semanas em sua casa jurou perante a corte que nunca vira o pastor ler ou expor qualquer trecho das Escrituras à família, sua vida doméstica era tensa. Os fiéis tinham concordado em construir para ele uma casa paroquial, oferta que deixaram de cumprir. O pastor construiu sua própria casa e nela perdeu duas filhas antes de 1677. Nesse meio-tempo, a comunidade se dividiu quanto à presença de Bayley: 39 membros da igreja o apoiaram, dezesseis não, incluindo alguns dos homens mais influentes da comunidade.

A posição do pastor espelhava algo da aldeia de Salem. Junto com ele viera a irmã de sua esposa, de doze anos – que aos dezessete viria a se casar no temível clã Putnam, com Thomas Putnam Jr., filho do homem mais rico da aldeia e sobrinho do velho Nathaniel. Salem era em grande parte composta pela família Putnam, à qual tanto a impulsiva "boleira" Mary Sibley quanto William Griggs, o médico, se aparentavam por casamento. Os dois jovens casais – os Bayley e os Thomas Putnam – se tornaram próximos, mas isso não impediu que outros do clã atacassem Bayley. Samuel Parris sabia do que estava falando quando, numa tarde de domingo de 1692, pouco antes de o caos se instalar em sua casa, disse no púlpito: "Não é raro grandes ódios irromperem entre parentes próximos."[22]

Os fazendeiros de Salem levaram suas amargas alegações e seus implacáveis ressentimentos à igreja-mãe em Salem e enfim ao tribunal. Bayley deu queixa por difamação. A corte decidiu a seu favor e determinou que continuasse no posto, mas, embora a maioria dos paroquianos o apoiasse, no final de 1679 ele entendeu que não tinha futuro em Salem e mudou-se para o outro lado da aldeia. Em um ano, o comitê formado para nomear seu sucessor escolheu George Burroughs, homem bonito, baixinho e que, embora mais velho, cursara Harvard logo depois de Bayley e ali obtivera seu diploma de mestre. Neto de um pastor eminente, Burroughs servira em várias paróquias de fronteira, e na última suportara heroicamente um ataque indígena.

Mais uma vez os Putnam desempenharam papel crucial. Burroughs e a família viveram com a família Putnam durante grande parte de 1681, mudando-se para a casa paroquial – futuro endereço dos Parris – apenas no outono. Cônscio dos choques e decepções que afetavam os pastores da Nova Inglaterra, Burroughs acrescentou uma cláusula de arbitragem em seu contrato: "Em caso de surgir alguma divergência no futuro, ambas as partes irão se submeter ao Conselho para uma solução pacífica."²³ Mesmo assim ele acabou no tribunal. Não recolhiam seu salário, e quando sua jovem esposa morreu ele não tinha como custear o funeral. Em 10 de abril de 1683, os aldeões reclamaram na corte do condado que Burroughs não pregava havia um mês. Ele estava se preparando para partir na mesma semana, mas recusou-se a dar explicação. (A relutância talvez tivesse algo a ver com o fato de John Putnam ter lhe emprestado dinheiro, depois ameaçado mandar prendê-lo por dívida, quando ele não o reembolsou. A culpa era da aldeia em ambos os casos, por ter negligenciado o pagamento de Burroughs.)

Em fevereiro de 1684, o comitê da igreja da cidade de Salem levou o reverendo Deodat Lawson à aldeia. Ao contrário dos predecessores, Lawson era inglês. Chegara à colônia cinco anos antes, vindo de Norfolk, onde o pai era pastor e professor em Cambridge. Destinado desde o nascimento à vida religiosa, havia recebido educação formal em algum lugar, embora não tivesse diploma. Escrevia com facilidade em latim e grego e gozava de algumas ligações com famílias socialmente prestigiosas de Londres. Tendo servido menos de dois dos sete anos de praxe como pastor em Martha's Vineyard, Lawson retomou as atividades seculares em 1682, em Boston. Com a esposa e dois filhos pequenos, instalou-se em Salem. Estava então com trinta e poucos anos. Um terceiro filho, uma menina, nasceu e morreu na aldeia, onde Lawson repentinamente perdeu a esposa. Podia ser pragmático, valorizava a oração familiar, contanto que não fosse tediosa. Ele forneceu um relato contemporâneo dos acontecimentos de 1692.²⁴

Os aldeões votaram por entregar lenha ao novo ministro, mas acabaram lhe dando dinheiro para que se abastecesse sozinho. Se essa resolução o magoou, Lawson não deixou registro. Depois de dois anos de serviço, seu futuro dividiu a comunidade. Se fosse ordenado, Salem teria uma igreja oficial, mas renunciaria à terra onde se encontrava a paróquia. Os Putnam defendiam a ordenação, à qual diversas outras famílias se opunham. Mais uma vez os fazendeiros submeteram a questão por escrito às cabeças mais frias da cidade, onde as autoridades se declararam preocupadas com um suprimento tão vasto de "expressões pouco caritativas", "preconceito arraigado e declarada animosidade". Por que insistiam em atormentar uns aos outros? Foi nessa conjuntura que os patriarcas da cidade pediram mais uma vez que não fossem perturbados com as recriminações dos aldeões. "Se querem insensatamente se perturbar, imploramos que não nos perturbem mais."[25] Lawson optou por ir embora antes que as relações se deteriorassem por completo. Os aldeões votaram por expurgar o livro de registros da paróquia – que Thomas Putnam retomou em 1687 –, omitindo a década de anotações de Burroughs e Bayley. Achavam que as atas tóxicas podiam ser prejudiciais no futuro.

Sem uma igreja independente e nenhuma autoridade civil própria, a aldeia se via aleijada quando se tratava de acertar diferenças comunitárias, e a política eclesiástica tornou-se muito conturbada. As relações entre o pastor e seu rebanho ora se mostravam litigiosas, ora cordiais, e vários clérigos inseriam cláusulas de desistência nos contratos. Increase Mather, o pastor mais eminente da Nova Inglaterra e ilustre pai de Cotton, admitiu que era livre para deixar a paróquia de Boston se o Senhor o chamasse a outro lugar, se o pagamento fosse insuficiente ou se sofresse "perseguição".

Os salários de pastor variavam de sessenta a cem libras por ano, mais que o suficiente – o montante colocava-o entre a classe mais alta de paroquianos – se fosse coletado. Contribuições voluntárias deram lugar às compulsórias, das quais muitos paroquianos se ressentiam, e o coletor tinha de fugir de machados e baldes de água. A relutância dos habitantes em sustentar o clero os desmoralizava; Mather iria trovejar, em 1693, dizendo que os pastores sentiam-se enganados e famintos. Na recriminação mútua, era difícil dizer o que vinha primeiro, se a dificuldade em coletar o salário do pastor ou conseguir do púlpito aquilo pelo qual se pagava. O que parecia ingratidão para um lado para o outro parecia extorsão.

Os paroquianos contribuíam para o salário do pastor com o que estava à mão: um balde de ostras, uma peça de linho, um favo de mel. Também pagavam com trabalho, plantando o feijão do pastor ou abatendo uma vaca. Isso deixava bem tênues as linhas de comando. Como diz um estudioso atual, havia certa confusão quanto ao pastor ser empregado da congregação, companheiro espiritual ou representante de "alguma galáxia eclesiástica nebulosa e distante".[26]

Mesmo protestando contra a bárbara miséria dos clérigos, Cotton Mather admitia, no pedido de pensão, que incluíra trechos que "podiam tornar os pastores em si pessoas mais merecedoras do que talvez sejam".[27] Embora com excesso de pastores, havia muita pregação medíocre e muita gente dormindo nos bancos. O puritano era imensamente alerta e vigilante quanto ao estado de sua alma, mas não durante o culto. Alguns "sentavam e dormiam mesmo com a melhor pregação do mundo", comentou Increase Mather.[28] Sem dúvida alguns dormiram também naquele sermão de 1682. (É justo dizer que talvez não houvesse melhor lugar para um fazendeiro da Nova Inglaterra descansar, já que tinha poucas oportunidades de fazê-lo.) Mary Rowlandson, cujo relato de seu cativeiro pelos indígenas em 1675 eletrizou a Nova Inglaterra, de vez em quando cochiliva durante a pregação do marido.

Quando estava há dois meses no posto, Samuel Parris reclamou da inércia dos paroquianos. Ralhou com eles por "cochichos desnecessários". Embora observasse "olhadelas de um lado e outro", não mencionou as nozes que voavam das galerias, os risos, flertes e intrigas. O sermão, parte central da semana, representava a pedra de toque social e espiritual da comunidade. Único meio regular de compartilhar a comunicação, servia também a propósitos educacionais e jornalísticos. Ao longo de uma vida, o frequentador médio da igreja na Nova Inglaterra absorvia cerca de 1.500 horas de sermão.

SAMUEL PARRIS FEZ seu primeiro sermão em Salem em novembro de 1689. Ele chegara à aldeia com pouca experiência pastoral. Nascido em 1653, na Inglaterra, passou grande parte da juventude em Barbados, onde sua família prosperou plantando e comerciando. Embora o ministério religioso pudesse ser a profissão escolhida por Parris – ele frequentou Harvard durante vários anos, mas abandonou os estudos em 1673, com a morte do pai –, sua base era nos negócios. Aos vinte anos, tendo herdado a plantação e setenta escravos, voltou a Barbados, mas saiu-se só medianamente, lutando para manter a propriedade de setenta hectares e a generosa herança de um tio. Dentro de poucos anos vendeu a propriedade com prejuízo. Nos anos 1680 reapareceu em Boston, onde se instalou como comerciante com as Índias Ocidentais Britânicas. Casou-se, progrediu, mas embora Massachusetts oferecesse um clima econômico mais favorável que Barbados, sua carreira foi incerta. Acabou se acostumando às confusões financeiras. As oportunidades apareciam regularmente em seu caminho, e todas o atropelavam.[29]

Quando a delegação de Salem o encontrou em 1688, Parris era membro da Primeira Igreja de Boston e pai de três filhos. Não se sabe como ou por que tomou a decisão de assumir o ministério religioso – em geral os clérigos deixavam o púlpito por interesses mercantis, não o contrário. Antes ele se considerava comerciante e cavalheiro, a ponto de mandar pintar seu retrato em miniatura. Quase bonito, com traços firmes, cabelos escuros e boca voluptuosa, possuía um ar distinto. Ele é o único aldeão cujo rosto se conhece. Feita a proposta de Salem, Parris empacou. "O trabalho era pesado", explicou.[30] Os fazendeiros conheceriam sua decisão no momento certo. Tinha razão para hesitar, mesmo que não conhecesse a história de Salem, o que era improvável. Seu predecessor imediato, Deodat Lawson, era membro da mesma congregação que ele em Boston, e os dois tinham amigos em comum. A prolongada corte feita a Parris, candidato relutante e sem diploma numa época em que mestres de Harvard não conseguiam encontrar púlpitos, revela tanto sobre a aldeia de Salem quanto sobre seu futuro pastor. Nenhum dos dois se qualificava como primeira opção do outro.

Quando a negociação começou, ela foi longa e árdua. Mesmo não demonstrando grande aptidão para o comércio, Parris gostava de negociar. Aos trinta anos, era mais experimentado que os pastores que Salem esgotara antes dele. Tinha visto mais do mundo, no entanto possuía experiência limitada da vida no interior, naquilo que chamaria de "esta pobre aldeiazinha".[31] Cidade movimentada, com cerca de 8 mil habitantes, a Boston puritana impressionava em comparação com a rústica Salem. A aldeia apresentou sua melhor oferta, inteiramente ajustada aos gastos da época. Negociador firme, Parris não se deixou impressionar. Qualificando os termos de "mais desencorajadores que encorajadores", respondeu com oito condições.[32] A mais onerosa referia-se à lenha. Se a batalha de um pastor pelo respeito a seu posto se traduzia na discussão salarial, a batalha por lenha servia como ponto de combustão. Seu fornecimento sobrecarregava a comunidade.

Parris queria que entregassem sua lenha. Mais uma vez os aldeões preferiram dar-lhe a quantia correspondente. A aldeia não dispunha de recursos coletivos, lenha era difícil de encontrar. Já escassa em 1692, a madeira representava uma preocupação persistente e generalizada na Nova Inglaterra. Seu uso, derrubada e exportação eram rigorosamente controlados. A proposta da aldeia e a contraproposta de Parris se sucederam, as relações ficaram difíceis. Obstinado, com um ego instável, o pastor recusou a oferta, o preço da lenha podia subir.[33] As discussões persistiram ao longo de boa parte de 1689, ano da derrubada do governador anglicano da colônia, imposto pela Coroa, seguida de profunda inquietação política, intensificação de conflitos indígenas e a publicação de *Memorable Providences*, de Mather. "Depois de muita insistência", lembraria Parris, "respondi que ia experimentar por um ano. E assim o debate sobre a questão se encerrou."[34]

Mesmo com as negociações em andamento, Parris, Elizabeth, os três filhos e os escravos mudaram-se para a casa paroquial, residência confortável de dois andares num terreno de 8 mil metros quadrados. Dezoito meses depois da chegada, a família perdeu o jovem escravo negro que tinha vindo com eles. Num grande passo, tanto para a aldeia quanto para seu novo pastor, numa terça-feira ventosa de meados de novembro Parris foi ordenado na presença de vários clérigos dos arredores, entre eles John Hale e dois reverendos da cidade de Salem. Agora a aldeia podia oferecer a comunhão. Reconhecendo o esforço dos aldeões, Parris os tranquilizou: os anos de selvageria tinham chegado ao fim. O trabalho era grande, mas ele seria zeloso em seu exercício. Admitiu que aplicaria cordialidade para alguns, mas seria severo com outros. Numa veia pouco ortodoxa, disse aos fiéis: "Vocês devem amar todos os ministros de Cristo Jesus (se puderem, apesar da imensa desproporção entre mim e os demais), mas devem amar mais a mim."[35]

Alguns obedeceram, outros não. O novo ministro não facilitou as coisas. Muitas cidades dificultavam a vida de seus pastores, mas poucos deles lidavam com a congregação tão severamente quanto Parris. Ele era aborrecido, teimoso, mal-humorado. Dono da verdade, gostava que tudo fosse feito do seu modo e punha grande energia em coisas pequenas. Quando a esposa do alfaiate Ezekiel Cheever entrou em trabalho de parto, no começo de 1690, Cheever pegou "emprestado" um cavalo do estábulo do vizinho para ir buscar a parteira. O vizinho protestou. A solução do impasse coube a Parris, que gastou três reuniões no caso e exigiu um pedido público de desculpas. Cheever submeteu-se prontamente. O pastor considerou o esforço "insincero" e ordenou que o homem se arrependesse outra vez na igreja, na semana seguinte. Parris tentava incluir muita coisa num sermão, sobrecarregando e exaurindo uma questão. Muitas vezes não era bem-sucedido, mas não gostava de transigir. Logo começou a batalhar pela propriedade da casa paroquial e do terreno. O pedido não era inadequado, mas prematuro; as cidades davam esses presentes a seus pastores depois de longo tempo de serviço. Os aldeões de Salem se calaram.

Menos de um ano depois da ordenação, Parris compilou uma lista de reclamações: a casa paroquial necessitava de reparos, a cerca estava podre, moitas ocupavam dois terços do pasto; ele não podia sobreviver se o salário não era pago; depois de muito empenho seu, recebera duas pequenas cargas de lenha em três semanas. Estavam no fim de outubro. Sem lenha, alertou aos paroquianos, eles não iam mais ouvir as Escrituras. "Não posso pregar sem estudar. Não posso estudar sem fogo. Não posso viver em paz sem estudar", explicou. O pastor solicitava uma rápida resolução de cada quesito e "uma resposta amorosa e cristã, por escrito". O ambiente ficou tenso. Parris e a família despediram-se dos paroquianos e ouviram as vozes se elevarem, as botas pisarem duras de raiva. Na petição, Parris acrescentou uma linha ao lado de sua assinatura, de altiva autopiedade: "Permitam-me acrescentar que se continuarem querelando, suas querelas me levarão para o túmulo ou para outro lugar."[36] Ele julgava que Salem fora mais bondosa com seus predecessores.

Os aldeões se reuniam com frequência para discutir os apuros do pastor. Meses depois da ordenação, o salário de Parris estava atrasado, e no outono de 1690 corria um movimento para dispensá-lo. No final de 1691, o comitê que recolhia seu salário votou por não o despedir. Ele também não tinha lenha, e a amargura começou a se infiltrar em seus sermões. Enquanto isso o tempo ficava cada vez mais frio. Se não fosse a visita de um diácono da cidade de Salem, que fez uma entrega de última hora, ele teria congelado. Parris não fez nenhum apelo pelo alívio de sua família, muito cônscia dos desafios à sua autoridade e provavelmente tremendo também sob um clima furioso; novembro trouxe neve pesada e ventos uivantes. Em 18 de novembro ele reclamou: "Mal tenho lenha para queimar até amanhã." O inverno de 1691-92 foi especialmente ártico, e Parris pregava sob um coro de tosses e fungadas, com o arrastar de pés queimados pelo frio. Para conforto de todos, ele abreviou o sermão vespertino de 3 de janeiro de 1692. Estava simplesmente frio demais para continuar.

Afora as brigas da aldeia, Parris tinha razão em reclamar. Era exaustivo o trabalho para o qual não estava preparado, tinha assumido muitas ocupações. O pastor de "uma aldeia pequena" lia textos sagrados e cuidava da égua, abandonava o reparo da cerca do jardim para um encontro de orações. "É tão confuso ter de enfrentar ao mesmo tempo as exigências pastorais e os cuidados de uma fazenda", lamentou um ministro de Massachusetts.[37] Parris, que especulava com propriedades e só mais tarde veio a cuidar dos próprios campos, devia sentir a mesma coisa. O trabalho pastoral em si era árduo e sem fim. Parris se reunia com os paroquianos para avaliar sua instrução religiosa, servia de escriba, juiz, conselheiro, confidente. Jejuava e celebrava batizados, programava palestras e conferenciava com congregações vizinhas. Confortava os doentes e aflitos, o que, no verão de 1689, significava quatro famílias que haviam perdido filhos em ataques de indígenas. O pastor de Marblehead calculava que tinha passado oito anos inteiros sem meio dia de folga. Era natural ficar esgotado de cansaço, mesmo nas melhores condições, o que não era o caso de Parris. Muito antes do impiedoso inverno de 1692, ele parecia mais preparado para uma calamidade que para o ministério religioso.

Além de todo o resto, havia as devoções familiares, que haviam lançado Bayley em tamanhas dificuldades. De manhã e à noite, Parris rezava e lia as Escrituras para sua família, incluindo os escravos, cujas almas também estavam sob seus cuidados. Ele os reunia diante da lareira para cantar salmos e para o catecismo semanal. Parris reforçava princípios básicos, enfatizando as obrigações da aliança: o homem nascia em pecado e embarcava numa peregrinação para a graça; estava em andamento uma guerra espiritual separando crentes e condenados; os sacramentos da igreja eram primordiais. A paternidade puritana também era atividade de tempo integral. Cotton Mather estava sempre inventando exercícios para seus filhos e filhas. Parris era menos criativo, mas muito atento à educação dos filhos, conferida diariamente. Ele esperava que todos os seus paroquianos fossem igualmente vigilantes, mas temia que não. Assumiu o refrão popular de que a ordem familiar estava se desintegrando.

Cinco anos mais velha que o marido, membro da Primeira Igreja de Boston antes do casamento, cercada por cinco esposas Putnam em seu banco da igreja em Salem, Elizabeth Parris devia compartilhar essas tarefas. Esperava-se que fosse constante em suas devoções e compassiva com os vizinhos. Suas obrigações aumentaram depois dos acontecimentos de 1692; sob quaisquer circunstâncias, ela precisava ler e debater a Bíblia com as crianças da paróquia, cuja educação era encargo seu e às quais ela ensinou a ler. A alfabetização básica era obrigatória na Nova Inglaterra graças ao estatuto de 1647, ao qual Massachusetts deve sua fama educacional. A lei era também uma medida defensiva. Entendia-se que "um dos projetos principais daquele velho enganador, Satã, [era] impedir que os homens conhecessem as Escrituras".[38] A ideia era estar à frente dele, evitar a armadilha demoníaca. Na cidade de Salem, o pai que não ensinasse os filhos a ler encontrava um aviso pregado na porta da igreja oferecendo-os como empregados a alguém que ensinasse. Mesmo obrigatória, a alfabetização básica não era suficiente. Um futuro pastor devia ler a Bíblia inteira três vezes antes de completar seis anos. Não era raro que a lesse doze vezes antes da adolescência.

O ideal da esposa puritana era ser retraída, e Elizabeth Parris aceitava esse ideal; restam poucos traços dela além da inicial de seu nome em um fragmento escuro de prato de estanho. De Parris como pai temos alguns vislumbres. Ele alertava seus paroquianos: "Pais sábios não admitem que os filhos brinquem com a comida." A mãe sábia adotava "a vara e a repreensão". Ele podia parecer mais feroz no púlpito que à mesa de jantar, mas é difícil acreditar que seus filhos vencessem uma discussão com o pai, dono da verdade. Ele deu mais um indício de seu estilo paterno num sermão em janeiro. O Senhor mandava provações, pregava Parris, do mesmo modo que os pais, "ao ver seus filhos ousados demais com fogo ou água", levam-nos para "perto do fogo ou os seguram sobre a água, como se fossem queimar ou se afogar". E explicou: "Deve-se assombrá-los e assustá-los para que se mantenham à distância."[39]

A casa paroquial gelada logo mergulhou em assombro e medo, e nisso não estava sozinha: pouco antes, ou justamente quando o bolo de bruxa de fevereiro apresentava Abigail e Betty a seus algozes, Ann Putnam, de doze anos, filha de Thomas Putnam, valente apoiador de Parris, começou a tremer e a engasgar. A menos de dois quilômetros, na mesma rua, Elizabeth Hubbard, sobrinha e empregada de dezesseis anos do dr. Griggs, entrou em convulsão também. Uma criatura a havia seguido até sua casa sob a neve de fevereiro. Ela agora se dava conta de que não era um lobo. As quatro meninas conseguiam dizer com certeza quem as beliscava e esmurrava. Durante todo o resto de 1692, Samuel Parris não fez mais menção à lenha.

3. A operação de portentos

> Já vi coisas demais para não saber que a opinião de uma mulher pode ser muito mais valiosa que as conclusões de um pensador analítico.[1]
>
> ARTHUR CONAN DOYLE

NOS DIAS SEGUINTES ao experimento de Mary Sibley com o bolo, tempestades assolaram o condado de Essex, enchendo os rios, que transbordaram inundando casas, carregando gado, moinhos e pontes. A aldeia parecia um pântano em ebulição. Depois de consultar o pastor, Thomas Putnam cavalgou até a cidade de Salem, em 29 de fevereiro, acompanhado por três amigos. As meninas agora sabiam quem as atormentava. Naquela segunda-feira, os fazendeiros compareceram ante dois juízes de Salem para registrar queixas formais de bruxaria. Horas depois, o guarda da aldeia bateu numa porta ao sul da casa paroquial, levando um mandado de prisão para Sarah Good. Ela devia comparecer perante as autoridades na manhã seguinte porque, durante dois meses, torturara duas meninas da família Parris, a filha de Thomas Putnam e a empregada do dr. Griggs.

Mendiga semi-itinerante, Sarah Good era uma espécie de ameaça local. Vinha trilhando uma história pregressa de impiedosa mobilidade. Quando tinha dezoito anos, o pai, rico estalajadeiro francês, cometera suicídio. Suas propriedades consideráveis passaram para o padrasto de Sarah. Aos vinte anos, perdeu o marido e herdou as dívidas. Seguiu-se uma série de processos que a deixaram sem amigos nem dinheiro. Para desânimo dos vizinhos ordeiros e industriosos, ela, o segundo marido e os filhos viviam de caridade em celeiros e campos. Havia pouco tempo aparecera na casa paroquial com a filha de cinco anos. Parris ofereceu alguma coisa à menina, mas Sarah se afastou praguejando. O encontro com aquela mulher descabelada a rosnar perturbou seriamente os membros da família. A assistência aos pobres era um problema crônico em Massachusetts, onde os recursos eram parcos e a ociosidade, um enigma. Todos preferiam afastar os pobres da cidade. Naquelas semanas, as duas Salem vinham lidando exatamente com essa questão, porque a Guerra do Rei Felipe produzira um número imenso de viúvas e órfãos. Se tinham de prover seus próprios pobres, perguntavam-se os fazendeiros de Salem, ainda batalhando por sua independência, poderia a cidade isentá-los da manutenção das estradas?

Sarah Good vinha incomodando Salem fazia algum tempo. Três anos antes ela e a família foram abrigadas por um casal bem-intencionado, mas Sarah se mostrou "um espírito turbulento e malvado". Depois de seis meses os hospedeiros a puseram para fora, e ela ameaçou o casal. Naquele inverno o gado deles começou a morrer sem explicação. Ao saber do infortúnio, Sarah jurou que não se importava se perdessem todas as reses. Quando outro aldeão se recusou a recebê-la em casa por temor de que a moça estivesse com varíola, ela o xingou e amaldiçoou. Na manhã seguinte a vaca da família morreu "de uma estranha maneira repentina".[2] O próprio irmão do subxerife George Herrick tinha mandado a resmungona embora quando ela foi procurar abrigo. Sarah prometeu que os Herrick iam pagar pela falta de hospitalidade. Várias das vacas premiadas da família acabaram sumindo. As três famílias logo teriam motivos para lembrar esses encontros pouco auspiciosos.

O delegado entregou Sarah Good às dez horas da manhã de 1º de março na hospedaria, ou taverna Ingersoll, onde o interrogatório teria lugar. Se a aldeia tinha um núcleo, esse núcleo era a Ingersoll e poucas ausências se notaram naquela manhã. Martha Corey, a idônea vizinha de Sarah Good, preferiu não comparecer. Em vão tentou deter o marido, porém Giles Corey não perdeu um minuto das investigações. Quando os juízes da cidade chegaram, ficou claro que a taverna não conseguiria acomodar a multidão, e mudaram o inquérito para a austera igreja da aldeia, agora mais escura depois de anos de negligência. No ar febril daquela terça-feira, as regras usuais e toda hierarquia evaporaram; nas semanas seguintes, inibições, obrigações e toques de recolher seriam suspensos. Os fazendeiros conheciam muito bem seus lugares nos bancos de tábua – entre as questões em conflito, o lugar na igreja era algo quase mortal, determinado por um algoritmo de idade, classe e riqueza que feria o ego e muitas vezes era contestado. Mas naquela manhã não se sentaram neles.

A uma mesa diante do púlpito sentavam os juízes de paz Jonathan Corwin e John Hathorne. Muito respeitados, estavam entre os homens mais importantes da cidade de Salem. Especulador de terras bem-sucedido e sagaz capitão de milícia, Hathorne morava numa bela mansão. Tão hábil e áspero interrogador quanto fora seu pai, ele estava em atividade desde 1684. Era pai de seis filhos, mas não tinha experiência com meninas adolescentes. Corwin era proprietário de serrarias, muitas em sociedade com Hathorne. Filho de um dos comerciantes mais ricos de Salem, herdara uma fortuna e se casara com outra. Os juízes eram amigos, ambos na casa dos cinquenta anos, e parentes por afinidade. Viviam perto um do outro e participavam da igreja da cidade de Salem, onde Hathorne ocupava posição de liderança. Embora nenhum dos dois tivesse formação em lei – homens com formação jurídica não imigravam para as colônias, onde não havia escola de Direito –, ambos conheciam muito bem a comunidade. Hathorne havia participado do comitê que cinco anos antes insistira com os aldeões para que poupassem a cidade de suas animosidades e dedicara horas julgando as disputas da família Putnam. Os dois, sem dúvida aliviados, tinham comparecido à ordenação de Parris, e Corwin resgatara do frio a família do pastor com uma entrega emergencial de lenha em outubro.

Depois da oração de abertura, Hathorne encarregou-se do interrogatório. "Sarah Good", perguntou, "com que maus espíritos está familiarizada?" Ela respondeu: "Nenhum." Trabalhando a partir de notas já preparadas, ele prosseguiu como se ela tivesse dito o contrário. Tivera contato com o diabo? Por que machucava as crianças? Que criatura empregava para isso? Cabia a ele estabelecer não a verdade das acusações, mas a culpa da suspeita.[3] Quando um possível ladrão comparecera diante de Hathorne oito anos antes, ele começara assim: "Em que dia da semana o senhor roubou o dinheiro de Elizabeth Russell?"

A disputa era assimétrica. Apesar de todo o mau comportamento, Sarah Good nunca estivera diante de um magistrado. Mesmo assim, Hathorne não chegou a lugar nenhum. Sarah continuou com as negativas reticentes, e ele tentou outra estratégia. O que fora toda aquela confusão na casa paroquial? Ela apenas agradecera ao reverendo Parris por sua caridade. A acusação era falsa, ela não sabia nada do diabo. Hathorne pediu às quatro meninas que se levantassem. Era essa a mulher que as atacava? Todas disseram que sim, e quando se viraram para Sarah começaram a se debater. "Sarah Good, não entende o que fez? Por que não conta a verdade para nós? Por que atormenta assim essas pobres crianças?" As contorções e convulsões continuaram. Sarah não tinha como negar que alguma coisa afligia as meninas, mas o que tinha ela a ver com isso? Assim como os outros, ela sabia que Hathorne prendera duas outras mulheres. Uma delas devia ser a culpada.

Na quarta ou quinta vez em que Hathorne perguntou quem enfeitiçara as meninas, Sarah Good citou Sarah Osborne, presa na mesma tarde, com a casa revirada em busca de provas. Recuperadas, as meninas esclareceram que as duas Sarah as torturavam. O juiz mencionou que Sarah Good lançava encantamentos ou conferenciava com cúmplices diabólicos. Na Nova Inglaterra, imprecar também era o código para tudo que fosse suspeito e subversivo. A palavra falada era carregada de iniquidades e insurreições, levava à anarquia; onde irrompiam pragas não tardava a haver rebelião. Os indígenas também praguejavam.

Sarah Good era cáustica, na melhor das hipóteses; insolente, na pior. "Suas respostas eram muito maldosas e maliciosas", observou um dos relatores.[4] Depauperada e suja, ela parecia tão miserável quanto sua reputação. Uma criança a tomaria por velha, mas na verdade tinha 38 anos e dera à luz um bebê três meses antes. Ela continuava a resistir a seu examinador bem-vestido, porém, quanto às pragas, acabou cedendo: "Se tiver de falar, eu falo." Disse que não imprecara, que estava recitando os Mandamentos. Pressionada a dar detalhes, mudou a declaração: rezara um salmo. "A quem a senhora serve?", Hathorne insistiu, desviando o rumo. "A Deus, que fez o céu e a terra", respondeu Sarah, embora tenha hesitado ao pronunciar o nome do Senhor. Podia explicar suas ausências da igreja aos domingos? Não comparecera aos cultos porque não tinha roupa adequada.

Se Sarah não selou seu destino com as respostas ácidas, o marido o fez em seu lugar. Alguém na sala falou que William Good havia manifestado suspeitas a respeito da esposa, dizendo que ela era "bruxa, ou logo ia virar bruxa". Hathorne pressionou o infeliz tecelão. Ele tinha testemunhado algum ato diabólico? Não, mas a esposa se comportara rancorosamente com ele. Com lágrimas nos olhos, foi forçado a admitir: "Ela é inimiga de todo bem." O boato da ausência de compaixão de Sarah com o gado de seus anfitriões também tivera origem no marido. William Good revelou que, na noite anterior à prisão da esposa, notou nela uma marca de bruxa – um sinal que o diabo punha em seus recrutas – pouco abaixo do ombro direito. Hathorne devolveu Sarah Good à prisão.

Ele interrogou com o mesmo rigor a segunda suspeita, Sarah Osborne. Assim como a outra Sarah, ela lutava por uma herança depois da morte do marido em 1674. A reivindicação caminhava devagar, e ela se casara com seu empregado rural irlandês. Hathorne novamente deparou com negativas, embora de uma ré mais bem-humorada e menos maltrapilha. Sarah Osborne se recusou a implicar Sarah Good, que só conhecia de vista. Mais uma vez o juiz pediu às meninas que se levantassem. Elas disseram que, quando Sarah as beliscara e estrangulara, ela estava usando a mesma roupa daquela tarde. Numa admissão de suas dificuldades, Sarah Osborne observou que mais parecia enfeitiçada que feiticeira. Hathorne indagou o que ela queria dizer com essa observação. Num pesadelo, contou a mulher, vira uma figura que parecia um indígena, que beliscou seu pescoço e a arrastou pelo cabelo. A maioria das mulheres de Massachusetts já havia imaginado essa possibilidade. Em seu best-seller, Mary Rowlandson observou que, antes de seu sequestro por indígenas, sabia que preferia morrer a ser levada viva por selvagens.

Entre contorções das meninas e salvas de testemunhos não solicitados, o tribunal não era nada comportado. Mesmo no papel os depoimentos eram caóticos. Parece que Sarah Osborne já havia mencionado ouvir uma voz suspeita. "Era o diabo falando com você?", perguntou Hathorne. "Não conheço o diabo." Ela pensara ter ouvido uma voz propondo que faltasse ao culto. Hathorne perseverou: "Por que a senhora cedeu ao diabo e nunca mais compareceu ao culto?" Ela estava doente, como qualquer pessoa chamada Putnam sabia muito bem. Sarah Osborne se ausentara do culto porque há muito tempo estava envolvida numa disputa judicial com a primeira família da aldeia. O testamento de seu primeiro marido indicara como executores Thomas e John Putnam, adversários de Sarah. O atual marido logo especificou que ela não comparecera ao culto durante catorze meses. Nesse dia ou no dia seguinte, a esposa do estalajadeiro examinou as duas Sarah em busca de marcas de bruxa.

Ao prender Sarah Osborne, o subxerife Herrick efetuara uma busca diligente por imagens, unguentos ou objetos associados a bruxaria. Em outro endereço a revista deve ter sido mais difícil. O terceiro nome que a adolescente de doze anos Ann Putnam mencionara era o de Tituba, a escrava indígena do pastor que morava com a família fazia algum tempo, no mínimo desde Boston. As meninas da casa paroquial, com quem Tituba vivia, orava, comia e provavelmente dormia, não mencionaram seu nome, nem Parris. Este afirmou duas vezes que John (que os aldeões achavam ser marido de Tituba) havia assado o bolo de bruxa seguindo as instruções de Mary Sibley. Muito ligada a Betty, bem versada nas Escrituras, Tituba não era a suspeita usual. Todos os escravos e criados se envolviam em todo tipo de problema, mas ela, não. A índia estava integrada à vida familiar, na mesma proporção em que os Good eram dela excluídos. Sarah Good e Sarah Osborne moravam nos arredores da cidade e compareciam aos cultos irregularmente. Por tradição, as bruxas eram marginais, isoladas, intratáveis e coléricas. Tituba não se encaixava nesse perfil. No entanto, mostrou-se versada em encantamentos.

Mais uma vez Hathorne começou com a presunção de culpa. "Por que você machuca essas crianças?", perguntou. Naquilo que claramente não era sua língua natal, Tituba negou. Então, quem torturava as meninas? "O diabo, pelo que eu sei", ela respondeu, antes de passar a descrevê-lo. A mulher era expansiva onde Sarah Good fora lacônica e apresentou todo um elenco maléfico, seus cúmplices animais, os vários superpoderes. No dia anterior, quando limpava o barracão da casa paroquial, aparecera um homem alto, de cabelo branco, com um casaco de sarja escura. Ele ordenou que ela machucasse as crianças. Estava com quatro cúmplices, inclusive as duas Sarah. Os outros eram de Boston. O homem ameaçou matar Tituba se ela não torturasse as meninas. A história foi ficando cada vez mais intrincada. O que ela relatava era vívido e tolo. Se até aí as meninas haviam se contorcido violentamente e gritado, agora não mexiam um músculo nem emitiam um som.

Segundo Tituba, um pássaro amarelo acompanhava o visitante, que ora surgia sob a aparência de dois gatos vermelhos, um cachorro preto ou um porco. Sarah Good também apareceu naquela noite, enquanto a família rezava. Tapara os ouvidos de Tituba para ela não ouvir as Escrituras, e a criada ficara surda por algum tempo. Se vivia com medo de Parris, ela estava ainda mais aterrorizada pela aparição, que a visitou quatro vezes, ameaçando cortar sua cabeça se o mencionasse. Em seus disfarces, as duas Sarah a enviaram à casa do médico para beliscar Elizabeth Hubbard e à casa dos Putnam para afligir a jovem Ann. Ordenaram que Tituba assassinasse a menina com uma faca, testemunho imediatamente corroborado; dos bancos chegaram relatos de que Ann se queixara de que seus torturadores sobrenaturais haviam tentado cortar fora sua cabeça! Tituba era uma contadora de histórias brilhante. Mostrava-se lúcida e convincente – seu depoimento é cinco vezes mais longo que o de Sarah Good.[5] Ninguém protestou que, na véspera, quando Tituba alegava ter tido a conversa no barracão, ou naquela manhã, quando dizia ter beliscado Elizabeth Hubbard, ela já estava presa. Nem observou que situava seus novos conhecimentos num momento posterior àquele em que as meninas sentiram as primeiras dores. Ninguém quis interrompê-la, afinal, estavam chegando a algum lugar.

Como Tituba conseguira viajar? "Monto numa vara ou galho, com Sarah Good e Sarah Osborne atrás de mim", confessou. Ela esclareceu também alguns outros mistérios. O lobo que perseguira Elizabeth Hubbard era Sarah Good. A criatura peluda com asas e nariz comprido se aquecendo na lareira dos Parris era Sarah Osborne. Tituba não economizava detalhes nem deixava de responder a nenhuma das perguntas. Ali estava uma performance durante a qual ninguém dormiu. Só no final do testemunho as meninas recomeçaram as convulsões. "Você vê quem está atormentando as crianças agora?", perguntou Hathorne. Era Sarah Good, garantiu Tituba, e em seguida não conseguiu pronunciar uma sílaba a mais. "Agora estou cega, não consigo enxergar", protestou, antes que o inquérito de 1º de março se encerrasse com uma oração.

No FIM DA TARDE, Tituba e Sarah Osborne foram trancadas na cadeia de Salem. Tinha sido um dia nervoso para os envolvidos. Questões mais prosaicas seguiram-se à partida dos juízes. Foi convocada uma reunião da municipalidade: os aldeões ainda questionavam suas obrigações com a cidade de Salem, e as diferenças eram inconciliáveis. Os fazendeiros encaminharam à corte uma petição de autonomia completa e votaram por rejeitar a oferta de permutar a manutenção das estradas pelo apoio aos pobres da aldeia.

Nessa noite, depois que escureceu, um barulho persistente assustou um tanoeiro e um trabalhador da aldeia. Ao se aproximarem, William Allen e John Hughes descobriram uma fera "estranha e fora do comum". Quando chegaram perto, ela se dissolveu no luar prateado; duas ou três mulheres se materializaram em seu lugar e voaram depressa. Mais ou menos ao mesmo tempo, Elizabeth Hubbard se levantou na casa dos Griggs. "Sarah Good está parada ao lado da mesa, perto do senhor!", ela gritou para Samuel Sibley, marido de Mary. Sarah estava descalça, com pernas e peito nus. Sibley bateu com a bengala no braço do espectro. O relato de Elizabeth foi facilmente corroborado. O subxerife Herrick detivera Sarah Good em sua fazenda, à noite, para levá-la no dia seguinte à cadeia de Ipswich. De alguma forma, a irascível prisioneira conseguira escapar dos guardas com o filho, deixando para trás sapatos e meias. De manhã, esposa de Herrick notou lacerações no braço de Sarah, dos cotovelos ao pulso. Não havia sinal de sangue na noite anterior. Evidentemente os golpes de Sibley a haviam atingido.

O assistente de Herrick ficou contente de entregar a suspeita, depois de uma viagem muito difícil. Sarah Good cavalgava numa almofada atrás de sua sela e por três vezes saltou do cavalo tentando fugir. Não era bruxa, gritava, eles tinham apenas a palavra de Tituba. Era absurdo acreditar numa escrava de fala mansa. Ela xingou os magistrados e tentou se matar. Na quarta-feira, 2 de março, as autoridades a trancafiaram na cadeia de Ipswich, local insalubre até para os padrões de Sarah. À noite John Hughes esteve na casa dos Sibley e, quando partiu, foi seguido durante algum tempo por um cachorro branco. Depois, já na cama, com as portas trancadas, um grande brilho iluminou seu quarto. Ele se sentou e descobriu um gato sentado aos pés da cama. O tanoeiro William Allen, de 22 anos, também teve uma noite agitada. Uma Sarah Good fluorescente pousou em sua cama, sentou-se a seus pés, mas desapareceu quando Allen a chutou. Era como se Tituba tivesse distribuído alucinógenos. A confissão aterrorizadora, psicodélica, foi a sua contribuição para os acontecimentos de 1692.

Quem Ann Putnam, filha, iria descobrir em seu quarto na manhã seguinte senão Dorothy Good, a filha de cinco anos de Sarah. A bruxinha a mordeu, beliscou e sufocou, insistindo o tempo todo para Ann assinar um pacto diabólico. Enquanto isso, Hathorne continuava a interrogar as suspeitas na prisão, onde, ao longo de quatro dias, Tituba continuava a fazer revelações. Ela assinara um acordo com o diabo: "Ele diz para mim que é Deus e que eu tenho de servir-lhe por seis anos, e me fará muita coisa boa", relatou. Era de Hathorne a primeira menção a pactos satânicos, que os sugerira a Sarah Good e Sarah Osborne. Em visita subsequente – geralmente o diabo vinha na hora da reza –, o demônio tirou do bolso um livro no qual Tituba devia escrever seu nome. A assinatura devia ser feita com sangue. Ela sabia dizer com exatidão o que havia no livro: nove assinaturas, em vermelho e amarelo, as de Sarah Good e Sarah Osborne bem visíveis. Sob custódia, Sarah Good confirmou que a assinatura era dela. Sarah Osborne zombou da ideia.

Antes do testemunho inicial de Tituba, o homem alto havia reaparecido para alertá-la a nada dizer. Se falasse ele a decapitaria. Pressionada a revelar outros nomes, nada aconteceu. Ela começou a se tornar incoerente – ou pelo menos o registro de seu testemunho. Tituba podia dizer ao menos onde viviam os nove signatários? "Posso. Uns em Boston e uns aqui, mas ele não disse quem eram." Essa era uma informação inquietante, assim como as assinaturas com sangue e a sugestão de conjura. Tituba tinha visto algo de que cada aldeão ouvira falar e em que acreditava: um verdadeiro pacto com o diabo.[6]

Os magistrados haviam interrogado Tituba quatro vezes, mais que a qualquer outra suspeita, e três homens faziam copiosas anotações. Ela insistia em que não era bruxa, embora tivesse trabalhado para uma delas. Na prisão, foi reexaminada em busca de marcas suspeitas, mas nada encontraram. Como lhe pedissem novas provas, começou a se contorcer e a gritar. Seus aliados diabólicos a torturavam por tê-los traído.

Uma semana depois de sua prisão, Sarah Good, Sarah Osborne e Tituba foram levadas para esperar o julgamento num cárcere em Boston. O bebê de Sarah Good foi com elas. A viagem só podia ser tensa, diante das acusações mútuas. Quanto ao destino, com ar fétido, piso sujo e exércitos de piolhos, a prisão de Boston era "um túmulo para os vivos", e John Arnold, o carcereiro, era reconhecidamente cruel, tão duro quanto as correntes com as quais prendeu as suspeitas. As bruxas conseguiam controlar suas vítimas com simples gestos, contudo, se não se movessem, não podiam enfeitiçar – no entanto, as fugas aconteciam com incrível regularidade na cadeia de Boston.

Supondo que Tituba acreditasse em seu próprio testemunho, ela devia estar petrificada. Nem uma sólida prisão conseguiria impedir que o homem alto a decapitasse. Os juízes acharam-na perfeitamente crível, seus detalhes eram precisos, correspondiam aos relatos das enfeitiçadas, mas de repente ela mudou tudo. Isso só garantia às autoridades que estavam na trilha certa. Duplicando o número de suspeitos, o depoimento da índia enfatizava a urgência da investigação e introduzia um perigoso recrutador nos processos. "E assim", escreveu John Hale – o ponderado pastor de Beverly – sobre um assunto que parecia modesto e local, "a questão seguiu adiante."[7]

O QUE ERA EXATAMENTE uma bruxa? Qualquer morador da Nova Inglaterra no século XVII era capaz de dizer. Por adversos que fossem os relacionamentos, Hathorne, Corwin, os funcionários do tribunal, as acusadas e os acusadores, todos visualizavam a mesma figura, tão real para eles como as enchentes de fevereiro, embora mais perniciosas. Direta ou indiretamente, a definição vinha de Joseph Glanvill, notável estudioso e naturalista inglês. Formado em Oxford, com autoridade impecável, ele provara que a bruxaria existia, assim como o calor ou a luz. Definia o termo desse modo: "A bruxa é alguém capaz de fazer ou parecer fazer coisas estranhas, para além do poder conhecido da arte e da natureza comum, em virtude de uma confederação com maus espíritos."[8] Por meio de pactos, as bruxas assumiam o poder de se transformar em gatos, lobos, lebres, tendo predileção por pássaros amarelos. Podiam ser mulheres ou homens, porém com mais frequência mulheres. A bruxa inglesa mantinha uma coleção de duendes ou mascotes demoníacos, porcos, tartarugas, doninhas que atendiam a seus pedidos. Prevaleciam os gatos e cachorros, mas os sapos eram os favoritos universais.

A bruxa tinha uma marca no corpo indicando seu pacto antinatural com os espíritos que a envolviam. Essas marcas podiam ser azuis ou vermelhas, salientes ou encovadas. Qualquer marca escura valia, embora a marca na área genital fosse especialmente incriminadora. Como dissera Tituba, a bruxa assinava um acordo com sangue vinculando-a a seu mestre, a quem prestava serviços. Ele recrutava com propinas específicas a cada caso. A bruxaria costumava se propagar nas famílias, em geral por linha materna. Embora seu poder fosse sobrenatural, o crime da bruxa era religioso. Com certeza ela se ateria diante do padre-nosso, anátema para o diabo, e operava sua magia com encantamentos ou unguentos – notícia incriminadora para Elizabeth Procter, de Salem, cuja empregada revelara que a patroa mantinha sempre à mão um óleo esverdeado e malcheiroso. Para operar sua magia à distância, a bruxa às vezes recorria a bonecos, as figuras que o subxerife Herrick buscava ao revistar os armários de Sarah Osborne e a casa de Parris. E a ligação das bruxas com as crianças loucamente convulsas de Salem? Um inglês sabia precisamente como era o encantamento. De acordo com um guia jurídico presente em muitas das prateleiras de Salem em 1692, ele se manifestava como perda de sentidos, membros paralisados, convulsões, maxilares travados ou grotescamente deformados, boca espumando, ranger de dentes, tremores violentos. O autor desse livro oferecia também um conselho vital: diante desses sintomas, consulte seu médico antes de acusar o vizinho.[9]

Bruxas haviam perturbado a Nova Inglaterra desde a fundação. Elas afogavam bois, faziam o gado pular, derrubavam frigideiras, o feno das carroças, encantavam a cerveja. Lançavam coisas no ar, até criaturas desmembradas. Sem razão aparente, Hathorne perguntou a Tituba se ela sabia alguma coisa a respeito do menino de Corwin. Provavelmente imaginava que ela teria aleijado o filho manco do juiz, de nove anos, embora houvesse outros candidatos. As bruxas conseguiam estar em dois lugares ao mesmo tempo ou sair secas de um lugar molhado. Caminhavam sem ruído sobre tábuas soltas, teciam linho fino, conheciam segredos para clarear panos, sobreviviam a quedas. Podiam ser briguentas e resmungonas, ou inexplicavelmente fortes e inteligentes.

Comparadas a suas contrapartidas europeias, as bruxas da Nova Inglaterra formavam um bando manso, seus poderes eram mais comuns que ocultos, especializavam-se em bagunçar o celeiro e a cozinha. Quando uma bruxa da Nova Inglaterra suspendia as leis naturais, essas leis tendiam a ser agrícolas. Ela não tinha nenhum talento para interferir no clima e não atraía pestes. As bruxas da Europa se divertiam mais: viravam o rosto dos inimigos de cabeça para baixo, montavam em hienas a caminho de bacanais, roubavam bebês e moedas. As de Massachusetts, mesmo em suas transgressões, eram puritanas.[10] Raramente tinham contatos sexuais com o diabo, e quando visitavam homens durante a noite, pareciam mais interessadas em torcer pescoços. Antes de 1692, a feiticeira da Nova Inglaterra quase não voava para reuniões ilícitas, mais comuns na Escandinávia e na Escócia. Embora houvesse muita fanfarronice na Nova Inglaterra, não figuravam nos sabás das bruxas depravação ou danças. O alvo final da feiticeira, o objetivo de tanto beliscar e espetar, era a alma, mais que o corpo.¹¹ E apesar de seus poderes prodigiosos, ela não escapava do cárcere, coisa comum entre prisioneiros locais menos dotados.

Entre as provas abundantes da existência de bruxas estava a imposição bíblica sobre elas. "A feiticeira, não deixarás viver", ordena o Êxodo, embora haja certa discordância quanto ao termo: em hebraico, ele denotaria mais exatamente "envenenadora". Como operadores de magia e adivinhos, os bruxos e bruxas existiam desde o começo dos registros históricos. As primeiras perseguições tiveram lugar no Egito, por volta de 1300 a.C., por um crime hoje considerado prática da medicina sem diploma. Descendente dos deuses com cornos do folclore celta e teutônico, ancestral distante de Pan, o diabo ainda não entrara em cena. Ele chegou com o Novo Testamento, que no entanto está livre de bruxas. Nada na Bíblia conecta os dois, trabalho que coube, muito mais tarde, à Igreja. Foi preciso existir religião para alguém propor pactos satânicos, mais populares na Escócia que na Inglaterra. Não se podia vender a alma antes de se estabelecer que temos alma.

A bruxa tal como concebida em Salem se materializara no século XIII, quando bruxaria e heresia se tornaram mais próximas. Em 1326, o papa João XXII encarregou seus inquisidores de limpar a terra de adoradores do diabo; os dois séculos seguintes mostraram-se transformadores. Quando não eram queimadas vivas, as bruxas adotavam duas práticas sob a Inquisição. Em sua encarnação europeia, participavam de lúgubres orgias, cujos elementos tomaram forma no começo do século XV, nos Alpes ocidentais. Ao mesmo tempo, provavelmente na Alemanha, elas começaram a voar, às vezes numa vassoura. Depois tornaram-se mulheres, tidas como mais suscetíveis aos avanços satânicos, mais malvadas por natureza. O mais leviano volume sobre o assunto, o *Malleus Maleficarum*, ou *Martelo das feiticeiras*, invocava uma profusão de autoridades clássicas para comprovar o que dizia: "Quando uma mulher pensa sozinha, ela pensa uma maldade." Fraca como era diante de tentações diabólicas, a mulher podia emergir perigosa e dominadora. De acordo com o indispensável *Malleus*, mesmo na ausência de poder oculto, as mulheres eram "um antagonista da amizade, um castigo inescapável, um mal necessário, uma tentação natural, uma calamidade desejável, um perigo doméstico".

O século XV – o século de Joana d'Arc – introduziu a grande disputa entre Cristo e o diabo. O todo-poderoso Deus da Reforma exigia um inimigo todo-poderoso – e a bruxa pegou carona. Por razões que pareciam evidentes, o diabo não podia realizar sem ela o que Lawson chamou de "operações venenosas". Perseguições frenéticas começaram no final do século XV com a publicação do *Malleus*; a literatura sobre bruxaria e as perseguições caminhavam de mãos dadas. E embora a adoração a Satã fosse uma acusação útil para nivelar qualquer seita religiosa rival – católicos atacavam protestantes com o mesmo vigor com que os protestantes revidavam –, todos concordavam na perseguição às bruxas.[12] Por seu lado, elas eram perfeitamente ecumênicas. Frequentavam paróquias católicas, protestantes, luteranas e calvinistas. Só o exorcismo continuou a ser monopólio católico. Tampouco tinham as bruxas um endereço preferido. Não eram particularmente inglesas nem só europeias.

Quanto ao país que mais se empenhou na caça às bruxas, a disputa é feroz. A Alemanha demorou a perseguir, mas depois se tornou fanática. Um inquisidor da Lorena gabava-se de ter livrado a terra de novecentas bruxas em quinze anos. Um italiano o superou com mil mortes em um ano. Uma cidade alemã conseguiu quatrocentas num único dia. Entre 1580 e 1680, a Grã-Bretanha livrou-se de não menos que 4 mil bruxas. Vários anos depois de Salem, ao menos cinco acusadas de bruxaria morreram na Escócia. O condado de Essex, na Inglaterra, de onde vinham muitos dos colonos da baía de Massachusetts, mostrou-se especialmente propenso à perseguição.[13]

A bruxa fez a viagem da Inglaterra para a América do Norte em grande parte intacta. Com ela chegaram os duendes anglo-saxões. Os aspectos contratuais – a marca do diabo, o livro, o pacto – também representavam preocupações protestantes. Os sabás, assim como os voos, derivavam da Europa continental (as bruxas inglesas não mostravam nenhum interesse por cabos de vassoura). Quando não estava proferindo pactos ou exercendo a medicina, o diabo trabalhava em segredo, especializando-se em perversidades; ele garantia ao cético que bruxaria não existia, conhecia a Bíblia, que citava estrategicamente para fins odiosos, interferia na mensagem pastoral provocando sono durante os sermões e impedia o progresso científico. Médico talentoso, conhecia curas melhor que qualquer um. Como observou William Perkins, um dos primeiros teólogos puritanos, o diabo era capaz de fazer a pessoa acreditar em coisas a respeito dela mesma. Essas ideias, os habitantes da Nova Inglaterra importaram inteiras, derivadas sobretudo da obra de Glanvill – com quem Increase Mather se correspondia – e de Perkins – que Cotton Mather imitava. Quando o colono estabeleceu um código legal, o primeiro crime capital era a idolatria, o segundo, a bruxaria. Depois vinha blasfêmia, seguida de assassinato, envenenamento e bestialismo.

Embora não fosse citado no estatuto, o diabo logo aprontava seus truques na Nova Inglaterra. A primeira pessoa a confessar um pacto com Satã havia rezado pedindo seu auxílio em algumas tarefas, e ele se materializou para limpar a cinza da lareira e trazer os porcos do campo. Esse exemplo foi considerado mais uma heresia que um dano. Os primeiros casos de bruxaria da Nova Inglaterra não falavam em vassouras, reuniões satânicas e meninas em convulsão. Tratavam mais de porcos enfeitiçados, gado errante e propriedades invadidas. Muitas acusações tinham aspectos de conto de fadas: fiar mais lã que o possível, completar o trabalho doméstico em tempo recorde, perguntar com excesso de solicitude sobre a doença de um vizinho, proferir ameaças venenosas.

Desde que suas leis haviam sido codificadas, a Nova Inglaterra condenou mais de cem bruxas, um quarto das quais do sexo masculino. Os filhos dos Goodwin haviam sido objeto do julgamento então mais recente de Massachusetts. A suposta culpada era a mãe de uma lavadeira do bairro, que a filha mais velha dos Goodwin acusara de roubo. A anciã irrompeu em fúria, repreendendo Martha Goodwin, e os ataques da moça começaram. Dentro de uma semana, três de seus irmãos arfavam e gritavam. No banco dos réus, a acusada não foi capaz de recitar o padre-nosso em inglês, tendo aprendido a oração em gaélico, única língua que falava. Numa busca em sua casa foram encontrados bonecos; através de um intérprete, ela fez uma confissão completa, embora nebulosa, sobre o diabo. A bruxa, irlandesa e católica, foi enforcada em 16 de novembro de 1688, alertando, ao marchar para o patíbulo, que as crises das crianças não iam passar com sua morte. Ela estava certa, os ataques ficaram mais severos.

Em Boston, no fim do século XVII, um visitante holandês observou que "nunca se viu um lugar onde se fale tanto sobre bruxaria e bruxas".[14] De fato, a palavra "bruxa" circulava muito na cidade. Os primeiros colonos haviam emigrado da Inglaterra quando a febre de bruxas neste país estava no auge; em grande parte, esses migrantes vinham dos condados mais enfeitiçados. Quando Sarah Good, Sarah Osborne e Tituba foram presas às correntes em março, juntaram-se a outra acusada de bruxaria definhando na prisão desde outubro. A bruxaria adaptou-se bem à Nova Inglaterra, no entanto, os julgamentos já diminuíam em 1692. Connecticut fora mais perturbada por bruxas que Massachusetts: executara uma série delas nos primeiros anos da década de 1660 e depois parou. Outros casos irromperam esporadicamente, e não em frenéticas explosões.

A Nova Inglaterra tampouco demonstrava qualquer desejo de condenar. "Pendemos mais para o lado caritativo", anotou John Hale depois de um perdão controvertido em 1680, quando a corte se recusou a condenar uma mulher pelos danos causados por um demônio que nela encarnara.[15] Os juízes eram cautelosos. Uma acusada de bruxaria foi multada por mentir, outra foi chicoteada por conversar com o diabo. Dos 103 casos anteriores aos de Salem, a taxa de condenações na Nova Inglaterra beirava os 25%. No total, Massachusetts enforcou apenas seis bruxas antes de 1692. No primeiro dia de inquéritos, quando um diácono da congregação de Parris em Boston colocou um exemplar do famoso livro de William Perkins nas mãos do pastor da aldeia, ninguém, com exceção da atormentadora dos Goodwin – as três mulheres presas em Ipswich ficariam tranquilas ao saber disso –, havia sido executado por bruxaria em mais de 25 anos.

Nas décadas anteriores a 1692, a Grã-Bretanha foi varrida por um grande debate sobre a realidade da bruxaria, e os julgamentos foram suspensos. A discussão cabia à elite, a questão era para os estudiosos e clérigos bem formados. Entendia-se que os homens de todas as eras, sábios ou não, de qualquer credo, concordavam em que elas existiam de fato. Os primeiros passos para abandonar a crença foram hesitantes. Os racionalistas se erguiam contra Perkins, o mais convincente na defesa da realidade da bruxaria. Claro que havia todo tipo de fraude, engano e falsificação, admitia ele, mas isso não queria dizer que não existisse o artigo genuíno. Cotton Mather repetia esse argumento assim como muita coisa falada por Perkins. A bruxaria não explicava todos os acidentes dúbios, mas algumas coisas não podiam ser justificadas de outra maneira.[16] Como observava Perkins, reiterava Mather e acreditava Massachusetts, duvidar de sua eficácia era o mesmo que duvidar que o sol brilhava ao meio-dia.

Glanvill desenvolveu o argumento de Perkins, de que não devemos negar a existência de alguma coisa só porque não conseguimos entendê-la. Não sabíamos também como operava a alma. Por que a Bíblia alertaria sobre bruxas se elas não existissem? Além disso, havia muitas confissões. Era inconcebível que "a imaginação, a coisa mais variável do mundo, seja infinitamente capaz de repetir o mesmo conceito em todos os tempos e lugares".[17] A comprovação era fugidia, mas não impossível. Pela mesma lógica, argumentava o estudioso, como provar que Júlio César fundou o Império Romano? Desacreditar era reduzir a história a ficção.

De fato, a imagética era incrivelmente similar, assim como convulsões, transes e estrangulamentos. Um morador da Nova Inglaterra sabia a aparência de uma bruxa assim como hoje reconhecemos um vampiro, embora nunca tenhamos visto um exemplar. O cético insistia em que a bruxaria era um absurdo, uma fantasia propagada por "pequenos impostores". Mas essa era exatamente a questão, protestava Glanvill. Ela é tão absurda, tão irracional, tão improvável que deve ser verdadeira. "Pessoas superficiais podem caçoar dessas coisas", afirmou Mather, cortante, em 1702, visando aos "pedantes sábios dos cafés", os liberais modernos da época.[18] Sem mistério não havia fé. Negar a bruxaria era negar a religião, um pequeno passo para a conclusão: negar a bruxaria era defendê-la.

E quanto à astuta figura que entrou na roda com 6 mil anos de experiência? Aí as coisas ficavam mais difíceis. Perkins atribuía ao diabo uma forma concreta, mas não o descrevia. Nenhum morador da Nova Inglaterra conhecia sua aparência, se era macho ou fêmea. Se tinha existência física, o diabo que os habitantes da Nova Inglaterra conheciam era um "homenzinho preto", "um grande malandro negro" ou um "porco negro". Na versão mais ou menos oficial de 1692, era pouco mais alto que uma bengala, amarelado, com cabelos lisos, escuros, e chapéu de copa alta.[19] Era alérgico às Escrituras e não se sabe que língua falava. Contudo, era uma presença marcante, e o ar pulsava com seus servidores. Havia mais diabos que homens no mundo, alertava Mather.

Corriam exércitos infernais por toda parte e o diabo era invocado regularmente. A jovem encontrada na cama errada quando irromperam risadas tarde da noite foi condenada como "um diabinho mentiroso". O demônio emergia sempre no calor de uma discussão: "Vá para o diabo que o carregue!" Satã se adaptou bem ao clima inóspito da Nova Inglaterra. Naturalmente, os indígenas o adoravam, assim como os quacres (o que justificava tomar a terra deles em Salem).[20] Na opinião de ao menos um clérigo de Massachusetts, a tolerância religiosa contava como ideia satânica. Deixar os pastores passarem fome, alertou Cotton Mather, era uma forma de Satã dominar a terra. O demônio estava presente em bom número de sermões, e os de Parris não eram exceção. Em 3 de janeiro de 1692, o pastor observou que a igreja da aldeia parecia estável e alertou que "o principal desígnio do diabo é pôr toda igreja abaixo".[21]

Numa guinada da Nova Inglaterra, um grupo de pastores observou que às vezes Deus manda diabos expressamente para silenciar quem é contra ele. Foi essa a lição que Mather tirou do episódio dos Goodwin, e, com Memorable Providences, prometeu encerrar o assunto. Massachusetts sabia da menina sueca, de seu acidente aéreo, da reunião clandestina e outras histórias graças a Mather, que as recolhera em Glanvill: não era de admirar que a região fosse perturbada por bruxas, Mather observou, citando um discípulo de Glanvill: "Onde o diabo mostrará mais malícia senão onde é odiado e muito odiado?"[22] O aparecimento do diabo era quase um emblema de honra, maior prova de que os moradores da Nova Inglaterra eram o povo escolhido. O livro do Apocalipse previa que ele viria acompanhado por seus "espíritos infernais" – há muito Mather esperava o Apocalipse, iminente na Nova Inglaterra desde os anos 1650.[23] O diabo ganhou uma promoção em 1692, ele se tornou um conspirador megalomaníaco batalhando para subverter o reino de Deus, feito que jamais havia tentado em Massachusetts.

No momento em que as bruxas alçavam voo em Massachusetts se exauria a febre das bruxas na Europa. A Holanda aboliu as acusações em 1610, Genebra, em 1632, Luís XIV da França descartou todos os casos de bruxaria cinquenta anos depois, embora vários pastores de gado tenham sido queimados em 1691. Na época de Robert Boyle, Isaac Newton e John Locke (todos acreditavam em bruxaria), os processos haviam chegado ao fim no continente europeu. Circulava certo número de textos negando as bruxas, embora não se pudesse ler uma página cética sobre o assunto em Boston antes de 1692. A fé e uma imprensa estritamente controlada ilhavam o colono de Massachusetts. O que se podia ler ali eram as tiradas de Cotton Mather contra os que duvidavam.

Todos os pastores de Massachusetts concordavam que a oração era o único remédio poderoso e eficaz contra o diabo. E foi à oração que Parris se dedicou em 1692. Massachusetts havia realizado jejuns coletivos contra a bruxaria já em 1651, e Parris convocou a uma série deles na aldeia e em congregações próximas. Na sexta-feira, 11 de março, um grupo de pastores se reuniu na casa paroquial para um dia de devoções. As meninas ficaram bastante quietas, mas, no fim de cada oração, observou Hale (ele próprio pai de três crianças de menos de sete anos), "agiam e falavam de modo estranho e ridículo".[24] A loura Abigail Williams, a mais severamente afligida, entrou em crise, e Parris resolveu afastar as meninas. Alojaram Betty com Stephen Sewall, o escriturário da cidade que logo passaria a controlar meninas convulsas dia e noite. Os Sewall tinham três filhos com menos de quatro anos, e as crises de Betty persistiram, deixando seus anfitriões desanimados. No mesmo mês, o "homem negro e grande" de que Tituba falara fez-lhe uma visita, oferecendo-lhe tudo que desejasse.[25] Assim era o diabo, explicou a sra. Sewall, ela própria filha de pastor. Se ele voltasse, a menina devia dizer-lhe que era um rematado mentiroso.

Na aldeia só se falava em bruxaria; o dia começava com um relato do que acontecera à noite e de como as afligidas tinham passado. Entre o momento em que o carcereiro de Boston acorrentou as três suspeitas de Salem e o dia 12 de março, um novo espectro começou a beliscar Ann Putnam, filha. Seu pai, abalado, recorreu ao irmão, Edward Putnam, e a Ezekiel Cheever, que servia como relator na corte. Diácono da igreja, Edward Putnam se associara às primeiras acusações de bruxaria. Nessa manhã de sábado, os dois resolveram convocar a nova atormentadora de Ann. Ela era membro da igreja, com boa reputação. Antes de cavalgarem para o sul, os homens pararam na fazenda de Putnam para falar com Ann. Será que a menina não teria se enganado quanto à identidade de sua torturadora? Podia descrever sua roupa? Infelizmente nessa tarde Ann conversara com a bruxa, mas não a vira, porque o espírito a cegara até a noite. Ao fazê-lo, no entanto, dissera seu nome.

Martha Corey estava sozinha em casa, no sudoeste de Salem, quando chegaram os visitantes. Toda sorrisos, ela os convidou a entrar. Edward Putnam e Cheever mal haviam sentado quando ela anunciou: "Eu sei por que vieram aqui. Vieram saber se eu sou uma bruxa." Não era, mas não podia evitar que as pessoas falassem dela. Edward Putnam revelou que sua sobrinha enfeitiçada mencionara seu nome. Martha estava preparada, ou pensou estar: "Mas ela contou qual a roupa que estou vestindo?", indagou. Os visitantes ficaram pasmados diante da pergunta. A menina não conseguira dizer, eles revelaram, pois Martha "a cegara e dissera que ela não ia enxergar até a noite, para que não pudesse contar que roupa usava". Martha apenas sorriu diante desse subterfúgio, ela não tinha razão para se preocupar, garantiu aos visitantes. Era uma mulher devota, que "professava Cristo e se alegrava de ouvir a palavra de Deus", como eles sabiam. Edward, seu diácono, lembrou-a de que profissões de fé não limpariam seu nome, porque as bruxas se infiltravam na igreja havia séculos. Ninguém parece ter mencionado a única mácula óbvia no passado de Martha Corey: antes de seu primeiro casamento, na cidade de Salem, ela dera à luz um filho mulato, agora adolescente.

Cheever e Putnam não precisavam desenterrar essa história de quinze anos atrás, uma vez que Martha incorreu em nova falta na mesma tarde. Ela levava a sério sua doutrina, considerava-se "uma mulher do Evangelho", e quis explicar que tentara impedir que o marido comparecesse ao inquérito porque lhe parecera de mau gosto. O marido lhe contara que as meninas identificavam espectros pela roupa, um fragmento de informação perigoso. Cheever e Putnam enfatizaram a seriedade da acusação. Martha continuou impassível, decidida a silenciar os rumores infundados. Ela não acreditava que houvesse bruxas ali. Mas Tituba havia confessado, relembraram Putnam e Cheever. A prova era conclusiva.

Martha recuou um pouco, embora não sem admitir outra forma de cegueira: ela prometeu "abrir os olhos de magistrados e pastores", observação muito imprudente. Os três conversaram durante algum tempo. Martha era articulada e firme, um pouco dada à prepotência. Quanto a Tituba, Sarah Good e Sarah Osborne, ela não ficaria nada surpresa se as três fossem bruxas. "São pessoas ociosas, preguiçosas, que não pensam nada de bom." Seu caso era inteiramente diferente. Segura de sua devoção, acreditava-se invulnerável. Os visitantes voltaram para casa passando pelos Putnam, onde encontraram Ann em paz. Só à noite as crises voltaram, e continuaram pelo dia seguinte, quando outro espectro não identificado infiltrou-se no quarto. Ann não sabia seu nome, mas disse que era a mulher pálida e séria que sentava no mesmo banco da igreja que sua avó ocupara.

Dois dias depois, Martha Corey chegou à casa dos Putnam, à qual fora convocada provavelmente por Thomas Putnam, que talvez quisesse enfrentá-la pessoalmente. Ela mal havia entrado na casa quando Ann começou a sufocar. Com a voz estrangulada, acusou a visitante; pôs a língua para fora e mordeu-a com força, as mãos e os pés se retorceram. Quando recuperou a fala, apontou um canário sugando a mão de Martha. "Vou aí ver", anunciou Ann. "Pode vir", desafiou a mulher, e esfregou a mão. O pássaro desapareceu, e em seguida Ann perdeu a visão. Chegando perto de Martha, ela caiu no chão. Mercy Lewis, a empregada dos Putnam, avançou sacudindo uma varinha para o espectro, que desapareceu e voltou. Ela se ofereceu para atacar de novo. "Não faça isso se tem amor a si mesma", alertou Ann, mas era tarde demais. Mercy recuou com um terrível golpe no braço. "Você bateu em Mercy Lewis com uma barra de ferro", disse

Ann. Martha não se mexera, não vira nenhum espectro. Tão severas eram as dores das jovens que os Putnam pediram que Martha Corey fosse embora. O estado de Mercy piorou. Sentada diante do fogo nessa noite, sua cadeira avançou para a lareira, empurrada por mãos invisíveis. Com muita dificuldade três adultos conseguiram salvá-la das chamas. Ao avançar para ajudar, um homem notou marcas de mordida na pele de Mercy.

Com a filha e a empregada atingidas, Ann Putnam, a mãe, entrou no jogo quatro dias depois. Ela chegara a Salem ainda menina, com o reverendo Bayley, primeiro pastor da aldeia, que se casara com sua irmã mais velha. Agora, aos trinta anos, já perdera essa irmã e um irmão. Na primavera anterior morrera também sua mãe. Recentemente fora vencida num caso crucial na Justiça. Depois de uma década de litígios, foi privada de qualquer direito à grande propriedade do pai, que compreendia diversas ilhas, campos e uma balsa. Ao longo de treze anos, ela deu à luz sete filhos, dos quais Ann era a mais velha. Tendo perdido um bebê em dezembro, estava grávida de novo. A essas tensões acrescentava-se outra. Como relatou, no dia 18 de março estava consumida pelos "cuidados de minha pobre filha afligida e da empregada. Mais ou menos no meio da tarde me deitei para repousar um pouco e quase fui esmagada e sufocada até a morte". Logo o espectro de Martha Corey se materializou, infligindo-lhe torturas indescritíveis; não fossem os homens da casa, e ela teria sido despedaçada. Martha lhe ofereceu "um livrinho vermelho e uma caneta preta", mandando que Ann, mãe, assinasse seu nome.[26]

O mandado de prisão de Martha Corey foi expedido na manhã seguinte, um sábado. Nessa altura, ela já fizera várias outras vítimas, incluindo a sobrinha de Parris e a empregada do dr. Griggs. Na noite de sábado, Giles Corey, então com seus setenta anos – ele próprio cidadão nada exemplar –, sentou diante do fogo ao lado da piedosa Martha. Ela era sua terceira esposa, os dois haviam se casado sete anos antes. A mulher insistiu em que o marido fosse para a cama. Giles tentou rezar, mas estava sem voz. Martha percebeu e cuidou dele, e o encantamento se desfez. A prisão dela pareceu sacudir a memória do marido. Cinco dias depois, ele confidenciou a um pastor da cidade de Salem que tinha havido alguma "operação de portentos" na fazenda naquela semana. Seu boi sofrera algo incomum, o gato se comportara estranhamente. Martha sugeriu que ele acabasse com o sofrimento do animal. Agora, pensando bem, sua mulher ficava acordada quando ele ia para a cama. "Vi quando ela se ajoelhou diante da lareira como se fosse rezar, mas não ouvi nada", ele ponderou.[27] As palavras não ouvidas mostraram-se quase tão incriminadoras quanto as resmungadas. Por que uma mulher se poria de joelhos silenciosamente, tarde da noite, diante do fogo? Giles Corey insinuou que Martha estava lançando feitiços.

4. Um de vocês é um diabo

> Dois erros: 1. Tomar tudo literalmente. 2. Tomar tudo espiritualmente.[1]
>
> BLAISE PASCAL

DEODAT LAWSON, o pastor anterior da aldeia, foi o primeiro a tentar encontrar sentido nas coisas. Ele chegou a Salem no fim da tarde de 19 de março, horas depois de se expedir a ordem de prisão de Martha Corey, e ficou pouco mais de uma semana. Instalado em Boston, Lawson auxiliava Parris e frequentava a casa dos pastores importantes, inclusive Cotton Mather. Estivera afastado durante quatro anos, mas conhecia todos os aldeões, seus afetos e antipatias; não fosse pela animosidade e a rabugice da população, ainda estaria lá. O que ele viu o deixou perplexo. Quando pôs no papel seu relato admirado, três semanas depois, a infestação de Salem podia legitimamente ser considerada "uma história tão rara como talvez não tenha havido outra naquela era".[2]

Lawson não teria voltado à aldeia sem um convite expresso de Parris, sobrecarregado e oprimido tanto no púlpito quanto fora dele. O pastor continuava sem receber seu salário, e, consumido pelas necessidades da família abalada e as longas horas no tribunal, parecia lutar para conter um incêndio com um balde. Relatos sobre as aflições de Salem logo chegaram a Lawson, mais ainda por terem emergido em sua antiga casa. A descida do diabo já era comentada em Boston. Aquela era uma visita bem-vinda na comunidade fragmentada, à qual o pastor dizia ter voltado por se preocupar com os amigos. Ele tivera uma formação médica rudimentar na

Inglaterra, onde vinte anos antes servira como médico real. Sob muitos aspectos, era o homem certo para a missão, e além disso tinha um incentivo pessoal: uma das primeiras vítimas dissera que a bruxaria havia levado sua esposa e a filha pequena em 1689; seus fantasmas flutuavam por ali, exigindo vingança.

Naquele sábado, Lawson chegou à hospedaria e taverna de Nathaniel Ingersoll e, mal havia pousado as malas, recebeu a visita de Mary Walcott, filha de um capitão de milícia da aldeia. Vizinho dos Parris e dos Putnam, Jonathan Walcott fora diácono de Lawson. Mary Sibley, que fizera o bolo de bruxa, era tia de Mary Walcott, como também Ann Putnam, mãe, na casa de quem a jovem de dezesseis anos morava. Mary conversou com o pastor e, quando se voltou para sair, ficou paralisada à porta. Fora mordida! Lawson examinou Mary e encontrou marcas de dentadas em seu pulso.

No começo da noite, o antigo pastor atravessou a rua da casa paroquial em companhia da esposa de Ingersoll. A oração do sábado já devia ter começado na saleta do andar superior, e Parris não precisou descrever a comoção dos meses anteriores, pois sua sobrinha, Abigail Williams, brindou Lawson com uma viva demonstração. A menina corria para a frente e para trás, "fazendo que podia voar, estendendo os braços e gritando".[3] Hannah Ingersoll tentou contê-la. Paralisada, Abigail apontou uma figura invisível. Não estavam vendo a velha Rebecca Nurse parada na sala? Mesmo em presença de dois pastores, Rebecca teve a ousadia de oferecer um livro a Abigail: "É o livro do diabo, eu sei."[4] Pela primeira vez Lawson ouvia falar dos atos sombrios de Rebecca Nurse — mãe devotada, avó e bisavó —, que apareceu em outros lugares no mesmo dia. Ela era o segundo espectro nebuloso que Ann vislumbrara no banco de igreja dos Putnam. Na mesma noite, a vários quilômetros de distância, diante da lareira de outra saleta da aldeia, alguma força maligna impediu Giles Corey de abrir a boca e rezar.

Parris combinara que Lawson faria os sermões do dia seguinte. Nos bancos sentavam-se cinco meninas e mulheres convulsas, ao lado de Martha Corey. Todos sabiam que ela seria presa. Os juízes John Hathorne e Jonathan Corwin, assim como pelo menos um dos dois pastores da cidade, juntaram-se à congregação. Lawson deu início ao culto e foi interrompido pelas contorções das meninas. Os pastores estavam acostumados a pregar em meio ao caos, mas as convulsões imobilizaram Lawson. Nunca vira coisa assim. A normalidade voltou com o canto do salmo, e ele se preparava para o sermão quando uma voz soou: "Agora levante-se e dê o nome do seu texto!", ordenou Abigail Williams. Alguns minutos depois de começado o discurso, retumbou outra voz: "Agora basta", ordenou Bathshua Pope, matrona de quarenta anos recentemente enfeitiçada. (As que haviam feito isso antes eram quacres.)[5] Mulheres não falavam durante os cultos, e a multa por interromper um pastor era de cinco libras ou duas horas no tronco.

Abigail não se portou melhor à tarde. Do púlpito, Lawson anunciou a doutrina para o dia. "Não sei que doutrina é essa", ela protestou. E continuou perturbando o sermão, apontando uma visão assombrosa. Todos os olhos já deviam estar voltados para Martha Corey quando a menina exclamou: "Olhe lá a boa Martha sentada na viga, amamentando o passarinho amarelo nas mãos!" Ann Putnam indicou algo ainda mais perigoso: o canário pousou no chapéu de Lawson. Os adultos tentaram silenciar as duas meninas, mas aquela não era a primeira nem seria a última interrupção. Bom número de sermões de Parris em 1692 seria sacrificado, reclamou mais tarde um paroquiano, "pelo tumulto, o barulho perturbador e a agitação" das enfeitiçadas.[6]

No dia seguinte, Martha Corey postou-se à frente da congregação como havia feito exatamente dois anos antes, quando se tornara membro pleno. Dessa vez a sala estava lotada. Nicholas Noyes, o aprumado pastor da cidade de Salem, abriu o inquérito do meio-dia com aquilo que Lawson descreveu como "uma oração muito pertinente e patética". Delicadamente, de início – os Corey eram não só membros da igreja, como também importantes proprietários de terras –, Hathorne começou o interrogatório. Por que Martha Corey afligia as pessoas? Se não era ela, quem o fazia? À guisa de resposta, Martha pediu permissão para rezar, o que lhe foi negado. Insistiu em que não tinha relação alguma com bruxaria, dizendo-se uma "mulher do Evangelho". Se não era bruxa, como sabia que perguntaram a Ann Putnam sobre sua roupa? Mesmo que tivesse comparecido ao depoimento de Tituba, Martha não estava preparada para o tom de Hathorne. Seco antes, ele se tornou maldoso. A ideia de que ela previra a pergunta do diácono era altamente polêmica, mas o juiz insistia no tema. As meninas interromperam diversas vezes o interrogatório para dizer que havia um homem sussurrando ao ouvido de Martha. "O que ele disse à senhora?", Hathorne perguntou. Martha não tinha visto nem ouvido nada, mas arriscou um conselho: "Não devemos acreditar em tudo o que essas meninas possuídas dizem." Hathorne pressionou a suspeita para definir "possuídas", palavra que ela usara três vezes em minutos. As meninas eram coerentes, mas ela achava que estavam loucas.

Martha Corey não podia evitar as menções a livro, canário ou um unguento suspeito desenterrado em sua residência. Hathorne insistia em que ela confessasse. "Eu confessaria se fosse culpada", respondeu Martha, que mordeu os lábios e esfregou as mãos durante todo o interrogatório, a mais severa das audiências preliminares. Ficou de pé durante longo tempo, interrompida por testemunhas, fornecendo esclarecimentos e sofrendo pressões. "Agora me diga a verdade", exigiu Hathorne, "por que disse que os magistrados e pastores estavam cegos e a senhora abriria seus olhos?" A pergunta pareceu absurda a Martha, e ela riu ao responder. Impiedosamente, Hathorne levou-a formular uma questão também absurda. "Uma pessoa inocente pode ser culpada?"

"A senhora diz que somos cegos", Hathorne desafiou. "E vocês dizem que sou bruxa", zombou Martha. Ela não tinha uma barra de ferro, um espírito, um pacto com o diabo? Não tinha. "Não tenho nada a ver com bruxaria", afirmou, enquanto a sala se agitava e Hathorne introduzia a questão das audiências de 1º de março. Por que havia tentado impedir que o marido comparecesse ao tribunal? "Não achei que trouxesse benefícios." Dos bancos compridos, estreitos, veio uma resposta diferente: Martha Corey não queria ser envolvida no problema. Ela sorriu ao ver o que dizia ser deturpado. "Estão todos contra mim, e não posso fazer nada."

A multidão estava inflamada. Martha Corey ficava cada vez mais desafiadora, as meninas, mais ousadas. Ganindo e estalando a língua, caçoavam das respostas. Observadores disseram a Hathorne que quando a suspeita mordia o lábio apareciam marcas de dentes nos braços e nos pulsos das acusadoras;

cada vez que ela esfregava as mãos, as meninas estremeciam; quando mudava o apoio do corpo, elas batiam os pés. Embora não tivesse registrado nenhuma queixa antes da volta de Lawson, Bathshua Pope sentia agora a bruxa alcançar as profundezas de suas entranhas como se quisesse arrancá-las. Urrando de dor, atirou seu casaco sobre Martha. O agasalho não atingiu o alvo. Bathshua então jogou o sapato, que atingiu a acusada na cabeça.

Hathorne permitiu que as acusadoras interrogassem Martha. Agora havia dez, quase tantas mulheres quantas meninas. Por que ela não se juntara às outras bruxas reunidas na frente da igreja? Por quanto tempo era o pacto que assinara com o diabo? Por instrução das meninas, as autoridades examinaram as mãos da acusada. O canário havia deixado marcas em seus dedos? O grampo com que ela havia espetado uma das vítimas apareceu no cabelo de uma menina. Antes que a audiência se encerrasse, o reverendo Noyes anunciou estar convencido de que Martha Corey praticava bruxaria ali mesmo. Hathorne estava fora de si de frustração. Ele estava decidido a conseguir uma confissão que não acontecia. Na mesma tarde, um delegado levou a mulher autodeclarada evangélica para a cadeia da cidade. Ela passaria os seis meses seguintes acorrentada, esperando julgamento.

COMO NÃO VIRAM MAIS Martha Corey nesse dia, as atormentadas gozaram um pouco de paz. Na manhã seguinte, Ann Putnam, mãe, acordou com uma visita. Rebecca Nurse pulou em cima dela, vestida apenas em roupas de baixo e portando um livrinho vermelho. Durante duas horas as mulheres lutaram. Rebecca negava o poder de Deus e de Cristo e ameaçava arrancar a alma de Ann de seu corpo. Enquanto isso, a filha de cinco anos da mendiga Sarah Good voava pela aldeia mordendo Mary Walcott e a jovem Ann Putnam. Ambas apresentavam marcas evidentes dos dentinhos. Com um olhar, a pequena Dorothy Good lançou as meninas em torturantes espasmos, as sufocou e beliscou, insistindo para que assinassem o livro do diabo.

Provavelmente no mesmo dia uma delegação se reuniu para visitar a casa dos Nurse. Embora não estivessem entre os primeiros colonos,

Rebecca e Francis Nurse tinham se instalado com firmeza na aldeia, onde adquiriram uma fazenda de 120 hectares de um pastor de Boston que a herdara. Ao longo dos quase cinquenta anos de casamento tinham criado oito filhos a adotado um órfão quacre. Todos os filhos haviam sobrevivido, e eles formavam um clã dinâmico, muito unido. Carpinteiro por profissão, Francis Nurse emergira como um dos cidadãos mais ativos de Salem, servindo como jurado e guarda, avaliando propriedades, conferindo fronteiras e arbitrando disputas de terras. Ele participara do comitê que fizera a proposta inicial a Parris, embora a relação entre os dois tivesse se deteriorado; mais recentemente, Nurse servira no comitê que reteve o pagamento do salário do pastor. Prósperos e muito respeitados, os Nurse tinham forte ligação com os Sibley e grande parte da comunidade, como ficou claro pela delegação do final de março. Dela faziam parte três membros de outra família destacada da aldeia, assim como Peter Cloyce, cunhado de Nurse. Nenhum deles era parente de alguma das meninas enfeitiçadas nem dos homens que haviam registrado as queixas iniciais. Alguém havia enviado o grupo para arrancar alguma informação que Rebecca Nurse pudesse ter acerca dos acontecimentos recentes e avaliar sua reação diante da notícia inquietante.

Eles chegaram à espaçosa casa dos Nurse e encontraram a velha Rebecca, de 71 anos, acamada. Não se aventurava a sair havia mais de uma semana, mas garantia aos visitantes que só se sentia mais próxima de Deus em sua enfermidade. Ela perguntou imediatamente sobre as meninas convulsas, em particular as dos Parris, seus vizinhos mais próximos. Não fora à casa paroquial, sentia-se relapsa, mas tinha suas razões: sofrera crises quando jovem, temia que elas voltassem, explicou. Com delicadeza, os visitantes deram a notícia: ela fora mencionada. A velha ficou muda de perplexidade. Por fim, declarou que era "tão inocente quanto um recém-nascido", e os visitantes partiram.

Se pretendia limpar o nome de Rebecca Nurse, a delegação encontrou problemas. No dia seguinte o reverendo Lawson visitou Ann Putnam, mãe. Encontrou-a de cama, cercada de visitas. Ann ficou especialmente satisfeita por encontrar seu antigo pastor, de quem gostava bastante. Marido e mulher pediram que Lawson orasse com eles, porém logo Ann entrou em crise. No final da oração, o marido tentou levantá-la, mas ela estava tão rígida que não conseguiu se sentar. Ann continuou a tremer enquanto discutia com Rebecca Nurse, que só ela enxergava. Ela sabia o que Rebecca queria, mas não ia ceder, e em transe debatia com ela sobre o Juízo Final. Finalmente desafiou Rebecca a ouvir a leitura do terceiro capítulo do Apocalipse e pediu ajuda a Lawson. Ele hesitou, sentindo-se fora de seu território, alarmado pelas forças em jogo, apreensivo em liberar outras forças.[7] Contudo, observando a amiga angustiada em luta, resolveu se arriscar. Antes de chegar ao fim do primeiro versículo os olhos de Ann Putnam se abriram. Os textos bíblicos que recitava em suas crises traziam-lhe alívio imediato. Da cidade de Salem foram expedidos mandados contra Rebecca Nurse e a menina Dorothy Good.

Às dez horas da manhã seguinte, a velha Rebecca Nurse estava diante de Hathorne e Corwin. Hathorne dirigiu-se primeiro à sobrinha de Parris e a Ann Putnam, filha. Será que as meninas podiam repetir as acusações? Abigail afirmou que Rebecca havia batido nela naquela manhã mesmo. Ann uivou. Hathorne convidou as outras a registrar suas queixas. "Você é uma pessoa inocente quanto a esta bruxaria?", Hathorne perguntou a Rebecca. Antes que pudesse responder, Ann Putnam, mãe, gritou que a velha lhe havia apresentado o homem negro e tentara fazer com que ela desafiasse Deus! "Ah, Senhor, me ajude!", exclamou Rebecca. Quando fez isso, as meninas começaram a se debater e a sufocar.

Na quinta-feira Hathorne foi mais generoso. Diante dele estava a mais improvável das suspeitas. Talvez Rebecca Nurse ainda não soubesse que era bruxa, ele mesmo admitiu que não entendia suas tênues aparições. A prova à sua frente, no entanto, era irrefutável. Tituba, que continuava a controlar o show da prisão de Boston, havia declarado que gostava de Betty Parris, embora a torturasse, pensou ele. Rebecca não tinha familiaridade com os espíritos? Assim como Martha Corey, não conseguia ver o homem negro a seu lado, nem os pássaros nas vigas, que as meninas apontavam. Como era triste ver uma integrante destacada da igreja ser acusada de bruxaria! Seguiu-se uma reação em cadeia incontrolável. Hathorne tentou extrair uma resposta para saber se Rebecca achava as crises voluntárias ou involuntárias, e ela hesitou. Hathorne inverteu o enigma. Se ela achava que as meninas estavam fingindo, devia "vê-las como assassinas". Essa era uma observação pesada, eles estavam lidando com sentenças de morte.

Fatigada ou desesperada, Rebecca baixou a cabeça, e o pescoço de Elizabeth Hubbard estalou. Abigail Williams avisou: se Rebecca não erguesse a cabeça, o pescoço de Elizabeth iria quebrar; diversos aldeões avançaram para corrigir a postura da velha, e a garota se recuperou de imediato. Urrando, Mary Walcott, prima dos Putnam, apresentou nova marca de mordida. Mordidas e beliscões irromperam pela sala. Ann Putnam, mãe, ficou rígida no decorrer do interrogatório e saiu carregada pelo marido. Lawson não viu o espetáculo, uma vez que havia se retirado duas horas antes para preparar seu sermão, mas guinchos e rugidos chegavam até ele de longe. Mesmo de perto, Hathorne e Rebecca, quase surda, mal conseguiam ouvir um ao outro, coisa que as pessoas explicavam de modo diferente: a mulher não acompanhava as perguntas de Hathorne porque o homem negro sussurrava em seu ouvido.

Muitos choravam de medo na sala, mas Rebecca continuava com os olhos secos. Hathorne achou isso curioso e incriminador porque se entendia que bruxas não choravam. Os aldeões também se declararam horrorizados com a indiferença. "A senhora acredita que essas pessoas afligidas estão enfeitiçadas?", perguntou o juiz. "Eu acredito que sim", ela concordou, observando o caos na igreja. O próprio Lawson ficou estupefato. Quase dava para ouvir os corações batendo, os cabelos arrepiados na nuca. Fosse o que fosse, aquilo parecia contagioso. Rebecca Nurse não estava entre os que se reuniram para ouvir o sermão de quinta-feira. Várias pessoas a viram passar diante da igreja com um homem negro não identificado. Ela percebia as coisas de outro jeito: estava a caminho da cadeia da cidade de Salem.

A crise até esse ponto vinha sendo enfrentada com mais ação que análise. Lawson tentou restaurar o equilíbrio. Os aldeões estavam sedentos de alívio e elucidação; no decorrer de várias horas, na igreja lotada, ele falou. Preparara-se cuidadosamente, sabendo que caminhava em campo minado, dirigindo-se aos juízes e pastores de Salem, às famílias de quem sofria e de quem acusava. Lawson admitiu que o diabo vagava e vociferava entre eles. Narrou uma breve biografia de Satã, o que lhe permitiu exibir seu conhecimento de hebraico e grego. Não era surpresa que a fera estivesse especialmente disposta a "desgraçar, iludir, devorar": quanto mais devotas as pessoas, mais vigorosamente Satã as perseguia. Lawson registrou um pedido especial por seu colega assediado. O reverendo Parris merecia a simpatia espiritual deles, especialmente agora, quando ele e a família enfrentavam circunstâncias tão terríveis.

Lawson arriscou algumas razões adicionais para o ressentimento especial de Satã por Salem. Os aldeões deviam considerar se o Senhor não os teria escolhido para esse encontro diabólico como sinal de "desprazer sagrado, para apagar algumas chamas de disputa que irromperam entre vocês". Três signatários da Carta da cidade de Salem de 1687, aconselhando os aldeões a deixarem de lado as animosidades, estavam ali sentados. Não tinham como discordar. Lawson investiu também contra amuletos e superstições; sabia tudo sobre o bolo de bruxa, sabia que os aldeões precisavam de respostas, mas experimentos como aquele só gratificavam o diabo. Acrescentou uma nota pestilenta: Satã "espalha os átomos contagiosos de doenças epidêmicas" a fim de destruir com mais eficácia. Alertou contra falsas acusações e conclusões prematuras. Só havia um antídoto para a operação venenosa da velha serpente: a oração!

Todo mundo era culpado de provocação, determinou Lawson. E todo mundo devia se aplicar a um solene autoexame, investigar seus corações, abraçar sua fé. Uma legião de diabos devia ser enfrentada com oração. Satã havia descido entre eles armado. Enquanto reunia sua tropa, os aldeões deviam se preparar para a guerra espiritual. Ao mesmo tempo, o pastor suplicou aos juízes que fizessem o possível para "conter e exprobrar Satã". Eles deviam provar "o terror e o castigo dos malfeitores". Sem mencionar que Satã podia assumir a forma de um inocente, solicitou vigorosa investigação.

Talvez tenha havido autoexame solene nos dias seguintes, mas também houve mordidas e beliscões. Na quinta-feira, o marido de Martha Corey confessou a um pastor da cidade que desconfiava que sua mulher praticava bruxaria.[8] Corey era o terceiro marido a sugerir que a esposa era bruxa. Rebecca Nurse – cujo marido foi o único a não se manifestar – continuava a torturar a jovem Ann Putnam espancando-a com uma corrente invisível. Nessa semana, na aldeia e em torno dela, não se discutia nada além do testemunho de Rebecca, do sermão de Lawson e da prisão de Dorothy, filha de Sarah Good. Lawson e o pastor mais velho da cidade, John Higginson, acompanharam Hathorne e Corwin à prisão para examinar a criança. Dorothy confessou que tinha uma cobrinha que se aninhava na junta de seu dedo indicador. Estendendo a mão, mostrou uma mancha vermelha do tamanho de uma picada de pulga. Os juízes lhe perguntaram se o homem negro lhe dera a cobra. De forma nenhuma, respondeu a menina – que passaria os nove meses seguintes arrastando correntes pesadas –, fora sua mãe quem lhe dera.

Em meio a "terror, surpresa e perplexidade", em 24 de março Lawson conclamou todos a terem compaixão. Mas no domingo Parris se emaranhou numa definição do diabo. Ele podia ser um anjo ou espírito mau; ou simplesmente "pessoas vis e más, aquelas que, por vilania e impiedade, mais se assemelham ao diabo e aos maus espíritos". Onde Lawson invocava Jó, Parris realçava Judas. "Um de vocês é um diabo", pregou para os tensos paroquianos, dando um salto singular e chegando a um extremo alucinatório que fechava portas. "Nós somos santos ou diabos; as Escrituras não nos dão meios-termos", ele continuou, dissipando qualquer dúvida que tivesse começado a cristalizar em torno de uma outra questão também. Hathorne ficara perplexo diante da possibilidade de o diabo assumir uma forma inocente, mas o pastor tinha certeza: não podia. Parris não fazia distinção entre os que compactuavam com Satã e aqueles de cujos corpos ele se apropriava.

Assim que Parris anunciou o título de seu texto – "Respondeu-lhe Jesus: não vos escolhi a vós, os doze? E um de vós é um diabo" –, Sarah Cloyce, de 44 anos, se levantou e deixou a igreja pisando firme. Para surpresa da congregação, ela bateu a porta ao sair ou permitiu que o vento a batesse com um ruído rascante. Sarah perderia a chorosa confissão de Mary Sibley nessa tarde, mas ouvira o suficiente, porque era a irmã bem mais nova de Rebecca Nurse. No entanto, três semanas se passariam antes que alguém conectasse o sermão de Parris à saída abrupta da mulher da igreja. Embora muitos aldeões achassem que Sarah deixara o templo batendo os pés de raiva, apenas uma menina de onze anos e olhos firmes viu-a saudar o diabo logo à saída.[9]

Algumas apreensões vieram à tona antes de Lawson deixar a aldeia. Provavelmente na manhã de 25 de março, John Procter, taverneiro e fazendeiro de sessenta anos, entabulou conversa com o marido de Mary Sibley. Procter parou para tomar um drinque a caminho da cidade, onde fora buscar sua empregada, Mary Warren, que viria a ser uma das testemunhas mais bizarras da acusação. Homem direto, empenhado e honesto, não tinha paciência com o inquérito nem com os ataques das meninas. Preferia pagar a Mary Warren, trovejou, a permitir que ela comparecesse a um inquérito. Por que falava assim? – Sibley perguntou. Mary Warren também sofrera crises, explicou Procter, mas logo acabara com elas. Mantivera a moça à roca e ameaçara bater-lhe caso se portasse mal outra vez. Agora pretendia arrancar-lhe o diabo a pauladas. (E conseguiu em parte. Mary Warren logo sugeriu que as meninas estavam representando.) Se o fingimento continuasse, Procter advertiu o amigo, eles todos acabariam acusados de bruxaria. As meninas deviam ser enforcadas! Zelosamente, Sibley relatou ao pastor cada palavra dessa explosão.

Na manhã seguinte à da ruidosa saída de Sarah Cloyce da igreja, o genro de Rebecca Nurse, Jonathan Tarbell, foi procurar Thomas Putnam. Tinha uma porção de perguntas a fazer para as mulheres da casa. Num ambiente lotado de visitantes e crianças pequenas, Tarbell interrogou as Putnam: Ann, filha, tinha sido a primeira a dizer o nome de sua sogra? A menina observara que sua atormentadora era uma mulher pálida, sentada no banco de sua avó na igreja, mas não a identificara. Mercy Lewis afirmara que Ann, mãe, mencionara primeiro o nome de Rebecca Nurse. A Ann adulta dizia que fora Mercy quem falara. Ninguém parecia disposto a assumir a responsabilidade, relatou Tarbell. No mesmo dia, um grupo de rapazes discutia as novas alegações enquanto bebia na Ingersoll. Várias meninas enfeitiçadas estavam por perto. De repente, uma delas exclamou que a esposa de John Procter, Elizabeth, estava na sala. Ela era bruxa, merecia ser enforcada! Protestando que não via nada daquilo, um homem acusou a garota de mentir. A esposa de Ingersoll também censurou a moça.

A adolescente admitiu que tinha errado e fez uma séria confissão: ela fizera aquilo para "se divertir, tinham de se divertir com alguma coisa".[10] No mesmo dia, dois rapazes que tinham ajudado a cuidar das Putnam afirmaram ter ouvido a família pondo palavras na boca de Mercy Lewis.

Lawson voltou a Boston logo depois para escrever suas anotações sobre a descida do diabo. Ele perdeu o jejum de 31 de março, uma quinta-feira que os fazendeiros passaram rezando pelas afligidas. Ao longo do mês seguinte voaram acusações para todo lado e para fora da aldeia. Cinco bruxas foram acusadas em março. Em abril, 25 seriam apontadas. A audiência seguinte seria conduzida por um magistrado de Boston diante de uma grande multidão, na igreja mais confortável da cidade de Salem. Dentre as primeiras a serem presas estavam Sarah Cloyce e Elizabeth Procter.

O RELATO DE LAWSON sobre as bruxas de Salem foi publicado em 5 de abril, quase logo depois que ele terminou de escrever. A urgência na publicação não se devia apenas a um livreiro empreendedor, embora Benjamin Harris fosse exatamente isso. A pressa era uma tendência puritana, reflexo de um povo que amava a lógica, obcecado pela investigação das causas. As Escrituras forneciam a base para a legislação da Nova Inglaterra e serviam como texto fundamental; todas as respostas podiam ser encontradas ali. A pessoa se fortalecia, restaurava e aliviava com aquelas passagens conhecidas de todos; numa encruzilhada moral ou prática, podia-se abrir uma página ao acaso. Ao mesmo tempo, Deus era silencioso e inescrutável. Discernir sua vontade, decodificar seu propósito, era tarefa de vida do puritano, que lutava com um enigma terrível, impenetrável, no coração de sua fé: a pessoa era escolhida antes de nascer para a salvação ou a danação; a qual campo você pertencia?

Observar estava no cerne da atividade puritana, quer isso significasse examinar o céu, quer vasculhar a si mesmo, quer bisbilhotar os vizinhos. A palavra figurava em todas as convenções da igreja. O próprio pastor era um observador e vigia. Juntos, os paroquianos se reuniam em "observação sagrada" uns dos outros. Muito pouca coisa passava despercebida, tudo era supervisionado. Além de vigias de cerca e de trigo, cada comunidade mantinha uma equipe de vigilância entre os pagantes de dízimo. O vigilante monitorava famílias e tavernas, onde intervinha se a bebida corresse muito livremente; servia como coletor de impostos, guardião moral, guarda e informante. Questionava quem estivesse na rua depois das dez da noite, estimulava o catecismo em casa e confiscava nozes voadoras nos cultos. Estava sempre alerta contra os indígenas e os paroquianos desordeiros. A vigilância da cidade era ela própria vigiada duas vezes por semana. Nunca se podia ter certeza de nada, como bem sabia um povo inseguro.

A salvação dependia da virtude comum, e hesitar em identificar uma bruxa era equivalente a invocar o diabo. "Se o vizinho de um santo peca, então o santo peca também", Mather lembrava aos paroquianos. O resultado era que você acabava conhecendo intimamente seu vizinho. Ninguém era monitorado tão de perto quanto as crianças, cujo bem-estar moral ainda não estava assegurado. A vigilância nem sempre era maligna. Se um transeunte não espiasse pela janela de Mather, em Boston, numa noite de outono, não teria visto sua filha, cuja touca pegou fogo, quase ser consumida pelas chamas.

O puritano de Massachusetts também sabia ser vigiado. O olhar não incomodava os colonos, tornava-os uma civilização da qual se esperavam grandes coisas. Um historiador moderno observou que, depois de viajar quase 5 mil quilômetros, os moradores da Nova Inglaterra "haviam voluntariamente arriscado vida e propriedades a fim de ir para o interior, se sentar em bancos de celeiros escuros durante horas aos domingos e ouvir a Palavra como ela devia ser pregada".[11] Ou seja, a combinação era a ideal. O puritano era cauteloso e vigilante, sua fé o mantinha instável e alerta.

Quanto ao que Mather qualificou em março como "ardentes censuras do céu", o Senhor fora generoso. Desde a chegada dos puritanos, em 1630, o Todo-Poderoso enviara a eles chuvas imoderadas e pragas avassaladoras, lagartas e gafanhotos, seca, varíola e incêndios. Durante várias décadas Ele só falara com desprazer. Ao longo das primeiras duas gerações os colonos assumiram uma independência efetiva da Inglaterra, o que em 1684 levou o rei Carlos II a revogar sua Carta, documento de status quase sagrado; décadas de prosperidade foram interrompidas de repente. Os colonos tinham sido refratários e provocadores, cunhando sua própria moeda, ignorando os Atos de Navegação, oprimindo os quacres. Eles pareciam acreditar que as leis da Inglaterra não se estendiam através do oceano e tinham assumido a fundação de uma república autogovernada. Vários anos depois, a Coroa impôs um governador real a Massachusetts, a fim de lidar com as irregularidades dos colonos, resolver "mesquinharias e animosidades" entre administradores coloniais e coordenar a defesa. Quando chegou para liderar o governo, em 1686, Edmund Andros exerceu autoridade absoluta sobre todo o território, do Maine a Nova Jersey. Ele reduziu os cultos e aboliu a legislação de Massachusetts, questionou a hegemonia puritana e as reivindicações de terras. E em março deixou uma congregação de Boston esperar horas ao ar livre enquanto adequava a igreja deles ao culto anglicano.

Em março de 1689, Andros, fardado, passou por Salem com grande séquito. Num desafio, perguntou a John Higginson, vigoroso pastor da cidade, se toda a terra da Nova Inglaterra não pertencia por direito ao rei. Higginson, cheio de tato, replicou que só podia falar como cura, e Andros havia abordado um assunto de Estado. Mais uma razão para ele responder, insistiu o governador de mão de ferro. Higginson admitiu achar que as terras pertenciam àqueles que as ocupavam e tinham enfrentado os indígenas por elas. Com grande esforço, ao longo de duas gerações, os colonos haviam dominado o ambiente selvagem. Domesticaram o que um dos primeiros visitantes chamara de "interior remoto, rochoso, árido, cerrado, coberto de florestas". O pastor de Salem e o governador se alfinetaram durante algum tempo, pesando as leis de Deus e a dos ingleses. Andros afinal explodiu, sugerindo uma alternativa 87 anos antes da hora: "Vocês são súditos ou são rebeldes."[12]

Andros durou até abril de 1689, quando os colonos o derrubaram com um golpe militar. Instigado pelos pastores de Boston, o movimento foi liderado por muitos dos homens que exterminariam as bruxas três anos depois. Mesmo antes dessa revolta, Increase Mather viajara secretamente a Londres para esclarecer as reclamações da colônia e pedir uma nova Carta. A negociação levou quase três anos, durante os quais Massachusetts ficou sem qualquer autoridade política. Só em abril de 1692 emergiu o que o pastor de Topsfield chamou de "medos e problemas". As questões civis continuavam um caos.¹³ Havia muito medo de que viesse uma punição real impondo o anglicanismo. Massachusetts sentia-se vulnerável.

Em 1692 os colonos aguardavam muitas coisas além de saques indígenas. Esperavam uma Carta que restaurasse seus direitos e a volta do indispensável Mather. A feitiçaria em Salem comprovava que o tempo era curto. Mather calculara que a idade de ouro estava cinco anos adiante. Sua precisão aponta outro traço da mentalidade do século XVII. Descrita como "aquele estranho aglomerado de incongruências", consistia numa colcha de retalhos de erudição e superstição.¹⁴ O natural tocava o sobrenatural, muitos clérigos praticavam alquimia ao mesmo tempo que investiam contra o oculto; a magia popular era uma coisa, a magia elitista, outra.¹⁵ Como qualquer pessoa sentenciada à predestinação, os puritanos desenvolveram uma obsessão pela previsão do futuro. Almanaques faziam sucesso, oferecendo conselhos astrológicos. O início letivo de Harvard em 1683 foi marcado por um eclipse. Sob todos os aspectos os puritanos estavam muito longe do realismo.¹⁶

A Colônia da Baía pode ter sido a comunidade mais bem-educada da história do mundo antes de 1692. A maioria das adolescentes da aldeia de Salem sabia ler, embora não soubesse assinar seus nomes. O clero da Nova Inglaterra colecionava provas do sobrenatural em parte para afastar as forças crescentes do racionalismo. Increase Mather recolhera prodígios e portentos em *Illustrious Providences*, de 1684, precursor das *Memorable Providences*, de seu filho. Amontoado de aparições, possessões, terremotos e naufrágios, o livro era um surpreendente híbrido de folclore e erudição, produzido para satisfazer pastores que em 1681 invocavam uma coleção de "bruxarias prodigiosas, possessões diabólicas, julgamentos notáveis".¹⁷ Esses "contos nativos maravilhosos" serviam a um propósito político, reafirmando o compromisso de Deus com a missão da Nova Inglaterra diante das incursões da Coroa.

O puritano não deixava passar nada em termos de símbolos ou sinais. Quando ia ao pântano caçar aves aquáticas e o seu melhor porco o seguia, isso queria dizer alguma coisa. A sede de significado produziu uma obsessão com a causalidade, e as explicações eram um traço geral da vida puritana. Quando os filhos de Goodwin se contorciam, o pai concluía que estavam sendo castigados por seus pecados. Se Parris viu uma punição nas crianças convulsas, não o disse publicamente, mas era a conclusão óbvia. Cotton Mather iria inferir tal coisa quando outra de suas filhas caiu no fogo.

Considerava-se que a fragilidade humana era responsável pelo clima rigoroso; batendo os dentes de frio, o puritano de Massachusetts tinha toda a razão para acreditar que pecava demais. O comportamento imoderado exigia certo número de causas. Increase Mather sugeriu que a Guerra do Rei Felipe acontecera pelo excesso de sedas e perucas, e perguntava-se, no 34º ano de seu ministério de 64 anos, se seu joelho inflamara porque ele não havia sido diligente no serviço de Deus.[18] Nenhum cuidado era demais. Quando em 1690 Samuel Parris atribuiu o sofrimento da Nova Inglaterra a falhas nas devoções familiares, ele encaminhou o problema à reunião dos pastores em Cambridge. A solução era simples: o clero de Massachusetts tinha de fazer o máximo para levar cada um de seus paroquianos "a interrogar, instruir, aconselhar e castigar de acordo com as circunstâncias das famílias".[19]

A busca de causalidade lançava o puritano em duas direções aparentemente opostas. Por um lado, fazia dele um litigante entusiasmado. Antes de 1690 não havia advogados na Colônia da Baía, e não havia muitos acidentes também, mas todas as transgressões concebíveis encontravam um tribunal. Os residentes de Massachusetts no século XVII não eram mais dados à transgressão que os outros, só gostavam mais da justiça. Quando redigiam o registro oficial, anotavam tudo. Povo atestador, cuja salvação dependia de uma confissão pública, eles eram testemunhas naturais.

Por mais vigilantes que fossem, muitas coisas desapareciam. Dívida e bebedeira eram as queixas favoritas, mas invadir a propriedade alheia vinha logo atrás. O que não era de surpreender, pois as escrituras de terras estabeleciam: "[A propriedade] começa num toco e corre para leste quatro varas, até uma estaca", ou limítrofe "a leste com uma árvore 'bem grande' de carvalho negro ou carvalho amarelo, em cima de um barranco ao lado da estrada."[20] Mesmo que os limites fossem exatos, o gado escolhia não os respeitar. Quando Parris pediu à aldeia que consertasse sua cerca em decomposição, descreveu-a como "o pomo da discórdia" entre ele e os vizinhos.[21]

Parece que as chaves não funcionavam em Massachusetts, onde qualquer tipo de limite era ultrapassado. Os aldeões de Salem tinham toda a razão de falar do medo das esposas de ficar sozinhas: a mulher corria o risco de o vizinho visitá-la quando o marido descia ao porão. Conscientemente ou não, os homens se enfiavam em camas alheias. (É interessante que mulheres espectrais perturbassem tantas vezes os homens em suas camas ao longo de todo o ano de 1692, quando no mundo visível o contrário ocorria com a mesma frequência.) Havia algo perturbador nas queixas; palavras iradas ficavam mais raivosas entre parentes, que as transmitiam de uma geração a outra. Foi assim que a desavença dos Putnam com várias famílias de Topsfield ganhou força lendária ao longo de décadas. As cortes funcionavam de modo eficiente, segundo procedimentos ingleses, e com notável rapidez. As sentenças de prisão eram raras.

As penas eram altamente originais, mas o catálogo de contravenções, não. Criados sofriam ataques físicos e verbais regularmente. Vingavam-se furtando da despensa, roubando gado ou colocando pedras nas camas. Convocado à corte com insistência, Thomas Maule, comerciante de Salem, tinha o hábito irritante de trabalhar aos sábados e exigir que seus criados o ajudassem (o que foi observado através da vitrine da loja). Em 1681, ele compareceu à corte por atacar a empregada. A moça cuspiu sangue durante duas semanas. Por que ele batera tão cruelmente nela, perguntaram, quando teria sido melhor vendê-la? "Porque ela é boa empregada", explicou Maule, que suportou os acontecimentos de 1692 sem dizer uma palavra.[22]

O que o tribunal nem sempre conseguia era entender o sentido das coisas. Às vezes, na insistente busca de razão, a melhor justificativa era do outro mundo. O mais eminente dos pastores da Nova Inglaterra apontou que às vezes o sobrenatural era a única explicação possível.[23] Com toda a certeza era a mais versátil. Se Sarah Good não provocara a morte daquelas cabeças de gado da aldeia, como explicar o fato? A bruxaria ligava as pontas soltas, justificando o que era arbitrário, estranho, hostil. Oferecia uma desculpa perfeita quando, literalmente, abriam-se as portas do inferno.

NINGUÉM VIVIA SOZINHO na aldeia de Salem. Mas de repente – depois do alarme de Deodat Lawson e do sermão inflamado de Parris – todos pareciam menos sozinhos que nunca. O pastor relatou que na noite de 6 de abril John Procter visitou a casa paroquial e atacou sua sobrinha. Fez o mesmo na casa dos Putnam. Na mesma quarta-feira, a vários quilômetros de distância, um fazendeiro chamado Ben Gould acordou e encontrou Giles e Martha Corey parados ao pé de sua cama. Eles voltaram na noite seguinte acompanhados de Procter. Gould foi o primeiro de uma série de homens jovens a servir de acusador. Homens agora praticavam bruxaria contra outros homens, embora em geral não atacassem na presença dos juízes nem se defendessem de espectros invisíveis em reuniões públicas, com uma notável exceção. O sermão de Parris em 10 de abril foi interrompido por John Indian, escravo da casa paroquial. John sabia que Tituba estava na prisão havia cinco semanas. A espectral Sarah Cloyce baixou sobre ele e cravou-lhe os dentes com tanta força que tirou sangue. Ela atacou a menina Abigail também. Depois do sermão, a empregada dos Putnam entrou em convulsão na Ingersoll. Quando voltou a si, não conseguiu identificar seu atacante. Repassaram uma lista de suspeitos, os mesmos nomes estavam na cabeça de todos. A bruxa tinha sido a anciã Rebecca Nurse? A empertigada Martha Corey? Sarah Cloyce parecia boa escolha, uma vez que haviam expedido seu mandado de prisão. A cerca de trinta quilômetros, em Boston, Cotton Mather exortou a congregação a despertar de seu sono pecaminoso, a estar vigilante contra o diabo e a esperar a vinda do Senhor, pois a "estupenda revolução" estava próxima.[24]

As notícias dos acontecimentos sobrenaturais de Salem chegavam a Boston através de uma variedade de canais. Fosse porque Hathorne e Corwin sentiam que precisavam de reforços, fosse porque esses reforços seriam obrigados a investigar a curiosa questão eles próprios, ou porque, pela primeira vez, um suspeito homem ia depor, o fato é que o representante do governador, Thomas Danforth, foi a Salem conduzir o inquérito preliminar. Com ele seguia uma horda de funcionários, inclusive o juiz e comerciante de Boston Samuel Sewall. Dentre os mais eminentes funcionários públicos da legislatura de Massachusetts, Danforth, aos 69 anos, zelara durante décadas pela sobrevivência de Harvard como seu tesoureiro e administrador. Ele lutara para defender a Carta perdida da colônia e participara do golpe contra Andros. Tinha uma figura impressionante. A audiência de abril se desenrolou de maneira menos rústica, na igreja da cidade, mais bem iluminada, quase duas vezes maior que a igreja da aldeia, com uma extensa galeria recém-construída e elegantes bancos reservados.

Nessa segunda-feira, Danforth designou Parris para relator, deixando que o pastor registrasse a fala de seu escravo sobre fatos ocorridos em sua própria casa. Parris lutou para acompanhar o ritmo, em geral os depoimentos eram rápidos demais. Com pena e tinta totalmente inadequadas para a velocidade da cena, eles saltavam de citações exatas a paráfrases, de vozes não identificadas na sala a espectros, anotando apenas metade das mudanças de orador. Os borrões nas páginas atestam o esforço. Às vezes era mais fácil deixar de lado a caneta e afirmar que o réu não tinha dito nada que valesse a pena repetir. Os relatores anotavam o que consideravam mais significativo, omitindo o que julgavam insignificante. A lógica das acusações tendia a suplantar a falta de lógica dos álibis. Em 11 de abril, em meio à multidão inquieta, Parris nem sempre conseguia ver ou ouvir. Os erros se infiltravam em suas transcrições.[25]

Certas verdades depressa vieram à tona. Elizabeth Procter e Sarah Cloyce visitaram John Indian na casa paroquial, dando-lhe beliscões e mordidas em plena luz do dia, sufocando o escravo quase até a morte, insistindo para ele assinar o livro. Figura muito mais impositiva, Danforth procedeu com menos aspereza que Hathorne. Ele havia rejeitado um caso de bruxaria em 1659, derrubando duas vezes o veredicto do júri. Agora queria ter certeza: John reconhecia suas atormentadoras? Reconhecia, respondeu o escravo, apontando uma delas, Sarah Cloyce. Sarah havia sofrido sua dose de desgraça, escapara de um ataque indígena e passara anos na pobreza, mãe viúva de cinco filhos. Sua vida tinha sido muito mais difícil que a de sua irmã mais velha, Rebecca Nurse. "Quando eu machuquei você?", ela protestou. "Muitas vezes", John replicou.

O inquérito de Sarah Cloyce foi mais tenso que o da irmã, ao qual ela certamente assistiu. A primeira a usar da palavra foi Abigail Williams: um "sabá diabólico" ocorrera no dia do jejum público. Sarah Cloyce e Sarah Good serviram de diáconos no rito, celebrado bem atrás da casa paroquial. Pela segunda vez os detalhes do encontro satânico provinham da família do pastor; insistentemente Parris ouviria falar de reuniões de bruxas em torno de sua casa, ideia que podia fortalecer sua posição na comunidade – por apontar sua integridade – ou envergonhá-lo. De todo modo, ele tinha razões para temer esse súbito interesse por seu pasto maltratado. Um homem branco diante do qual todas as bruxas tremiam presidia a sessão. Abigail forneceu um detalhe perturbador: havia cerca de quarenta bruxas na reunião. A essa altura Sarah Cloyce despencou na cadeira "como alguém vitimado por um mortal desfalecimento", anotou Parris.[26]

Danforth voltou-se em seguida para Elizabeth Procter, no começo da gravidez do sexto filho, fato do qual ela talvez não tivesse consciência. Aí o magistrado encontrou dificuldades. Uma das meninas protestou que nunca tinha visto Elizabeth antes, duas ficaram mudas. Interrogada sobre se Elizabeth a afligira, a sobrinha de Parris enfiou a mão fechada na boca. A sobrinha do médico caiu em transe prolongado. As meninas tinham perdido o fio da meada ou sucumbido a um poder maior. Danforth pode tê-las intimidado – pai de doze filhos, ele sabia como pressionar uma criança, e só John Indian respondeu: quase despida, Elizabeth Procter o sufocara. Danforth perguntou se ele tinha certeza da identidade dela, e John confirmou. Aos poucos as meninas se reanimaram, fornecendo detalhes do livro demoníaco de Elizabeth.

Foi provavelmente a essa altura que a sobrinha de Parris e Ann Putnam, filha, estenderam a mão para bater na acusada. O punho de Abigail abriu-se magicamente no ar. Quando as pontas de seus dedos tocaram a touca da mulher, a menina urrou de dor. As afligidas apontaram a viga do teto da igreja: Elizabeth Procter, a esposa do bruxo, estava empoleirada ali e logo, elas alertaram, ele iria fazer Bathshua Pope levitar. Nesse momento os pés de Bathshua se ergueram do chão. O que ele tinha a dizer, perguntou Danforth a John Procter, repentinamente sob julgamento. O homem mal teve tempo de responder quando Abigail disse que Elizabeth voltaria a atacar.

John Procter tentou restaurar alguma sanidade. Brusco, embora afável, ele era da geração de Danforth. Elizabeth, mãe de cinco de seus onze filhos, era sua esposa muito mais jovem, que o ajudava na taverna. Além disso, eles possuíam uma fazenda de 280 hectares. Procter informou para quem quisesse ouvir, inclusive o marido da mulher que ele fizera levitar, que se Parris lhe permitisse passar alguns minutos com John Indian "arrancaria na pancada o diabo de dentro dele".[27] A ameaça não podia ser bem recebida pelo pastor, que não achava possível expulsar diabos a pauladas. Contudo, alguns partilhavam a opinião de John Procter. Um fazendeiro de Salem chamado Edward Bishop levou John Indian de volta à aldeia no fim da tarde, na garupa. O escravo teve uma crise violenta e, inclinando-se para a frente, mordeu o cavaleiro. Bishop bateu nele com uma vara, interrompendo o feitiço. John prometeu que não o morderia mais, e Bishop afirmou que podia curar todos os enfeitiçados do mesmo jeito.

A manhã seguinte encontrou Parris na igreja da cidade, registrando um relato fiel das perplexidades do dia anterior. A todo momento era interrompido. John e Abigail rugiam e se contorciam. Mary Walcott tricotava calmamente, mas de vez em quando ficava de olhos vidrados. Saindo de um transe, ela disse que John Procter estava sentado no colo do guarda. John Indian a corrigiu. Procter estava montado no cachorro do pastor, sob a mesa. Depois que Parris leu seu relato, Mary Walcott apontou o outro lado da sala, onde estavam reunidos todos os que haviam assinado o pacto: Sarah Good, os Procter, Rebecca Nurse, Martha Corey, Sarah Cloyce, Dorothy Good. Todos os que ela nomeou foram mandados para a cadeia de Boston naquele dia, inclusive John Procter – preso antes mesmo de ter sido acusado. Giles Corey foi com Martha até a balsa de Salem, mas não prosseguiu. Não tinha dinheiro para a travessia. Prometeu encontrar a mulher na semana seguinte, mas não poderia fazê-lo. Ele também estaria sob custódia na segunda-feira.[28]

Várias regras básicas haviam surgido, algumas sem precedentes. Bruxas podiam ser homens ou mulheres, mendigas itinerantes ou ricas fazendeiras, jovens ou velhas, membros da igreja ou forasteiros. Como Giles Corey viria a descobrir, era imprudente manifestar solidariedade a uma esposa presa. Tendo observado acusados e acusadores bem mais de perto que qualquer outra pessoa, sem contar os Parris, John Indian deve ter pensado que seria de bom alvitre começar a citar nomes antes que alguém mencionasse o seu. Era mais seguro ser afligido que acusado. As suspeitas correram soltas numa semana que, exceto por isso, foi de uma calma sinistra. O interrogatório de Danforth, com o relato do sabá das bruxas feito pelas meninas, caíra como um raio. Agora vinha o trovão, do qual ninguém estaria a salvo.

Eram cada vez mais frequentes as vezes em que, quando uma das meninas apontava um espectro, alguém o via. As visões ficavam mais nítidas na aldeia de Salem. As memórias melhoravam. Assim que as andorinhas matinais anunciaram a primavera, o subxerife Herrick arrebanhou mais quatro bruxas; ele não parou durante os dias seguintes, encurralando testemunhas e prendendo suspeitos. Danforth dera legitimidade aos processos, mas não os alterara. O único resultado tangível foi que, retomando de onde seu superior havia parado, Hathorne revisou sua atitude inicial, mais neutra em abril do que fora em março. Talvez sentisse que estava atuando num palco mais amplo.

Primeiro entre quatro suspeitos muito diferentes, Giles Corey entrou na igreja às oito horas de uma manhã de abril. Para alguns, o encontro marcado com sua esposa na balsa parecia um pacto demoníaco, mas para outros Corey era um alvo óbvio por várias razões. Quando se juntara à congregação de Salem, um ano antes, haviam mencionado sua reputação escandalosa. Meio século antes ele havia roubado trigo, linho, tabaco e outros artigos de um armazém (que pertencia ao pai do juiz Corwin); trocara golpes com um professor local, a quem molhara com água suja; fora processado por briga e perturbação da paz. Em 1676 ele espancou selvagemente um ladrão e depois alegou que o rapaz tinha levado um tombo. O moço morreu por causa dos ferimentos. Derrubando cercas e ameaçando cavalos, Giles Corey era alvo de maledicências, como Sarah Good. Ele alertou um vizinho de que suas árvores não dariam frutos e amaldiçoara também um parente. Ao longo de anos, acumulara quarenta hectares de terra arável e era considerado "um mau vizinho, muito irascível e provocador".[29] Há muito havia alguma animosidade contra os Corey, algo agourento na casa deles. Quando irromperam chamas no telhado de uma das casas de Procter, quinze anos antes, Corey parecia o culpado óbvio. Ele escapou por pouco da acusação porque provou que estava na cama aquela noite e processou John Procter por difamação.

Antigas pendências afloraram na audiência de 19 de abril. Giles Corey fez o possível para se livrar delas. "Qual de vocês viu esse homem machucar vocês?", Hathorne perguntou. Quatro meninas deram um passo à frente. Corey negou as acusações, não fizera pacto com o diabo. Ele fechou a cara quando dos bancos vieram três relatos de que naquela manhã mesmo havia levado um susto no celeiro. "O que assustou você?", Hathorne inquiriu. "Acho que nunca falei essa palavra", disse Corey, lançando suas acusadoras ao paroxismo. "Não bastava ter se envolvido com bruxaria em outros tempos", repreendeu Hathorne, "tem de fazer isso agora diante da autoridade?" Corey fez o possível para se explicar. Não tinha lembrança de ter se assustado no curral.

Nessa quinta-feira, outra suspeita, única das quatro a ter enfrentado antes uma acusação de bruxaria, mostrou-se mais desafiadora. Bridget Bishop devia estar na casa dos cinquenta anos, era moradora da cidade de Salem e tinha um passado de pequenos furtos. Ela e o ex-marido brigavam muito. Em 1677, havia comparecido em juízo porque chamara o marido de diabo velho no sabá – o casal já havia sido chicoteado oito anos antes pelo mesmo delito. Da segunda vez, antes foram amordaçados na praça do mercado. Logo em seguida o homem morreu em circunstâncias suspeitas.[30] Oito meses depois, em choque com os vizinhos e enteados, cheia de dívidas, Bridget enfrentou um processo por bruxaria. Um escravo conduzia cavalos em novembro quando os animais entraram em pânico e mergulharam num pântano congelado. Observadores atônitos declararam que os cavalos estavam enfeitiçados. Uma semana depois, o escravo entrou no celeiro e descobriu Bridget Bishop pendurada numa viga. Ela desapareceu quando ele pegou o forcado.

Essas visões – e as brigas dos Bishop – eram bem lembradas, tanto que seus acusadores ainda se referiam a ela como Bridget Oliver, sobrenome do primeiro marido. Segundo os relatos de Parris e Cheever, as meninas se agitavam a cada movimento de Bridget, que afirmou nada conhecer do diabo nem de suas acusadoras. Na verdade, não conhecia ninguém na sala, pois nunca morara na aldeia. Não sabia dizer o que perturbava as meninas nem tinha dado consentimento a nenhum mau espírito para assumir sua aparência. Não era bruxa nem sabia o que era uma bruxa. "Então, como sabe que não é bruxa?", Hathorne contrapôs. Bridget se irritou. Se fosse bruxa, Hathorne ia conhecer seus poderes, respondeu. O interrogador tomou a resposta como uma ameaça.

Ao examinar Bridget na terça-feira, Hathorne topara com duas minas de ouro. Uma era a linda Mary Warren, cujas primeiras crises Procter havia resolvido a pancadas, e por isso os dois estavam envolvidos numa dura batalha. Mary colocara uma nota de gratidão na porta da igreja, prática comum na época, porque o lugar funcionava como quadro de avisos da comunidade. Os Procter ficaram furiosos com o anúncio da confusão em sua casa. Mary era uma moça impulsiva de vinte anos, dada a explosões emocionais. Em recuperação, ela passou de vítima a suspeita, e não demorou muito para confessar bruxaria e se submeter às aflições.

Mary Warren aproximou-se da bancada, e as enfeitiçadas sufocaram, não conseguindo responder quando Hathorne perguntou se era Mary quem as atacava. A empregada do dr. Griggs se recompôs e disse que a moça mais velha as atacava. Juntaram-se a ela John Indian e Bathshua Pope. "Até pouco tempo atrás você era uma pessoa perturbada, agora é perturbadora. Como aconteceu isso?", Hathorne perguntou. Durante algum tempo Mary ficou em transe, depois começaram as desculpas chorosas. Prometeu contar tudo, embora não ficasse claro do que se desculpava e o que pretendia contar. Cada vez que tentava falar, ela se contorcia. Várias vezes Hathorne a retirou da sala, e os pastores e juízes acabaram tomando seu depoimento em particular.

A moça estava mais disposta depois de uma noite na prisão. Na noite do dia em que ela pusera a nota na porta da igreja, Elizabeth Procter a forçara a sair da cama. Ela envolveu Giles Corey, cuja roupa descreveu em detalhes, assombrando os examinadores. Corey a atacara por razão muito terrena: Mary aconselhara seu patrão a aumentar o preço de um campo que ele pretendia comprar. A moça descreveu uma transação espiritual igualmente frustrada em 21 de abril. Depois de muita insistência, admitia que havia assinado um livro portentoso apresentado a ela por seus empregadores. Seu dedo deixara um estranho borrão preto no volume. Mary gritou que seria "despedaçada" se desse detalhes, e Procter a havia ameaçado.[31]

A segunda suspeita de Hathorne na terça-feira produziu as mais ricas recompensas. Menina má da vizinha aldeia de Topsfield, Abigail Hobbs, de catorze anos, morava logo além do limite da aldeia. Durante algum tempo se gabara da mais antipuritana das infâncias. Várias semanas antes, um amigo havia ralhado com ela por sua grosseria durante uma visita. A menina disse nada temer porque vendera a alma a Satã. Sabia-se que havia progresso quando as meninas atingidas ficavam paradas como pedras, e ninguém se mexeu enquanto a vigorosa Abigail Hobbs testemunhava. "Vou falar a verdade", começou. Tinha conversado com o diabo. Em troca de enfeites, beliscara as meninas. Assinara vários pactos, o primeiro deles na floresta, em plena luz do dia. Acrescentou alguns nomes, inclusive o da mãe do guarda de Topsfield. Quando se calou, as meninas começaram a gritar pela primeira vez. Abigail ficou cega e deu uma última explicação: a mendiga Sarah Good a silenciara.

Hathorne ficou aliviado. As audiências avançavam em ritmo arrastado, num espaço claustrofóbico, com interrupções e tediosas repetições. Os relatos emergiam aos retalhos. Ele tinha família e negócios próprios, a bruxaria ameaçava consumir sua vida. Abigail Williams esclarecera uma porção de pontos, como continuaria a fazer de dentro da prisão. Comparecera a um grande congresso de bruxas onde comera pão vermelho e bebera vinho tinto. Havia nove celebrantes, anunciou, confirmando a avaliação de Tituba e introduzindo um rito que a índia não mencionara: elas haviam se encontrado no malcuidado pasto dos Parris.

Na noite seguinte, nova aparição especialmente ousada atormentou a jovem Ann Putnam. Na manhã de 21 de abril, Abigail Williams abordou

Benjamin Hutchinson, filho adotivo dos Ingersoll, cerca de dez anos mais velho que ela, na frente da taverna. Ele estava com um forcado. Abigail indicou um homenzinho sinistro à beira do caminho, que teria matado três mulheres e recrutado nove bruxas de Salem. Benjamin perguntou onde estava ele. Abigail apontou, e o moço avançou com o forcado. A menina entrou em convulsão, mas se recuperou a tempo de garantir ao rapaz que tinha atingido o alvo. Na taverna, mais ou menos uma hora depois, ela chamou Benjamin outra vez. "Lá está ele." Benjamin brandiu o florete e a aparição se dissolveu num gato cinzento. Abigail viu Sarah Good, a mendiga, levar embora o animal.

Ao meio-dia, os dois se encaminharam para a palestra de Parris. Pouco antes das quatro da tarde, Abigail voltou a procurar Benjamin na taverna, agora acompanhada pela prima, Mary Walcott. Mal conseguiram informar que a mulher de Topsfield havia mordido Mary. Quando se acalmaram, apontaram uma mesa: o marido da bruxa estava ali. Benjamin enfiou o florete no que seria o flanco do atormentador. Ao retirá-lo, as meninas disseram que a sala estava cheia de espíritos, entre eles um índio e uma "grande mulher negra". Benjamin e um amigo atacaram à esquerda e à direita, orientados pela enfeitiçada. Eles agora viviam num mundo em que, quando uma menina apontava uma figura invisível, você acreditava que ela estava certa e você estava cego.

Em 21 de abril foram expedidos mandados para nove suspeitos de bruxaria, a maior parte de Topsfield; as acusações desabrocharam em crise provincial. Dentre as apreensões de antes do fim de semana estavam a esposa do comerciante mais rico de Salem, a segunda irmã de Rebecca Nurse, os pais de Abigail Hobbs e um escravo negro. O guarda de Topsfield prendeu a própria mãe. Tão depressa acumulavam-se as provas que ficou difícil distinguir os suspeitos. Até para o meticuloso reverendo Hale, Bridget Bishop e Sarah Wilds se tornaram uma só pessoa. Ao longo das sete semanas seguintes, 54 bruxas seriam citadas.

O nome de Thomas Putnam foi o primeiro a figurar nas reclamações de meados de abril. No dia 21 ele achou necessário se manifestar pessoalmente aos juízes de Salem. Expressando gratidão por "seu grande zelo e sacrifício", implorou aos juízes que continuassem a "aterrorizar os malfeitores". Os acontecimentos evoluíam depressa, e ele sabia de notícias alarmantes: uma trama estava em andamento, "uma roda no meio de outra roda, retinindo em nossos ouvidos". O homem viria a fazer 120 acusações, quase um terço do total, e testemunharia contra dezessete suspeitos. Thomas Putnam não mencionou sua esposa doente e a filha, nem o momento de falta de sorte que atravessava: uma vaca morrera, assim como seu cavalo preferido; recentemente perdera uma herança contestada por um meio-irmão muito mais jovem. Limitando-se a insinuações sombrias, chegava a detalhes sensacionalistas. Mas deixou que as meninas visionárias anunciassem a "grande e horrível" notícia: havia ali um engenhoso cérebro em ação.[32]

5. O bruxo

> No terror de ver a figura e no terror da certeza de que ela não estava ali um momento antes, primeiro corri dela, depois corri para ela. E meu terror foi ainda maior quando descobri que não havia ali figura alguma.[1]
>
> CHARLES DICKENS

SE AS INSINUAÇÕES DE Thomas Putnam pareciam cifradas para os juízes, o suspense durou dois dias inteiros. John Hathorne já se mostrara receptivo a seu conteúdo, tendo ordenado novas prisões. Inúmeras discrepâncias haviam se apresentado ao longo das seis semanas anteriores, e ele passara por cima de todas. Quando veio à tona uma acusação improvável – em certo ponto alguém acusou a esposa do dr. Griggs –, ela evaporou. O homem alto de Boston mencionado por Tituba também desapareceu no caos. Ele voltaria sob a forma de um homem baixo do Maine.[2]

Hathorne não pôs as meninas em quarentena nem as entrevistou individualmente, como aconselhava o manual da lei. Não fez qualquer tentativa de comparar as marcas de mordida à arcada dentária, o que produziria resultados surpreendentes, de vez que uma das acusadas "não tinha na boca nem um dente".[3] Ele não questionou como as enfeitiçadas continuavam saudáveis – apesar da gravidade dos enforcamentos, mordidas, socos – e confiava nos relatos de visões espectrais. Via o surgimento da bruxaria do mesmo modo que Cotton Mather: a coisa era "controlada pela imaginação, embora não possa ser chamada de imaginária".[4] Quando as meninas se contradiziam, Hathorne fechava os olhos, descartando os fatos que não se encaixavam. Nem a acusação de Mary Warren, de que as meninas fingiam, o levou a duvidar. Todos os sinais indicavam um acusador obcecado, decidido a atingir certo objetivo.

Ao lado de Hathorne, em todos os inquéritos e interrogatórios, sentava-se o reverendo Nicholas Noyes, de 45 anos, poeta gordo e intransigente. Há dez anos em Salem, ele era uma boa companhia, vivaz e inteligente, dono da melhor biblioteca local, um marco de distinção em Massachusetts. Filho de um juiz do condado de Essex, o pastor sentia-se à vontade no tribunal. Era amigo dos Putnam e dos irmãos Sewall, e assumiu papel importante no processo: desafiava os suspeitos antes dos testemunhos, validava provas e oferecia opinião especializada. Noyes enfrentava qualquer suspeito que tentasse invocar as Escrituras em defesa própria. Nem ele nem Hathorne parecem ter se perguntado por que as crianças levadas pelo diabo jamais desapareciam de casa. Algumas coisas eram ilógicas. Por que, por exemplo, Tituba tinha voado para um encontro que acontecera em seu próprio quintal?

Hathorne encarcerava e interrogava sem piedade. Ao longo do dia 22 de abril, todo suspeito que compareceu diante dele acabou na prisão, quer alegasse inocência, quer confessasse. O magistrado tinha razão em proceder com cautela: a bruxaria era o mais grave dos crimes, mas o proceder forense era difícil. Havia três possibilidades: as meninas estavam enfeitiçadas; as meninas dissimulavam; havia outro tipo de conspiração. Hathorne optou pela bruxaria e estava determinado a exterminá-la. Nem todos eram da mesma opinião. Sob cerrado interrogatório, várias das primeiras suspeitas concordaram que alguma coisa as afetava, mas não diziam que fosse bruxaria. Hathorne agiu como se ele soubesse mais. Afinal, o que uma bruxa haveria de dizer no banco dos réus? Além disso, ele tinha nas mãos a única prova inconteste de bruxaria: uma confissão. Tituba garantia o caso. A pequena Dorothy Good e a rebelde Abigail Hobbs o reforçavam.

Mesmo assim, Hathorne abrigava uma pequena e incômoda semente de dúvida. Ao receber as denúncias enigmáticas de Putnam, decidiu fazer um experimento em 22 de abril. Nesse dia a audiência foi menos sensacional. Uma enorme multidão ainda se acotovelava nos bancos da igreja. Com uma lista de suspeitos, Hathorne determinou que o guarda fizesse entrar a primeira acusada. "Mercy Lewis, conhece aquela que está em pé diante da banca?" Talvez ele tivesse escolhido a empregada dos Putnam porque, dentre as mais velhas, Mercy parecia a provável mestra de cerimônias. Ela não conseguiu dizer o nome da suspeita. Hathorne apelou para a acusadora seguinte, a jovem Abigail Williams, sobrinha de Parris. A menina ficou muda.

A jovem Ann Putnam salvou o dia identificando a madrasta de Abigail Hobbs, Deliverance Hobbs, e dizendo que a mulher a torturara. Voltando-se para a acusada, Hathorne fez a série de perguntas de praxe. A suspeita tentou virar o jogo: ela também estava afligida. Naquela mesma sala, uma semana antes, tinha visto pássaros, gatos e uma aparição humana: ninguém menos que Mercy Lewis, a empregada dos Putnam. Nenhuma figura lhe apresentara um livro pedindo que ela assinasse. Hathorne duvidava que ela tivesse passado de perturbadora a perturbada. A mulher não precisou responder, porque as meninas afirmaram que ela não estava ali diante da banca, mas na viga do teto. Isso fazia mais sentido para o juiz, que voltou à sua linha de inquérito usual. Se aconteceu alguma coisa na sala para mudar o curso da sessão, Parris não registrou. Deliverance deixou escapar que duas noites antes Sarah Wilds, mãe do guarda de Topsfield, lhe trouxera um livro, pena e tinta; que, com alfinetes e imagens, Hobbs havia afligido as meninas; que travara relações com um "homem negro alto, com chapéu de copa alta". Hathorne tinha a confissão que queria, e logo teria muito mais. Ao longo das 24 horas seguintes, Deliverance emprestou à conspiração a lógica necessária, conectando as aflições da aldeia, as profecias de Putnam e o homem negro de Tituba.

Deliverance Hobbs conseguiu também atribuir sentido à sangrenta batalha travada na véspera, na Ingersoll. Depois do testemunho, Hathorne perguntara se ela havia sofrido alguma dor naquela quinta-feira. A mulher relatou uma pontada aguda do lado direito. Os juízes ordenaram que a examinassem. Deliverance se despiu atrás de portas fechadas, revelando uma ferida de florete, que logo soube como adquirira: era ela a mulher que Hutchinson atacara na hospedaria sob orientação de

Abigail. William Hobbs compareceu perante Hathorne e se declarou inocente. Hathorne perguntou como atingia as pessoas com o olhar. O fazendeiro de meia-idade, um dos primeiros colonos de Topsfield, homem cuja esposa havia confessado praticar bruxaria e cuja filha transviada testemunhava contra ele, afirmando que não lia as Escrituras em casa, declarou não saber que sua filha era bruxa. Concordou que algo sobrenatural perturbava as meninas. "Acha que estão enfeitiçadas?", Hathorne perguntou. Ele não sabia. Nessa tarde, o subxerife Herrick levou para a prisão os pais de Abigail e mais seis suspeitos.[5]

No dia seguinte os juízes interrogaram Deliverance na prisão apinhada. Ao complementar a confissão, a mulher de Topsfield descreveu outra reunião em Salem naquela sexta-feira. Convocado por uma trombeta diabólica, um grupo de bruxas baixou sobre a aldeia para celebrar uma paródia do rito da comunhão. Deliverance apresentou onze nomes. Os números totais não coincidiam, mas aumentavam sem parar: dos nove de Tituba aos 23 ou 24 de quem Deodat Lawson ouvira falar, aos quarenta de Abigail Williams. Relatos posteriores diriam que havia cem pessoas no ritual, número que subiria para 307 e, por fim, para inacreditáveis quinhentos, quase a população da aldeia.[6] As bruxas se reuniam no pasto de Parris, e Deliverance revelou que deviam enfeitiçar todos os habitantes. A sobrinha de Parris saiu da casa paroquial e viu as bruxas sentadas a uma longa mesa. Como sacramento, comiam "pão vermelho e vinho tinto como sangue".[7]

Mais crucial foi a explicação que Deliverance deu para uma referência que a enteada fizera à fronteira do Maine e à visita que Ann Putnam, filha, recebera pouco antes de seu pai redigir sua denúncia. Uma aparição aterrorizadora, de casaco escuro, baixara na aldeia. "Pastores também são bruxos?", Ann perguntou ao espectro. Ele se apresentou. Tinha matado diversas mulheres – era um agente secreto a serviço de franceses e índios, assassinara a filha e a esposa of Lawson, enfeitiçara a sobrinha de Parris. Confidenciou que sua missão era pavorosa: ele, que devia ensinar as crianças a temer a Deus, agora "vinha persuadir as pobres criaturas a entregar suas almas ao diabo".

A figura empalada pelo forcado diante da Ingersoll, o pastor de Ann Putnam, o oficiante do sabá das bruxas e a mente por trás da conspiração mencionada por Thomas Putnam eram todos a mesma pessoa. Ele não era um mero bruxo, Ann Putnam alertou. As crianças da Nova Inglaterra tinham toda a razão para respeitar a hierarquia, que tudo permeava. O visitante de Ann em abril gabava-se de ser superior a uma bruxa, bem mais poderoso: ele era um conjurador.[8] (Dias depois se apresentou a Abigail com as mesmas credenciais.) Tratava-se também de um homenzinho negro que vivia na floresta, forte, errante e onisciente. Era um espírito familiar. A jovem Ann Putnam o conhecera quando tinha quatro anos. Mercy Lewis o conhecia como seu ex-patrão, na casa de quem trabalhara nos anos 1680. Abigail Hobbs o conhecia como importante cidadão de Casco, no Maine, antes do ataque indígena de 1688. Hathorne o conhecia como seu antigo cunhado. Todos na aldeia de Salem, onde ele jamais administrara nenhum sacramento à sua congregação (que nunca o ordenara), o conheciam como seu antigo pastor. Em 30 de abril, foi expedido um mandado para o predecessor de Lawson. Quando, uma semana depois, o guarda conduziu George Burroughs para Salem, vindo dos confins do Maine, ele não pôde ser encarcerado. A cadeia não tinha lugar para mais um prisioneiro.

Sob estreita vigilância, Burroughs foi abrigado no quarto de uma taverna na cidade de Salem. Apesar de seus poderes sobrenaturais, não tinha permissão para receber visitas – o belo e determinado pastor ainda possuía amigos no condado de Essex. Quando um capitão da milícia local insistiu para que visitasse o prisioneiro, o curtidor de couro Elizer Keyser implorou para não ir. Keyser estava aterrorizado, convencido de que Burroughs era "o chefe dos acusados de bruxaria". Forçado a fazer a visita, Burroughs mirou-o diretamente. Na mesma noite, na sala escura como breu de Keyser, doze medusas brilhantes nadaram lareira acima. Ele chamou a criada, nervoso. Inclinando a cabeça, ela se deslumbrou com as criaturas que flutuavam na lareira imensa. A esposa de Keyser não conseguia vê-las, prova de que se tratava de "uma aparição diabólica".

George Burroughs fez uma segunda visita espectral à casa dos Putnam – onde nunca fora bem-vindo, pois suplantara o cunhado de Ann Putnam, mãe, o reverendo Bayley. Em 8 de maio, ele alertou Ann, filha, de que suas duas primeiras esposas apareceriam para ela e contariam muitas mentiras.

A menina não devia dar atenção. Logo duas mulheres translúcidas perturbavam o ar e, vermelhas de fúria, "como se o sangue jorrasse de seus rostos", exigiam justiça. Burroughs devia ser "lançado ao inferno". As esposas explicaram que o pastor as assassinara. Uma delas mostrou a ferida fatal sob o braço esquerdo. Na manhã seguinte, a jovem Ann viu a esposa e a filha de Deodat Lawson mortas, das quais fora amiga. Burroughs as matara também. Esses eram crimes a que Abigail aludira ao recrutar Hutchinson e seu forçado duas semanas antes.[9]

Ninguém questionou por que Burroughs permitiu que Ann conversasse com as esposas mortas – ele operava por meios estranhos e misteriosos. O registro também não traz nenhuma palavra acerca do capitão da milícia que insistira na visita do curtidor a Burroughs, garantindo-lhe que não tinha nada a temer porque o ex-pastor era "um filho de Deus, um filho escolhido de Deus, e Deus iria provar sua inocência".[10]

PELAS COISAS que o diabo prometia, é possível deduzir os sonhos de uma garota no século XVII: roupas esplêndidas, viagens ao exterior, ouro, um marido, ajuda no serviço doméstico. Seus desejos não eram nada diferentes dos de qualquer órfã semiadolescente do interior, presa a uma paisagem esquálida, sujeita a tempestades, em que animais invadiam os quintais de vizinhos mesquinhos. No cinzento inverno da Nova Inglaterra, essas meninas sonhavam com viagens por reinos exóticos, em cores supersaturadas. Do exemplo de Tituba em diante, os testemunhos de Salem explodem com vigorosa intensidade: tudo era cor.

Aos doze e onze anos, respectivamente, Ann Putnam, filha, e Abigail Williams, sobrinha de Parris, eram as mais novas das que estavam sob o poder sobrenatural de Satã. Mercy Lewis, de dezenove anos, e Mary Warren, a criada dos Putnam, de vinte, estavam entre as mais velhas. As quatro não deixaram qualquer registro escrito, assim como nenhuma outra menina puritana. Embora soubessem escrever, não havia oportunidade, sempre a ordenhar, fiar, bater manteiga, capinar, lavar e fazer velas. Só na presença do diabo as meninas enunciavam seus desejos, que nos chegam através dos relatores do tribunal. Nos raros casos em que suas palavras chegaram a nós, a enfeitiçada falava em sintaxe e vocabulário alheios. A história não é rica de mulheres jovens rebeldes, com exceção de Joana d'Arc e algumas soberanas menores de idade, e é difícil apontar outro momento histórico tão dominado por virgens adolescentes, coorte tradicionalmente vulnerável, muda e destituída de direitos. Desde o começo, as meninas de Salem se fizeram ouvir, suas vozes se mostraram decisivas. Em abril, um núcleo de oito meninas assumiu dimensão oracular. Tremendo e se retorcendo, elas desempenhavam o papel de adivinhas, benzedeiras, autoridades morais, mártires de uma causa.

Qualquer pastor nos revela como era a menina puritana ideal: o amálgama cristalino de modéstia, piedade e trabalho incansável. Falava pouco e na hora certa, lia as Escrituras duas vezes ao dia. Seu pai era seu soberano e juiz, com autoridade absoluta. Ela o defendia como defenderia o homem com quem se casasse. O pai era o chefe da família, sua alma, seu governante. Muitas vezes era um homem ativo e dedicado, velava os doentes, preocupava-se com o corpo e a alma dos filhos. A maioria das meninas enfeitiçadas havia perdido os pais, quase sempre em ataques de indígenas. Isso as deixava instáveis quanto a casamento e herança, quando não famintas de atenção masculina.

Mães eram menos visíveis, embora também soberanas. Jovens que as desrespeitassem podiam "ir para o cadafalso e ser enforcadas para servir de comida a corvos e águias", alertava Increase Mather. Apesar da ênfase na disciplina, havia muita ternura no século XVII. "Encantem as crianças da Nova Inglaterra com o temor a Deus", insistia Cotton Mather, defensor da autoridade com doçura. Lawson também desencorajava a aspereza e o formalismo na criação dos filhos. Mais rígido que seu predecessor, até Parris condenava "golpes irados de punição", recomendando "tapas de amor paterno". Havia de fato um estatuto na Nova Inglaterra contra a desobediência aos pais.

Uma mãe que se despedia da filha em 1680 lembrava-lhe que tinha de se portar com respeito, obediência e sobriedade. Devia rezar e acima de tudo trabalhar. A mente ociosa era instrumento do diabo.[11] A atenção ao estado espiritual da jovem se intensificava na idade de Ann Putnam e Abigail Williams, quando as crianças tornam-se mais reflexivas e menos razoáveis. Catorze anos era a linha divisória legal para a difamação. Depois disso, esperava-se que a pessoa adotasse sobriedade e "deixasse de lado as coisas de criança".[12] Os sete anos de aprendizado começavam nessa idade. Ocupada como era em fiar e tecer, a filha de Massachusetts no século XVII às vezes frequentava tavernas, local onde a vigilância relaxava e permitiam-se os flertes.

O sonho da mulher perfeita, piedosa, trabalhadora e submissa era venerável. O que individualizava a moça dos primeiros tempos da Nova Inglaterra eram seus pesadelos. Samuel Sewall voltou para casa uma noite, em 1696, e encontrou a esposa esperando por ele na entrada. A filha de quinze anos, Betty Sewall, tinha caído em prantos logo depois do jantar, perturbando os irmãos. Um versículo do Evangelho de são João martelava na cabeça da menina. Ela concluiu que iria para o inferno, suas preces não seriam ouvidas, seus pecados não seriam perdoados. Aquele não era o primeiro grito de terror de Betty. Quando tinha sete anos, a descrição das cenas do dia do Juízo Final a perturbaram. Seu irmão ficou igualmente agitado quando o aconselharam, aos onze anos, a se preparar para a morte.

Sewall mandou chamar o eminente Samuel Willard, pastor da Terceira Igreja de Boston. Willard rezou por Betty, mas seis semanas depois ela contou ao pai que estava condenada ao inferno. Em prantos, pai e filha suplicaram ao céu, porém Betty continuou inconsolável. Em agosto ela foi despachada a Salem para se recuperar na casa do tio Stephen, que anos antes já havia recebido a menina Betty Parris (Sewall não fez a ligação entre os gritos abafados de uma menina e os urros penetrantes da outra). Betty Sewall chorou o mês de novembro inteiro. Alertou seu pai de que não havia esperança de salvação. Parte integrante da educação puritana, a ideia de que a vida constituía uma peregrinação do pecado à graça não preconizava nada de bom para os anos de formação. Alguns dos primeiros livros para crianças na Nova Inglaterra eram relatos de vidas sagradas e mortes exemplares de pré-adolescentes.

A devoção estava relacionada à alfabetização. Sobretudo nas famílias religiosas, as mães ensinavam os filhos, criados e escravos a ler. Escrever vinha depois. Elizabeth Parris sabia escrever, habilidade que deve ter passado para seus dependentes na casa paroquial. As meninas da aldeia decifravam os livros diabólicos a elas oferecidos, e os sermões inquietantes se gravavam em sua memória.[13] Como sempre, estava à espreita o espinhoso paradoxo puritano: ter certeza da própria salvação era mostrar-se indigno dela. Como observou um estudioso atual: "Não sentir medo era um sinal indiscutível de que a pessoa estava espiritualmente perdida ou era idiota – ou ambas as coisas."[14]

A infância ortodoxa era saturada de medo, mas é difícil dizer se lares piedosos geravam crianças mais tensas, uma vez que os pastores foram os únicos a deixar diários. Decerto as meninas da casa paroquial da aldeia de Salem sentiam-se particularmente reprimidas, com as altas expectativas dos Parris e a maior atenção da aldeia. A família formava um pequeno povoado no alto do morro, o pastor nunca saía de casa sem uma parábola e via o aniversário dos filhos como ocasião para dar "conselhos vivos e pungentes".[15] Quando alertou Katy, de cinco anos, de que ela devia se preparar para a morte dele, alertou também que, como órfã, a filha precisava se preparar para dificuldades maiores. Como qualquer minoria sitiada, os puritanos prestavam enfática atenção à sua progênie, da qual dependia sua sobrevivência.

Ao lado da imagética do Apocalipse e das vívidas descrições do inferno havia os contos tenebrosos. Todos conheciam alguma história sobre desmembramento ou sequestro. Isso era verdadeiro sobretudo para as meninas convulsas de Salem, das quais ao menos metade era refugiada ou órfã, em decorrência da "última guerra indígena". Mercy Lewis conhecera a tragédia duas vezes: aos três anos, quando os Abenaki incendiaram sua cidade no Maine e sequestraram sua mãe e irmãos; e aos dezesseis anos, quando ficou órfã num segundo ataque.

O terror rumorejava e irrompia com regularidade. Um variado catálogo de perigos rondava sempre por perto. Tão obsessivamente atentas como um pai da Nova Inglaterra, as crianças eram vulneráveis. Engoliam alfinetes, caíam dentro de poços, de cavalos, dentro do fogo. Com toda razão, pais tinham pesadelos com os filhos. Embora mais saudáveis que suas contrapartes inglesas, as crianças em geral sucumbiam a doenças, e a mãe de Salem sabia que perderia dois ou três filhos. Econômicos com os nomes, os puritanos usavam poucos e reciclavam sempre. Vários filhos de uma família podiam ter o nome de um dos pais. Aos doze anos, Ann Putnam por seis vezes velara irmãos mortos, o último no final de 1691.

Com suas roupas cor de terra, a menina da Nova Inglaterra parecia-se com a mãe nos mínimos detalhes. Cercada de irmãos, tinha diante dela um anúncio do que devia esperar na vida: criação de filhos, amamentação, enterros. O parto produzia uma porção de órfãos, o que introduzia um terror bem terreno: a madrasta maligna, que decerto reorganizava os afetos e complicava a sucessão. O reverendo Bayley e a família Putnam acusavam a madrasta de Ann Putnam, mãe, de ter enganado as enteadas quanto à herança que o pai deixara para elas. Viúvas casavam de novo bem depressa, uma vez que tinham família a manter. Por vezes as madrastas não eram muito mais velhas que os filhos mais velhos do marido. Deliverance Hobbs se perguntava o que tinha feito para merecer Abigail, que, depois de borrifá-la com água, anunciou que acabara de batizar a madrasta pagã. Cotton Mather mandou uma filha embora para ela escapar da tempestuosa madrasta. Na época da prisão de George Burroughs, sua família no Maine compreendia sete filhos com menos de dezesseis anos. A madrasta fez com que todos, menos a própria filha, lutassem pela vida sozinhos.

Mercy Lewis, a criada órfã dos Putnam, e Mary Warren, a criada órfã dos Procter, viviam longe da casa dos pais. Das primeiras acusadoras, apenas Ann Putnam e Betty Parris moravam com a família. Por razões que faziam sentido na época, um terço dos filhos da Nova Inglaterra saía de casa para morar em outro lugar, em geral como criados ou aprendizes, muitas vezes aos seis anos (os criados não tinham contrato; os aprendizes serviam sete anos). O resultado é que diversas famílias abrigavam vários adolescentes. Os meninos aprendiam uma profissão, enquanto as meninas se especializavam no que seria anunciado à garota de nove anos como "arte, ofício e mistério da boa dona de casa".[16] Entendia-se que as crianças aprenderiam melhor as boas maneiras longe da família. "Servir fora", como chamavam, era algo que acontecia em todo o espectro social. O empreendedor marido de Rebecca Nurse começara como criado, assim como diversos futuros pastores e ao menos um dos juízes do processo de bruxaria. Muitas vezes as crianças iam parar em famílias não mais privilegiadas que as suas. Algumas partiam aos prantos. A família substituta introduzia novas regras e expectativas; a separação parecia – talvez intencionalmente – treinamento para uma separação mais dramática no futuro. Servir fora reforçava a disciplina num momento difícil da vida.[17]

Servir fora também representava um novo conjunto de perigos. Em idade tenra, as empregadas se defendiam de mãos indesejáveis de lascivos pastores, homens da casa e visitantes. Isoladas, semiórfãs, raramente tinham alguém a quem apelar. As filhas de um velho magistrado de Salem, a mais velha com seis anos, foram abusadas sexualmente pelo patrão durante dois anos. Transferidas para a casa de um importante membro da igreja, foram molestadas de novo antes que a mais velha completasse dez anos. O registro judicial revela um inventário completo de abusos.

Os maus-tratos ocorriam também de outras formas. Patrões e patroas batiam nas criadas por serem desordeiras, amuadas ou atrevidas; por não cuidarem da patroa; por delitos como preguiça – termo bastante relativo. Um marido exasperado defendeu o tratamento brutal dado pela esposa à criada: a moça escapulia à noite, dormia fora, não aprendeu a ordenhar, era desleixada. "Ela é tão gorda e mole que mal consegue fazer qualquer trabalho."[18] Criados fugiam e voltavam depressa, porque fugir era difícil.[19] Com maior sucesso eles entravam com petições judiciais.

Nos anos 1690, com a insubordinação aumentando em toda parte, o problema que o adolescente da Nova Inglaterra enfrentava era a legislação colonial excessivamente estreita. Durante décadas Massachusetts se distinguiu pela contravenção. Londres acusava os colonos de tomar o rumo da independência e os disciplinava de acordo com isso. Não havia escolha, gemia um destacado comerciante da Colônia da Baía, reclamando do oneroso regulamento comercial.[20] Tendo expulsado Edmund Andros, os colonos viviam num estado de ressentida suspensão, esperando que a vida voltasse ao normal, mas não voltava. O governo distante, para o qual eles eram incompreensíveis, era ininteligível para eles. O autor de um tratado de 1691 se perguntava se, por serem "filhos desobedientes, desconsiderados e insinceros", Deus lhes lançava calamidades, permitindo que fossem "atormentados e chacinados por bárbaros sanguinários". À deriva da terra-mãe, sempre censurados por insubordinação, os vulneráveis e intratáveis moradores da Nova Inglaterra lutavam para obter respeito, tentando combinar autonomia e exigências de uma autoridade incompreensível.

DE MANEIRAS VARIADAS, criados e filhos da casa absorviam as confidências familiares, disseminavam calúnias e perpetuavam desavenças entre vizinhos como forma de lealdade filial. Embora espancasse Mary Warren, John Procter também a consultou sobre um negócio de terras e reclamou com ela da esposa temperamental. As criadas sabiam onde se guardava dinheiro e quando não se dormia na cama. Também podiam ser um terror para as crianças. Na primavera de 1678, o reverendo John Hale descobriu que uma de suas empregadas lhe roubava farinha, joias, dinheiro. A esposa dele confrontou a moça, Margaret Lord, tão desafiadora que a sra. Hale achou melhor esconder as facas da cozinha. Durante a investigação, veio à tona que a menina Rebecca Hale, de doze anos, sabia que Margaret roubava. A criada ameaçara jogar Rebecca ao fogo se ela dissesse uma palavra; garantira que tinha um livro com o qual podia invocar o diabo e que mataria a menina. Maiores detalhes do terror vieram à luz em maio, quando uma das cúmplices de Margaret compareceu perante os magistrados de Salem acusada de bruxaria.

Pastores dirigiam sermões aos patrões, que deveriam dar ordens com humanidade, e a criados, a quem cabia obedecê-las com alegria. Quanto às criadas, se elas se comportassem bem, talvez fossem tratadas como filhas, coisa claramente desejável. Criadas e filhas atrevidas sufocavam sob a autoridade. Apesar da atenção paterna, do trabalho contínuo e do clima inóspito, as moças davam um jeito de se reunir na hospedaria local, onde os patrões iam buscá-las, ou onde elas chamavam a atenção de alguns homens casadouros. Dois dias depois de o carcereiro de Boston acorrentar Sarah Good, Sarah Osborne e Tituba, Plymouth aprovou por unanimidade a punição de seus filhos "muito dados a sensualidade, intemperança, dormir tarde, beber e jogar em tavernas".[21]

As mulheres perturbavam a Nova Inglaterra desde a fundação, desempenhando papel estelar como hereges e rebeldes. A começar por Anne Hutchinson – a carismática líder religiosa que encorajava as mulheres a abandonar os sermões e questionava a doutrina da igreja –, elas expunham suas ideias e eram famosas por perturbar a paz. Em seu julgamento em 1640, Ann Hibbins leu um texto do Antigo Testamento que exortava os maridos a ouvir suas mulheres. Desafiando as ordens para deixar Massachusetts, Mary Dyer, uma quacre que tagarelava no culto, também seria enforcada. Um membro da igreja de Salem afirmou que ela esperava viver o suficiente para dilacerar a carne do pai do juiz Hathorne. A mulher da Nova Inglaterra não tinha direitos políticos, não votava nem participava de júris. Oficialmente sem voz, encontrava muitas maneiras de se fazer ouvir e demonstrava grande desejo de se expressar. Nos registros legais ela intimida, grita, zomba, xinga, intriga e cospe.

As mulheres de Massachusetts viravam as costas para os pastores que as excomungavam. Quando sentenciadas à forca, declaravam aos magistrados que preferiam ser decapitadas. Bebiam até não conseguir mais "distinguir tinta de álcool", arrastavam os homens para fora das tavernas, arranhavam os maridos, atiravam-se em cima de pastores viúvos com o dobro de sua idade – como o enlutado Cotton Mather iria descobrir três meses depois da morte da esposa – e rasgavam mandados na cara dos portadores. As mulheres acabavam no tribunal regularmente, tendência que aumentou ao longo dos anos 1690, quando elas participaram de mais crimes que em qualquer outra década.

Julgava-se que as mulheres eram mais suscetíveis à bruxaria por terem vontade mais fraca. Para cada Giles Corey que desafiava a esposa havia uma sedutora Mary Warren, que ganhou a disputa com o patrão sobre se podia ou não comparecer à audiência de bruxaria. Milagreiras originais, elas transformavam leite em queijo e fio em renda, gerenciavam tavernas, ajudavam os maridos, aconselhavam os parceiros em negócios de terras e os representavam na corte. O juiz Samuel Sewall confiou a administração de sua casa à esposa, que ele achava "ter mais faculdades que eu na condução dos negócios". Mulheres processavam pais, irmãos e meios-irmãos pelos títulos de propriedade. Numa terra em que o trabalho era infinito e a força de trabalho modesta, elas sabiam seu valor; mulheres ausentes, doentes e encarceradas custavam caro para a família.

Como sempre, a sociedade mostrava-se muito elástica num período de inquietação. Mulheres construíram baluartes para proteger Boston da invasão durante a Guerra do Rei Felipe. Em 1690, quase metade das hospedarias da cidade era gerida por mulheres. Num ataque em 1692, as mulheres de Wells, no Maine, atiraram contra o inimigo. Hannah Dustin atacou a machadinha seus captores indígenas, quando eles mataram seu bebê recém-nascido, e escalpelou-os, segundo Cotton Mather.[22] A narrativa do cativeiro glorificava essas mulheres formidáveis e seus feitos ousados.

Os pastores zelavam pela devoção das mulheres, e tinham razões para isso: a maioria nas congregações era feminina. Vinte por cento da congregação de Mather era de viúvas, e embora nunca falte às puritanas razões para se autodepreciar, há provas de que as mulheres se esforçavam mais em sua fé que os homens. Em geral era a mulher que se mostrava tão convencida de sua iniquidade que escolhia se afogar. Ela via a religião de um modo muito pessoal. Os homens atribuíam a coisas externas a corrupção de sua alma, mas as mulheres culpavam a si mesmas.[23]

Muito antes de os gritos perturbarem a casa paroquial de Salem, as mulheres já tinham uma queda pelas narrativas de cativeiro, e relatos de sequestros indígenas inflamavam a imaginação popular. Ricos de detalhes melodramáticos e sexualidade oculta, as narrativas opunham aos selvagens satânicos o mais improvável dos adversários: mulheres corajosas que enfrentavam todo tipo de dificuldade. Remodelados como alegorias religiosas, os melodramas não funcionariam tão bem com heróis masculinos. Suas protagonistas eram espetadas e beliscadas, como Hannah Swarton descreveria a dolorosa provação que a arrancou da baía de Casco em 1690, ataque ao qual George Burroughs também sobreviveu. A peculiaridade do ataque infernal de Salem em 1692 foi que vítimas e opressores eram sobretudo mulheres. E pela primeira vez na Nova Inglaterra as vozes femininas mostraram-se tão poderosas que o testemunho espectral de duas esposas mortas teve mais força no tribunal que um pastor educado em Harvard.

EM 30 DE ABRIL, as autoridades de Boston expediram o mandado de prisão de George Burroughs. Ele vivia 110 quilômetros ao norte de Salem, em Wells, fronteira com o Maine. Embora cumprisse a ordem "com toda a pressa", o subxerife do Maine e New Hampshire precisou de vários dias para levar o ministro à aldeia: ele chegou em 4 de maio. Hathorne e Corwin emitiram quinze mandados nesse intervalo, duplicando o número de suspeitos. Mais uma vez as alegações extrapolavam os limites da cidade; entre as prisões do começo de maio estavam vários suspeitos de Beverly.

Enquanto Burroughs rumava para o sul e Deliverance Hobbs se instalava na prisão em Salem, Hathorne e Corwin interrogavam diversos suspeitos novos, todos acusados pelas meninas da aldeia. Aos 58 anos, Dorcas Hoar era bem conhecida nos tribunais. Quiromante com muita prática, previa mortes e enfermidades. Havia décadas consultara um livro da sorte emprestado, antes de se tornar cúmplice de sua criada ladra, tão devota a Dorcas que a chamava de mãe. A criada aterrorizava a filha de John Hale dizendo que a velha Dorcas Hoar a mataria ou enfeitiçaria se Rebecca revelasse seus furtos. A menina forneceu um resumo convincente da bruxaria de Dorcas. Personagem de aspecto singular, ela se encaixava bem em seu papel: meia-idade, cabelos grisalhos muito curtos, exceto por um longuíssimo rabo de cavalo escuro, de mais de 1,30 metro de cumprimento. Seu marido, pescador, morrera repentinamente no inverno anterior. Assim como Sarah Good, Dorcas estava em declínio social, tendo perdido uma ampla propriedade.

Quando ela entrou na igreja em 2 de maio, as meninas a saudaram com convulsões. Explicaram que ela havia admitido o assassinato do marido e gabara-se de ter matado uma mulher em Boston. Uma nova acusadora juntou-se ao coro: Susannah Shelden, de dezoito anos, crescera na fronteira com o Maine, de onde os indígenas expulsaram sua família por duas vezes, e com isso ela perdera o pai, um irmão e um tio. Em 1688, os Shelden sobreviventes instalaram-se em Salem, e a aldeia contribuiu para seu sustento. Dorcas Hoar visitara Susannah com seu livro e dois gatos pretos. Quando a velha negou, duas meninas gritaram que um passarinho azul fundira-se ao corpo dela.

Hathorne enfrentou nessa segunda-feira de primavera suas duas suspeitas mais combativas. Quando as meninas descreveram os gatos, o livro e o homem negro sussurrando ao ouvido de Dorcas, esta explodiu: "Vocês são mentirosas, Deus vai tapar a boca das mentirosas!" Hathorne denunciou o "excepcional descaramento", que empalidecia diante do de Susannah Martin, viúva de um ferreiro. Mulherzinha de 71 anos, de Amesbury, Susannah mal conseguia levar a sério os procedimentos de Hathorne. Décadas antes já havia sido acusada de bruxaria. O marido a processara por difamação, ela venceu o caso, mas as acusações prosseguiram. Diziam que enfeitiçara uma mulher e assassinara o próprio filho – que nascera duende. Oito acusadoras se contorceram quando Susannah Martin assumiu seu lugar diante delas na igreja.

Precisa e segura, Susannah ria diante da agitação das meninas. "Não acha que elas estão enfeitiçadas?", Hathorne perguntou. A mulher respondeu que não, que talvez as meninas praticassem magia negra. Acreditava-se que, se a bruxa tocasse sua vítima, o encantamento se voltaria contra ela, e as autoridades ordenaram que as afligidas se aproximassem de Susannah Martin. Quatro o fizeram. Avançando, John Indian declarou que mataria a bruxa, mas foi repelido pelo poder dela e caiu no chão.

Hathorne informou a Susannah que toda a comunidade acreditava que ela era culpada. "Eles que pensem o que quiserem", desdenhou, quando lhe apresentaram uma série de eventos incompreensíveis. Ela enfeitiçara vacas, afogara bois e se transformara em um porco preto. Dezoito anos antes, percorrera quilômetros a pé em terreno lamacento, mas não molhara os pés. Numa clara noite de lua, apareceu como bola de fogo e saltou pela janela para estrangular um homem, disfarçada de gato. A velha, mais que qualquer outra, parecia fazer com que os homens confessassem seus medos nos campos, florestas e na própria cama. Naquela semana, pela primeira vez, os delegados não conseguiram localizar um suspeito. Na segunda-feira,

Philip English, rico comerciante de Salem, desaparecera no ar, mantendo-se escondido por mais de um mês.

Hathorne havia marcado o interrogatório de George Burroughs para 9 de maio. Enquanto isso, o espectro do pastor voava loucamente, tentando Mercy Lewis com um livro. "Todos os reinos da terra" seriam dela, prometeu o espectro, se vendesse sua alma. Burroughs atacou a sobrinha do médico, uma das poucas acusadoras que não o haviam reconhecido. Sarah Bibber, de 36 anos, tampouco o reconhecera quando, em trajes de pastor, ele a beliscou e propôs que o acompanhasse quando ela ia à aldeia para a audiência matinal. Burroughs não se apresentara como conjurador ou bruxo, e só na igreja a moça se deu conta de quem era seu acompanhante de roupa escura.

Na véspera do inquérito de Burroughs, Parris administrou o sacramento na aldeia dizendo que aqueles que se aliavam ao diabo não podiam beber da taça do Senhor. Ao longo do verão lembrou seus congregados de que só havia dois partidos no mundo, e cada membro da comunidade já se postara em um deles. A aldeia estava no centro de uma batalha cósmica que o diabo e suas tropas travariam até o fim. No outono, Parris comparou o cerco a ameaças bíblicas, catalogando inimigos desde Herodes até Luís XIV, que sete anos antes revogara o Edito de Nantes, tirando a liberdade dos protestantes. O pastor censurava quem duvidasse da conspiração. Os demônios infernais ocupavam os recintos mais civilizados e os mais remotos. Onde antes "alguma tola velha ignorante" incomodava, agora feiticeiros altamente educados e devotos, de ambos os sexos, perseguiam os colonos.

Menos de 24 horas depois do sermão, George Burroughs entrou na sala de vigas altas usando um sóbrio terno escuro e colete, mas sem a gola branca indicadora de sua profissão. Tendo pregado naquela igreja três vezes por semana por mais de dois anos, conhecia cada tábua, e não devia guardar boas lembranças do prédio. Numa discussão acalorada ali, nove anos antes, ele e John Putnam haviam tentado acertar as contas. Putnam estimulara um nervoso guarda a extorquir pagamento de seu antigo hóspede, mas Burroughs o ignorou. Não tinha nada além de seu corpo com que acertar a dívida e lançou um desafio: "O que vai fazer comigo?" "Guarda", ordenou John, "leve seu prisioneiro." Ele deteve Burroughs na Ingersoll durante toda a noite. Por fim, o equilibrado estalajadeiro salvou a situação convencendo os Putnam de que a dívida havia sido paga. Burroughs nunca mais poderia pisar na igreja da aldeia.

Hathorne e Corwin abordaram o interrogatório de Burroughs em 1692 de modo diferente do que haviam feito antes. Tinham coligido testemunhos formais e estavam ladeados por dois outros juízes: Samuel Sewall, homem de quarenta anos, rosto redondo, olhos pequenos, lábios finos e uma cascata de cachos castanho-acinzentados, e William Stoughton, antigo vice-presidente de Massachusetts. A presença dos dois revelava a seriedade da situação. Também a tornava mais delicada. Burroughs e Sewall se conheciam de Harvard, e Sewall emprestara dinheiro a Burroughs. Tanto Hathorne quanto Corwin conheciam Burroughs de uma viagem ao Maine em 1690.

Neto do reitor do condado de Suffolk, educado em Cambridge, Burroughs cresceu em Maryland, para onde os pais haviam migrado. A família era pequena e itinerante. Filho único, George mudou-se com a mãe para Massachusetts e se filiou à igreja de Roxbury em 1657, enquanto o pai, comerciante marítimo, viajava pelo litoral. O rapaz formou-se em Harvard em 1670, e os pais voltaram para a Inglaterra, deixando-o sozinho. Inicialmente ele se instalou em Massachusetts, onde Sewall ia ouvir seus sermões até um ano e meio antes de julgá-lo. Em 1674 casou-se, trabalhou como professor e teve um filho. Logo depois aceitou um púlpito em Casco, próspero assentamento pouco menor que a aldeia de Salem. Não era um posto significativo, e irregularidades tendiam a se infiltrar na pregação, uma vez que os clérigos do Maine admitiam rebanhos heterogêneos. Numa baía grande, em meio a quilômetros de terras aráveis e pântanos, Burroughs pregava para anglicanos, batistas e puritanos, gente da fronteira, comerciantes e imigrantes recentes.[24] Mais ou menos na época em que ele se mudou para Roxbury, as cidades fronteiriças estavam submetidas à jurisdição de Massachusetts, trocando liberdade religiosa por proteção militar. Isso não as isentava de demandar recursos às autoridades provinciais.

Massachusetts fornecia subsídios de má vontade e sem constância, embora grande parte da elite colonial, inclusive os juízes de Salem, tivesse grandes interesses financeiros nas indústrias pesqueira e madeireira do Maine. Em 1690, Corwin e Hathorne haviam recomendado que Massachusetts retirasse seus soldados da região, com resultados desastrosos.[25]

Casco não tinha como oferecer a Burroughs uma igreja organizada – ele nunca seria ordenado – nem uma casa, porque os indígenas haviam destruído a morada do pastor. A cidade deu-lhe oitenta hectares de terra de primeira qualidade, onde ele construiu sua morada. Os ataques indígenas continuavam, mas Burroughs não se abalou. Estava com vinte e poucos anos quando os índios mais uma vez atacaram Casco, em agosto de 1676, arrasando a cidade. O pastor conseguiu conduzir um grupo de dez homens, seis mulheres e dezesseis crianças até uma ilha luxuriante, onde sobreviveram por algum tempo. Em consequência desse ataque, a família de Mercy Lewis, então com três anos, fugiu temporariamente para Salem. Burroughs acabou indo quarenta quilômetros para o norte, em Salisbury. Ganhava a vida como pastor ocasional até os aldeões de Salem o encontrarem e instalarem com os Putnam.

Pode-se observar a aspereza de Burroughs nos contratempos com Putnam. Com igual determinação instalou-se de novo em Casco em 1683, e sua antiga paróquia o recebeu calorosamente. Seis anos depois, a aldeia se viu de novo cercada durante a Guerra do Rei Guilherme. Tensões entre colonos franceses e ingleses se intensificaram bem antes de a Inglaterra declarar guerra à França, em maio de 1689. Em setembro, mais de quatrocentos franceses e indígenas caíram sobre a cidade rugindo. Burroughs participou da batalha de sete horas, merecendo elogios por seu empenho. O ataque custou caro aos colonos pouco equipados: 250 foram mortos ou capturados. Nesse ataque, Mercy Lewis, então com quinze anos, ficou órfã e se mudou para a casa da família Burroughs. Viúvo mais uma vez e ainda não ordenado, Burroughs se retirou para Wells, 120 quilômetros ao norte de Boston. Tudo o que ficava a leste fora destruído.[26]

Cravejada de casas de dois andares e paredes grossas, distribuídas ao longo das duas margens de um rio cheio de peixes, a bela Wells era a cidade mais bem defendida do Maine. Isso foi uma sorte, porque o verão de 1691 culminou com um cerco prolongado. Burroughs o passou atrás de fileiras de estacas, enquanto assentamentos próximos ardiam em chamas. Conforme observou um visitante a respeito dos Abenaki: "Tem-se por certo que, sem a chegada rápida de algum socorro, eles não deixarão vivo nem um animal em toda a província."[27] Num cerco ininterrupto, em meados de junho eles destruíram o gado de Wells e arrasaram os campos. Burroughs assinou um apelo de provisões ao Conselho de Massachusetts no final de julho, e em setembro solicitou roupas. Eles estavam esfarrapados, sem sal, com um estoque de grãos só para seis meses e esperavam o inimigo diariamente. O inverno foi uma agonia. Num ataque antes do amanhecer, em 5 de fevereiro de 1692, 150 indígenas saquearam e queimaram a próspera cidade vizinha de York. Burroughs apresentou um apocalíptico relato às autoridades provinciais. Enquanto as primeiras acusações de bruxaria vinham à tona, oitenta quilômetros ao sul os indígenas matavam ou levavam embora metade de York, fazendo cinquenta prisioneiros marcharem pela neve até o Canadá. Depois de conversar com um jovem que escapou, Burroughs pintou um quadro infernal, com "colunas de fumaça, a fúria de chamas impiedosas, insultos do inimigo pagão atirando, cortando, sem dar ouvidos às súplicas de homens, mulheres e crianças". Burroughs viu a devastação como castigo divino. "Deus ainda manifesta seu desprazer com esta terra", escreveu três meses antes de sua prisão. "Aquele que antes destinara Sua mão a nos ajudar ainda escreverá coisas amargas contra nós." Burroughs frisava "as péssimas condições e o perigo iminente" em que os colonos se encontravam.[28]

Cotton Mather também falou sobre York num discurso a respeito da corrupção dos costumes na Nova Inglaterra. Detalhes e atrocidades eram os mesmos. Os corações deviam sangrar com o massacre, mas a congregação precisava despertar ao alerta. Onde Mather fazia uma alegoria Burroughs apresentava um pedido de socorro cheio de alusões bíblicas. Assim como Sarah Good, ele era feroz e carente, um clérigo com um mosquete, um suplicante com espírito público. Podia ter observado que o odiado Andros protegera melhor o Maine que o inepto governo doméstico que o expulsara; a insurreição e o caos tinham encorajado o inimigo. Boston retirara suas forças deixando homens como Burroughs a suplicar proteção. Alguns chegaram a ponto de encaminhar uma petição ao rei, por não haver "paz, ordem ou segurança na Nova Inglaterra".

HATHORNE E CORWIN elaboraram um caso cuidadoso contra Burroughs, solicitando provas de dezesseis pessoas. Também adotaram o procedimento excepcional de tomar os depoimentos do suspeito em particular. A entrevista ocorreu na Ingersoll, mas o estalajadeiro, embora familiarizado com as escaramuças do Maine que haviam expulsado sua família, nada fez para defender seu antigo pastor. Só nos resta deduzir as acusações a partir das negativas de Burroughs. A primeira era a mais grave e pesava contra ele tanto quanto o assassinato das esposas. Na manhã de 9 de maio, os juízes perguntaram quando o pastor comungara pela última vez. A fronteira do Maine tinha pouco mais de quatrocentos colonos ingleses, e eles não se arriscavam a viajar no sábado, quando muita coisa parava, menos as emboscadas indígenas. Por necessidade, Burroughs fora menos ortodoxo que seus inquisidores. Não conseguia dizer quando comungara pela última vez. Acusaram-no também de só ter batizado seu filho mais velho, e Parris não anotou que o ministro vivia longe de qualquer endereço onde batizar os demais.

Logo o interrogatório se voltou para o ocultismo. A segunda esposa de Burroughs reclamara de visitas noturnas. O que era a criatura que descera do telhado e voara escada abaixo? Um escravo jurava que era um novilho branco. Em outra ocasião, alguma coisa se agitou na cama, bafejando sobre Sarah Burroughs quando ela estava deitada ao lado do marido. A coisa se desmaterializou quando ele acordou. Burroughs negou que sua casa fosse assombrada, embora não negasse que havia sapos. Ele parecia quase se divertir. Não tinha nenhuma razão para se considerar vulnerável: bruxas eram mulheres de disposição amarga e humildes condições. No mais das vezes eram absolvidas, não condenadas. Massachusetts não julgava pastores por bruxaria, e ele ainda tinha seus defensores. Menos de três meses antes, estivera encurralado, quase morrera de fome numa guarnição infestada de piolhos, cercada de neve, atacada por um perverso inimigo. Por duas vezes mal escapara. Não tinha tempo para sapos diabólicos.

Em seguida vieram as esposas mortas. Havia uma razão para as várias mulheres de Burroughs voarem por Salem e denunciarem o marido. Os Putnam não estavam sozinhos ao testemunhar que, enquanto o pastor vivera com eles, "era um homem muito rude com a esposa". No Maine, Sarah Burroughs era censurada e controlada impiedosamente pelo marido, que ouvia cada palavra que ela pronunciava em sua ausência. Comentou-se que, ao voltar de uma colheita de morangos com Sarah e o cunhado, Burroughs desaparecera no mato. Os companheiros chamaram por ele, porém não o encontraram. Voltaram para casa, e de alguma forma ele os precedera. Depois Burroughs ralhou com a esposa pelas coisas ruins que dissera a seu respeito. Nem o diabo podia saber daquilo, protestou o cunhado, ao que Burroughs respondeu enigmaticamente: "Meu Deus torna conhecidos para mim seus pensamentos."[29]

Uma semana depois de sua mulher ter dado à luz, Burroughs a manteve de pé para castigá-la. Quando sua filha o culpou por a mãe ter ficado doente, ele ralhou com ela também. (Na véspera do depoimento de Burroughs, Susannah Shelden testemunhou que o bruxo espectral lhe contara que havia matado dois filhos.) O pastor acreditava em segredos, algo que não era bem visto numa comunidade dedicada ao monitoramento recíproco. Disseram que ele tentara silenciar a vizinha com quem sua filha reclamara dos maus-tratos: se a esposa não sobrevivesse, a mulher não devia mencionar as censuras. Burroughs deve ter maltratado Mercy Lewis também, pois uma violência especial se insinuava nos relatos dela sobre o ex-patrão.

O que emergia disso tudo era um retrato coerente, se não de um sinistro homem negro que sequestrava meninas às quais impunha livros diabólicos, ao menos de um marido tirânico. Durante sua estada com os Putnam, Burroughs e a primeira esposa discutiam com tal violência que apelaram para os anfitriões como árbitros. O malvado Burroughs esperava manter segredos, insistindo para que a mulher assinasse um acordo de que não revelaria nenhum de seus negócios particulares, pedido em si mesmo incriminador, ainda mais num momento em que assinar documentos assumia um aspecto diabólico. Os juízes tinham feito a lição: ele forçara a esposa a jurar que só escreveria ao pai as cartas que ele aprovasse? Burroughs negou a acusação, de especial interesse para Hathorne: Sarah Ruck, a segunda sra. Burroughs, naquele momento voejando em sua mortalha, era viúva do irmão do juiz.[30] O pai dela vivia em Salem, onde viria a servir como primeiro jurado do grande júri.

O subxerife de Salem conduziu Burroughs até a igreja, onde ele recebeu a instrução de olhar apenas para os juízes. Susannah Shelden – a refugiada do Maine que tinha enterrado mais parentes que qualquer das outras meninas e cujo pai morrera meses antes – mencionou sua conversa com as duas esposas mortas. Burroughs apontou uma irregularidade: "Os senhores podem observar que quando elas começam a falar meu nome não conseguem completar" – mas submergiu na gritaria.

Seguiu-se um conjunto muito diferente de relatos incriminadores. Vários homens testemunharam sobre a lendária força de Burroughs, um homem pequeno, até "insignificante".[31] O pastor tinha erguido um barril de melaço com dois dedos e atirara com um enorme mosquete seguro em uma das mãos. "Nenhum de nós conseguia fazer o que ele fazia", lembrou um tecelão de Salem.[32] O que inspirara admiração na época agora parecia bruxaria. Muitos tinham ouvido de terceiros os relatos das façanhas de Burroughs, outros os escutaram diretamente dele. O homem demonstrava um talento tão prodigioso para se gabar quanto seu espectro, mas onde antes aumentara seus atributos, agora os diminuía. À espreita de suas palavras estava talvez a acusação mais pertinente: ele sobrevivera incólume a todos os ataques indígenas. Homem nada agradável, Burroughs unira comportamento abusivo em casa e feitos miraculosos fora dela. Todas as provas apontavam para a mesma conclusão: ele era um homem mau e um bom bruxo.

Embora tenha ido do inquérito diretamente para Boston, Burroughs continuou assombrando os trâmites da semana. Devia estar em viagem quando o desdentado e grisalho George Jacobs entrou na audiência no dia seguinte, o corpo curvado sobre um par de muletas. Ele tinha mais de setenta anos, talvez oitenta, era fazendeiro próspero de Salem, parecia apenas um velho vil. Diante dos interrogadores, riu e fez piadas. Quando os juízes apresentaram suas acusadoras, Jacobs convidou as meninas a falar. A sobrinha de Parris deu seu testemunho, e ele interrogou os interrogadores: "Suas senhorias acreditam que isso seja verdade?" Jacobs não recuava ante um desafio: admitiria a prática de bruxaria se conseguissem prová-la.

Assim como George Burroughs e o libertário John Procter, Jacobs fora severo com o criado, que ele provavelmente espancava. Um rapaz de dezesseis anos depois testemunhou que o velho ameaçara afogá-lo. A acusação tinha ressonâncias: uma geração antes, Jacobs havia sido processado por afogar cavalos encurralando-os no rio. (Ele alegava que tentava espantar os animais invasores de sua propriedade.) Ao longo dos dois dias de interrogatório veio à tona que o Jacobs espectral havia espancado as meninas com as muletas, e várias delas apresentaram alfinetes que o velho cravara em suas mãos. Sarah Churchill, uma ex-empregada, insistiu com Jacobs para que confessasse. "Você ouviu dizer que eu faço alguma bruxaria?", ele perguntou encarando-a. "Sei que o senhor levou uma vida de maldade", declarou Sarah, o que pareceu suficiente.

Jacobs não fazia a oração familiar – sabia-se que uma casa sem oração era assombrada –, e os magistrados acusaram o fazendeiro de negligência. Não rezava com a família, explicou Jacob, porque não sabia ler. Isso não era impedimento. "Sabe rezar o padre-nosso?" Todos entendiam que essa oração era uma espécie de talismã para afugentar o mal. Jacobs fez múltiplas tentativas, mas tropeçou. No mais, as palavras vinham fáceis para ele. Tendo sido espancada pelo velho fazendeiro, instada a assinar num livro e recebendo a oferta de ouro e coisas bonitas – tudo antes de saber seu nome ou de pôr os olhos no homem de carne e osso –, Mercy Lewis deu seu depoimento: "Acredito sinceramente que George Jacobs é um bruxo horrendo", jurou ela.[33] Ao lado de nove bruxas, ele seguiu para a cadeia em Boston, onde o velho que batia nas meninas e o pastor que maltratava as esposas tiveram ocasião de se conhecer, a ponto de Burroughs ter visto o mamilo triangular de bruxa que descobriram no ombro direito de Jacobs.

As acusações explodiram depois da prisão de Burroughs. Os interrogatórios e depoimentos mal conseguiam acompanhar o ritmo. Mercy Lewis assumiu a liderança das testemunhas, tornando-se a acusadora mais ativa – ela fora atormentada por 51 pessoas. A certa altura, Mercy passou para a família de Jonathan Putnam, que acabara de perder um bebê por bruxaria, segundo a família julgava. Mary Warren resmungara no dia da volta de Burroughs a Salem, e a ouviram dizer que os magistrados deviam interrogar a filha maluca de Keyser. Em uma semana, ela mudou de alvo outra vez; Mary iria se revelar a testemunha mais sensacional da acusação. Removia alfinetes do corpo, cuspia sangue na igreja e sua língua pendia da boca até ficar preta.

Enquanto isso, fantasmas e espectros se juntavam. Ann Putnam, mãe, falou de diversas figuras brancas como leite ao lado de sua cama. Duas eram fantasmas, mas a terceira era John Willard, seu vizinho de cabelos escuros. O homem a ajudara a reunir diversos suspeitos até que se cansou das meninas e declarou que deviam ser todas enforcadas. Em forma espectral, ele confidenciou a Ann que havia matado ao menos treze aldeões, cujos nomes ela citou. A ladainha de explicações deixou todo mundo ocupado reexaminando segredos e acidentes domésticos. Por todo o condado de Essex dores de estômago, problemas de bexiga, surdez e todo tipo de desvio de repente faziam sentido.

Sarah Churchill, principal acusadora de George Jacobs, deixou a audiência de 10 de maio aos prantos. Ela contou à sobrinha de Ingersoll que, embora tivesse jurado, nunca tocara no livro do diabo. Seu testemunho era "totalmente falso e mentiroso".[34] Sua confidente não aceitou a abjuração: por que havia mentido? Segundo Sarah, os juízes tinham ameaçado prendê-la no calabouço de Salem com Burroughs. Ela preferira perjurar a ser acorrentada ao lado de um bruxo.

No fim de maio, Bray Wilkins, fazendeiro de Salem de 81 anos, se preparava para ir a Boston quando o marido de sua neta apareceu. Será que Wilkins rezaria por ele? O jovem John Willard, vizinho dos Putnam, estava nervoso porque fora acusado. Wilkins o dispensou o mais polidamente possível. Os dois há muito se desentendiam, o clã Wilkins não gostava de Willard. Passado algum tempo, quando Bray Wilkins estava sentado à mesa em Boston, o rapaz surgiu e lançou um mau-olhado sobre o patriarca da família. Dias depois o velho não conseguia mais urinar. Ao voltar para Salem, ele apelou para Mercy Lewis, porque as meninas a essa altura já serviam como localizadoras de bruxas. Mercy viu nitidamente John Willard pressionar a barriga do velho.

A bruxaria fez sua primeira vítima fatal naquele mês. No começo de maio, o neto de Bray Wilkins, Daniel, de dezessete anos, também falou mal de John Willard. Daniel talvez soubesse que Willard batia na mulher, talvez tivesse ouvido boatos de bruxaria. Ele jurava que o homem devia ser enforcado. Vários dias depois Daniel caiu doente, não conseguia comer nem falar. Um médico atribuiu a doença a causas sobrenaturais, diagnóstico com o qual Mercy Lewis concordou. Ao lado da cama do enfermo ela viu um nebuloso Willard torturá-lo. Ao longo do dia seguinte, Mercy, Mary Walcott e a jovem Ann Putnam relataram que Willard apertava a garganta e o peito do moço. O espectro falou com elas no sábado, dia 14, anunciando que logo iria matar Daniel. Explicou que ainda não tinha força, mas ia recorrer a Burroughs por poderes. Na terça-feira o espectro afirmou que mataria Daniel naquela noite, e três horas depois o rapaz deu o último suspiro. "Enfeitiçado até a morte", Parris escreveu junto ao nome do jovem no registro da igreja da aldeia.[35]

O acusado apareceu a 65 quilômetros dali, tendo escapado da captura durante quase uma semana. Sua fuga parecia confirmar a culpa. John causou tamanha agitação na cadeia que não houve escolha senão algemá-lo. Alarmado, o guarda insistiu com os juízes para que prosseguissem nas investigações e evitassem outras vítimas. Hathorne e Corwin interrogaram o suspeito prontamente. "O que diz desse assassinato e do enfeitiçamento de seus parentes?" John Willard disse que não desejava mal a ninguém. O testemunho das meninas foi lido em voz alta, e vários parentes – quase todos os que testemunharam contra Willard eram seus parentes – lembraram as varas que ele havia quebrado ao castigar a esposa. Ao longo do interrogatório fantasmas voavam pela sala, juntando-se em torno de Willard. Ele acreditava que as meninas estavam enfeitiçadas? "Sim", respondeu ele, depois de tropeçar cinco vezes no padre-nosso.

Discretamente, deixando o leito em fevereiro e mencionada só ocasionalmente desde então, Sarah Osborne morrera aquela semana na prisão. Era preciso ter uma alma forte para sobreviver nove semanas e dois dias numa cela nua e malcheirosa durante os meses mais frios do ano, com rações escassas e correntes pesadas. Em maio o carcereiro de Boston retirou o corpo de Sarah do meio dos aldeões que tinham assistido à sua partida. Nenhum deles discordaria da descrição da cadeia como um "subúrbio do inferno".[36] Naquele momento ninguém atribuiu a morte de Sarah a feitiçaria. Ela, mais que Daniel Wilkins, seria a primeira vítima fatal de Salem.

6. Um subúrbio do inferno

> Para a minha mente fraca, o inferno parecia muito mais possível que o céu. Sem dúvida porque o inferno é uma coisa mais parecida com a Terra.[1]
>
> Flannery O'Connor

Num momento ideologicamente tenso, um grupo de crianças sofreu uma perturbação incapacitante. Suas famílias confusas buscavam um diagnóstico, mas os sintomas se intensificaram e a moléstia se espalhou. Um grupo de peritos – pastores – entrou em ação, uma explicação não comprovável ganhou força, alegações cresceram e setenta pessoas se viram encarceradas, acusadas de crimes inimagináveis. Isso acontece, e não apenas no século XVII. O que não podia acontecer em 1692 era a solução. Hathorne podia investigar as acusações e encarcerar os suspeitos, mas nem ele nem qualquer outro magistrado de Massachusetts estava apto a dar os passos seguintes – audiências com o grande júri e acusações formais – antes de o governador permitir que os casos seguissem para julgamento. A colônia oscilava "entre governo e não governo".[2] Esperava a Carta, esperava o novo governador, estava tudo em suspenso. "Salem é um dos poucos dramas da história com começo, meio e fim", observou Arthur Miller em 1953.[3] O ato do meio se iniciava agora, enquanto o pânico ganhava força e as cadeias do condado de Essex se enchiam de bruxos acorrentados.

A solução chegou ao anoitecer de 14 de maio, na forma rotunda e improvável de um antiquado pastor do Maine. Sir William Phips, o novo governador de Massachusetts, velejou para o majestoso porto de Boston no fim daquele sábado. A cidade ainda era pequena o bastante para se percorrer a pé. Casas de tijolos com telhados betumados começavam a se erguer entre o agrupamento compacto de residências de madeira. A administração provisória havia se reunido no ancoradouro para dar boas-vindas a Phips. Com o novo governador vinha Increase Mather e a Carta revisada da colônia: os três iriam resgatar Massachusetts, aquele "local abalado e ofendido", da anarquia pós-Andros, das "mil perplexidades e embaraços" que afetavam seu povo.[4]

O rude homem de 41 anos que entrou na prefeitura acompanhado de várias centenas de milicianos era uma escolha estranha para a função. Forte, bem-apessoado, era filho de um armeiro e passara seus primeiros anos no interior do Maine; aos 22 anos mudara-se para Boston como construtor naval. Ambicioso, decidiu partir e fazer fortuna navegando para as Índias Ocidentais, em busca de tesouros naufragados. Na terceira jornada encontrou um esconderijo de ouro, prata e pedras preciosas no litoral do Haiti. Patrocinadores ingleses haviam apoiado a viagem, e Phips rumou para Londres com trinta toneladas de prata. O montante alterou o futuro financeiro da Inglaterra, provocando o primeiro estouro da bolsa de valores e levando à fundação do Banco da Inglaterra. Numa época em que quinhentas libras eram uma pequena fortuna, a cota de Phips chegava a 11 mil libras.

Embora a conquista tenha lhe valido medalhas e um título, Phips nada fez para aprimorar seus modos. Continuava o rústico e esperto homem de fronteira que agia com força bruta, fanfarronice e espancamentos. Dez anos antes, policiais haviam tentado controlar os homens de Phips que faziam arruaça num bar de Boston. Ele os defendeu. Quando os policiais ameaçaram comunicar às autoridades, Phips trovejou: "Estou cagando para o governador, tenho mais poder que ele."[5] Seus palavrões impressionavam até os marinheiros veteranos, e a fortuna nada fez para mitigar seu apetite por propinas.

Era preciso muito para transformar o agitador aventureiro em anjo, mas o principal criador de mitos da Nova Inglaterra conseguiu fazê-lo, descrevendo a chegada de Phips a Boston como algo "caído do céu". "Estamos esperando diariamente a chegada de sir William Phips", observara Samuel Sewall, enquanto as meninas dos Parris estremeciam com as primeiras convulsões e semanas antes de o novo governador embarcar. A Carta que Phips trazia já tinha seis meses – meses que haviam esgotado Massachusetts, aquela "terra abalada, enfraquecida, arruinada".[6]

Pode-se dizer que Phips estava sempre atrasado. Tendo aprendido a ler e escrever aos 22 anos, seu domínio dessas atividades era precário. Talvez não tenha conseguido nem decifrar seu próprio comissionamento de dezembro de 1691, estabelecendo-o governador por prerrogativa real. Em março de 1689 Phips correra de Londres a Boston para dar a notícia da Revolução Gloriosa na Inglaterra, pela qual Guilherme III, protestante, destronara Jaime II, católico. A bordo, ele bravateou que ia depor pessoalmente Andros, o injuriado governador real; ao chegar, descobriu que o feito fora realizado seis semanas antes. Um ano depois, Phips foi batizado por Cotton Mather, o que firmou seu futuro político. O rito tardio suscitou desconfiança, mas Mather explicou que não havia pastores disponíveis no Maine para realizá-lo.

Em 1690, Phips liderou uma expedição por terra e mar contra Quebec, capital do Canadá francês. Rumores de uma aliança entre os Abenaki e os franceses assombravam a Nova Inglaterra, e corria o boato de que o inimigo pretendia destruir todas as cidades da colônia. Phips já tivera sucesso contra um posto avançado francês na Nova Escócia – sucesso comprometido pelos saques que realizou. A expedição de 1690 foi planejada com precipitação e sofreu repetidos atrasos, e os franceses o saudaram com artilharia pesada. Ele sacrificou centenas de homens numa campanha cara, que Londres qualificou de "derrota vergonhosa e covarde".[7] Phips também participou da mudança da história financeira dos Estados Unidos: sem recursos para pagar aos soldados, a colônia começou a emitir dinheiro de papel, resultando numa inflação galopante. Com a economia em farrapos, a expectativa de retaliação francesa e o comércio paralisado, instalou-se um estado de quase anarquia. Nada disso impediu que Phips fosse a Londres pedir a Guilherme III financiamento para expulsar os franceses da colônia. O comércio de peles e a pesca no Maine corriam perigo. Nessa viagem Phips e Increase Mather juntaram forças na negociação da nova Carta.

Num sábado do fim da primavera, Phips começou seu discurso da sacada da prefeitura, mas parou de repente. A luz acabara, ele não ia infringir o Dia do Senhor. A milícia o acompanhou até sua mansão, com uma deslumbrante vista para o cais, enquanto a multidão prosseguia até a casa de Increase Mather, a quem Phips devia sua indicação. Na manhã de segunda-feira, as autoridades tornaram a se reunir na prefeitura. Na mesma cerimônia, William Stoughton, veterano de duas décadas de serviço público e de quatro regimes, fez seu juramento como vice-governador.

Publicada dois dias depois, a Carta fracassou do ponto de vista do que agora era uma província. Os colonizadores deveriam pagar o preço por ter tomado poderes que não eram seus; a Coroa expandia as fronteiras de Massachusetts, mas reduzia seus privilégios. A Carta minava a base política das primeiras décadas ao assegurar a tolerância religiosa (exceto para os católicos): qualquer homem com rendimentos substanciais podia votar, independentemente da filiação religiosa, e os colonos perdiam o direito de escolher seu próprio governador. A nomeação de Phips era uma concessão obtida em Londres por Increase Mather. Com certeza a província aceitaria uma nomeação real de um governador puritano da Nova Inglaterra – e Mather sabia que o rei preferia um militar no comando de Massachusetts. Enquanto isso, vários conselheiros da Coroa faziam lobby por alguém que partilhasse seus interesses econômicos. Phips mostrou-se aceitável para todos os lados (em parte porque não pertencia a nenhum deles), mas não tinha experiência política. Ele substituiu o que Increase Mather considerava "um bando de pessoas que não tinha nenhum desejo além de enriquecer sobre as ruínas dessa florescente plantação".[8] O mais importante era que a Carta punha fim a três anos de massacrante incerteza.

Os conterrâneos de Increase Mather perguntavam por que ele não obtivera mais. A autonomia era coisa do passado, mas Mather frisava que o governador e o vice vinham de suas fileiras, os colonos tinham sido poupados de um aristocrata anglicano imposto pela Coroa. O novo documento possuía defeitos, mas eram confirmados os direitos à propriedade, os direitos religiosos, as liberdades políticas e as reuniões municipais regulares. O governador não podia aprovar leis nem baixar impostos unilateralmente, como Andros fizera. Increase Mather insistia em que os compatriotas apoiassem os soberanos, pois a última coisa de que Massachusetts precisava era "uma geração de homens ingratos e intrigantes".⁹ Cotton Mather embarcou na mesma canoa, defendendo a Carta na maior congregação de Boston. Ele já havia lembrado a seus paroquianos que o Senhor os poupara três anos antes, resgatando-os daqueles que os declarava "gente que só serve para ser arrancada da face da terra". Referia-se mais aos ingleses que aos indígenas, e num sermão para agradecer a volta do pai lembrou à plateia a boa sorte e os privilégios de que gozavam. Deviam evitar divisões, que atraíam malignas "brechas na cerca de Deus em torno de nós", permitindo que os diabos entrassem.

Dois grupos descontentes se enfrentavam: os que queriam a restauração da Carta original (ortodoxos, em sua maioria) e os que preferiam o retorno do governo do Domínio (os comerciantes). Muitos sentiam que a colônia fora enganada, que algo se perdera, sempre um apelo ao conservadorismo. Nem todos concordavam com a nova administração. Homens importantes que endossaram a Carta se indispuseram com Phips, que tantas vezes se desentendera com a lei em sua encarnação pré-angélica. Ouviam-se grunhidos de desagrado por toda a cidade de 8 mil habitantes, para deleite dos adeptos de Andros. Increase Mather não revelou essas insatisfações a Londres, relatando "que o povo está muito satisfeito com sua nova Carta".¹⁰ Phips lidava também com os indígenas que assolavam a fronteira e os corsários franceses que atacavam o litoral. A restauração da ordem, a necessidade de marinheiros, a estratégia para afastar os desígnios franceses e indígenas eram suas preocupações imediatas, assim como o Tesouro vazio de Massachusetts. Em busca de um empréstimo, o governo voltou-se para o sempre disponível Samuel Sewall.

Phips não tinha como saber do surto sobrenatural, tendo deixado Londres no dia em que os carcereiros de Boston acorrentaram as três primeiras suspeitas. É impossível dizer como ele recebeu a notícia. A conquista do Canadá, rico em peles, peixes e metais preciosos, continuava a ser sua prioridade, e ele dirigiu seu olhar para a reconstrução do governo. De xerifes a juízes, tinha posições a preencher, e só iria mencionar o "estado perplexo" de Salem a seus superiores britânicos em meados de outubro. O governador anotaria cinco meses mais tarde que, ao chegar, "encontrei a província desgraçadamente atormentada por muito horrível bruxaria ou possessão por diabos, que irrompera em diversas cidades". Observou que "grande número de pessoas tinha sido tomado por tormentos sobrenaturais; algumas eram escaldadas com enxofre; algumas tinham alfinetes cravados na carne; outras eram precipitadas ao fogo e à água e algumas arrastadas por cavalos ou levadas acima do topo das árvores e das montanhas por muitos quilômetros".[11] Ele reproduzia o que ouvira, porque nem ele nem Increase Mather haviam testemunhado os fenômenos.

Embora Phips tenha mencionado possessão satânica em outubro, a questão quase não aflorou nesse período. Já Cotton Mather insistiu no paralelismo com o flagelo sueco anterior: uma "tripulação infernal" de setenta bruxas atacara trezentas crianças entre quatro e dezesseis anos. Reuniam-se num campo luxuriante onde encontravam com Satã em pessoa e escreviam seus nomes com sangue no livro. As bruxas suecas ameaçavam matar comissários e atormentar pastores. Mather observou que aqueles que venceram os malfeitores suecos haviam se saído tão bem que foram recompensados "com um notável sorriso de Deus", fato que não aparece em nenhuma parte dos relatos. (Ele não disse que setenta pessoas foram executadas, das quais apenas 23 confessaram; nem que centenas de crianças admitiram ter mentido.)

Na semana da chegada de Phips, Martha Carrier e Ann Foster despencaram do voo no campo de Parris. Mais ou menos no mesmo momento Martha atacou uma menina de doze anos numa reunião. Primeira a ser convocada em Andover, um mandado foi expedido para sua prisão em 28 de maio. Três dias depois ela compareceu diante de Hathorne para se defender da acusação de enfeitiçar Abigail Williams e a jovem Ann Putnam, que nunca tinha visto antes.

HATHORNE E CORWIN TINHAM adiado as audiências de meados de maio por causa da chegada de Phips. Agora havia uma nova onda de alegações:

expediram-se ordens para englobar a família de George Jacobs. Quando o subxerife de Salem prendeu a cunhada de Jacobs, mulher perturbada então amamentando um bebê, vizinhos caridosos cuidaram dos três filhos mais velhos, porque o tio das crianças não podia fazê-lo; também acusado, fugira com o filho de Jacobs. A brilhante e comovente neta de George Jacobs, de dezessete anos, também acabou na cadeia.

O peso dos casos para Hathorne e Corwin era tremendo; em 18 de maio, nove pessoas testemunharam dezenove padecimentos. Nessa quarta-feira, a irmã mais nova de Rebecca Nurse, Mary Esty, foi libertada da prisão, onde passara três semanas, porque não surgira nada recente contra ela. (Não havia fiança em casos capitais.) Seu marido, tanoeiro de Topsfield, já ocupara todos os cargos públicos, de inspetor de estradas a membro do grande júri. Ele sabia como funcionava o sistema e lutou para convencer a corte de que o testemunho anterior estava errado. Dois dias depois da liberação de Mary Esty, Mercy Lewis estava às portas da morte. Sua patroa chamou a jovem Ann Putnam, que chegou com a sobrinha de Parris. Ao pé da cama de Mercy, elas descreveram a mesma visão: Mary Esty (e seus cúmplices) sufocava selvagemente Mercy porque esta a indiciara. No fim de 20 de maio, o espectro de Mary Esty alertou a adolescente de que Mercy não viveria além da meia-noite, e o chefe de polícia correu a Topsfield para prender de novo a mulher de 58 anos, mãe de sete filhos. Quando ela foi acorrentada na prisão de Boston, Mercy Lewis se recuperou.

Ao longo dos mesmos dias, Susannah Shelden contou que Philip English, o comerciante da cidade que durante semanas escapara de ser preso, a visitara e ameaçara matar o novo governador, "o maior inimigo que tinha". Susannah não estava sozinha ao juntar conspiração política e sobrenatural. Cotton Mather fez o mesmo, e os complôs se alinharam. Cinco dos homens que seriam juízes de bruxaria haviam afastado Andros – uma insurreição em parte sugerida por Mather. Hathorne tomara os depoimentos a respeito do motim e Sewall respondera a seus críticos. As justificativas soavam familiares: tendo invadido a Nova Inglaterra, um bando de adoradores da Coroa havia sujeitado seu povo com práticas bárbaras. O líder deles penetrou nas igrejas da colônia, colaborou com os franceses e subornou indígenas – um dos quais jurou que Andros lhe dera um livro com a imagem da Virgem Maria. O odiado governador tencionava sacrificar os moradores a seus "adversários pagãos" e planejava derrubar todas as cidades da Nova Inglaterra, a começar por Boston.

No amanhecer de 23 de maio, Nathaniel Cary, rico capitão de navio de Charlestown, partiu para a aldeia de Salem com a esposa. O casal ouvira relatos perturbadores de que Elizabeth Cary, de quarenta e poucos anos, fora acusada de bruxaria. Eles achavam que resolveriam a questão com facilidade, porque as atingidas nunca tinham visto Elizabeth. Os juízes haviam reunido grande número de acusados na audiência daquela segunda-feira, e Cary, sentado em um lugar privilegiado na igreja, viu os oficiais conduzirem os prisioneiros até Hathorne e Corwin. Se os olhos dos acusados pousavam na direção das enfeitiçadas, elas gritavam. Quando se calavam, os juízes declaravam que elas tinham sido emudecidas. "Qual de vocês irá tocar a prisioneira no banco?", perguntou Hathorne. As meninas vagavam livremente, aproximando-se várias vezes de Elizabeth para perguntar seu nome. A sala de tribunal improvisada era um lugar desorganizado. Ali no meio, Cary debateu seu dilema com John Hale, pastor de Beverly, seu conhecido há anos, que sugeriu uma entrevista particular com a acusadora de Elizabeth. Ele confiou a questão a Hale.

A denunciante de Elizabeth era Abigail Williams, e a entrevista prometida por Hale seria feita na Ingersoll, onde os Cary encontraram John Indian servindo às mesas. Nos dias de julgamento consumiam-se generosas quantidades de bebida, o que era uma bênção para a taberna. Em troca de uma caneca de sidra, John brindou os Cary com sua história, exibindo suas feridas. Na audiência anterior, os oficiais haviam amarrado as mãos de um suspeito com uma corda. Magicamente, as mãos de John mostravam as marcas de uma corda que cortava sua pele. No meio do relato, o bando de meninas entrou em fila "e despencou como porcos", anotou Cary. Alguém chamou algumas mulheres para acalmá-las e elas gritaram em uníssono que Elizabeth Cary as atormentava! Instantaneamente surgiu um oficial trazendo um mandado de prisão. Com ou sem a conivência do reverendo Hale, os Cary haviam caído na armadilha.[12]

Tendo ido a Salem para limpar seu nome, Elizabeth Cary se viu sob interrogatório. Hathorne e Corwin instruíram a matrona de Charlestown a se levantar, com os braços bem abertos, o pescoço virado de lado, para não atormentar as meninas. Duas a acusavam, e a mulher explicou que nunca ouvira falar delas. A sala estava sufocante, Elizabeth sentia tonturas e Cary indagou se poderia apoiá-la, mas Hathorne vociferou que, "se ela tinha força suficiente para atormentar as pessoas, teria força para ficar de pé". Quem havia de aparecer em seguida senão John Indian, rolando pelo chão, embora poucas horas antes bebesse sidra com Elizabeth, imune a seus poderes sobrenaturais? Hathorne perguntou-lhe quem o afligia, e John respondeu que Elizabeth estava em cima dele. O juiz então fez o teste de toque, agora em uso regular nas sessões, ordenando que Elizabeth tocasse o atingido, mas não olhasse para ele. John agarrou a matrona e jogou-a ao chão. O choque de ver sua mulher caída ao lado de um escravo indígena levou o capitão Cary a clamar a Deus que se vingasse dos juízes sem coração, mas nesse momento apareceu um mandado de prisão para Elizabeth.

Ao lado de Mary Esty e outras seis mulheres, Elizabeth Cary viajou no dia seguinte para a prisão de Boston, na segunda leva de bruxas desde a chegada de Phips. Naquele mês de maio a prisão também estava lotada. De longe podia-se sentir o cheiro repugnante de detritos e feridas supuradas. Os visitantes não demoravam muito, e os suspeitos de Salem aterrorizavam uns aos outros e os transeuntes. Barras de ferro cobriam as janelas abertas, e era possível estender a mão e entregar provisões ou tocar a mão de um ente querido. Também dava para cuspir e xingar, e alguns iam ali para isso. Quando uma criada de dezessete anos foi visitar alguém, Sarah Good a reconheceu e pediu tabaco. Ela estava em andrajos, e a menina respondeu atirando um punhado de serragem pela janela. Sarah xingou-a, a adolescente se enfureceu e passou a desmaiar ao longo das semanas seguintes.

Fazia um frio insuportável nas prisões, a tal ponto que no meio do inverno as autoridades não conseguiam manter os presos no lugar. Em dezembro de 1685, o pai de Hathorne despachara um ladrão de cavalos para Barbados, convencido de que o homem morreria congelado se continuasse preso. O vento varria as estruturas gastas, a maresia em tudo penetrava. Embora o inverno de 1692 tenha sido ainda mais frio, as bruxas não foram liberadas. Nas instalações mais sofisticadas da Nova Inglaterra, Andros deposto e seu procurador podiam contar, em 1689, com pelo menos quinze centímetros de água dentro da cela quando chovia. Enfrentando despesas consideráveis, alguns familiares – inclusive o guarda de Topsfield – faziam longas viagens regulares para entregar comida, bebida e roupas limpas aos parentes encarcerados.

A cadeia de Salem era um pouco melhor. A instalação, de menos de quarenta metros quadrados, tinha um calabouço sem luz onde George Burroughs passou a primavera e o verão, e no qual só podia se sentir "enterrado vivo". A prisão já havia sido descrita como "um lugar barulhento, impróprio para um cristão respirar". O carpinteiro William Dounton administrava a instalação de Salem e era responsável por todas as tarefas cívicas desagradáveis: vigiava os meninos que tentavam escapar da igreja antes da hora, servia em júris e coletava impostos. Ele e a família residiam no prédio da rua Washington, onde a esposa vendia refrescos aos prisioneiros. A segurança era reforçada porque, um ano antes, ao ir buscar uma jarra de cerveja, ela involuntariamente facilitara uma fuga. A Dounton, então com 64 anos, cabia a desagradável tarefa de examinar os corpos dos possíveis bruxos em busca de marcas reveladoras e picá-las com alfinete.

Nathaniel Cary conseguiu poupar sua esposa do encarceramento em Boston. Os ricos gozavam de privilégios especiais, e não apenas porque os carcereiros eram subornáveis. Elizabeth Cary foi transferida na manhã de 24 de maio para a prisão de Cambridge, do outro lado do rio, mais perto de sua casa. As correntes em suas pernas lhe provocaram convulsões, e o marido achou que ela não sobreviveria até o dia seguinte, quando a província se reuniu no jejum para afastar Satã. Cary solicitou que os ferros fossem removidos, porém ouviu que a esposa devia continuar acorrentada, mesmo com risco de morte, pois ela representava um terrível perigo para a população.

No final de maio, pelo menos sessenta suspeitos estavam encarcerados, mais que as prisões de Massachusetts jamais haviam acomodado. Os que tinham congelado no inverno começaram a torrar na primavera. A situação exigia uma solução, assim como os acusados. No começo do mês, uma petição em nome da piedosa Rebecca Nurse havia circulado, e 39 aldeões a assinaram. Duas semanas depois de chegar, com uma ordem que fazia referência às prisões sufocantes, mas não à multidão de bruxas, Phips instituiu um tribunal especial para julgar os casos de Salem. Ele nomeou nove juízes – era preciso um quórum de cinco para qualquer sessão. A maior parte já havia servido à banca e todos faziam parte do Conselho do governo. Comerciantes e proprietários de terras, eles eram os homens mais importantes da baía.

UMA DAS COISAS TRANQUILIZADORAS sobre a bruxaria era que ela obedecia a certas leis claras e imutáveis: era hereditária e sobretudo matrilinear; reputações comprometidas não se desfaziam, a infâmia permanecia até muito depois de os crimes caírem no esquecimento. Uma escocesa preferiu morrer queimada a viver como bruxa inocentada. Incapaz de obter água nos poços do bairro, uma mulher absolvida em Charlestown se viu reduzida a beber em poças. Bridget Bishop, a ladra ocasional, não conseguiu escapar da fama.

Quanto ao novo governador de Massachusetts, o status vinha também em grande parte da genética. Líderes cívicos produziam líderes cívicos. Pelo menos alguns conselheiros em toda cidade eram criados por conselheiros, como em quase três quartos dos casos em Salem. Os juízes de bruxaria em geral eram filhos de comerciantes ou pastores. Cotton Mather, John Hathorne, Jonathan Corwin e William Stoughton reprisavam papéis que seus pais haviam desempenhado.

Ao instaurar o grande júri – "para ouvir e deliberar" –, Phips reuniu as "pessoas de mais prudência e figura que se pode encontrar". Nenhum membro da comissão tinha treino formal em lei. Dois eram pastores, três formados em Harvard, ao menos cinco eram comerciantes, um era médico amador. A maioria possuía uma longa lista de títulos cívicos. O empreendedor Bartholomew Gedney, que antes visitara as meninas da paróquia e comparecera a diversas audiências preliminares, possuía um ancoradouro e um estaleiro em Salem e diversas serrarias no Maine. Como residentes da cidade de Salem, Hathorne e Gedney garantiam à corte uma ligação e um tom consoante com as audiências dos quatro meses anteriores. Sentavam-se lado a lado entre os bancos da frente da Primeira Igreja de Salem e haviam comparecido à ordenação de Parris. Dono de uma caligrafia fluente e elegante, Stephen Sewall continuou como escrivão do tribunal, organizando a papelada, e Parris voltou a pregar. À frente da corte, Phips instalou o vice-governador William Stoughton, que semanas antes viajara a Salem para a audiência de Burroughs.[13]

Por seu serviço, os juízes ganhavam mais ou menos a mesma coisa que um eminente diretor de escola. Isso não era importante para os magistrados, todos homens de posses. Ninguém questionou as escolhas de Phips, o elenco era irrepreensível. Num momento em que muita coisa estava em movimento, em que a colônia agora era província – seus guardas, agora xerifes, os 28 assistentes, agora conselheiros –, isso era tranquilizador. Todos eram viajados líderes da milícia, filhos primogênitos, homens estabelecidos, com nomes distintos, e figuravam na nova Carta da Nova Inglaterra. Juntos, eram proprietários de centenas de milhares de acres. Quase todos tinham experiência prévia em avaliar casos de bruxaria, embora sem a força dos processos de 1692.

Recém-nomeados, os juízes pediram uma orientação. Em nada ajudava que sua ordem fosse determinar que crimes haviam sido perpetrados de acordo com as leis da Inglaterra ou de Massachusetts, dois corpos legais diversos. Eles se voltaram naturalmente para o perito disponível. Quatro dos nove membros da corte – inclusive John Richards, comerciante de Boston que solicitou o aconselhamento – eram amigos próximos de Cotton Mather. Ele mais que ninguém dominava os meandros da administração. Como se gabou em seu diário, não só o governador era um de seus amigos queridos e alguém que ele batizara, mas "todos os conselheiros da província são da doutrina de meu pai; e meu sogro, vários aparentados meus e diversos irmãos de minha igreja se encontram entre eles".[14]

Onze novos mandados foram expedidos mesmo antes de os juízes se reunirem. Eles pareciam pouco familiarizados com a maioria dos acusados, que se identificavam apenas pelo sobrenome. Dentre os suspeitos de 28 de maio, no entanto, um nome se destacava, conhecido de todos: John Alden, 66 anos, rude capitão do mar e comerciante de Boston, filho primogênito da família fundadora de Plymouth. Considerado um dos soldados mais vigorosos de Massachusetts, Alden acabara de voltar do Maine, onde negociara a libertação dos cativos levados de York. Ele pertencia à mesma igreja que três membros da corte e era especialmente próximo de Samuel Sewall. Em 31 de maio, acusado por diversos aldeões, Alden compareceu diante de seus amigos e pares na improvisada sala de tribunal de Salem.

O recém-nomeado procurador do rei, Thomas Newton, viajou para a audiência também, a fim de entender o que a corte trataria na primeira sessão, marcada para 2 de junho. Coube a ele decidir a ordem dos julgamentos. Stephen Sewall talvez o tenha aconselhado, pois conhecia os casos melhor que ninguém. O juiz presidente, Stoughton, já convocara dezoito "homens honestos e lídimos" para o grande júri e 48 homens para servir ao júri comum, todos escolhidos nas comunidades vizinhas. Deviam comparecer à prefeitura naquela quinta-feira, às oito da manhã. A palavra "bruxaria" não aparecia nas convocações, mas os homens sabiam a natureza de seu encargo. Eram veteranos de tribunais, oriundos de uma coorte de líderes locais. A experiência, mais que a imparcialidade, era sua recomendação; tinham um inestimável conhecimento da comunidade (eles não participariam de nenhum outro caso).[15]

Anglicano e com formação em direito, Thomas Newton era relativamente novo na colônia. Assim como Deodat Lawson, o antigo pastor da aldeia, era um homem viajado e também estava perplexo. Possivelmente por sua causa Hathorne testou de novo as acusadoras, arranjando para que John Alden comparecesse à audiência sem a companhia de guardas. O capitão do mar entrou na igreja da aldeia, a espada na cinta, e acomodou-se discretamente em meio à multidão. Hathorne então desafiou as meninas a identificar seu atormentador. Elas hesitaram e apontaram outro militar. Uma pequena ajuda dos adultos facilitou a identificação, como anotou Alden. (Ele deixou um relato de sua audiência, coisa que muitos não teriam oportunidade de fazer.) Mandaram que ele se adiantasse e as meninas formaram um círculo à sua volta, atacando-o e zombando dele.

As atormentadas tinham ouvido muitos relatos sobre Alden em Massachusetts e no Maine, onde ele passava muito tempo – estimou-se que tenha feito ao menos dezesseis viagens de ida e volta à fronteira desde o final de 1688. Servira valentemente na Guerra do Rei Felipe, comerciava com os Abenaki e havia negociado uma trégua que indiretamente precipitara o ataque a York. Era fornecedor das guarnições do Maine e suspeitava-se que ele preferia a venda de armas à redenção de cativos, colocando seus negócios acima dos interesses públicos. As enfeitiçadas acusaram-no de vender munição ao inimigo e disseram que dormia com mulheres indígenas. Ele atormentava as meninas com a espada, a qual, para tristeza de Alden, lhe foi confiscada. Fosse qual fosse a verdade das acusações de beneficiamento, ele prosperara no Maine, em meio ao denso fogo e aos indígenas com sede de sangue, onde outros haviam perdido a família.

Alden passou várias horas em suspense, enquanto Hathorne convocava Martha Carrier, acusada pela sobrinha de Parris e por Susannah Shelden. Martha era de uma família esquentada, a cuja reputação ela fazia jus. Quando Hathorne perguntou sobre o espectral homem negro com quem as meninas a acusavam de se consorciar, ela disse que não via nenhum homem negro a não ser o próprio magistrado, de toga e cabelos pretos. Hathorne desafiou-a a olhar para as meninas sem incapacitá-las. "Elas vão dissimular", protestou Martha – essa era a primeira vez que se usava essa palavra. Em transe, Susannah Shelden perguntou como Martha assassinara treze pessoas. As meninas estremeceram ao descrever os espíritos na sala. Martha não via os fantasmas?, Hathorne perguntou. "Se eu falar, o senhor não vai me acreditar", disse ela.[16]

Nenhuma palavra viera ainda à tona a respeito dos voos ou dos recrutas de Martha Carrier. Nem estava claro se, como seus próprios filhos iriam testemunhar, o diabo prometera à imperiosa mãe que "ela seria Rainha do Inferno".[17]

"É vergonhoso dar ouvidos a essas pessoas fora de si", observou Martha antes que a desordem assumisse enormes proporções: o ataque era tão severo que acharam que a vida das meninas estava em perigo. Hathorne mandou que Martha fosse amarrada e levada embora. Talvez, no meio do pandemônio, Thomas Newton não tenha ouvido Mary Walcott dizer aos juízes que Martha Carrier – de 38 anos – gabava-se de ser bruxa havia quarenta anos.

John Alden voltou à igreja mais tarde. Para facilitar a identificação, Hathorne mandou que ele ficasse em pé numa cadeira – outra humilhação –, e um guarda atou-lhe as mãos. Não era fácil silenciá-lo. Por que, protestou ele, viria até a aldeia de Salem para ferir pessoas que não conhecia? Bartholomew Gedney, comerciante de 52 anos, o pressionou a confessar. Alden respondeu que não tinha intenção de gratificar o diabo com uma mentira. Ele desafiou a apresentarem qualquer prova de que praticava bruxaria. Hathorne determinou um teste de toque, e uma das enfeitiçadas se acalmou no momento em que Alden a tocou. Gedney admitiu que conhecia Alden havia anos, os dois tinham viajado juntos, eram sócios nos negócios. Antes ele defendera seu oportunista colega de acusações de traição, disse que "o considerava um homem honesto, mas [que] agora via motivo para mudar de opinião". Membro do mesmo grupo exclusivo de oração de Boston, Samuel Sewall também não se ergueu em defesa de Alden.

John Alden acreditava que Deus limparia seu nome: "Como Jó, irei manter a integridade até a morte." Ele era alguém que reforçava a fé dos reféns indígenas, garantindo-lhes que sofriam por Cristo. Ordenaram-lhe que olhasse para as acusadoras, e ele as viu cair ao chão. O que explicava o fato, desafiou, de seu olhar não ter efeito deletério sobre Gedney? O velho amigo não se dignou a responder. Alden partiu para uma vigorosa mensagem em defesa dos inocentes, mas foi silenciado pelo reverendo Noyes, que fez um longo discurso. Alden conseguiu ainda lançar um último apelo a Gedney: "Posso lhe garantir que não existe nem uma palavra de verdade em tudo que essas pessoas dizem de mim." De mãos atadas, ele viajou essa noite para a prisão de Boston.

Tinha sido um dia longo e exaustivo. Thomas Newton saiu da audiência convencido de que Alden estava tão profundamente implicado quanto qualquer outro e temia que a conspiração se estendesse à elite. O longo dia também fez Newton repensar sua estratégia de julgamento. O simples nome dos acusados produzia sufocamentos, transes, uivos. As meninas jaziam deitadas por longos períodos, e isso fazia as coisas caminharem devagar. Ele mandara chamar nove suspeitos, porém viu que não era possível interrogar tanta gente. Apresentou dois pedidos ao secretário: que as confessas Tituba e uma criada que trabalhava para a família do juiz Corwin viajassem separadas do acusado; e que lhe entregassem os autos do julgamento por bruxaria de Bridget Bishop, em 1680.

No mesmo dia Cotton Mather escreveu uma carta ponderada. O grande júri ia se reunir dentro de 48 horas e ele se esforçava por lançar alguma luz sobre sua missão. Não era raro o tribunal solicitar conselho de um clérigo, ainda mais John Richards, o membro mais velho da corte. No domingo anterior, Samuel Willard – único pastor de Boston a rivalizar em influência com Increase Mather – deu-se ao trabalho de fazer uma exposição sobre o diabo e como reconhecê-lo. Willard afirmou que o velho enganador tentava, afligia e exercia sua arte infernal pela bruxaria. Ele não perdia ocasião de recrutar, e o fazia tão bem porque prometia todos os reinos do mundo.

Assim como a maioria de seus colegas, aos 67 anos, Richards detinha muitos títulos: era conselheiro e capitão da milícia, não recuava diante de atribuições impopulares. Em 1681 havia aceitado a missão de negociar a Carta em Londres, assumindo a devida submissão colonial: as irregularidades na baía de Massachusetts haviam ocorrido inadvertidamente. Ele era um dos membros mais influentes da North Church, e às vezes Cotton Mather o consultava sobre assuntos da igreja, a respeito dos quais Richards era um firme conservador. Mostrava-se um cidadão acolhedor, tendo abrigado os Mather em sua imponente mansão de tijolos quando a casa deles pegou fogo e Cotton Mather era adolescente; dez anos depois Richards celebrou seu casamento.

Era compreensível, portanto, que Mather apresentasse suas ideias a respeito da misteriosa questão. Toda a província jejuou e rezou pelos juízes, colocando-se em suas legítimas mãos. Mather invocou suas analogias favoritas. Pessoalmente, começara a temer que diabos operassem mais maldades do que se supunha. Os "recentes frenesis murmurantes" forneciam amplas oportunidades para o enganador se apresentar e perguntar: "Deseja que eu faça isto ou aquilo para você?" Ao aceitar um simples favor, o inocente era ludibriado. "No entanto, devo implorar humildemente a vocês", alertou Mather, "que, no manejo do problema em suas mui hábeis mãos, não coloquem no testemunho do puro espectro mais ênfase do que ele possa suportar."

Nisso ele tocava no cerne da questão: podia o diabo se passar por inocente e o acusado ser processado com provas que só alguns conseguiam ver? Mather rejeitou a ideia, que desconcertara os juízes do caso de Newbury em 1676 – não haviam sido capazes de condenar uma suspeita por perversidades cometidas por ela a um semelhante. Já antes o diabo se disfarçara de inocente. Aqueles que se envolviam em comportamento "maligno, invejoso" podiam muito facilmente ser tomados por confederados sem terem visto o diabo e muito menos assinado qualquer tipo de pacto.

Mather ofereceu algumas pistas. Uma confissão crível valia seu peso em ouro, embora, alertou ele, a "mente delirante e o coração descontente" pudessem produzir resultados falsos. Quanto a arrancar confissões, ele não admitia a tortura. Recomendava uma inteligente saraivada de perguntas rápidas, cruzadas. Fora isso, deviam se empregar as táticas tradicionais. O acusado era capaz de recitar o padre-nosso? Curiosamente, para um ex-gago, ele depositava grande fé em "confundir as bruxas tartamudas". Confiava em provas como bonecos – a bruxa podia usar o próprio corpo como boneco, produzindo sofrimento no olho da vítima ao tocar seu próprio olho. Embora nunca tivesse visto nenhum sinal de bruxa pessoalmente, o médico bom devia ser capaz de identificá-lo. Mather era a favor também do teste da água: os diabos infundiam em seus recrutas um veneno que os fazia flutuar.[18] Ele não mencionava o teste do toque e o mau-olhado. A cada passo Cotton Mather optava pela indulgência. Em vez de algemar a pobre bruxa, por que não considerar um castigo menor? Rezaria para que Richards e seus veneráveis colegas resolvessem sabiamente a "espinhosa questão". Ele se atrapalhava, embora em um ponto fosse absolutamente explícito: não confiava na prova espectral, visível apenas para as enfeitiçadas. Satã podia usar uma inocente para fins diabólicos. Ninguém devia ser preso por um crime que cometera na imaginação de outrem.

Mather lançava também um voto pelo mundo invisível: "Nossos queridos concidadãos são realmente atormentados, assassinados por – e familiarizados com – coisas ocultas que mais tarde se mostram reais", afirmou. Era justo executar um indivíduo "que, à vista dos homens, apunhale seu vizinho no coração". Em outras palavras, Mather garantia aos juízes que podiam acreditar nos próprios olhos. Feridas visíveis não deviam ser ignoradas. Richards tinha toda a razão em partilhar as ponderações de Mather com seus colegas, que nas semanas seguintes consultariam os casos precedentes de bruxaria lendo o *Guide to Grand-Jury Men*, de Richard Bernard, e o tratado sobre lei comum de Joseph Keble, estudando Glanvill, Baxter e Perkins, assim como *Memorable Providences*, de Mather. A ordem era manter as leis da Inglaterra; eles já haviam pagado um preço por terem se desviado delas no passado. Richards buscara a opinião eclesiástica não por falta de manuais legais, mas porque sabia que tinha a autoridade em suas mãos. Ele e seus colegas representavam as melhores cabeças dos Estados Unidos, e os acontecimentos de Salem os deixavam absolutamente confusos.

JÁ SE CONHECIAM CASOS capitais em Boston. Dado o número de suspeitos e a multidão de testemunhas, fazia sentido ouvir os casos de bruxaria na igreja de Salem, mais espaçosa. Richards viajou para lá um dia depois de Mather ter escrito sua carta, a fim de abrir a corte logo de manhã. Enquanto o xerife convocava os jurados, os nove suspeitos de Newton – sete mulheres e dois homens – voltaram a Salem. Não sabemos como foram transportados nem onde encontraram acomodação na prisão já abarrotada, mas logo fizeram sentir sua presença. Naquela quarta-feira, Rebecca Nurse atormentava Ann Putnam, mãe, gabando-se de vários assassinatos e se dizendo apoiada por um bando de fantasmas. Ann, a filha, relatou um conjunto de aparições semelhantes.

Com que bruxa Newton iria começar? Se os Putnam achavam que seria Rebecca Nurse, estavam enganados. Newton não escolheu a cerebral criminosa que representava o maior perigo. Nem escolheu a primeira bruxa acusada, contra a qual inventariou as provas. Sua suspeita inicial não era nem bruxa confessa nem moradora da aldeia de Salem. Newton era um servidor público equilibrado, sagaz e decidido. Ele agiu como qualquer promotor experimentado, escolhendo um caso que parecia de rápida solução, que poderia facilitar o caminho das futuras condenações e enviar um sinal claro a todos. Era prudente ser cooperativo, lembrou aos perpetradores. A culpa era facilmente determinada, garantia aos nervosos jurados. A condenação era prontamente obtida, demonstrava aos juízes. A atração principal podia esperar.

Desde a chegada de Newton a Salem, um nome aparece repetidamente. Ele o ouviu até de meninas que não o tinham mencionado antes. Embora acorrentada, sua primeira acusada continuava a afligir. Ela comparecera à reunião no pasto de Parris, assassinara seis pessoas, inclusive um marido, e uma bruxa confessa a implicara. Seu caso podia ser arguido sem recorrer a provas espectrais. A mulher ameaçara um juiz, garantindo a Hathorne que, se fosse bruxa, logo ele o saberia. Tinha poucos parentes, nenhum deles do tipo combativo, como Rebecca Nurse. Newton podia invocar um corpo de provas contra ela, até um julgamento de bruxaria anterior. Enquanto os juízes e um grupo de funcionários menores viajavam a Salem, ele preparou sua acusação formal contra Bridget Bishop pela prática de magia negra com cinco garotas. O que viria a ser dito de uma mulher de Charlestown em 1693 aplicava-se à geniosa ladra e perturbadora da paz circulando com um furo no casaco que coincidia com uma estocada dada em seu espectro. "Se algum dia houve uma bruxa no mundo, era ela."[19]

Ao raiar da quinta-feira, fantasmas se espalharam por toda Salem. Logo em seguida uma multidão começou a se reunir na galeria do segundo andar da prefeitura. Um grupo ocupou o piso térreo e a grande câmara superior, dotada de bancos. Os juízes ocupavam assentos elevados a uma longa mesa. Logo depois das oito horas, Newton postou-se diante do presidente, William Stoughton. O procurador-geral jurava, perguntou

Stoughton, "que, segundo seu melhor julgamento, agirá de maneira fiel e verdadeira em prol de Suas Majestades, conforme a lei e a justiça, sem qualquer favor ou favorecimento, diante de Deus"? Newton jurou. Stephen Sewall jurou servir como escriturário. Um funcionário da corte tomou o juramento dos dezoito jurados, que deveriam determinar se havia provas suficientes para o prosseguimento do caso. Newton apresentou sua prova a Bridget Bishop, acusando-a de ter "ferido, torturado, afligido, espetado, consumido, esgotado e atormentado" as garotas da aldeia.[20] Sem grande confusão, as meninas testemunharam. Talvez Newton tenha apresentado provas do caso anterior de Bridget; ela estava em julgamento por sua personalidade e por seu crime. O grande júri – que tinha como primeiro jurado o ex-cunhado de Burroughs – apresentou cinco acusações formais contra a mulher.

Então ela foi submetida a um exame íntimo invasivo. Com a supervisão do cirurgião, um grupo de mulheres esquadrinhou o corpo de seis suspeitas de terem mamilos de bruxa. Várias das examinadoras eram experimentadas parteiras, embora isso não quisesse dizer grande coisa; as praticantes – em geral mulheres mais velhas de famílias importantes – sabiam pouco sobre as funções corporais. Nem havia orientação quanto ao que procurar: picada de pulga, verruga, pinta ou qualquer proeminência ou descoramento podiam ser qualificados de mamilo. As parteiras cutucavam e pressionavam, testando a sensibilidade com alfinetes ou agulhas; era preciso esperar que o ferimento sangrasse. Os examinadores de Salem não concordavam inteiramente entre si, mas localizaram sinais incriminadores; três suspeitas de Newton apresentavam "excrescência preternatural de carne entre a parte pudenda e o ânus".[21] Eram protrusões anormais no mesmo lugar nas três mulheres, o que indicava bruxaria. Algumas das examinadoras disseram que Bridget Bishop estava entre as três suspeitas com essas protuberâncias.

Bridget foi conduzida à sala do tribunal para a acusação. Um escriturário da corte a chamou pelo nome, ela deu um passo à frente e ergueu a mão para confirmar sua identidade. Foram lidas as acusações. Como se declarava? Bridget não tinha escolha senão falar em seu nome, não havia ninguém para defendê-la. Na Nova Inglaterra daquela época, não se apreciavam os advogados, e Newton era o único formado em direito na sala. Considerava-se que a pessoa inocente seria capaz de defender seu caso melhor que qualquer outro; deixada à própria sorte, a culpada não poderia esconder a verdade. Com quase sessenta anos, Bridget Bishop passara seis semanas com parca alimentação numa cela suja e úmida. Diante da corte, apresentava-se imunda e faminta, sob intenso escrutínio, uma mulher amarga numa nuvem amarga de ar. Ela se declarou inocente. "Acusada, como será julgada?", o escriturário perguntou, e ela respondeu com a fórmula obrigatória: "Por Deus e meu país."

Por lei, os casos judiciais deviam ser documentados em detalhes; Stephen Sewall transcrevia furiosamente, tal como Parris nas audiências preliminares, mas nada do que foi registrado chegou a nós naquele ou em qualquer outro dia do julgamento de 1692, para o qual Bridget Bishop já estabelecera o precedente. Três décadas de provas contra ela haviam chegado ao tribunal, ela fora julgada e perdoada antes. Embora as acusações parecessem piores dessa vez, Bridget disse que não era bruxa. Assim que fez sua declaração, as testemunhas juraram "falar a verdade, toda a verdade e nada mais que a verdade". Uma delas contou que fora transportada da roca para o rio, no qual Bridget ameaçara afogá-la. Outra relatou assassinatos de que a mulher se gabava e uma terceira descreveu o fantasma de uma das vítimas. Muitas narraram torturas que haviam suportado na audiência de abril. Deliverance Hobbs jurou que Bridget a espancara com barras de ferro para forçá-la a voltar atrás em sua confissão. Juntas, elas haviam comparecido à "reunião geral das bruxas" no campo de Parris. Os jurados ouviram o testemunho do aldeão que apunhalara o espectro de Bridget produzindo o rasgo em seu casaco.

Dizia-se que qualquer suspeito podia ter enfeitiçado os vizinhos e afligido as garotas da aldeia, mas só Bridget Bishop seria condenada por mentir na corte diversas vezes durante a audiência preliminar. Sua história representava tal mina de ouro processual que algumas testemunhas nem chegaram a depor. Susannah Shelden relatou que Bridget era bruxa havia mais de vinte anos e que ela se ajoelhava e rezava diante de um homem negro com chapéu de copa alta (Newton não usou esse depoimento). A corte ouviu também acusações que não tinham a ver com conspirações demoníacas. Newton convocou um marinheiro que contou ter sido acordado num sábado ao nascer do sol e encontrado Bridget parada ao lado de sua cama. Por volta do meio-dia, ela fez uma maçã voar da mão dele pela sala. Doze anos antes, "praguejando e ameaçando", ela espancara o filho do chapeleiro Samuel Shattuck. Enfeitiçara um saco de grãos, atravessara portas e janelas trancadas. Nenhuma dessas acusações era recente, muitas constavam do processo anterior – uma delas já durava três gerações.

Bridget Bishop sabia que despertava falatórios e que os moradores julgavam que ela era bruxa. Mas em abril o oficial de justiça de Salem citara uma visita noturna, e o júri de junho ouviu ao menos outras cinco. Parece que Bridget tinha o hábito de aparecer no quarto de jovens rapazes, imobilizando-os e emudecendo-os. Devassa ou namoradeira, ela virava a cabeça dos homens. Samuel Shattuck relatou que ela o procurava com frequência por razões ilícitas e de "maneira suave, lisonjeira".[22] Embora não parecesse – Sewall a via como "uma velha" –, talvez Bridget tivesse sido bonita.

John Louder, alfaiate de Salem, confessou ter tido um longo e enluarado envolvimento com ela. Indagada, Bridget afirmou não ter conhecimento desse idílio íntimo; não era responsável pelos sonhos masculinos. Pouco depois, numa tarde de sábado, Louder recebeu uma visita assustadora: um monstro negro saltou por sua janela e parou a centímetros dele. Tinha rosto de homem, corpo de macaco e pés de galo. Anunciou que viera corrigi-lo, e em troca prometia satisfazer todos os seus desejos. O macaco voador e Louder lutaram um pouco, e o homem machucou o braço. Mergulhando pela janela, a criatura reapareceu e atraiu o alfaiate para fora. Enquanto lutava para afastá-lo, Louder viu Bridget em seu pomar. Na audiência de 19 de abril, Bridget clamara aos presentes que limpassem seu nome. Assim que Louder terminou seu relato sobre o monstro, ela entrou em ação. Embora sem advogado, tinha o direito de questionar seus acusadores. Disse que não conhecia Louder, e lembrou-lhes que tinham pomares vizinhos e haviam discutido durante anos.

Dentre as acusações requentadas contra Bridget, a mais antiga era um trunfo. Dezessete anos antes ela contratara dois trabalhadores para demolir uma parede em sua casa. Cravados dentro dela havia diversos bonecos de trapos e cerdas, sem cabeça e cheios de alfinetes. Pressionada, a mulher não conseguiu fornecer nenhuma desculpa razoável. Também não fez grande progresso no dia 2 de junho. Instada a confessar, insistiu na inocência. A mentira grosseira na corte, imprecações, ameaças, feitiços, assassinatos e visitas eram uma coisa, mas quanto aos bonecos, o furo no casaco e a informação de que Bridget apresentava uma marca sobrenatural no corpo, Newton tinha provas concretas. E recebeu mais um presente: na véspera do julgamento, quando passava diante da prefeitura vazia, Bridget olhou para o prédio imponente de madeira maciça. Nesse momento uma tábua despencou de um andar superior e reapareceu a alguma distância dali.

O julgamento prosseguiu tranquilo e rápido. Embora pudesse questionar a escolha dos jurados, Bridget Bishop não podia sondar suas posições. Na ausência de advogados, não havia debate, exame preliminar nem inquirição de testemunhas de defesa. Os juízes representavam ambas as partes, interrogando suspeitos e acusadores. Os testemunhos seguiam de acordo com o planejado, e Bridget parecia incapaz de refutá-los. Embora perturbadas, as meninas estavam relativamente quietas. Em seu relato – escrito posteriormente, a partir de documentos da corte –, Cotton Mather sugere que havia mais mal à espreita do que a corte era capaz de imaginar. Ele não se deu ao trabalho de descrever as acusações que tinham levado Bridget ao tribunal: "Havia pouca necessidade de provar a bruxaria, sendo ela evidente e notória para todos os presentes."[23]

O magistrado do século XVII não hesitava em dizer aos jurados o que pensava, ou como avaliar as provas, e era capaz de orientá-los a considerar culpado o acusado. Na ausência de provas suficientes, bastava a forte suspeita. A reputação tinha grande peso, o que explicava como tantos testemunhos inadequados acabaram na corte. Se a culpa parecia provável, mas não certa – a "dúvida razoável" só surgiria daí a dois séculos –, a sentença podia ser ajustada. A pessoa talvez fosse condenada por um crime menor que aquele pelo qual era acusada. No discurso de encerramento,

Stoughton resumiu o caso e lembrou ao júri que tinha de comprovar as evidências. Ele fornecera algumas instruções naquela tarde: os jurados deviam desconsiderar a saúde robusta das moças; apenas a intenção importava, a corte não precisava provar que houvera prática de bruxaria, apenas que ela fora planejada. Esse era o sentido da lei. Essas instruções surpreenderam porque contrariavam o conselho de Mather, de 31 de maio, contrariavam Perkins, o competente perito inglês, e iam contra a história judicial da Nova Inglaterra.

Stoughton provavelmente chegou a seu veredicto no meio da tarde. Os jurados não tinham confissão, mas as provas eram arrasadoras. O meirinho levantou-se para anunciar a decisão: por haver praticado bruxaria sobre cinco moças da aldeia em 19 de abril e "em diversos outros dias e lugares antes e depois", considerava-se Bridget Bishop culpada.[24] As visitas a quartos masculinos e os bonecos devem ter surtido efeito, porém, o júri a condenou pelas tribulações que provocara. As histórias antigas não podiam ser corroboradas, mas os maus-tratos na sala do tribunal foram testemunhados por todos. Numa das guinadas mais imprevistas, a corte considerou Bridget culpada de enfeitiçar as garotas da aldeia, que não conhecia, e não os homens da cidade, que conhecia.[25] Ela voltou para a prisão onde, pouco antes das quatro horas, as mulheres foram submetidas a uma segunda revista. Os sinais das suspeitas haviam desaparecido misteriosamente. A marca de Rebecca Nurse era apenas um ponto de pele seca, o que comprovava a origem diabólica; evidentemente ela amamentara um diabrete. (Durante a audiência preliminar, Hathorne havia perguntado sobre alguma ferida. "Não tenho nada além de velhice", respondera Rebecca.) Quanto a Susannah Martin, a minúscula e desdenhosa viúva de Amesbury, seus seios, que pareciam cheios pela manhã, estavam murchos e achatados à tarde. Ela também havia amamentado um espírito familiar no decorrer do dia. Rebecca Nurse ficou indignada, explicando as deformidades como resultado de partos difíceis. Ela não visitara quartos de homens, não se transformara em macaco nem arrancara tábuas de prédios públicos com um olhar. No entanto, em 3 de junho, a corte a condenou por praticar "certas artes detestáveis chamadas bruxarias e feitiços" contra quatro moças da aldeia.[26]

Enquanto isso, na aldeia, Hathorne e Corwin continuavam a expedir mandados e a ouvir reclamações. O subxerife de Salem descobriu uma nova suspeita trabalhando em sua roca e imediatamente a entregou às autoridades. Ann Dolliver, de quarenta anos, foi extremamente fácil de localizar, uma vez que morava com os filhos na casa de seu pai, o pastor mais velho da cidade de Salem, John Higginson, de 76 anos. Ann também era neta e bisneta de pastores, e os três homens que assinaram seu mandado de prisão eram paroquianos de seu pai, assim como os seus examinadores. Como Abigail Hobbs, Ann Dolliver era uma andarilha que se desentendera com a madrasta. Havia muito incapacitada pela melancolia, ela dava a impressão de estar "enlouquecida".[27]

É de presumir que, em deferência à sua família, Hathorne a tenha interrogado com delicadeza. Já praticara bruxaria? "Não com a intenção de ferir ninguém", veio a resposta perturbadora.[28] Ann Dolliver talvez fosse simplória e certamente era ingênua, havia dormido na floresta tarde da noite e fugira de casa para evitar a madrasta. Depois de algumas lisonjas das meninas, ela revelou outras estranhezas. Possuía bonecos? Possuía dois, de cera, que fizera catorze anos antes, quando acreditava estar enfeitiçada. Sentira as alfinetadas reveladoras e lera que podia anular o encantamento.

Tanto no papel quanto em pessoa, o pai de Ann era firme e direto, um homem de "palavras macias e argumentos rudes". No passado, havia se expressado com intensidade em seus ataques aos quacres sobre questões de doutrina, sobre uma epidemia de bebedeira, os abusos do governador real e os desregrados aldeões de Salem. Nos sermões, nunca lançou mão do diabo. Em 1692 ele não seria o último pastor a ver a filha acusada de bruxaria. Mas não parece ter objetado nada ao processo, mesmo quando chegaram à porta de sua casa. Tendo enfrentado Andros e se envolvido com enraivecidos e obstinados batistas, ele calou-se. Labutava, explicou depois, "sob as limitações de uma velhice decrépita", e não fez menção à prisão da filha em 6 de junho.[29]

Três dias depois, o juiz Stoughton ordenara ao subxerife de Salem que conduzisse Bridget Bishop na sexta-feira ao local indicado para a execução "e lá a fizesse pender pelo pescoço até a morte". Em seguida o subxerife devia confirmar o ato. E, acrescentou Stoughton, numa frase inesperada (parecia haver algum temor de que a mulher escapasse), o algoz só poderia falhar se corresse algum risco.[30]

NA MANHÃ DE 10 DE JUNHO George Corwin – sobrinho do juiz Corwin, genro de um juiz de bruxaria e sobrinho de outro – fez arranjos para Bridget ser transportada em carro aberto até a atual rua St. Peter, atravessando o centro de Salem, num percurso de quinze minutos. A ideia era se livrar da bruxa o mais publicamente possível, pois Bridget seguia para a morte como um exemplo. Um conjunto de guardas e oficiais de justiça acompanhou a procissão até uma plataforma rochosa num pasto com vista para a cidade. Ali pendia a corda de uma forca recém-instalada.

Não chegou até nós nenhum relato do enforcamento, embora isso surpreenda. Mulheres malfeitoras eram muito atraentes, e Bridget Bishop ainda mais: todos queriam saber como era uma bruxa. Um evento desse tipo era horrendo a ponto de se tornar irresistível e servia para a instrução moral. Era o tipo de coisa à qual se levavam os filhos, que aprendiam palavras como "abominação", "humilhação", "mortificação", "purificação". A atmosfera era de carnaval.

Pastores atendiam a condenada, testemunha exemplar das benesses da disciplina familiar ou da sabedoria da corte, e advertiam a multidão quanto a seguir os passos do mal. Não era fácil rivalizar com essas expressões de remorso de última hora; o arrependimento de um pirata que zombara dos pais, adotara o vício e se envolvera em más companhias causara forte impressão. Uma bruxa, porém, não merecia esse tratamento. Ela não dava lições comoventes, não exibia a vergonha purificadora da alma. Os espectadores ardiam de suspense. Nos momentos finais, iria ela confessar?

Abaixo do patíbulo, um funcionário leu a sentença de morte de Bridget Bishop. Tinha ela algo a dizer? A mulher insistia em sua inocência mesmo ao subir os degraus do patíbulo. Como pastor de Bridget, e a pedido dela, John Hale parece ter dito algumas palavras ao pé da forca. Um comerciante de Salem zombou, dizendo que se lhe pedissem que rezasse não o faria. Não sabemos se Parris estava presente, embora seja difícil acreditar que qualquer pastor local se ausentasse, quanto mais aquele que assinara quatro queixas contra a condenada. Muitos dos acusadores estavam na multidão, ao lado de algumas das meninas enfeitiçadas e boa parte da aldeia. Houve também presenças inesperadas: uma matrona de Salem viu o diabo ajudar George Jacobs a se empoleirar no patíbulo; Mary Walcott viu Jacobs também, e ele bateu-lhe com suas muletas espectrais. Os membros da corte estavam em Boston, numa reunião do Conselho governamental.

Não sabemos as últimas palavras de Bridget Bishop, quem amarrou sua saia em volta dos tornozelos, conduziu-a escada acima, colocou um pano sobre sua cabeça ou passou o laço em seu pescoço. Carrascos não eram fáceis de encontrar, e talvez tenha sido o xerife Corwin quem deu o empurrão que a deixou pendurada, contorcendo-se espasmodicamente e por fim imóvel, suspensa no ar. Depois que o corpo balançou por algum tempo, a multidão se dispersou devagar. Bridget Bishop morreu antes do meio-dia, e Corwin fez os arranjos para que o corpo fosse enterrado ali perto. É difícil imaginar que alguém tenha reclamado o corpo. Seu marido parece ter se ausentado da cena, e uma filha de 25 anos, de um casamento anterior, também se manteve à distância.

Nas duas Salem, os habitantes deram um coletivo suspiro de alívio. Tinham despachado uma incômoda pecadora. Juntos, haviam se envolvido num ritual catártico, tranquilizador, descarregando seu medo. Como se observou muito depois, essas coisas eram "dolorosas e grotescas, mas um escândalo, afinal, era uma espécie de serviço à comunidade".[31] Os sábios magistrados atuavam para limpar o mal; a Carta conclamava esses homens a "matar, executar, destruir e vencer" quem tentasse invadir ou perturbar Massachusetts. Erros foram corrigidos, e a razão, recuperada. A execução funcionou como um encanto sobre o condado: as acusações cessaram nas semanas seguintes, assim como as prisões; as meninas estavam livres dos sintomas, as bruxas estavam paralisadas. As duas Salem tinham razão para se acreditar em segurança.

E uma pessoa também. No dia seguinte à execução, quinhentos Abenaki e franceses baixaram sobre Wells, no Maine, com gritos, tiros e flechas incendiárias, "uma formidável tropa de dragões, caindo de boca aberta sobre eles para engoli-los de uma só vez", como Mather descreveu.[32] Durante dois dias, um bando de quinze homens conseguiu conter os atacantes. Mesmo assim, os indígenas levaram um cativo: diante dos colonos, eles o despiram, escalpelaram, castraram, abriram seus dedos das mãos e dos pés e inseriram brasas acesas sob a pele antes de abandoná-lo para morrer. George Burroughs foi poupado dessa visão e do horrendo cerco de seus paroquianos, protegido na eterna escuridão do calabouço de Boston.

O resto do verão – anotou Mather em seu diário, em algum momento daquele ano – foi "um tempo muito doloroso para todo o território".[33]

7. Agora dizem que são mais de setecentos

> A natureza deu às mulheres tanto poder que, muito sabiamente, a lei lhes deu pouco.[1]
>
> SAMUEL JOHNSON

O GOVERNADOR PHIPS falou com precisão ao saudar os juízes de Salem como os melhores e mais brilhantes. Lidos, viajados, eram homens íntegros, familiarizados com o funcionamento dos tribunais – etapa inevitável no caminho da fortuna na Nova Inglaterra.[2] Muitos tinham tomado decisões não muito bem-aceitas, diversos haviam presenciado julgamentos em Londres. O ônus da prova cabia à promotoria, mas esta gozava de algumas vantagens no século XVII. O tribunal inglês era inquisitorial, livre, confuso, mais bem descrito como "uma contenda entre acusadores e acusado".[3] Do outro lado da bancada, o padrão das provas era impreciso, o suspeito não fazia ideia do que havia contra ele até entrar no tribunal, onde podia ser condenado por um crime diferente daquele de que era inculpado. Tinha o direito de se defender, mas nenhuma garantia de que seria ouvido. Um tratado legal muito valorizado recomendava tomar o depoimento de adversários do acusado, "pois eles analisarão minuciosamente tudo".[4] Como só as testemunhas de acusação depunham sob juramento, sua palavra possuía maior peso, e os rumores eram aceitáveis. A bruxaria fornecia o culpado às vezes antes do crime, às vezes anos depois, e em 1692 foi retomado certo número de ofensas do passado.

Cinco homens participaram do julgamento de Bridget Bishop, mas temos a identidade de apenas três. Eles não fizeram a mesma interpretação acerca do caso. Todos eram graduados em Harvard, e cada qual optou por uma carreira mais secular que aquela para a qual fora educado.[5] O cordial e corpulento Samuel Sewall foi o único a deixar um diário. Escrevia-se pouco sobre a bruxaria de Salem, e Sewall não registrou nada do mês de junho e do começo de julho. Ele nunca participara de um caso de bruxaria.

Dois dias depois do enforcamento de Bridget Bishop, Sewall assumiu seu posto nos bancos da Old South Church de Boston para o sermão vespertino de Samuel Willard. Vários outros juízes juntaram-se a ele. Filho de uma das famílias fundadoras de Massachusetts, Wait Still Winthrop sentou-se ali perto, assim como Peter Sergeant. O que Willard tinha a dizer naquela tarde tranquilizava e perturbava ao mesmo tempo. Lembrou aos congregados que deviam manter-se sóbrios e vigilantes. O diabo encontrava-se entre eles, pronto a dar o bote, e reservava sua maior malícia para os piedosos. Satã podia tentar qualquer um, sem implicar necessariamente um pacto. Willard clamou por caridade e compaixão; certas questões deviam ser deixadas ao juízo divino.

A possibilidade de alguém incorrer em bruxaria sem ter consentido ou compactuado parecia improvável para o juiz presidente William Stoughton. Bem mais rígido que Sewall, ele sabia muito sobre a aplicação da lei. O código legal de Massachusetts enumerava com clareza os crimes, mas era pouco nítido quanto aos procedimentos da corte. Por um lado, preferia-se a indulgência, por outro, crimes que minavam a sociedade exigiam rápida punição, e a província atravessava uma crise de proporções gigantescas. Até os que não simpatizavam com o establishment puritano estavam perplexos. Havia mais de cem suspeitos na prisão, a maior parte membros da igreja. Um ministro apodrecia na prisão, assim como a filha de outro, e a esposa de um terceiro fora citada. Os patifes traíam uns aos outros tão depressa que "dizem que são mais de setecentos".[6] O medo invadia a Nova Inglaterra, e em 22 de junho Connecticut deu início a um julgamento de bruxaria para lidar com uma epidemia própria.

Aplicar as leis se impunha como dever sagrado, e os juízes abordaram o assunto escrupulosamente, consultando textos jurídicos e seguindo a legislação ao pé da letra. Mesmo assim, havia entre eles alguma discordância. Dias depois do enforcamento de Bridget, Nathaniel Saltonstall, de 53 anos, o terceiro juiz formado em Harvard, renunciou. Nativo de Ipswich, neto de um dos primeiros líderes da Colônia da Baía, ele ocupava regularmente a bancada. Tinha feito lobby em Londres a favor da Nova Inglaterra, ao lado de Increase Mather, e em 1687 se recusara a cooperar com Andros, transgressão pela qual passou quinze dias preso. Não se sabe se Saltonstall discordou do veredicto ou da execução de Bridget, mas o fato é que ele não foi substituído.

Embora deixasse a corte, parece que Saltonstall deu uma declaração pública. Quando alguém questionava os procedimentos, os espectros costumavam assumir a aparência dessa pessoa, e Mather já se perguntava quando o diabo iria tomar sua forma. Um guarda de Andover duvidou de algumas acusações e acabou na cadeia. De fato, dentro de um ano, começou a circular um relato sobre o espectro de Saltonstall. Mais que nunca era verdade que – como diria Baxter, numa frase que Parris iria adaptar –, "se você não é a favor de Cristo e suas obras, é contra ele".

O ceticismo dava alguns passos aflitos e depois se encolhia. Ninguém anotou que Sarah Bibber – que o espectro de Burroughs acompanhara à audiência e agora se contorcia ao lado das meninas – era conhecidamente escandalosa, viperina e perversa. Antes de 1692, a difamação representava algo punível na Nova Inglaterra, e num dos primeiros processos de bruxaria de Massachusetts uma mulher recebeu vinte chibatadas por ter chamado alguém de bruxa. Uma mulher de Salem – sobre a qual se dissera "ela é bruxa; se ainda não for, logo será, é melhor que seja enforcada" – abriu um processo por difamação e ganhou a causa.[7] O marido de Susannah Martin abriu processo e venceu num caso de difamação contra ela num julgamento de bruxaria em 1669.

Francis Nurse já havia aberto um processo por difamação e calúnia com sucesso, mas não entrou com ação semelhante em 1692, quando teria perdido. Não havia ódio ligado à acusação de um concidadão, e em 1692 era melhor acusar do que ser suspeito de cumplicidade. Deixar de informar um crime configurava um crime. Além disso, ao informar, a pessoa fazia sua parte em prol da comunidade. Em 1692, palavras hostis que antes haviam produzido processos por difamação pareciam ter se transformado em acusações de bruxaria.

Mesmo assim, se fez presente um sopro de dúvida. Três dias antes da execução de Bridget Bishop, Phips se reuniu com o Conselho, incluindo o juiz presidente, William Stoughton. Ao longo dos dias seguintes, doze pastores conferenciaram e Cotton Mather registrou o arrazoado conjunto. "The return of several ministers consulted" [A resposta dos pastores consultados] era um documento circunspecto, de oito parágrafos, admitindo a enormidade da crise, compondo um hino ao bom governo, instando por "especial cautela" e listando algumas recomendações processuais. Suscetíveis como eram ao abuso das "prestidigitações do diabo", práticas como o teste de toque deviam ser adotadas com cuidado. O mesmo valia para o mau-olhado, de forma alguma infalível. O texto era mais hesitante que o de duas semanas antes na carta de Mather para John Richards.

Cotton Mather lembrava aos juízes que as condenações não podiam repousar apenas em provas espectrais, às quais só as enfeitiçadas tinham acesso. Outras considerações deviam pesar contra o suspeito, "porque é indubitável e notório" que o diabo é capaz de encarnar num homem inocente e virtuoso. Num contorcido parágrafo, ele indagava se a calamidade poderia ser resolvida caso a corte dispensasse esses testemunhos. Depois ele dava uma guinada. Sua "muito crítica e especial cautela" se tornou, cinco parágrafos adiante, um voto por "uma rápida e vigorosa ação penal". Os pastores endossavam a condenação daqueles que se haviam "tornado abomináveis segundo as direções dadas pelas leis de Deus e pelos salutares estatutos da nação inglesa para a detecção de bruxarias". Por mais dúbio que fosse, Mather frisava dois pontos: o caso deles era extraordinário e o magistrado da Nova Inglaterra também.[8]

Outros clérigos foram mais concludentes. Em junho, um pregador batista chamado William Milborne apresentou duas petições à Assembleia Geral de Massachusetts. Milborne pregara algum tempo em Saco, no Maine, e talvez a situação de Burroughs ocasionasse seu protesto. Ele era originário de uma família de arruaceiros e vivia em choque com as autoridades paroquiais e políticas. Alegava ele: "Diversas pessoas de boa fama e imaculada reputação" tinham sido presas por acusações de bruxaria, por haver cometido crimes imaginários. Ele pedia aos juízes que descartassem provas ilusórias, do contrário poderiam condenar inocentes.[9]

Phips ordenou a prisão de Milborne, em mais uma demonstração da maré de conflitos de 1692: os dois tinham sido aliados, com causas e amigos comuns. Milborne ajudara a fomentar a rebelião contra Andros, e em 25 de junho se viu convocado a explicar seu "papel sedicioso e escandaloso".[10] A corte oferecia-lhe ir para a cadeia ou pagar uma multa de duzentas libras (Cotton Mather havia comprado sua casa e um pedaço de terra pelo mesmo valor). Não se ouviu mais falar de Milborne. Dois dias depois de sua prisão – quando estava claro que os pastores podiam divergir dos magistrados, mas acreditavam em bruxaria –, a corte convocou os próximos oito suspeitos.

O PASTOR PURITANO em clima apocalíptico, o promotor da Coroa preparando seu caso e o fazendeiro de Massachusetts ponderando sobre a súbita morte de sua vaca, todos estavam empenhados no mesmo exercício, todos mergulhavam no excesso analítico, ruminando sobre o padrão que devia haver em algum lugar. E o faziam como só um fundamentalista, um promotor ou um adolescente podem fazer, com a teimosa convicção de que estavam incontestavelmente certos.

Nenhuma outra suspeita rivalizava com Bridget Bishop quanto a atividades sobrenaturais ou perturbações em dormitórios quanto Sarah Good. Cinco bruxas confessas – inclusive sua própria filha – a citaram, seu marido notou marcas em seu ombro, seu nome aparecera no livro do diabo e ela voara até o campo paroquial para a "reunião diabólica" de Burroughs. Thomas Newton esboçou a acusação contra Sarah Good, a mendiga de Salem, observando com satisfação que havia conformidade entre enfeitiçadas e confessos quanto ao sabá. Ele se baseava num resumo detalhado que fizera do relato de Tituba: Sarah visitara a paróquia, praguejara, as crianças adoeceram; só vítimas e confederados conseguiam ver as bruxas, e Sarah Good vira Sarah Osborne. Newton concluiu: "Sarah Good deve ser bruxa." As peças se encaixavam com perfeição.

A convocação dos jurados fora expedida, e Sarah recomeçou a atacar. Em 28 de junho, Susannah Shelden testemunhava que dois dias antes a mulher a espetara, quase a sufocara e amarrara suas mãos com tanta força que dois homens tiveram de socorrê-la. Sob juramento, Sarah Bibber afirmou que Sarah Good havia enfeitiçado seu filho de quatro anos. Parris jurou verdadeiro o sofrimento das meninas durante a audiência preliminar de março, e o grande júri encaminhou ao menos três acusações contra Sarah Good, cujo julgamento começou imediatamente. Embora tivesse quase a mesma idade que Sarah Bibber, ela parecia decrépita. Estava presa desde fevereiro, amamentava uma criança e, durante algum tempo, dividia a cela com a moribunda Sarah Osborne.

Sarah Good estava habituada a dizer o que pensava, e é provável que tenha feito uma arenga contra as acusações. Entre o sofrimento das meninas e a montanha de provas, a denúncia e o julgamento estenderam-se por mais de dois dias. No final, o júri apresentou o veredicto de culpada, que em nada surpreendeu um observador de Boston, ao comentar a abordagem formal em Salem: "A mesma prova que serviu para uma serviria para as demais."[11]

John Hale e Deodat Lawson não escreveram sobre Sarah Good, tampouco Cotton Mather. Um fardo para a comunidade, ameaçadora e descontente, ela não valia a pena. Seu caso em grande parte era espectral. As duas acusadas que vieram a seguir – ao longo da semana o grande júri ouviu oito casos, e o júri ordinário, cinco – não despertaram o interesse de Mather. Nenhum confederado implicara Susannah Martin, a mulher de Amesbury com a língua viperina, que zombara da ideia de que as meninas estivessem enfeitiçadas, sugerindo que elas praticavam magia negra. Porém, Susannah já fora acusada de bruxaria uma vez. As provas sugeriam que, no decorrer do julgamento de Bridget Bishop, ela amamentara um diabrete. Nesse caso, Newton iria apelar para as meninas enfeitiçadas e também para uma procissão de homens atingidos: os guardas localizaram doze no total, que se expressaram em testemunhos diretos e persuasivos.

Susannah Martin infernizava homens em suas camas e atuava principalmente sobre os animais: bois afogados, vacas enlouquecidas, filhotes de cachorro voadores, gatos assassinos. Ao longo de dois anos um homem de Salisbury fora tomado por demônios, e agora jurava que, em reuniões diabólicas nas quais lhe foi oferecido um livro para assinar em troca de "todas as coisas, pessoas e lugares deleitosos que eu pudesse imaginar", ele vira Susannah Martin.[12] Outro homem que ficara desorientado num sábado à noite atribuiu sua confusão a ela. Susannah brigava por lugar na igreja, era mesquinha, zombou dos que testemunharam contra ela em 1669, e, quando um carpinteiro de Salisbury a acusara de bruxa, ela predissera "que alguma diaba o carregaria". Uma mulher de Salisbury contara ao grande júri anterior que a bruxa a assustara: "Por ter me difamado no tribunal", jurou Susannah, "vou fazer de você a criatura mais desgraçada do mundo." Dois meses depois a mulher começou a falar bobagens, e os médicos a declararam enfeitiçada, condição em que permaneceu durante vinte anos.

É difícil dizer qual a ordem das coisas: Susannah Martin, assim como Bridget Bishop, era escandalosa porque fora julgada antes ou fora julgada antes por ser escandalosa? A bruxaria traçava um círculo vicioso: uma vez alegada, gerava comportamento de bruxa, atraía acusações. Não há registro do que disse Susannah em 29 de junho, embora tenha continuado desafiadora ao longo do processo. "Sua principal alegação", anotou Cotton Mather, "era que levava uma vida virtuosa e pura." Isso pareceu-lhe uma blasfêmia. Os jurados concordaram, apresentando o veredicto de culpada. Meses depois, com documentos da corte em mãos, Mather formulou a última palavra sobre Susannah Martin, a quem não conhecera pessoalmente: "Essa mulher foi uma das mais despudoradas, indecentes e perversas do mundo."[13]

Na mesma semana dois outros casos despertaram ressentimentos naturais e travessuras sobrenaturais. As provas contra Elizabeth How, de 55 anos, eram uma coleção de maravilhas de conto de fadas: porcos saltitantes, rabanetes envenenados, maçãs que davam amnésia. Seu caso envolvia um boi morto pertencente a um cunhado e uma porca saltitante a outro.

Quando citada em maio, Elizabeth How pedira a um dos cunhados que a acompanhasse a Salem – o marido, cego, não podia fazer a viagem e ela não queria ir sozinha. O homem respondeu: "Se você for bruxa, me conte há quanto tempo e que males fez, e eu vou com você." No dia seguinte, a porca deste cunhado saltou no ar, "guinchou, caiu e morreu".¹⁴

Nada menos que doze pessoas testemunharam em defesa de Elizabeth How, entre elas dois pastores. A mulher sempre fora boa cristã, fiel a suas promessas, justa e piedosa em suas crenças. A família do marido não a abandonou inteiramente; o sogro descreveu sua devoção ao filho cego, Elizabeth cuidava da fazenda e criava os seis filhos. Um sapateiro de Ipswich afirmou que ela não falava mal das acusadoras. O assistente do pastor de Rowley assumiu a responsabilidade de acompanhá-la numa visita a uma menina de dez anos que diziam ter sido enfeitiçada por ela. A menina nada disse em suas convulsões nem depois, e conseguiu pegar a mão de Elizabeth na presença do pastor. A mulher a ferira? "Não, nunca", respondeu a garota. Contudo, de uma janela do andar superior, o irmão da menina gritou: "Diga que dona How é bruxa!"¹⁵

Os jurados de Salem ouviram falar de feno encantado e corda enfeitiçada quando Sarah Wilds se apresentou a eles no mesmo dia. Seu caso envolvia muitos parentes cruéis. A moça se tornara um alvo fácil porque chegara depressa demais numa família ainda em luto pela morte da esposa anterior de Wilds. Semanas antes, o guarda de Topsfield havia prendido e entregado Abigail e Deliverance Hobbs em Salem; ele era filho de Sarah Wilds. "Tenho pensado seriamente desde então", disse Ephraim Wilds na corte, "se acusaram minha mãe por causa dessa prisão."¹⁶ Num momento em que ainda parecia possível sair ileso, Elizabeth How e Sarah Wilds insistiram em sua inocência. Nenhum sabá demoníaco ou pacto diabólico figurava entre as acusações, ambas tinham defensores, Sarah era membro da igreja. Mas porcos voadores e objetos encantados causavam uma impressão indelével, e o júri as considerou culpadas.

Mather nada escreveu sobre outro caso julgado naquela quarta-feira. Ninguém acusara Rebecca Nurse de bruxaria antes de 1692 e ela jamais comparecera a um tribunal. Seu marido, Francis Nurse, percorreu a aldeia com uma petição afirmando que a esposa era inocente como um recém-nascido, embora cinco meninas e duas mulheres adultas se debatessem em torno dela. Samuel Sibley assinou, assim como sete Putnam (inclusive um dos acusadores) e três dos quatro membros da igreja que haviam avisado Rebecca de sua condição. (Parris manteve-se do lado oposto, sendo sua sobrinha uma das quatro acusadoras.) Nenhum outro caso dividiu tanto a comunidade. Embora 39 aldeões tenham assinado a petição em prol de Rebecca, o documento não surtiu efeito para livrá-la da cadeia e de dois brutais exames físicos.

Francis Nurse empenhou-se numa ofensiva mais centrada também. Em 29 de junho, o júri ouviu as provas contra sua esposa e também as acusadoras. Um aldeão jurou que Elizabeth Hubbard havia mentido ao dizer que comparecera ao culto no mês anterior. À beira do leito de Rebecca nas semanas precedentes, um vizinho apontou diversas inconsistências na história de Susannah Shelden. Um casal de Beverly que empregara Mercy Lewis anos antes observou que a moça sempre mentira. Francis Nurse não encontrou problema para desacreditar a malévola Sarah Bibber, porque, se não tivesse se juntado às meninas, ela seria acusada de bruxaria: mantinha péssima relação com o marido, desejava mal ao filho, falava obscenidades e tinha ataques quando contrariada. Os resolutos Nurse corroboravam o que as alegações de bruxaria tendiam a comprovar: ninguém estava livre da maldade.

O caso contra Rebecca Nurse era fraco na parte do oculto. Os pais de uma suposta vítima declararam que a criança na verdade morrera de "febre maligna". Nathaniel Putnam, que travara uma interminável batalha contra os Nurse a respeito de terras limítrofes, testemunhou em defesa de Rebecca, embora seu sobrinho tivesse feito as acusações iniciais. Nathaniel conhecia a piedosa bisavó havia muitos anos, ela havia formado uma família religiosa, nunca se ouvira nenhum comentário sobre bruxaria. Antes que a corte decidisse, a ré apresentou um pedido: ela suportara dois exames físicos invasivos; as autoridades poderiam procurar um profissional? Duas das filhas de Rebecca confirmaram que a mãe sofria de complicações decorrentes de parto, embora "o júri pareça temer que seja alguma outra coisa".[17]

Na agitada sala do tribunal as meninas impressionavam os jurados com seus achaques. Durante o julgamento de Rebecca Nurse, Sarah Bibber uivou de dor dizendo que a bruxa a espetara! No entanto, a filha de Rebecca vigiava Sarah e viu quando ela tirou os alfinetes da roupa e se espetou. Em certo momento os funcionários da corte escoltaram Abigail e Deliverance Hobbs para dentro da sala. Rebecca as conhecia da prisão de Topsfield, o que estavam fazendo ali?

A família de Rebecca Nurse tinha status na comunidade, e isso lhe dava esperança. Depois de uma breve deliberação, os jurados retomaram seus lugares. Stoughton perguntou o veredicto, e uma onda de surpresa percorreu a sala, porque o meirinho declarou a ré inocente. Qualquer grito de alívio da parte do clã Nurse foi sufocado pelas acusadoras, que irromperam em horrendos rugidos. Do lado de fora subiu um eco a seu encontro. Nem todo mundo esperava que os Nurse prevalecessem, ao menos nem todos os juízes, que manifestaram irritação.

Stoughton voltou-se para os jurados. Não tinha intenção de impor a eles sua opinião, contudo, indagou se haviam considerado a reação de Rebecca a Deliverance Hobbs. Ao vê-la, a ré deixara escapar algo semelhante a "Ela é uma de nós", e Deliverance admitira ser bruxa. Com essa observação, Rebecca não teria assumido que também o era? Talvez aquilo fosse uma confissão. (Os juízes não hesitavam em rebater as decisões do júri, mas era muito raro questionar uma absolvição.) Incomodados com o pandemônio, os jurados pediram para deliberar novamente. É impossível saber até que ponto a pressão afetou a família Nurse, sobretudo a ré perplexa, semissurda e inválida desde que entrara na prisão.

A portas fechadas, o júri analisou a frase de Rebecca Nurse. Os doze homens não conseguiam chegar a uma conclusão, mas a corte esperava uma decisão unânime. O meirinho continuava confuso: "Não saberia dizer como entender as palavras dela", explicou, a frase em si não parecia incriminadora.[18] Os jurados retomaram seus lugares e o porta-voz repetiu para Rebecca a frase intrigante. Como ficou registrado, ela perguntou: "O quê? Essas pessoas depõem contra mim? Elas costumavam estar entre nós."[19] Ele perguntou o que exatamente ela quisera dizer. Rebecca ficou

Frontispício do muito consultado livro de Joseph Glanvill, de 1681. Com lógica inatacável, o membro da Royal Society afirmava a existência de bruxas dizendo que nada tão irracional podia ser impostura. Perguntava ele: "A imaginação, a coisa mais variável do mundo, poderia repetir infinitamente os mesmos conceitos em todos os tempos e lugares?" "A assombrosa história de certas bruxas suecas" também chegou à Nova Inglaterra com Glanvill.

Ilustração de panfleto sobre um caso de bruxaria na Inglaterra, no século XVI. Quatro mulheres foram acusadas de várias transgressões; três foram enforcadas semanas depois da prisão. As bruxas inglesas, em particular, mantinham mascotes demoníacos que atendiam a seus pedidos. A bruxa em questão alimenta seus sapos satânicos com o próprio sangue.

Xilogravura francesa do século XVI, provavelmente ilustrativa de texto afirmando que as bruxas não eram capazes de realizar atos de magia, mas mereciam ser processadas mesmo assim, como hereges. O vizinho espiona uma espécie de sequência temporal na qual a bruxa flutua chaminé acima.

Capa de panfleto sobre um julgamento de Northamptonshire no qual várias mulheres foram acusadas de assassinato e de enfeitiçar porcos. Uma das vítimas sofreu "tamanho aperto e corrosão que se pôs a gritar, e mal pôde ser contida por aqueles que dela se aproximavam".

Exemplo tardio de voo em vassouras no século XVIII, na Inglaterra. O diabo voa com duas confederadas; a mulher no chão é cúmplice ou uma possível recruta.

O reverendo Samuel Parris, em cujo pasto disputado as bruxas se reuniram. A miniatura provavelmente data de pouco antes de sua mudança para Salem. Parris tinha uma tendência para a minúcia que criava desentendimentos. Ele também podia ser muito irritável. "Não posso pregar sem estudar. Não posso estudar sem fogo. Não posso viver em paz sem estudar", alertou aos paroquianos displicentes, que demoravam a lhe fornecer lenha no terrível inverno de 1691-2.

Fragmento de prato de estanho com monograma – uma raridade na Salem do século XVII – encontrado no sítio arqueológico da paróquia. É o único resquício físico da existência de Elizabeth Parris.

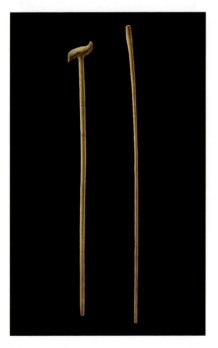

Muletas feitas em casa, com as quais George Jacobs entrou mancando no tribunal para informar aos juízes que era tão bruto quanto bruxo.

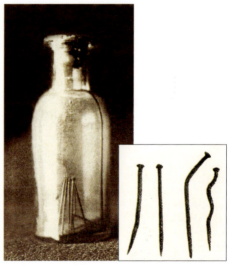

Alfinetes dos processos de Salem, que perfuravam gargantas e brotavam nos braços das vítimas. Uma testemunha observou que foram retirados "pelo próprio juiz". Um deles estava espetado no cabelo da vítima; outro atravessou os lábios de uma moça, cerrando-os, para ela não testemunhar.

A casa dos Nurse, já restaurada, na qual quatro aldeões procuraram Rebecca em março para dar a notícia de que ela havia sido acusada de bruxaria. "Que pecado não arrependido terá Deus encontrado em mim a ponto de me enviar tamanha aflição na velhice?", teria ela perguntado ao se recuperar do choque. Rebecca foi enforcada quatro meses depois.

A igreja da aldeia de Salem, reconstruída em 1985 e em melhor estado hoje que em 1692. As adolescentes interrompiam audiências e sermões neste prédio pouco iluminado, de 10 × 8,40 metros.

Do relato de um caso inglês de 1621, no qual três moças sofreram crises e transes – elas conversavam com irmãos mortos e espectros. Entre as acusadas havia uma velha viúva, conhecida por se consorciar durante quarenta anos com a forma de um grande gato preto: aqui ela aparece com seu demônio familiar. Foi absolvida.

Increase Mather

Increase Mather, pai de Cotton, reitor de Harvard e o pastor mais eminente da Nova Inglaterra. O retrato é de 1688, quatro anos depois da publicação de *Illustrious Providences*, coletânea de tesouros encontrados em naufrágios, portentos, tempestades e possessões, tudo coligido com fins políticos. Essas estranhezas provavam que os habitantes da Nova Inglaterra eram um povo escolhido, destinado a uma missão excepcional.

Cotton Mather

Cotton Mather na maturidade. Embora bastante ausente de Salem, o pastor de 29 anos deixou sua marca na história; ninguém na Nova Inglaterra foi tão insistente na questão da bruxaria. Ninguém tampouco apresentou tantas opiniões contraditórias. Mather aconselhou o tribunal a ser "crítico e excepcionalmente cauteloso"; cinco parágrafos adiante endossava uma "rápida e vigorosa ação penal".

Registro de contabilidade da cadeia da cidade de Salem em dezembro de 1693. O prisioneiro da Nova Inglaterra pagava por provisões, feno e correntes; aos custos pela manutenção de Sarah Good, Sarah Osborne, Giles Corey e seus outros prisioneiros, William Dounton acrescentou seu salário, pago apenas em parte desde a administração Andros.
O total de quarenta libras era quase o mesmo que um pastor recebia por ano. Era possível construir uma prisão com esse valor.

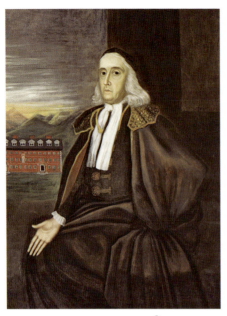

william Stoughton.

William Stoughton, o engomado juiz presidente e benfeitor de Harvard, estava entre as mais eminentes autoridades legais da Nova Inglaterra. Sobrevivente de quatro administrações anteriores em Massachusetts, era também vice-governador em 1692.

Sam Sewall

Samuel Sewall com a aparência que tinha em 1729, 32 anos depois de ter renunciado publicamente a seu papel na corte de Salem. Desejoso de estabilidade política e insistindo no consenso, Sewall às vezes tinha tropeços de consciência.

S. Willard

Samuel Willard, o pastor de Boston que com muito tato discordou de seus colegas. Satã podia operar o mal sem celebrar um pacto formal com o cúmplice; ele podia assumir "a imagem de qualquer homem no mundo". Uma geração antes, Willard conversara com o diabo através de sua criada possuída, de dezesseis anos.

Sir William Phips, o bucaneiro governador de Massachusetts que se manteve ausente dos julgamentos. Depois reclamou: "Alguns que deviam ter prestado melhores serviços a Suas Majestades e à província" haviam agido precipitadamente – crítica dirigida ao vice-governador, Stoughton. A bruxaria atingiu todos os negócios oficiais, e Phips queixou-se de que seus inimigos exploraram isso para solapar sua incipiente administração.

Margaret Sewall, esposa do relator da corte Stephen Sewall, "sua pérola", no dizer de Cotton Mather. Mulher muito mais jovem, ela aceitou cuidar de Betty Parris, a menina de nove anos que o diabo perseguia, prometendo-lhe tudo o que ela desejasse.

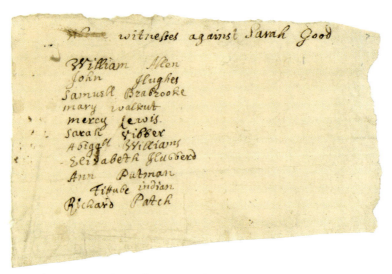

Uma das primeiras listas de testemunhas contra Sarah Good, a primeira bruxa a depor. Tituba e Abigail Williams aparecem, mas Betty Parris não consta da denúncia original. O último nome é de um homem de Salem. A lista de julgamento iria incluir William Good, marido da ré.

Ilustração de convulsões e contorções para um estudo sobre histeria de 1881, com prefácio do mentor do artista, Jean-Martin Charcot. O pioneiro neurologista francês sugeriu uma ligação entre trauma e sintomas histéricos, ideia que Freud viria a desenvolver.

Acusação contra o reverendo George Burroughs por ter "torturado, afligido, espetado, consumido, esgotado e atormentado" Ann Putnam e praticado "diversos atos de bruxaria". A criada dos Procter, empregada do médico e prima de Ann, Mary Warren, testemunhou os ataques observados na audiência de Burroughs em maio.

Acima: Detalhe de uma gravura alemã do século XVII mostrando um sabá de bruxas, numa produção mais sinfônica. As preocupações puritanas não aparecem, mas certas notas ressoam: participantes masculinos e femininos voam para uma clareira; leões alados e duendes-macacos se juntam a eles; sapos saltam no ar. Uma mulher despenca de sua montaria, assim como a menininha sueca e a velha Ann Foster.

Ao lado: Voadoras francesas do século XV. Estas estão entre as mais antigas representações de bruxas em vassouras; as duas são hereges, não feiticeiras – ironicamente, protoprotestantes de uma seita que afirmava que leigos de ambos os sexos podiam pregar. Em Salem apareceram vassouras encantadas, mas não transportaram ninguém em voo.

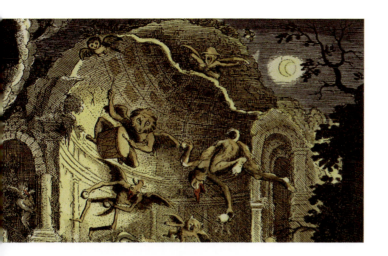

De uma ilustração de 1670 da epidemia de bruxaria sueca, que viria a desempenhar papel decisivo em Salem. Famílias voam como voaram no condado de Essex. "Várias depuseram contra suas mães", observou um pastor na sala do tribunal de Salem, assombrado de que meninas de oito ou nove anos acusassem suas mães de tê-las forçado a assinar pactos diabólicos.

> 11. September. Lord's day
>
> Sister Martha Kory taken into the Church. 27. April. 1690. was after Examination upon suspicion Suspicion of Witchcraft. 21. March. 1691/2 committed to Prison for that Fact, & was condemned to the gallows for the same yesterday: And was this day in Publick by a general consent voted to be excommunicated out of the Church; & Lt. Nathanael Putnam, & the 2. Deacons chosen to attest signify to her with the Pastor the mind of the Church herein. Accordingly this. 14. Sept'r. 1692. The 3. aforesd Brethren went with the Pastor to her in Salem Prison, whom we found very obdurate justifying her self, & condemning all that had done any thing to her just discovery, or condemnation. Whereupon after a little discourse (for her imperiousness would not suffer much) & after prayer (which she was willing to decline) the dreadful sentence of Excommunication was pronounced against her.

Martha Kory Excommunicated.

Relato do reverendo Parris de sua visita a Martha Corey na prisão. Ele considerou seca e imperiosa aquela que se autodescrevia como "mulher do Evangelho", mas que relutou em rezar com ele. Parris a excomungou e ela foi enforcada oito dias depois.

> 21. March. 1691
>
> Mr. Hathorne. You are now in the hands of Authority tell me now why you hurt these persons
> Martha Kory. I do not.
> Who doth?
> Pray give me leave to go to prayer
> This request was made sundry times
> We do not send for you to go to prayer
> But tell me why you hurt these?
> I am an innocent person: I never had to do with Witchcraft since I was born. I am a Gospel woman
> Do not you see these complain of you
> The Lord open the eyes of the Magistrates & Ministers: the Lord show his power to discover the guilty.
> Tell us who hurts these children.
> I do not know.
> If you be guilty of this fact do you think you can hide it.
> The Lord knows ———
> Well tell us what you know of this matter
> Why I am a Gospel-woman, & do you think I can have to do with Witchcraft too
> How could you tell then that the child was bid to observe what cloathes you wore when some came to speak w'th you
> Cheever Interrupted her & bid her not begin

Do depoimento de Martha Corey, seis meses antes. "Conte quem machuca essas crianças", ordenou Hathorne enquanto as meninas entravam em convulsão. "Não sei", respondeu Martha. Ela não tinha nenhum conhecimento de bruxaria. "A senhora fala com falsidade", ralhou um relator da corte, levando Martha a perguntar: "Uma pessoa inocente pode ser culpada?" Parris registrou o testemunho dela à corte.

em silêncio, sem reação. O júri esperou, mas não recebeu resposta, "diante do que", revelou o porta-voz dias depois, "as palavras foram a principal prova contra ela". O júri deliberou pela terceira vez e entregou a Stoughton o veredicto de culpada.

Francis Nurse voltou a pressionar: qual a razão da mudança se os doze jurados haviam concordado não haver provas suficientes para a condenação? Rebecca Nurse então apresentou à corte um documento esclarecendo que não tivera outra intenção com sua frase além de dizer que Deliverance e Abigail Hobbs eram suas companheiras de prisão. Como criminosos acusados podiam apresentar provas legais contra alguém? (Podiam, como cúmplices.) Ela só dissera que as mulheres, com quem compartilhara todos os minutos de prisão, eram suas amigas. Quanto a seu silêncio, lembrou aos magistrados que "tinha dificuldade de audição e estava cheia de dor".[20]

O marido de Rebecca não perdeu tempo para pedir as transcrições da corte. Sewall forneceu o que conseguiu, porque alguns testemunhos não foram transcritos. Com a declaração da esposa e a assinatura dos aldeões, Nurse pediu um adiamento ao governador Phips. Enquanto isso, o reverendo Noyes tomava providências para que Rebecca fizesse outra aparição pública. No domingo seguinte ele a levou à igreja na qual ela rezara durante décadas. Era dia de comunhão, a casa estava cheia. Uma bruxa condenada continuava a ser membro da congregação? A resposta era totalmente óbvia: era dever sagrado da igreja purificar suas fileiras, e Rebecca poluía tudo com seus crimes. Depois do sacramento, a congregação votou pela emissão de uma sentença de excomunhão formal, uma raridade em 1692. Em circunstâncias normais, a penalidade seria temporária, o pecador podia se arrepender, ser absolvido de seu pecado e voltar à congregação. A bruxa, não.

Na tarde de 3 de julho, os anciãos paroquianos assumiram seus lugares diante da congregação, os diáconos nas primeiras filas e Rebecca Nurse de pé, acorrentada. O pastor declarou-a impura e pronunciou uma versão da sentença empregada contra Ann Hibbins e Anne Hutchinson meio século antes: "Aqui, eu, e em nome de Cristo Jesus e de Sua Igreja, entrego você a Satã, a seu poder e obra." A vergonha era lancinante para uma mulher cuja vida girara em torno da fé, ainda mais porque seu marido também foi insultado.²¹ A frágil mulher de 71 anos que garantira a seus interrogadores se sentir mais perto do Todo-Poderoso na doença que na saúde foi forçada a deixar a paróquia como uma leprosa.

O GRANDE JÚRI PROSSEGUIU com os cinco suspeitos do final de junho. Nesse ínterim, os juízes enforcaram uma bruxa e solicitaram o conselho dos pastores. O clero denunciava o teste de toque e o mau-olhado, e expressava dúvidas quanto a provas espectrais. Quando a corte tornou a se reunir, os pastores de Massachusetts apresentaram outro problema. O diabo podia usar um inocente como disfarce para operar suas artes? Se pudesse, os afligidos atuavam involuntariamente.

O pastor puritano se vestia de preto da cabeça aos pés, e muitos trajes sombrios enfeitavam a sala do tribunal de Salem. Deodat Lawson voltou para assumir uma parte das sessões. Um pastor de Watertown viajou a Salem para observar os fatos e ficou absolutamente aturdido. A única lição foi que devia se portar com cautela com aqueles à sua volta. Parris ia ao tribunal diariamente. Ele e John Hale testemunharam contra as bruxas de Topsfield, Sarah Wilds e Elizabeth How. É improvável que Noyes tenha perdido uma sessão. As meninas mantinham a sala em suspense. Ficavam "mudas, surdas, cegas e desabavam como mortas", anotou um observador.²² Em junho, porém, as enfeitiçadas caíram em mãos mais experimentadas. A banca repreendeu abertamente uma menina por mentir, e então outra acusou Samuel Willard, pastor de três dos juízes e um dos homens mais respeitados de Boston. Num verão escaldante e seco, Willard fez um ciclo de sermões sobre o diabo: lembrou confissões falsas e conjurou falsos relatos; a presa podia ser alheia ao abuso, e portanto inocente. A proposição de Willard era inquestionável, e sua recompensa foi ser acusado de bruxaria. A banca descartou a acusadora e disse que a moça estava "enganada quanto à pessoa".²³

Durante o primeiro veredicto de Rebecca Nurse, os jurados chegaram livremente à sua decisão. As afligidas guincharam em resposta, mas foi a banca quem oficialmente questionou a sentença. O juiz presidente chamara atenção para alguns pontos cruciais das provas, e sua reprovação pesava imensamente sobre os jurados, muito submissos à "honrada corte" à qual sujeitavam sua decisão.

William Stoughton esmagou o ego e os álibis de John Hathorne. Ele tinha mais experiência judicial que qualquer outro da província e como vice-governador só estava abaixo de Phips na nova administração. Bom orador, persuasivo e admirado, Stoughton resumiu as evidências para os jurados e apresentou suas instruções. Com um firme domínio do código da velha e da Nova Inglaterra, ele era a pessoa a se procurar para o aconselhamento legal, solicitado quando os ânimos se exaltavam.[24] Funcionários ingleses reclamavam da carência de servidores públicos qualificados em Massachusetts e citavam Stoughton como rara exceção.

Solteirão, Stoughton era o segundo filho de um dos primeiros magistrados de Massachusetts, líder da colonização, benfeitor de Harvard e fundador de Dorchester, agradável cidade de cerca de duzentas casas à beira de dois rios mansos. Socialmente, ele estava no nível mais alto de sua turma em Harvard. Ele completou o mestrado em Oxford, foi pregador ocasional em Dorchester, mas resistiu aos chamados para aceitar o púlpito. Bem relacionado, seis atraentes ofertas lhe foram feitas, mas recusou todas elas, optando pela carreira política na qual teve ascensão meteórica.

Aos 36 anos, ele foi o primeiro de sua geração a fazer um notável sermão eleitoral em Boston, um discurso do Estado da União distribuído depois aos líderes da cidade no qual, em tom equilibrado, polia habilmente o mito de fundação da Nova Inglaterra. O texto reverberou, suas palavras ainda eram citadas 24 anos depois: os norte-americanos eram os primogênitos de Deus, seus favoritos, os mais privilegiados. Stoughton estendia-se sobre a expectativa divina e o exemplo paterno, e lembrava a seus compatriotas que os colonizadores representavam o melhor da colheita. Fez um nobre elogio da hierarquia, injetando também a nota milenarista obrigatória: o Senhor logo "iria encerrar sua obra no mundo".

Aos quarenta anos, Stoughton passou a se dedicar ao serviço público e à especulação imobiliária, combinação tradicionalmente lucrativa. Com sócios ingleses – geralmente associados a seu aliado político mais próximo, Joseph Dudley, presidente da colônia durante um breve período –, ele lançou-se numa febre de acumulação de terras durante os anos 1680. (Um agente real queixou-se de que era impossível contestar a posse da Coroa sobre títulos de terras quando os juízes de Massachusetts eram os proprietários dessas áreas.)[25] Quando solucionaram questões de terra indígena em 1681, Stoughton e Dudley reservaram para si oitocentos hectares de terra rica em maciças florestas de pinho branco. Cinco anos depois, presidiram uma "fracassada" tentativa de obter 40 mil hectares ao longo do rio Merrimack.

Nas duas décadas entre o momento em que foi nomeado para a banca e aquele em que se dirigiu aos jurados de Rebecca Nurse, Stoughton provou que havia homens que progrediam em qualquer regime. No começo da Guerra do Rei Felipe, ele fora para Londres, sendo um dos primeiros de uma série de agentes coloniais que defenderiam a colônia da acusação de mentalidade independente, insubmissão e fraude. Aos olhos ingleses eles eram todos adolescentes destemperados e intolerantes. Stoughton fez pouco progresso. Ouviu com humilhação os relatos das contravenções coloniais e os primeiros debates sobre o esvaziamento da Carta. Voltou a Boston e foi recebido com frieza: moderado para os ingleses, ele parecia conciliador em sua terra.

Ao longo dos anos seguintes Stoughton executou um feito de agilidade acrobática. Era considerado praticamente um traidor quando, em 1684, a Coroa revogou a Carta de Massachusetts. Até Increase Mather o declarou inimigo do povo. O juiz foi vice-presidente do governo provisório no período do Domínio, contrariando Willard e Mather, que se opunham a esse regime. Cooperou com Andros quando o governador chegou em dezembro de 1686 para reinar sobre a instável Nova Inglaterra. Exibindo o dom pelo qual verdadeiramente merece seu lugar na história, três anos depois contribuiu para a deposição do governador real, de cujo conselho fazia parte e cujos julgamentos encabeçava. Foi o primeiro a se dirigir a Andros depois do golpe, informando seu superior aprisionado de que "podia agradecer-lhe pelo desastre que o vitimara".[26] Um ano antes de as meninas Parris começarem a ter ataques, ele ajudou a esboçar as queixas do povo contra o regime que haviam derrubado.

Em *The Revolution in New-England Justified*, único documento autoexplicativo para o qual Stoughton talvez tenha contribuído, ele comemorava a libertação colonial dos anos de opressão. Agora, porém, aquele "baixo e mesquinho tirano", sob as ordens de quem servira, não dera atenção a seu conselho. Andros permitira que Harvard decaísse, tramava uma legislação, reprimia reuniões, criava impostos arbitrários, aplicava taxas venais. A justiça ficara paralisada pela administração corrupta que manipulava juízes. Corriam rumores de que Andros havia subornado os Abenaki para atacar os colonos, lhes fornecera pólvora e balas e os convertera ao catolicismo. Os próprios indígenas garantiram aos colonos que Andros conspirava com os franceses e irlandeses para destruir Boston. Claro que, ao invalidar títulos de terras, o governador perturbara os empreendimentos especulativos, confiscando propriedades dos amigos íntimos de Stoughton, deixando-os sem recursos legais e redistribuindo as terras entre seus asseclas.

Do ponto de vista de Londres, os colonos não reconheciam qualquer autoridade, gerenciavam mal seus negócios e eram divididos. A Igreja anglicana sentira a fúria puritana "quando suas janelas foram quebradas, as portas e paredes sujas com estrume".[27] Os habitantes da Nova Inglaterra eram inúteis quanto à autodefesa e sempre vendiam pólvora e munição aos franceses e indígenas. Quem estimulou o novo conflito – a Guerra do Rei Guilherme – pagou um preço imediato: o capitão Higginson, filho do pastor da cidade de Salem, era um homem bem situado em 1689; desde então, com a decadência do comércio, ele só tinha prejuízos, e acreditava que nenhuma cidade de Massachusetts havia sofrido tão amargamente.

Malvisto depois do golpe de Andros, Stoughton servira a quatro regimes diferentes. Ninguém em sua época mudara tantas vezes de lado, e a carência de braços em Massachusetts funcionava a seu favor. Em 1692 ele havia ocupado quase todas as altas posições que a colônia podia oferecer e decerto já mirava o posto de governador, para o qual estava mais qualificado que Phips. Mesmo quando assumiu a função, ele continuaria como juiz presidente, cargo que manteria até o fim da vida.

As segundas gerações se distinguem por ser mais ortodoxas que a geração dos pais, assim como os novos regimes tendem a ser mais opressivos:

ambos têm de provar alguma coisa. Homem elevado e doutrinário, Stoughton entendia o valor das concessões habilidosas. Quando bem jovem, seu pai, Israel, publicara um panfleto em prol de um governo mais representativo em Massachusetts. O resultado fora um duro ataque do governador Winthrop, pai de Wait Still, que chamou o velho Stoughton de "verme" e "demolidor do Estado". Israel publicou um covarde pedido de desculpas no qual pressionava as autoridades a queimar seu libelo ofensivo e equivocado, mas se viu proibido de exercer cargos públicos durante três anos. Stoughton, pai, não tinha intenção de pousar naquelas paragens. Apoiava os pastores puritanos, mas, flexível como era, podia-se contar que atenderia aos interesses do rei. Era também um funcionário público piedoso e hábil que logo seria reabilitado.

Se havia uma mácula na ficha de William Stoughton, ela não se referia às lealdades reconstituídas apressadamente nem à infinidade de títulos. Em 1688, ano em que Parris fez seu primeiro sermão em Salem, ele viajou ao Maine para negociar a troca de um prisioneiro com os Abenaki e arruinou a tarefa, deixando os indígenas inflamados, o que resultou em dezesseis colonos ingleses mortos em retaliação. Foi desse fiasco no Maine que os Mather e a nova Carta o salvaram em 1692.

Conhecido como alguém que jamais cedia sem protestar, o juiz tinha pavio curto, podia ser desdenhoso e vinha firmando seus padrões morais desde 1668, quando lembrou a seus compatriotas que Satanás estava atrás deles. Não acreditava que Deus permitiria que os bons praticassem o mal contra a própria vontade; não reconhecia nenhuma base pela qual os que eram representados em espectro não fossem culpados. Se as meninas viram Rebecca Nurse sufocar a jovem Ann Putnam, então Rebecca Nurse devia ser bruxa. Ele havia julgado casos semelhantes, fizera parte do tribunal que executara Mary Glover por ter enfeitiçado as crianças Goodwin e já alertara sobre inimigos invisíveis – e em julho de 1692 eles pareciam estar por toda parte.

Impressionante para os inimigos, com temperamento inflamado, presença impecável e fluidez na organização das ideias, Stoughton era muito intimidador até para seus pares. Consciencioso, Samuel Sewall estava sempre a seu lado – ele deve ter sido o juiz mais assíduo na corte. Talvez pelo simples fato de morarem a uma breve caminhada da prefeitura de Salem, Hathorne e Corwin parecem ter comparecido com muita frequência às audiências. Bartholomew Gedney, rico proprietário de terras de Salem, devia ser o mais elegante dos juízes – ele possuía uma das poucas selas de veludo da cidade. O respeitado John Richards tinha recorrido a Cotton Mather e recebera sua resposta. Wait Still Winthrop não era um pensador enérgico nem original, que tendia a se curvar diante dos poderosos. Peter Sergeant, comerciante fabulosamente rico de Boston, ainda é um tanto misterioso, possivelmente por manter distância do tribunal de Stoughton.

Assim como vários de seus colegas, William Stoughton estava em Cambridge em 6 de julho para as comemorações do início do ano letivo em Harvard. Como reitor da universidade, Increase Mather entregou diplomas de bacharelado a seis rapazes. Ao menos um deles comemorou na ausência do pai: dentre os graduados estava um filho de John Alden, infatigável comerciante, então preso, acusado de bruxaria. (O irmão do recém-formado também perdeu a festa; era refém dos indígenas, e o pai não conseguira resgatá-lo.) Na aldeia de Salem, a família Nurse empenhou-se em sua própria comemoração, sem dignitários nem acepipes: dias depois de sua excomunhão, o governador Phips passou por cima de Stoughton e perdoou Rebecca Nurse.

Phips fez isso enquanto preparava uma nova expedição ao Maine. Encomendou provisões, convocou várias centenas de milicianos e fez os arranjos para que Stoughton o substituísse. O vice-governador esperava assumir o lugar do tempestuoso e semialfabetizado governador sob cujas ordens servia. Não havia fraternidade entre os dois, que já se haviam desentendido no passado. Ao perdoar Rebecca Nurse, Phips expressava dúvidas sobre a capacidade da corte para identificar atos de bruxaria, e não estava sozinho nisso. Em meados de julho, um preeminente comerciante holandês escreveu a Mather diretamente expressando seus receios.[28] Sem dúvida Deus punia a Nova Inglaterra, argumentava ele, mas pactos satânicos lhe pareciam implausíveis, assim como a ideia de que as bruxas atormentassem suas vítimas à distância. Enquanto isso, as enfeitiçadas agiam "como se estivessem privadas da sanidade mental". Estariam possuídas? Mather poderia fornecer algum texto para refutar "superstições e erros"?

O perdão de Rebecca permitiu que bom número de lares respirasse aliviado. Em outros provocou um clamor. Tão grandes foram os "protestos de decepção" da parte das acusadoras que um juiz de Salem – Hathorne ou Gedney – persuadiu Phips a reconsiderar o perdão. As mulheres da família Nurse não ficariam atrás das grades com facilidade. Para alguns, isso provava que Rebecca tinha um lobby eficiente; para outros, confirmava sua iniquidade. A família viria a enfrentar outra reviravolta: pouco depois de emitido, o perdão de Rebecca foi revogado. Talvez o juiz de Salem tenha apresentado a Phips um argumento convincente, ou quem sabe Stoughton aproveitou a oportunidade para restaurar o veredicto da corte. Em 17 de julho ele redigiu a sentença de morte. Sarah Good, Elizabeth How, Susannah Martin, Rebecca Nurse e Sarah Wilds foram consideradas culpadas do "horrível crime de bruxaria", e o subxerife de Salem devia organizar a execução. Stoughton deu uma semana para os preparativos.

Havia algumas ironias nisso. Stoughton era um homem desapaixonado, que via os moradores da Nova Inglaterra como crianças imoderadas de um pai tolerante. Embora no passado tivesse se revelado um oportunista quase invertebrado em suas lealdades, em 1692 ele se mostrava inflexível e intransigente, agia com arrogância, inflava as acusações, ignorava os pedidos e promovia "inexoráveis perseguições". Detinha suspeitos por longos períodos sem causa evidente, decidia previamente os veredictos e realizava audiências "injustamente complexas para homens simples e inexperientes".[29]

Logo cedo, na manhã escaldante de 19 de julho, o subxerife de Salem e seus guardas embarcaram cinco mulheres na carroça de madeira. Rodaram devagar para oeste, ao longo da rua Essex, sob guarda armada. Aos olhos atuais, elas eram cinco mulheres esfarrapadas, anêmicas, de meia-idade ou mais velhas. Na verdade, constituíam um grupo disparatado. Aos

39 anos (ela fizera aniversário na cadeia), a rancorosa Sarah Good era a mais nova. Sua filha de cinco anos ficara acorrentada em Boston, onde Sarah perdera o bebê que amamentava quando foi presa. Com 71 anos, Rebecca Nurse e a amarga viúva de Amesbury, Susannah Martin, eram as mais velhas. As mulheres tinham passado as piores semanas de suas vidas, mas nem todas haviam sido condenadas antes. Nenhuma fazia parte da congregação de Parris. Uma era pobre, outra rica. Sarah Good e Susannah Martin eram errantes, com processos questionando heranças fugidias. Susannah era a única viúva. O marido de Sarah Good concordara que a esposa era bruxa; Francis Nurse dedicou-se a provar que a dele não era. Processadas por uma variedade de crimes, tinham pouco em comum além do gênero e da aparência miserável. Com exceção de Rebecca Nurse, todas já haviam estado no tribunal, o que as tornava vulneráveis.

Cinco bruxas rumando para a execução não era algo a se perder. Todos esperaram o troar dos cascos e das rodas, todos testemunharam a mesma visão. Quando olhavam umas para as outras, as cinco mulheres viam um bando de inocentes, algumas mais que outras. Susannah Martin perguntara se alguém além das meninas afligidas praticava bruxaria. Durante semanas as mulheres tinham sido expostas à mais perniciosa das condições psicológicas: "Vocês não são quem pensam ser, vocês são o que achamos que são." O que aquelas pessoas nas ruas de Salem viam quando a carroça passou até o limite da cidade? Alguns enxergavam cinco mulheres velhas, bondosas, deprimidas, desgrenhadas; outros, a solução de mistérios incômodos. A grande maioria via cinco bruxas poderosas. Como dissera Martha Corey acerca das primeiras suspeitas, não era de admirar que o diabo as tivesse recrutado. Eram almas preguiçosas, estéreis, malignas. Muitos defensores de Rebecca Nurse consideravam culpadas suas companheiras de carroça. Alguns sem dúvida se encolheram de medo quando a empoeirada procissão passou, outros prometeram redobrar na devoção. Se Rebecca Nurse podia acabar envolvida com o diabo, quem estaria seguro?

O bom magistrado, pregara Stoughton em 1668, ousa obedecer à sua consciência. Era sua incumbência ficar alerta contra os recursos de Satã, dirigir a ira divina, preservar a unidade e erradicar o mal. Ele sabia que a Nova Inglaterra estava sofrendo com a provação divina, mostrara-se correto a respeito das forças do mal. Ao lado das atividades religiosas, os magistrados podiam provar que a Nova Inglaterra não se "abatera em nosso amor e zelo, em nosso sábio, terno e fiel exercício desse grande dever da mútua vigilância e censura".[30] Cotton Mather escreveria depois que as cinco mulheres eram bruxas, "exigindo de Deus a vingança de sua inocência".[31] Qualquer vestígio de dúvida se evaporava no calor da manhã, restava apenas uma névoa flutuante de rancor. Não temos indício do que pensavam as meninas afligidas.

Havia outro jeito de entender o sentido da procissão que subia a encosta. Cinquenta e três anos antes, um funcionário descuidado de Massachusetts havia traçado a linha divisória de Topsfield sobre a da aldeia de Salem. O resultado foi que uma parte do sudoeste de Topsfield, segundo os cálculos, se sobrepunha a uma parcela do norte de Salem. Seguiu-se uma batalha encarniçada, em grande medida em torno de um recurso precioso: madeira e lenha. A família da Nova Inglaterra consumia de trinta a quarenta cordas de lenha por ano, o que significava mais de quarenta ares de floresta.* Uma disputa antiga envolvia os Putnam de Salem e os Towne de Topsfield sobre a questão, provocando invasões regulares. Os tribunais do condado de Essex por quatro vezes julgaram processos em favor dos Towne. Essa mesma espécie de disputa familiar manteve a rotação de pastores na aldeia de Salem, uma facção minando o candidato da outra.

Rebecca Nurse tinha crescido em Topsfield. Seu nome de solteira – assim como os de Sarah Cloyce e Mary Esty, ambas na prisão – era Towne. Muitos homens que reclamaram de Rebecca tinham brandido seus machados na terra do irmão dela. Os How e os Esty eram íntimos, Elizabeth How e Rebecca Nurse eram cunhadas. O marido de Sarah Wilds ajudara a resolver o caso de uma fronteira contestada e em 1660 se aliara aos Nurse, Towne e Esty num processo relativo a uma égua sumida que aparecera depois na cocheira errada. Todos ocupavam terras tidas como da aldeia de

---

* Uma corda de lenha representa uma pilha de 2,4 metros cúbicos. (N.T.)

Salem. Haveria uma ligação entre essas disputas e os processos por bruxaria? Nem uma sílaba referente à prolongada disputa foi pronunciada no testemunho na corte, porém metade das reclamações de bruxaria recebidas antes de julho tinha sido formulada por Thomas Putnam. Sua filha acusara todas as pálidas mulheres agora transportadas sob o sol forte. Putnam registrou a última queixa em 1º de julho. A sobrinha de Parris, Abigail, também sumiu de cena nesse momento. Claramente, algo fora resolvido – e em julho outras engrenagens entraram em movimento.

Pode-se presumir que as condenadas caminharam a pé os últimos metros até o topo da encosta, onde havia um patíbulo primitivo. Quando as saias foram amarradas aos tornozelos, os capuzes baixados sobre os olhos, as cinco insistiram em sua inocência. Noyes continuava à espera de confissões, cruciais tanto para a narrativa civil quanto para a eclesiástica. Entre o momento em que chegou à encosta e o momento em que subiu a escada, ele não deixou de lembrar a Sarah Good que ela se envolvera em grandes perversidades, era uma bruxa, cabia admitir. Noyes subestimou sua esfarrapada oponente. Debaixo da forca na qual seria pendurada, Sarah fuzilou: "Você é mentiroso. Se eu sou bruxa, você é um feiticeiro!" Tendo perdido uma herança, uma casa e um filho, ela acrescentou uma horripilante maldição. "Se tirar minha vida, Deus fará você beber sangue."[32] Nunca Sarah Good parecera tão bruxa.

Alguém amarrou os pés das mulheres, e a multidão se encolheu diante dos gemidos terríveis. As bruxas ficaram em exposição tempo suficiente para impressionar, mas não muito. O calor era intenso, e elas foram enterradas depressa entre as pedras da encosta.[33] A maldição de Sarah Good pairou mais tempo no ar – Sewall não conseguia tirá-la da cabeça, e não estava sozinho. Se o primeiro enforcamento resultara numa pausa nos ataques e acusações, o segundo renovou-os. No centro de Salem, homens encontravam espectros na rua. No dia seguinte ao da execução, na casa paroquial da aldeia, além da sobrinha de Parris, a sra. Parris sofreu pela primeira vez um ataque. Felizmente Hathorne e Corwin não haviam abandonado seus esforços. Tinham passado três dias interrogando Ann Foster, e ela divulgou detalhes precisos da conspiração, assinando sua inicial – um c invertido e trêmulo – em seu épico relato. Para alguns, parecia que Deus estava operando milagres: assim que executaram cinco bruxas o Senhor mandou uma nova leva, que confessou sua depravação e revelou seus violentos desígnios.

No final da semana, o novo culpado da casa paroquial se revelou. Ele tinha dezoito anos, era forte, atraente e morava em Andover. Hathorne conseguiu ir mais longe com ele que Noyes com Sarah Good. "Às vezes", confessou o envergonhado adolescente, "o diabo me manda machucar a esposa do pastor."[34] Como passara a trabalhar para o diabo? Era obra de sua mãe. Ela havia voado até Salem num galho pouco confiável em companhia de Ann Foster e também o transformara em bruxo. Embora na prisão, visitara-o recentemente, na forma de gato. O diabo prometera que ela seria "Rainha do Inferno", posição para a qual não há precedentes bíblicos, mas que, para um adolescente da Nova Inglaterra, respeitador das hierarquias, fazia todo o sentido.

8. Nessas reuniões infernais

> A dúvida não é um estado agradável, mas com certeza é absurdo.[1]
> VOLTAIRE

No FIM DE JULHO ficou claro que o diabo não estava disposto a fazer seus truques usuais atacando um descontente ocasional. Tendo se instalado em Massachusetts e recrutado grande número de asseclas, ele tinha planos grandiosos. Pretendia derrubar a Igreja e subverter o país. Começaram a vir à tona certos padrões também, alguns conhecidos, outros não. Aspergir uma moça afligida ou visitar um cônjuge preso regularmente eram riscos de acusação. Questionar a validade da bruxaria, a legitimidade das provas e a sabedoria da corte beirava a heresia; quanto mais se resistia, mais se naufragava. A palavra de dois pastores não salvava o paroquiano inculpado. Idade, fortuna, gênero nem filiação religiosa davam imunidade. Homens importantes foram acusados, ao lado de meninas sem teto de cinco anos de idade.

As acusações tendiam a aparecer em endereços rurais – lares piedosos, bem organizados – e se irradiar para as cidades. Criadas acusavam patroas, mas patroas não acusavam criadas. Quando adolescentes mencionavam pessoas da mesma idade, eles tendiam a dar nomes do gênero oposto. Esposas não incriminavam maridos, embora o tivessem feito antes, examinando-os enquanto dormiam em busca de sinais reveladores. Maridos não registravam queixas para se vingar de esposas. Poucos escravos eram acusados, nenhum indígena enfrentou julgamento. Apesar de todo o comportamento diabólico, os quacres escaparam da perseguição. As famílias se dividiam em suas lealdades. Cada vez mais pessoas dormiam sob o mesmo teto, se não na mesma cama, que seu acusador, velhas amizades se dissolviam confusamente.² Um aldeão de Salem defendeu e acusou John Procter ao mesmo tempo; o pai dele assinou a petição por Rebecca Nurse, mas denunciou Elizabeth How. Os julgamentos pareciam reativar e ratificar dúvidas guardadas tranquilamente nos porões. Muitas vezes envolviam questões triviais, embora, como observou Mather, coisas triviais fossem se somando. Em 1692, a Nova Inglaterra processava mulheres por abuso conjugal com tanta frequência quanto processava homens; maridos cruéis e esposas briguentas acabavam acusados. Como grupo, os rapazes tinham mais imaginação, fornecendo testemunhos estratosféricos. Ninguém jamais sofria alguma dor sem apontar uma bruxa.

Em 11 de maio, o endiabrado George Jacobs exortara sua neta de dezessete anos a negar a prática de bruxaria. Fazê-lo seria acumpliciar-se com a própria morte. Ele estava errado. Com uma única exceção, ninguém que confessasse sequer era chamado a juízo. Abigail Hobbs, Tituba e Margaret Jacobs continuavam em segurança na cadeia ao lado de outras nove bruxas confessas. No passado a enfeitiçada era objeto de estudo clínico, e apenas juízes e pastores decifravam a bruxaria. Em 1692 as meninas atingidas desempenhavam papel interpretativo, com amplos poderes de diagnóstico.

No fim de julho, um homem de Salem notou que Deus suspendera um flagelo – há um ano não havia casos de varíola –, porém enviara uma nova praga. Seu agente de contágio seria um bem-intencionado fazendeiro de Andover, desesperado para salvar a esposa moribunda que em vinte anos lhe dera dez filhos. Estaria o marido relacionado às "dores e pressões" que incapacitavam Elizabeth desde a primavera? Os parentes recorreram à cartomancia e à magia negra, mas sem resultado. Ballard nada sabia do assunto e consultou as autoridades, que o encorajaram a mandar uma escolta às visionárias de Salem. Do grupo era quase certo fazerem parte a sobrinha de Parris e Mary Walcott. À beira do leito de Elizabeth Ballard, as meninas entraram em transe e apontaram como responsável a frágil anciã Ann Foster.³

Pouco depois, um guarda levou Ann para a aldeia de Salem. Vizinha de Ballard no limiar sul da cidade, ela era viúva de um fazendeiro gentil, muito mais velho. Em 15 de julho, ela foi submetida ao primeiro de muitos interrogatórios, que começaram logo depois de Stoughton ter condenado à morte cinco bruxas e só terminaram dois dias depois da execução. Ann negou qualquer envolvimento com bruxaria, mas logo começou a contar uma história digna de Tituba. O diabo lhe aparecera sob a forma de pássaro exótico. Ele lhe prometera prosperidade e o dom do mau-olhado. Havia seis meses não o via, mas sua vizinha Martha Carrier mantivera contato com ele em seu nome. Se alguém se lembrou de perguntar a Ann sobre a doente Elizabeth Ballard, nada ficou registrado.

Sob a direção de Martha Carrier, Ann enfeitiçara diversas crianças e um porco. Martha anunciara o sabá do diabo em maio e preparara a viagem. Eram 25 confederados no campo onde o reverendo Burroughs exercia suas funções. Três dias depois, na prisão de Salem, Ann confessou a viagem montada no galho e mencionou dois homens que compareceram à reunião, onde ouvira uma bruxa dizer que eram 305 no total e iam destruir a aldeia. Stoughton marcara um enforcamento para a manhã seguinte. John Hale quis prosseguir no interrogatório da suspeita porque estava curioso sobre dois aspectos. Como Ann voara a Salem e onde fora a reunião? A anciã temia que George Burroughs e Martha Carrier a matassem por revelar seus segredos. Ambos estavam acorrentados ali perto, tinham-lhe aparecido como espectros e pretendiam esfaqueá-la. Confessar bruxaria podia salvar a vida da pessoa, mas exigia muita coragem.

Sozinha com Hale e diante dos juízes Ann Foster parecia cooperativa, porém eles logo descobriram que ela não estava jogando limpo. Aparentemente, na viagem a Salem, ela e Martha Carrier estavam acompanhadas por uma terceira passageira. Pelo menos foi isso que revelou Mary Lacey, presa em 20 de julho. Mary morava no extremo norte de Andover, e uma busca em sua casa descobriu trouxas de trapos e penas que pareciam bonecos. Ann Foster também silenciara sobre detalhes da arrepiante cerimônia. O diabo batizara seus recrutas, que, a partir disso, lhe pertenciam. Ele realizou o sacramento num rio para o qual carregou Mary Lacey em seus braços. Em 21 de julho, Ann Foster compareceu diante dos magistrados pela quarta vez para esclarecer as omissões de sua história. Aquela foi uma audiência particularmente sensacional, porque Mary Lacey, que fornecera os detalhes suplementares, era sua filha.

Em 21 de julho houve sermão, o primeiro depois do enforcamento em massa. O tempo continuava quente e seco. No tribunal, os juízes falavam com uma prepotência que beirava o escárnio. "Senhora Foster", começou um deles, "lembra-se de que falamos três vezes com a senhora e lembra-se agora do que confessou?" Um funcionário leu a declaração e Ann confirmou cada palavra. O juiz disse que ela podia esperar mais misericórdia que as outras, por ter admitido sua participação na "grande perversidade", mas que não fora sincera. Por que não mencionara que a filha voara com ela? Há quanto tempo sua filha era bruxa? Nessa altura, Ann ficou aflita, não sabia que Mary era bruxa. Quanto à reunião, ela sabia apenas da presença de Martha Carrier. Mary Warren a interrompeu: um espectro a alertara que Ann Foster havia recrutado a própria filha.

"Não terá paz de consciência sem uma confissão completa", ralhou um magistrado. Se Ann sabia mais alguma coisa, devia revelar. Nessa altura, os juízes convocaram sua filha. Mary Lacey mal entrara na sala, e já repreendeu a mãe: "Nós renunciamos a Jesus Cristo e o diabo tomou conta de nós. Como podemos nos livrar dessa malévola?" Ann Foster começou a rezar enquanto a filha fornecia novos detalhes do voo ao campo da aldeia e do batismo satânico: Ann voou primeiro, elaborou a cerimônia satânica e tornou-se "Rainha do Inferno".

Funcionários do tribunal retiraram da sala as duas mulheres mais velhas para escoltar Mary Lacey, filha, ao banco. Ballard também acusara a linda e determinada neta de Ann Foster de enfeitiçar sua esposa. Mary Warren caiu imediatamente em transe, e mandaram que a jovem Mary Lacey tocasse o braço da convulsa, que se recuperou. De início a adolescente de Andover não colaborou: "Onde está minha mãe, que fez de mim uma bruxa sem eu saber?", pergunta ainda mais perturbadora que a bradada em junho, quando uma suspeita indagou se poderia ser bruxa sem saber. Solicitada a sorrir para Mary Warren sem feri-la, Mary Lacey, filha, não conseguiu, e Mary Warren caiu ao chão. "Admite agora que é uma bruxa?", perguntaram-lhe. Ela só podia concordar. Criança rebelde, Mary

Lacey, filha, fugira de casa e dera muitas razões à mãe para desejar que o diabo a carregasse, mas não assinara nenhum pacto. Os juízes lembraram-na de que, se queria ser salva por Cristo, se esperava misericórdia, devia confessar. A jovem Mary foi mais pródiga em detalhes que a mãe e a avó. Era mais fácil descrever escapadas satânicas quando a adolescente já ouvira falar delas ou acreditava brincar com o diabo. Mary Lacey, filha, era uma forte rival para Abigail Hobbs.

A adolescente, aliás, começou de onde Abigail havia parado – decerto as duas haviam se encontrado na prisão. Duas vezes por noite um estranho barulho noturno havia incomodado Mary em sua cama. Isso acontecera na semana anterior, um ano antes, dezesseis meses antes – os detalhes mudavam. O diabo a visitara a primeira vez na forma de um cavalo, a segunda como "uma coisa redonda, cinzenta". Orientou-a a afligir diversas pessoas, inclusive Elizabeth Ballard, mencionada pela primeira vez. Mary fazia suas bruxarias com bonecos e implicou a mãe, a avó, Martha Carrier e seu filho adolescente, Richard. Que forma assumia a adoração satânica? "O diabo me propunha rezar para ele, servi-lo, e disse que era meu deus e senhor", admitiu. Ela implicou mais um filho de Carrier antes de revelar outra coisa. "O diabo exige de você algo além de ferir pessoas?", perguntou um magistrado. De fato, exigia. As bruxas tinham de recrutar seguidores, renunciar a seu batismo na Igreja, perspectiva que entrava em choque com os próprios fundamentos da Nova Inglaterra.

Mary Lacey, filha, desvendou os mistérios de como um homem podia passar o dia plantando milho e comungar com o diabo sem que os vizinhos notassem sua ausência. "Às vezes deixamos nossos corpos em casa, mas outras vezes vamos com nossos corpos", ela explicou, "e o diabo põe uma névoa diante dos olhos dos outros e não deixa que nos vejam." Ela esclareceu também uma questão importante. "Já ouviu falar que o diabo fere na forma de uma pessoa sem o consentimento dela?", perguntaram os juízes. "Quando a pessoa bate com uma espada ou pau num espírito ou espectro, isso fere o corpo?", indagou um deles. Mary disse que sim. Tanto sua mãe quanto sua avó apresentavam lesões. A revelação teve efeito imediato: como a validação da prova espectral, Mary Warren deu um passo adiante, pegou a mão de Mary Lacey, filha, e dessa vez a criada dos Procter não sentiu nem uma pontada de desconforto.

Só então Mary Lacey, mãe, voltou à sala, e um dos juízes entoou: "Aqui está uma pobre criança desgraçada, uma mãe e uma avó perversas." Isso produziu uma explosão emocional. "Ah, mãe, por que você me entregou ao diabo duas ou três vezes?", perguntou a adolescente, as lágrimas correndo pelo rosto. A mãe pediu desculpas, porém a filha prosseguiu – "Ah, a mãe me entregou ao diabo" – e orou para que o Senhor expusesse todas as bruxas. Trouxeram a avó de volta à sala. Três gerações de feiticeiras estavam agora diante de Higginson, Gedney, Hathorne e Corwin na igreja da aldeia. Mary Lacey, filha, continuou na ladainha: "Ah, avó, por que me entregou ao diabo? Por que me convenceu? Ah, avó, não negue. A senhora foi uma mulher muito má."

Ann Foster sucumbiu diante do ataque da neta. Os juízes passaram a se dirigir a ela como "velha". Segundo um deles, a adolescente mostrava sinais de arrependimento, podia ser arrancada das garras do diabo; Ann Foster, porém, namorava o fogo devorador e as chamas eternas. Estava na hora de ela contar a verdade. A anciã confessou alguns detalhes: era bruxa havia seis anos. (A adolescente imediatamente corrigiu para sete, e Ann admitiu que não sabia, "mas podia ser".) Os juízes leram a confissão de Mary Lacey, filha, para sua mãe e sua avó. Elas confirmaram ter viajado juntas para a reunião das bruxas, ter assinado o livro do diabo com tinta vermelha e realizar seus feitiços com bonecos. Martha Carrier havia se gabado a Mary Lacey, mãe, de que o diabo faria dela "Rainha do Inferno". A filha de Ann Foster corroborou o acidente do voo. As três seguiram juntas para a cadeia enquanto uma série de mandados tomava o caminho de Andover.[4]

No dia seguinte, Richard (dezoito anos) e Andrew Carrier (dezesseis anos) compareceram perante os magistrados na taverna Beadle, onde Burroughs fora detido.[5] Respondiam à acusação de terem afligido Mary Warren. Os dois Carrier eram rapazes bonitos, saudáveis e espertos. Ambos negaram qualquer envolvimento com bruxaria. Como os suspeitos surgiam aos montes, os inquéritos tendiam a se sobrepor. Mary Lacey, filha, disse que os rapazes tinham voado com o diabo; instruído por ele, Richard enfiara um pino de ferro no joelho de uma vítima; os dois apunhalaram um homem. A mãe de Mary protestou que não tinha participado desse ataque. A filha a corrigiu: "Participou, sim, mãe, não negue." Mary Lacey, mãe, passou a confirmar diversos nomes, a descrever instrumentos de tortura e uma sessão de treinamento em que as bruxas queimaram a vítima com um cachimbo. Richard Carrier negou tudo, e Mary Lacey, filha, o provocou! Eles tinham matado juntos! Não se lembrava dos planos para recrutar o irmão e matar a esposa de Ballard? As afligidas começaram a tremer e Mary Warren vomitou sangue. As autoridades levaram os rapazes para uma sala vizinha.

Os Carrier se mostraram menos obstinados ao voltar. Richard apareceu primeiro, admitindo as acusações com frases curtas. Durante um ano inteiro havia servido a um homem negro que encontrara pela primeira vez na cidade, quando o estranho percebeu que Richard estava nervoso por ter de voltar a cavalo para casa no escuro, e se ofereceu para acompanhá-lo. Depois Richard fez o que ele pediu. Voara duas vezes ao pasto de Parris e o diabo o batizou; o rapaz lhe emprestara o corpo para torturar Elizabeth Ballard. Quando Andrew voltou para a sala, o irmão mais velho o recebeu com a notícia de que havia confessado. O rapaz mais novo era agora uma testemunha diferente, se expressava com fluência e contou que assinara um pacto com o diabo, a quem encontrara à noite num pomar de Andover. Os dois rapazes se mostraram altamente dignos de crédito. Com sua ajuda, os juízes chegaram enfim ao explosivo cerne da questão.

Dois meses antes, quando quase toda a aldeia de Salem estava ocupada em tosar ovelhas, bater manteiga e plantar milho, um grande enxame de bruxas pousou no pasto muito verde de Parris. Talvez tenha sido possível ouvir a trombeta que as conclamava. Seguiu-se o bater de um tambor e uma grande comoção quando, vindas de longe, de Connecticut, num suceder de chegadas, as bruxas baixaram sobre a aldeia usando todos os meios de transporte aéreos. Nem todos sabiam como tinham sido levadas a Salem. As bruxas de Andover chegaram em minutos. Mary Lacey, mãe, viajou num galho frágil com sua mãe, Ann Foster, e Martha Carrier. Richard Carrier não se lembrava da data da reunião, mas quando lhe refrescaram a memória concordou que tinha voado com Mary Lacey, filha, num dispositivo desajeitado: assumindo a forma de cavalo, o diabo carregara as adolescentes num bastão equilibrado sobre seus ombros. A maior parte voou em grupos de três ou quatro. Alguns do contingente de Andover se uniram a Ann Foster e Martha Carrier. Ann contou apenas 25 bruxas. Richard Carrier mencionou setenta, Mary Lacey, filha, calculava-as em uma centena. O diabo apareceu como um homem negro com chapéu de copa alta (outra importação da Suécia), e um celebrante viu nele uma pata fendida.

As bruxas entregaram-se a uma cerimônia satânica subversiva sobretudo porque oficiada por mulheres. Rebecca Nurse sentara-se à cabeceira da mesa de comunhão, ao lado do diabo; com um encantamento, ela e Elizabeth Procter serviram vinho tinto e pão. Rebecca garantiu a Abigail Hobbs que o vinho era sangue. A sobrinha de Parris confirmou ter visto os celebrantes comerem e beberem. O que foi servido? "Disseram que era nosso sangue e o bebiam duas vezes por dia"; quanto ao pão, era "vermelho como carne viva". Um participante viu Martha Carrier servir o vinho. Mary Lacey, filha, lembrou que não houvera pão suficiente. Alguns tiveram de roubar provisões, e outros, como sua avó, tinham trazido a própria comida. Nem todo mundo participou. Andrew Carrier bebeu num cálice de cerâmica, mas não comeu. Estava longe demais para ouvir o que o diabo dizia enquanto administrava o sacramento.

O reverendo Burroughs ministrou o sacramento na presença de dois outros homens. Apesar de repetidos interrogatórios, ninguém conseguiu identificá-los, mas ao menos um deles era pastor. O diabo ofereceu seu grande livro, que todos assinaram, mas com materiais diferentes. Apenas um participante se recusou a assinar, para imediato arrependimento. Ele produziu "ruídos e gritos que quase o enlouqueceram de medo".[6] A maioria anotou na página os nomes de seus confederados e assinou servidão por seis a oito anos. Embora houvesse discordância sobre detalhes, não se duvidava das atribuições. A começar pela família de Parris e se expandindo até a cidade de Salem, deviam destruir todas as igrejas da baía de Massachusetts. Em seu lugar instalariam o reino de Satã, no qual os recrutas viveriam dias felizes e tempos melhores.

O diabo também prometia coisas específicas. Ofereceu a Richard Carrier roupas novas e um cavalo; seduziu o irmão de Carrier com um cavalo e terras. Pagaria as dívidas de um agricultor que passava grandes dificuldades. A um carpinteiro de Andover, ele propôs o posto de capitão da milícia. Prometeu a Stephen Johnson, de catorze anos, um par de botinas, atraiu outro adolescente com um conjunto de roupas. Garantiu a uma menina de Andover, de treze anos, que seus pecados seriam perdoados. Tentou uma mulher mais velha de Boxford dizendo que ela poderia vingar-se de seus inimigos. Várias pessoas ouviram Martha Carrier se gabar de que o diabo lhe oferecera o título de "Rainha do Inferno". Ela governaria na companhia de um pastor. Disfarçado de Burroughs, o infernal prometeu aliviar os medos dela. A outro recruta ele acenou com algo ainda mais espetacular: tornaria todos os homens iguais. Por que não anular o Juízo Final, eliminar a vergonha e o pecado?

Dois dias depois de os rapazes Carrier prestarem seu triste depoimento, John Procter conseguiu que lhe entregassem papel e tinta. Primeiro homem a ser preso, estava na cadeia desde abril, e a maior parte de sua família se juntara a ele. Acorrentado, John redigiu uma petição. Ele também vinha denunciando suspeitos. Porém, o bronco taverneiro, que antes gritara que as meninas incontroláveis mereciam uma surra, encaixava os eventos de um jeito diferente. De fato, cinco pessoas haviam confessado naquela semana. Ele falara com cada uma delas: todas tinham inventado o seu relato. Como, perguntava, ele poderia ter comparecido ao sacramento diabólico se estava acorrentado na prisão? Entre os cinco rapazes que compareceram ao sabá estavam os dois Carrier, e Procter sabia o destino deles. O relator da corte observara que os rapazes haviam sido conduzidos de "pés e mãos amarrados por um breve momento".[7] Procter revelou que aquilo fora uma encenação. Escoltados para fora da sala, os adolescentes "não confessaram nada até serem amarrados pelo pescoço e tornozelos, o sangue quase a jorrar de seus narizes". Só então eles inventaram o que nunca haviam feito.

Procter estava indignado porque seu filho também fora amarrado e havia sangrado. A tortura teria continuado a noite inteira se um funcionário piedoso não interviesse.⁸

Se Procter presenciasse os depoimentos, teria comentado outro tipo de tortura: as autoridades violentavam os fatos para lhes dar forma. O testemunho de Mary Lacey, filha, era cheio de incitamentos e saltos; a corte lhe sugeria o perdão tal como o diabo lhe acenara com a glória. Em agosto os relatos ganharam forma mais clara, o que tornou as confissões mais exatas. Quanto às discrepâncias, os juízes as consideraram truques satânicos. Coerência demais, nessas circunstâncias, podia parecer suspeito, porque o diabo aturdia a mente de seus recrutas. Fazia todo sentido que Mary Lacey, mãe, não conseguisse responder mais às perguntas: ela temia que o diabo tivesse apagado sua memória. Enquanto ela subia a escada para depor, outra suspeita resolveu confessar; porém, uma vez dentro da sala, descobriu que não conseguia. O arquidemônio "removia coisas de sua cabeça", explicou.⁹

Procter sabia que seu julgamento estava marcado para 2 de agosto, junto com o de George Burroughs, e escreveu com certa urgência. Dirigindo-se a cinco eminentes pastores de Boston (incluindo Increase Mather e Samuel Willard), ele alertou que estava a ponto de ocorrer uma terrível falha da Justiça. Não falava por si mesmo, mas por seus companheiros de prisão, todos inocentes. Ninguém devia esperar um julgamento justo, pois o diabo inflamara magistrados, pastores, júri e povo contra eles. Procter foi muito direto: os suspeitos eram condenados antes de pisar no tribunal de Stoughton, e suas propriedades já haviam sido dizimadas. Ele sabia, mas não mencionou sua própria terra: quando foi preso, George Corwin invadira sua fazenda, vendendo e matando o gado, e confiscara seus bens, deixando os filhos pequenos de Procter sem nada para comer. Ele solicitava outros juízes ou um júri menos tendencioso. Alguns magistrados podiam ir a Salem para verificar a situação?

Procter não reclamou da corte, como Elizabeth Cary, nem contra as acusações, como John Alden. Não lançava nada contra as enfeitiçadas. Ele só pedia um julgamento correto. Enviou seu apelo aos homens que achava serem compassivos; três deles vinham da Primeira Igreja de Boston, congregação que não incluía nenhum juiz de bruxaria. Procter acrescentou algumas linhas a fim de inquietar seus destinatários: era uma homenagem do diabo copiá-los, parodiando batismo e comunhão. Mas eles começavam a se assemelhar aos inimigos. Ele disse que os juízes de Stoughton agiam como inquisidores, entregando-se a um comportamento "semelhante às crueldades papistas".[10]

SE JÁ ERA EXTREMAMENTE difícil ser mais esperto que o diabo, ainda mais árduo, como viria a descobrir o franco John Procter, era abrir uma cabeça fechada a cadeado. Se ele recebeu resposta à sua carta, não foi na forma de uma mudança de jurisdição. Doze dias depois estava no banco dos réus em Salem. Mas Procter escolhera o endereço certo para sua petição. Na medida em que havia resistência – ou pelo menos rumores – nas fileiras, ela ocorria entre os clérigos mais influentes, os de Boston, aos quais os magistrados recorriam em busca de orientação. Increase Mather havia publicado *Memorable Providences* em 1684 e questionava explicitamente várias alegações de bruxaria. "É também verdade", observava ele, "que o mundo está cheio de histórias fabulosas referentes a algum tipo de familiaridade com o diabo e a coisas feitas com a ajuda dele, que estão além do poder de qualquer criatura realizar."[11] Bruxas não podem se transformar em cavalos, lobos ou gatos, assim como não podem realizar milagres. Sabia-se como John Willard tratara sua criada em 1671, e quando Mather descreveu o episódio qualificou-o de "estranha e extraordinária providência de Deus", evitando as palavras "bruxaria" e "possessão". Cada um dos pastores aos quais Procter escreveu havia orado ao lado de John Goodwin em 1688, e três endossavam *Memorable Providences*.

Enquanto pastores, magistrados, júri e povo de Salem cerravam fileiras, reclamava Procter, o clero de Boston circulava por toda parte. No dia seguinte ao enforcamento de Rebecca Nurse, um grupo de pastores era visto na casa do capitão John Alden, então na sétima semana de cadeia. Assim como Samuel Sewall, Alden era membro da Terceira Igreja de Willard, única congregação de Boston a fornecer suspeitos e juízes de bruxaria. Ao lado de diversos pastores, um grupo de bostonianos famosos se alternava na condução de orações e salmos cantados em favor do irascível capitão do mar. O próprio Sewall fez um sermão. A presença de um juiz de bruxaria na sala indicava que havia algum cálculo ou alguma confusão da parte dos pastores; quando invocavam o Senhor para intervir por Alden, rezavam por justiça ou inocência? De um jeito ou de outro, pelo menos estavam dispostos a se dirigir ao Todo-Poderoso em favor do acusado. Na prisão, John Procter implorou ao reverendo Noyes por algum consolo, o que lhe foi recusado, "porque ele não admitia ser bruxo". Juntos, os amigos de Alden rezaram durante a tarde de 20 de julho, concluindo com o Salmo 103:6: "O Senhor faz justiça e juízo a todos os oprimidos."[12] Ao menos algumas preces foram atendidas; uma chuva generosa e necessária caiu naquela noite.

Os clérigos ainda discutiam a questão que deixava os magistrados de Salem tão perplexos a ponto de se rebaixar e pedir a opinião de uma moça de dezoito anos. O diabo podia encarnar numa pessoa sem o conhecimento ou a cooperação dela? O problema começara a ser debatido no final de junho e adquiriu urgência quando os magistrados subiram para a arejada biblioteca no segundo andar de Harvard, na manhã de 1º de agosto. A participação deles no jejum em prol de Alden sugere que alguns de fato acreditavam que um inocente podia ser usado pelo diabo. Oito pastores compareceram à reunião de agosto, inclusive três daqueles a quem Procter apelara. Increase Mather foi o moderador, e todos concordaram: a resposta à questão era "sim". (Em junho os juízes de Salem tinham dito que "não".) Ao mesmo tempo, os pastores acreditavam que, embora isso fosse possível, era algo "raro e extraordinário".[13] Apossar-se de um inocente era incomum, "principalmente quando tais questões se apresentam perante a magistratura civil". Em outras palavras, os que não tinham culpa raramente acabavam na corte. Essa afirmação validava os juízes e seus procederes. Fornecia também uma brecha por onde os pastores podiam orientar alguém que merecesse ser perdoado.

Ao menos parte daqueles homens se esforçava para que alguns casos nunca terminassem na corte. Mesmo que apenas tacitamente, eles concordavam com John Procter: havia bruxas em Massachusetts, mas não havia perdão no tribunal de Stoughton. (Havia bruxas em Massachusetts, mas não entre os amigos deles.) Dois dias depois de os juízes de Salem ordenarem um novo grupo de prisões em Andover, a esposa do capitão Cary de alguma forma conseguiu escapar de suas pesadas correntes em Cambridge. Cabe notar que, em seu relatório, Sewall não expressa indignação com a fuga nem medo de que uma bruxa assassina, que a corte pretendia processar, estivesse à solta em Boston. Alguns homens de Salem já haviam sumido no ar. (John Alden desapareceu em meados de setembro, indo se esconder em Duxbury.) Antes que o tribunal se reunisse para a sessão seguinte, Joshua Moody, um dos pastores aos quais Procter apelara, ajudou em outra fuga.

Embora repetidos mandados tivessem sido expedidos para a prisão de Philip English, ele não foi encontrado durante todo o mês de maio. Homem enorme, o mais importante proprietário de navios de Salem, ele passou ao menos parte desse tempo agachado atrás de sacos de roupa suja numa residência de Boston. Nascido Philippe l'Anglois, na ilha de Jersey, no canal da Mancha, English prosperara em Salem, onde em 1692 adquirira catorze prédios, um armazém, um desembarcadouro e uma frota. Sua esposa, Mary, de 39 anos, mulher bem-educada e devota, descendia de uma das primeiras famílias da cidade. Ela foi presa em 21 de abril, dia em que Thomas Putnam despachou sua carta. Até esse momento, o casal ocupava uma das melhores casas da cidade de Salem e empregava grande número de funcionários, pois Philip English importara trabalhadores de Jersey para Massachusetts. Ele era um líder na comunidade, embora procedesse a seu bel-prazer. Até julho ocupara o banco da igreja ao lado de Stephen Sewall, tinha negócios com o juiz Sewall e era senhorio do relator do tribunal, Ezekiel Cheever.

English se revelou um dos mais incansáveis litigantes da Nova Inglaterra, abrindo processos de forma agressiva e voraz. Apareceu no tribunal como queixoso ao menos dezessete vezes ao longo dos vinte anos anteriores. Imigrante bem-sucedido, vinha de uma ilha anglicana que pertencia a um país católico e contribuía para apoiar uma comunidade de refugiados huguenotes para a qual o governo do Domínio sorria, mas o populacho local, não. Ele preferia o regime de Andros ao de Phips, em parte porque admirava a competência. Tinha feito a conhecida escalada de jurado a oficial de justiça e membro do Conselho Municipal, posto para o qual a cidade o elegera em março. English podia ser acusado de muitas coisas, jamais de bruxaria.

Thomas Putnam registrou a primeira queixa contra Philip English em nome de quatro moças da aldeia de Salem, mas Susannah Shelden conduziu quase sozinha a campanha contra o casal. English a beliscava nos cultos, mordia-a e ameaçou cortar-lhe a garganta. Ele se consorciava com uma figura de chapéu de copa alta. Tinha afogado um homem no mar e tencionava matar o governador. Susannah viu Mary English com um pássaro amarelo no peito. Ela era bruxa havia vinte anos. Em junho, seis semanas depois do primeiro mandado, English juntou-se à sua mulher na cadeia. Seu nome apareceu com regularidade na corte ao longo dessas semanas. Enquanto no mundo não espectral ele fazia negócios com vários juízes, no mundo espectral rotineiramente se associava a Burroughs e Procter.

Quando vieram à tona os detalhes do sabá diabólico, o comerciante de Salem e sua esposa foram consultar o reverendo Moody. Clérigo maduro, Moody era especialmente caloroso e atilado, tinha experiência na fronteira, onde servira como pastor e capelão do exército de Phips. Fornecera histórias para o volume de Increase Mather e também fora caçado por uma infração pecaminosa: oito anos antes, em New Hampshire, se recusara a dar comunhão segundo o rito da Igreja anglicana e foi condenado a seis meses de prisão. O pastor insistiu para que English fugisse, mas ele hesitou. Conhecia a vida clandestina, tinha seus princípios, seus negócios já estavam fora dos eixos. "Deus não permitirá que eles me toquem", teria dito. Sua esposa tinha dúvidas: "Siga o conselho de Moody", ela pediu. Defensor da disciplina, Moody disse que se English não protegesse a esposa ele mesmo o faria. Já havia providenciado para que alguns bostonianos conduzissem o casal para fora de Massachusetts, e os suspeitos escaparam.

Dias depois o grande júri ouviu que English matara o filho de um vizinho com bruxaria. Um criado de Salem declarou que o casal ameaçara despedaçá-lo. No momento em que ele testemunhava, os fugitivos estavam a quilômetros de Salem, a caminho de Nova York, onde dizem que o governador Benjamin Fletcher lhes oferecerá asilo. Nova York viria a desempenhar papel crucial na crise, mas não naquele momento. As duas colônias tinham contato próximo, embora não cordial. Fletcher observou que as colônias norte-americanas estavam "tão divididas em interesse e pendor quanto cristãos e turcos".[14] Não se viam inclinados a fazer favores à nova administração de Massachusetts.

PHILIP E MARY ENGLISH apresentaram ao clero de Boston as mesmas questões que John Procter formulara uma semana antes, porém obtiveram respostas diferentes. Eles escaparam porque receberam a proteção de pastores moderados, influentes, homens que podiam contornar o sistema que apoiavam em público. Mas Alden, Cary e os English escaparam também pela mesma razão por que tantos tropeçaram diante dos magistrados de Salem. Mesmo em 1692 os ricos eram diferentes. Desde o começo os fundadores da Nova Inglaterra reafirmavam a hierarquia. Em 1630, ainda a bordo do navio, John Winthrop declarara que o Senhor, em sua sabedoria, determinara que "em todas as épocas alguns sejam ricos, alguns pobres, alguns elevados e eminentes em poder e dignidade, outros inferiores e submissos".[15] Embora todos servissem ao Senhor, lembrou Stoughton à sua plateia em 1668, "alguns administram em altas capacidades, alguns em graus e capacidades inferiores".[16] Não nascemos iguais e não morremos iguais, por que fingir sê-lo no decorrer de nossas vidas?[17]

Havia uma elite até entre os criados. (Tituba figurava no nível mais baixo.) A Providência era formada por várias camadas, com querubins, serafins, arcanjos e anjos. Nem todos os diabos eram criados iguais; havia demônios poderosos e diabretes, alguns mais qualificados que outros. Assim como demonstrava Philip English, ou mesmo John Richards – o juiz de bruxaria que chegara a Massachusetts como pobre criado imigrante –, os estratos econômicos podiam ser fluidos, porém a casta era em grande parte estática. Por mais incerteza que a pessoa tivesse sobre seu lugar no Universo, raramente ela perdia de vista sua posição na sociedade. O registro social dos assentos na igreja era uma manifestação dessa hierarquia. "Quem se posicionar a favor da paridade em qualquer sociedade estará reduzindo as coisas a muita confusão", alertou um dos primeiros pastores de Ipswich.[18]

O status era algo que se exibia a todo momento: em casa, na posição à mesa, na rua. Orgulho no vestir era privilégio reservado aos ricos; o diabo prometia belas roupas pelo que elas representavam. Mostrar-se acima de sua classe na indumentária era uma transgressão pela qual respondiam em juízo homens e mulheres, e as infrações eram frequentes. Mulheres eram acusadas de exibir capuzes de seda, privilégio daquelas cujos maridos tinham propriedades com valor acima de duzentas libras, categoria que não abrangia as esposas de John Procter, Samuel Parris ou Thomas Putnam. (Mas incluía a mãe de Nicholas Noyes, bem-sucedida numa incriminação de se vestir acima de sua classe. O número dos que se defendiam dessas acusações falava menos da vestimenta suntuosa dos puritanos que da inveja na Nova Inglaterra.) O nível social determinava a ordem dos formandos em Harvard. Cotton Mather ficou em segundo lugar, atrás de um primo, neto do então governador. Stoughton liderou sua classe. O filho mais velho de Higginson foi o primeiro dos formados em 1670, Burroughs o último. Até 1769 o alfabeto não servia como meio para classificar os estudantes.

A Justiça era equânime, mas as punições dependiam do nível social. A menos que seu crime fosse especialmente ofensivo, um cavalheiro não era açoitado; um patrão e o criado seu cúmplice recebiam sentenças diferentes. Quando preso em 1684, o reverendo Moody solicitou ser poupado da cadeia comum, "sendo um lugar tão ruim e frio que seria crueldade me mandar para lá, considerando minha educação e modo de vida".[19] Ele cumpriu prisão domiciliar. As leis suntuárias existiam para manter as pessoas em seu devido lugar. Um julgamento por bruxaria o fazia também, porque abalava a ordem social. Criados indígenas não pareavam com esposas de capitães de navio. Ao mesmo tempo, quem escapou em 1692 tinha sua fortuna relacionada a um pastor disposto a tramar a seu favor ou era parente seu. A bruxaria também se mostrava arcaica e patriarcal. As bruxas obtinham seu poder de uma figura que estava acima de um mago. Como dissera a jovem Ann Putnam, o mago era um conjurador e sempre era homem.

Um homem de Rowley tirou a cunhada da prisão de Ipswich, mas ela não foi muito longe, e ele pagou uma multa. Quando se expediu um mandado para Elizabeth Colson, acusada pelas meninas da aldeia em maio, ela não foi encontrada em parte alguma. Diziam que, decidida a fugir de Massachusetts, ela se escondeu em Boston ou Cambridge. No começo de setembro, os guardas a localizaram na casa da avó em Reading. Quando chegaram, encontraram a casa trancada e viram a adolescente fugir. Os guardas a perseguiram pelo campo próximo até um muro de pedra. Quando um deles estava a ponto de apanhá-la, Elizabeth sumiu. Ele vasculhou o mato, e um grande gato correu em sua direção. Não demorou para entender que a moça havia se transmutado. Dez dias depois, ela estava na prisão de Cambridge. Enquanto isso, o paradeiro de Mary e Philip English se tornara um segredo de polichinelo, mas ninguém perseguiu o casal.

Os funcionários que faziam as prisões não eram os piores inimigos de um suspeito. Quando as autoridades foram em busca de Martha Tyler, filha de um ferreiro de Andover, ela não tentou fugir. Menina piedosa, não tinha nenhum crime a confessar. Depois disso foi para Salem com o irmão ou meio-irmão, que passou a viagem perturbando-a. Martha implorou, disse-lhe que nada sabia de bruxaria. Ao chegarem a Salem, ela foi conduzida a uma sala em companhia do irmão e de John Emerson, pastor de Gloucester, que viu o diabo ao lado da menina e o espantou. Emerson era professor e sabia como extrair a verdade de uma adolescente. O irmão ordenou que Martha parasse de mentir. "Meu bom irmão", ela implorou, "não diga isso, por que eu iria mentir? Quem responderia diante de Deus pela minha mentira?" Ele insistiu em que a cumplicidade dela estava comprovada. Martha capitulou. Preferia qualquer calabouço a sofrer pressão psicológica.

Com a proximidade da sessão do tribunal em agosto, o tempo passou a correr, e as apreensões cresceram. Mesmo quando o grande júri se reuniu na cidade de Salem, para a qual houve uma migração generalizada, Hathorne e Corwin prosseguiram com as audiências na aldeia. No sábado em que Elizabeth Cary escapou da prisão, eles interrogaram Mary Toothaker. Parteira, ela enviuvara seis semanas antes; o marido, acusado de curandeirismo em Billerica, morrera na prisão. A filha mais velha deles já havia confessado. Como Mary Toothaker era irmã de Martha Carrier, os juízes devem tê-la interrogado intensivamente. Ela resistiu às alegações, admitindo que preferia morrer na cadeia "a dizer qualquer coisa senão que era inocente". Mas agora se dava conta de que talvez o diabo tivesse falado por sua boca. Sem nenhum pastor ou parente para espancá-la, ela mesma se batia. Tinha dificuldade para confessar porque era inocente ou porque o diabo a silenciara? Às vezes ele interferia em suas orações. Teria entrado em conluio com ele? Cautelosa, a mulher tentou satisfazer as autoridades sem mentir e acabou confessando. Afligira um moribundo em Andover, fora convencida de que era bruxa havia dois anos, o diabo lhe prometera dias felizes com o filho.

No decorrer da confissão, em 30 de julho, Mary Toothaker envolveu onze pessoas, inclusive a irmã, o sobrinho, sua filha e Burroughs, a cujas reuniões comparecera por duas vezes. Mais que qualquer outra, Mary falou sobre o sabá. O tempo todo ela tinha dúvidas, *achava* que estivera nas reuniões, *achava* que pousara a mão num livro, *achava* que a ideia era derrubar a Igreja. "O diabo é tão sutil que, quando ela ia confessar, ele a detinha", anotou um relator da corte.

A ideia de Mary Toothaker a respeito da fé era instrutiva; contra a corrente da piedade havia um fluxo subjacente de dúvida. Ela sentia-se ainda pior por causa do batismo. Não tivera nenhuma melhora substancial desde então. O medo dos indígenas a paralisara na primavera, ela acordava com pesadelos nos quais se defendia de ataques. Nos espasmos de ansiedade, apareceu-lhe um homem de cabelos castanho-claros. Ele a protegeria se ela passasse a rezar para ele, e Mary consentiu imediatamente. Agora percebia que talvez estivesse negociando com Satã! Havia muita confusão quanto a quem era o inimigo e se podia ser ela mesma. Por fim, fez o pacto com o diabo porque ele prometeu "livrá-la dos indígenas". Essa foi uma barganha interessante, porque 48 horas depois que Mary confessou bruxaria os indígenas atacaram Billerica.

Quando você designa a si mesmo "uma ovelha desgarrada", está praticamente se anunciando aos predadores, e uma legião deles predava – ou esperava-se que predasse – a Nova Inglaterra desde a fundação. Nas palavras de Mary Rowlandson (que pode ter recebido ajuda de algum pastor), os indígenas eram "lobos famintos", "leões a rugir e ursos selvagens". Nas páginas de Mather, os nativos americanos apareciam regularmente como tigres, diabos ou leões. Os quacres se comportavam como "lobos atrozes", e se juntavam aos franceses e indígenas para completar o zoológico demoníaco local. Só fora da igreja Mary encontrara alívio das "patas daqueles leões ferozes e das mandíbulas daqueles ursos diláceradores" – palavras que tomou emprestadas do sermão de Lawson de 25 de março. Assim como as fronteiras entre físico e moral perdiam a nitidez, também ficavam vagos os predadores que saqueavam e agitavam. Na maioria das declarações, podia-se substituir a palavra "indígena" por "católico" sem alterar o sentido da frase. Isso envolvia uma subversão religiosa, inevitavelmente.[20]

Os indígenas eram também "horrendos feiticeiros e invocadores do inferno". Isso fazia sentido, pois agora o interior era qualificado como uma espécie de "covil do diabo". Desde o tempo de Moisés ali vicejava o Príncipe das Trevas, que não ficaria nada satisfeito de se ver desalojado por um bando de puritanos num "canto do mundo onde reinara sem qualquer controle durante muitas eras".[21] Filiar-se à Igreja anglicana, na opinião de Mather, era estar enfeitiçado. Quacres eram um povo leproso nas garras do diabo. Dada a relação simbiótica entre povo oprimido e clima inóspito, esse era um curto passo para o conluio com o mal.

Em 1689, tramando contra Andros, Mather se referia a dez anos de (fictícia) conjura papista, ainda vívida na memória da Nova Inglaterra. A nova guerra indígena parecia "um braço da conspiração para nos abater".[22] Mather atribuía a desastrosa campanha de Phips em Quebec à presença anglicana em Boston. Como disse um informante indígena, os colonos eram "crédulos como crianças".[23] Eles se sentiam vigiados de todos os lados, tinham amor pelas tramas, e, como a religião estava no centro de suas vidas, todas as tramas se tornavam diabólicas. Em 1688, o reverendo Moody comentou as "inexplicáveis intrigas" em marcha. Samuel Willard e John Higginson, em geral prudentes e moderados, sustentavam que cabalas papistas miravam Massachusetts. Muito antes de franceses espectrais se infiltrarem em Gloucester corriam rumores de que um grupo de irlandeses rumava para Massachussetts a fim de instalar o catolicismo na Nova Inglaterra. Claro que os cambiantes sabotadores satânicos serviam a outro propósito: inimigos da Nova Inglaterra eram amigos de sua igreja. Eles enchiam os bancos do templo. Particularmente depois de uma temporada de tempestades políticas, os medos comezinhos forneciam razões sólidas para se unirem.

Ao depor Andros, a elite colonial acusara o governador de planejar entregá-los a "um poder estrangeiro". Cotton Mather falou dos mesmos temores em 1690, quando pregou que a Nova Inglaterra encontrava-se num estado de "aflição e perigo como nunca se viu antes". Seu discurso era de aplicação da lei, endossando a disciplina; em seus pecados e descontentamentos eles haviam atraído "exércitos inteiros de indígenas e cães de sangue gaélico".[24] As autoridades haviam falhado na defesa do rebanho. Sem uma Carta, a Nova Inglaterra ficava à mercê de feras selvagens. Um sermão de Mather sobre bruxaria era quase indistinguível de um pronunciamento sobre o governador real, como ficou claro no começo de agosto, quando ele abordou a crise de Salem: a caminho de seu "encontro infernal", os monstros diabólicos arrastavam "as pobres pessoas para fora de seus quartos e as levavam por cima das árvores por diversos quilômetros".[25] Qual a aparência de um "exército de diabos"? "Vastos regimentos de cruéis e sanguinários cavalarianos franceses." Havia, porém, uma diferença crucial: quando se tratava de indígenas saqueadores, de "pagãos sanguinários e bárbaros", estava-se visceralmente desamparado. Com as bruxas era possível fazer alguma coisa. Quando os indígenas atacaram Billerica em 1º de agosto, eles massacraram duas mulheres, seus bebês e filhas adolescentes. No mesmo dia os juízes viajaram para Salem.

O tribunal foi retomado com um novo procurador-geral. Por razões políticas, Thomas Newton foi substituído por Anthony Checkley, 25 anos mais velho e amigo do juiz Corwin. Newton era um funcionário público equilibrado, afável e consciencioso, embora não formado em advocacia. Checkley tinha mais experiência. Havia processado um caso anterior de bruxaria e servira como procurador-geral no governo do Domínio. Ele transferiu pelo menos oito suspeitos para Salem; entre eles não havia viúvas, curandeiros nem mendigas de língua afiada. Checkley se preparava para processar quatro homens, um dos quais tentara escapar da detenção (John Willard) e outro solicitara mudança de jurisdição (Procter). George Jacobs, que gargalhara dizendo que era tão bruto quanto bruxo, juntou-se a eles, assim como o reverendo Burroughs, um conjurador. Estava bem claro por onde começar. Às dez da manhã de 2 de agosto, Stoughton abriu a sessão com o caso contra Martha Carrier, a cáustica "Rainha do Inferno".

A audiência de Martha Carrier tinha apenas começado quando chegou de Massachusetts a notícia de que semanas antes um imenso terremoto havia arrasado a Jamaica. Um terço da população da ilha perecera, a cidade de Port Royal desapareceu. A calamidade tinha dimensão bíblica, ainda mais na narrativa de Cotton Mather: quarenta navios soçobraram, embora nenhum da Nova Inglaterra. Mather já decidira pregar a partir do livro do Apocalipse nessa quinta-feira. Logo incorporou o novo flagelo ao sermão de 4 de agosto. Terremotos também tinham origem diabólica, o diabo estava em fúria ali, sabendo que seu tempo era curto.

Toda Boston compareceu nesse dia para um jejum. Os sermões seguiam uma fórmula combinando pecados e desgraças, alertando sobre terrores ainda maiores. Mather trabalhou com eficiência. O povo da Jamaica fora "tragado pela terra", e mais estava por vir, ele profetizou: "Vocês haverão de ouvir com mais frequência falar de aparições do diabo e de pobres pessoas estranhamente enfeitiçadas, possuídas e obcecadas por demônios infernais." Mencionando os acontecimentos de Salem, ele forneceu detalhes jamais citados nos testemunhos da corte. Mais de vinte bruxas haviam confessado. Enxames de diabos baixavam sobre "o perturbado condado de Essex". Com instrumentos invisíveis de tortura, eles quase arruinaram o local de reunião da Primeira Igreja da colônia. A peste, alertou Mather, se espalhava de cidade em cidade, ameaçadora e ampla. Mather mencionou um perigo correlato. Havia muita "controvérsia agitada entre nós", admitiu, e insistiu na moderação. Denunciou a difamação e a deslealdade que encorajavam o diabo, pediu compaixão para os acusados e piedade para os juízes. Os valorosos magistrados batalhavam para restaurar a inocência, extirpando o diabólico, numa operação perigosa. Mather estava satisfeito com as provas que os haviam levado a condenar o "bando de bruxas". Mas e aquelas para as quais só existiam provas espectrais? A questão era difícil. O diabo turvava o processo.

O clero ajudava nas escapadas e endossava as condenações no minuto seguinte. Um aldeão acusou a vizinha e em seguida assinou uma petição em sua defesa; uma mulher acusada de bruxaria não sabia determinar se a voz que ouvia era de Deus ou do diabo – em resumo, todo mundo continuava perdido, mas um homem conservava a visão totalmente clara. Cabia a ele levar a cabo o perigoso processo que Mather descrevera, extirpando o diabólico sem ceifar os inocentes. A partir de 1º de agosto, quando os preparativos para uma nova expedição ao Maine consumiam Phips, esse homem assumiu a presidência do tribunal e o governo de Massachusetts: tratava-se do sempre competente William Stoughton.

Em 3 de agosto, Martha Carrier compareceu perante uma grande multidão da qual fazia parte um bando de pastores, com Lawson, Hale, Parris e Noyes entre eles. Nada sabemos de sua aparência, porém – depois de dois meses numa cela abafada – Mather estava certo ao imortalizar a mulher como "bruxa desenfreada". Convocada ao banco, ela respondeu ao chamado de seu nome com a mão erguida. A corte a acusou de ter "perversa e criminosamente" praticado bruxaria. Ela alegou inocência. Se expressou o magnífico desdém que exibira em maio, isso não foi registrado. Funcionários da corte trouxeram para a sala um grupo de garotas da aldeia, cujos depoimentos ficavam pálidos diante dos ataques de olhos revirados que os acompanhavam. Parece que Martha manifestara pouca compaixão.

As provas contra Martha Carrier haviam se acumulado constantemente desde a audiência de maio. Sua irmã mais velha, dois de seus filhos e uma sobrinha confessaram ter comparecido a reuniões satânicas em sua companhia. Susannah Shelden apareceu para testemunhar com os pulsos presos um ao outro. Era impossível separá-los. Thomas Putnam descreveu as torturas que sua filha e quatro outras meninas de Salem haviam sofrido nas mãos de Martha desde maio. A filha de Ann Foster confirmou que elas haviam cumprido o sacramento diabólico juntas. Martha desarticulara sua família, "atraindo todos para as garras do diabo". O sobrinho da possessa voltara ferido da guerra em Andover, e a tia garantiu-lhe que a ferida nunca iria sarar; desde a prisão de Martha, a ferida sarara. Com as suspeitas se acumulando em torno de famílias inteiras, a acusação era um meio eficaz de escapar da prisão: os que protestavam a inocência da família apontavam os concidadãos.

Elizabeth e John Procter enfrentaram o julgamento na mesma semana. Poucos testemunhos contra eles chegaram até nós. O que restou implica Elizabeth – então grávida de nove meses – mais do que John. Uma petição foi enviada a Boston, redigida pelo pastor de Ipswich, John Wise. Mais uma vez ele lembrava às autoridades o costume de o diabo encarnar em inocentes. Os caminhos de Deus continuavam inescrutáveis, a mais minuciosa das cortes só conseguia ir até certo ponto, caía bem uma dose de caridade. Nenhum dos 32 signatários da petição havia detectado o menor sinal de maldade no casal, que gozava "da mais clara reputação relativa a esses males".[26] Eram bons cidadãos e frequentavam a igreja com devotamento. O caso podia suscitar dúvidas sobre os acusadores. Depois de denunciar Elizabeth Procter, uma das meninas havia explicado que elas inventavam histórias para se divertir. Dois homens atestaram ter ouvido as moças Putnam soprando as falas para Mercy Lewis, mas isso fez pouca diferença. A corte considerou os Procter culpados.

John Wise, contemporâneo de Parris, que ele conhecera em Harvard, era pastor em Ipswich, numa paróquia mais ou menos do mesmo tamanho que a da aldeia de Salem. Ele trilhara caminho muito diferente, dirigindo seu espírito questionador para o bem comum e não para as pilhas de lenha. Wise tinha algumas ideias originais a respeito do papel do governo e de impostos. Homem atraente, com um vivo senso de humor, ele conseguiu envolver com facilidade outras pessoas em sua causa; cinco anos antes havia liderado em Ipswich um protesto contra as taxas impostas por Andros, argumentando que feriam as liberdades da Nova Inglaterra. Incitou as cidades vizinhas a resistir, chegando até Topsfield antes de ser preso. Como esclareceu depois, acreditava que pouco separava a aristocracia da monarquia, e isso era um passo para a tirania. Por esses princípios, passou 21 dias na prisão. Stoughton presidiu a corte de seu caso e pronunciou o veredicto de culpado, que Wise acreditava ter sido imposto aos jurados pelos juízes.

Sensível à infração da liberdade e à coerção dos jurados, Wise tinha razão em se manifestar. Ele desconfiava da autoridade. Estava certo ao desafiar Stoughton, por quem devia sentir algum resíduo de animosidade. Com toda a certeza o tom das últimas observações do pastor de Ipswich era muito diferente do tom do juiz presidente. Wise acreditava que o governo devia sua existência à comunidade que a ele se submetia, e não o contrário. Em seu discurso, disse que preferia "o traje da objetividade" a qualquer tipo de refinamento oratório. Ele era imensamente popular, bem considerado por sua congregação, equiparável a Cotton Mather.

Naquela semana, com correntes nos pulsos, John Procter reescreveu seu testamento. George Burroughs, não. Mesmo com um "vasto comparecimento de pessoas" em Salem para seu julgamento, em 5 de agosto, mesmo com as bruxas confessas nomeando-o seu líder, Burroughs sentia-se confiante. Na noite do julgamento sete homens o examinaram em busca de sinais de bruxa, mas nada encontraram. Burroughs manteve-se firme em sua fé, aconselhando os filhos, aos quais escreveu com "solenes e ponderadas instruções" a fazer o mesmo.[27] Amigos visitaram Burroughs na prisão para debater seu caso. Ele sabia o suficiente acerca dos problemas da aldeia para questionar a credibilidade de seus acusadores, mas tinha fé no sistema. Conhecia alguns dos juízes e também o procurador-geral; treze anos antes, Burroughs trabalhara para o pai da primeira esposa de Checkley, mãe dos cinco filhos do procurador. Burroughs iria comparecer perante iguais. Ele se expressava com facilidade, pensava segundo as Escrituras e era capaz de interpretá-las prontamente. Afora isso, era um pastor formado em Harvard. No bolso, levava um papel que decerto iria assegurar sua defesa.

Citado insistentemente como mestre de cerimônias das reuniões diabólicas, Burroughs sabia que seu julgamento era muito esperado por todos; na tarde da sexta-feira ele entrou na sala lotada do tribunal de Salem. Assumiu papel ativo, questionando os jurados quando entravam para fazer seu juramento, direito que outros acusados parecem não ter exercido, e talvez tenha convocado testemunhas. Increase Mather estava na sala, o que já era um evento. Burroughs sabia que o Mather mais velho, em *Illustrious Providences*, expressara dúvidas sobre a bruxaria.

Dezesseis pessoas haviam testemunhado na audiência de Burroughs em maio; quase o dobro testemunhou em 5 de agosto. Oito bruxas confessas revelaram que ele lhes prometera uma coroa no reino de Satã. Nove outras testemunhas creditavam ao pastor baixo e musculoso feitos que seriam pesados até para um gigante. Elizabeth Hubbard, a sobrinha do médico, afirmou que Burroughs gabava-se de seu status. Era um conjurador "acima da posição comum das bruxas". Mercy Lewis, sua antiga criada, saiu de um transe para comunicar seu relato de que Burroughs a levara a uma alta montanha, prometendo-lhe a "glória de reinos poderosos". Não é fácil afastar a sensação de que o homem forte, arguto, que fascinava as moças da aldeia, estava em julgamento porque sobrevivera a suas esposas e resistira aos indígenas.

As enfeitiçadas fizeram seu relato em meio a transes e acusaram Burroughs de mordê-las. Tinham as marcas para provar, e exibiram as feridas aos funcionários da corte, que inspecionaram a boca de Burroughs. As marcas coincidiam perfeitamente. Engasgos e convulsões atrasavam os procedimentos; a corte não podia fazer nada senão esperar que as meninas se recuperassem. Durante uma dessas esperas, Stoughton dirigiu-se ao réu. O juiz presidente perguntou ao prisioneiro o que sufocava as garotas. Burroughs respondeu com simplicidade: achava que era o diabo. Em seguida fantasmas começaram a flutuar pela sala lotada. Eles inquietavam mais que os espectros. Bem na frente de Burroughs, uma menina recuou diante de uma visão horrenda: ela explicou que via as esposas mortas do réu pedindo justiça. Várias outras crianças enfeitiçadas descreveram as aparições. O pastor estava horrorizado, mas não conseguia ver nada.

Como Mather registraria mais tarde, se os presentes à corte ainda não sabiam, logo saberiam que Burroughs tinha sido "infame pelo tratamento bárbaro que dispensara às duas esposas falecidas", levando-as "próximo da morte". Acrescentando a esposa e a filha de Lawson à lista de vítimas, uma das meninas forneceu o motivo do assassinato: Burroughs nutria ressentimentos em relação a seu sucessor em Salem por cuidar de uma congregação que o maltratara. A miscelânea de acusações acabou tomando forma: alguém testemunhou que Burroughs obrigara as esposas a jurar nunca revelar seus segredos. O ex-cunhado, dono de uma taverna na cidade, atestou que Burroughs lia os pensamentos da esposa. O réu estava faminto e debilitado, depois de três meses trancado num buraco úmido e escuro. Ele gaguejava e hesitava.

A fala de Burroughs não chegou até nós porque Mather avaliou que "não merecia ser levada em consideração"; as provas apequenavam as objeções. Ao que parece, o réu realmente comprometeu sua defesa. Questionado sobre sua força sobrenatural, explicou que um indígena o ensinara a atirar com o mosquete como se fosse uma pistola. Instado a explicar sua força com os barris, Burroughs se viu sem defesa. Ele conseguira esse feito quatro anos antes, em casa de seu benfeitor, o sogro do procurador-geral. Checkley não foi encontrado em parte alguma. Burroughs nada fez além de uma débil tentativa de desacreditar os acusadores. Estava menos disposto a se envolver em intrigas que os paroquianos que abandonara abruptamente, que o processaram e transformaram o pastor em mago.

Burroughs tropeçou diversas vezes, dando respostas contraditórias, luxo só permitido aos acusadores. Quanto a "suas tergiversações, contradições e falsidades", advertiu Mather, "nunca houve prisioneiro mais eminente nelas".[28] Lawson achou seu predecessor em Salem nada convincente. Apesar dos desmaios e da multidão de testemunhas, o julgamento avançou depressa. Burroughs passou a maior parte do tempo de pé diante da banca. Já sem desculpas, recorreu ao golpe de misericórdia em seu bolso. Retirando dele um pedaço de papel, entregou-o ao júri. O pastor não contestava a validade das provas espectrais; em poucas linhas, ele propunha algo ainda mais incendiário, ao afirmar: "Não existem nem nunca existiram bruxas que, tendo feito um pacto com o diabo, possam mandar um diabo atormentar outras pessoas à distância." Isso era um tiro no pé, a coisa mais questionável que ele poderia sugerir. Se os pactos com o diabo não existiam, se o diabo não podia delegar sua obra, a corte havia condenado à morte seis inocentes.

Seguiu-se um debate sobre o conteúdo da frase e sua fonte. Stoughton, que se formara em Harvard no ano em que Burroughs nasceu, a reconheceu de imediato: Burroughs tomara-as da obra de Thomas Ady, renomado cético inglês que argumentava que a bruxaria e a Bíblia eram coisas diferentes. Ele investiu contra "doutrinas sem fundamento, fantasiosas", contos de fadas, resultados da imaginação noturna, excesso de bebida e golpes na cabeça. Bruxas existiam, mas eram raras. Ady acreditava que elas eram uma desculpa conveniente para o médico ignorante e sugeria que, quando o infortúnio batesse na porta, não se devia tentar lembrar quem foi o último a entrar por ela. Burroughs negou ter tomado emprestada a passagem, depois remendou a resposta. Um visitante lhe passara o texto, ele o transcrevera. Burroughs já havia concordado diversas vezes que bruxas infestavam a Nova Inglaterra; era tarde demais para uma jogada tão perigosa, sobre a qual só temos uma parte da história, na forma da versão redigida por Mather. O júri chegou prontamente a um veredicto que satisfazia o presidente da corte.

Ao deixar o tribunal, John Hale sentiu uma pontada de dúvida acerca de seu antigo colega, com quem trabalhara durante anos. Hale interrogou uma bruxa confessa, e ela jurou que havia comparecido a uma reunião na qual Burroughs exortara seus confederados a derrubar a Igreja e fundar o reino do diabo. "Você está mandando esse homem para a morte", lembrou-lhe o justo pastor. A situação era grave. "Se o acusou de algo que não é verdade, lembre bem antes que seja tarde demais, enquanto ele ainda está vivo".[29] A mulher não tinha nada a temer. O próprio Cotton Mather passaria por cima de esquemas subversivos, que Hale entendia serem o motivo da condenação do colega. As provas pareciam inconclusivas, assim como os fantasmas, e Mather determinou que eles não desempenhavam papel algum no caso, batalhando para manter a prova central; e concluiu essencialmente que Burroughs era mago por ter a personalidade de mago. De sua parte, Increase Mather considerou danosa a força sobre-humana de Burroughs; o pastor desempenhara atos que nenhum homem conseguiria sem a ajuda do diabo. "Se eu fosse um dos juízes", admitia Increase, "não poderia absolvê-lo."

O mago convicto não discordava. Em algum momento, depois que o veredicto foi anunciado, Burroughs conversou com Hale. O pastor podia não ter respeito por suas esposas, mas respeitava a autoridade; ele não ia questionar nenhum dos juízes nem o júri que o condenara. As provas pareciam arrasadoras. O único problema, argumentou, era serem todas falsas. Assim como a Elizabeth e John Procter, John Willard, George Jacobs e Martha Carrier, Stoughton condenou o pastor à forca.

9. Nosso caso é extraordinário

> BRUXA (s.f.) 1. Mulher feia e repulsiva em perversa relação com o diabo. (2) Jovem bela e atraente, uma perversa légua adiante do diabo.[1]
>
> AMBROSE BIERCE

A PRISÃO DO LÍDER por trás da conspiração demoníaca, "o chefe de todas as pessoas acusadas de bruxaria ou o líder de todas elas", como o encarava o apavorado curtidor de couro da aldeia de Salem, podia ter posto fim à caça às bruxas. Mas isso não aconteceu. Um ardor de confissões consumiu agosto; as chamas se ergueram ainda mais altas nas primeiras semanas de setembro. Na manhã do julgamento de George Burroughs, Increase Mather visitou os prisioneiros e entrevistou diversas feiticeiras. O pastor mais célebre de Massachusetts declarou-se satisfeito com os relatos de "obrigações e abominações demoníacas".[2] Dias depois, o filho de Martha Carrier, de dez anos, admitiu ter sido bruxo por uma semana. A mãe fizera seu batismo demoníaco mergulhando-o no rio. Ele tinha voado para uma reunião com três homens e seis mulheres. Não mencionou sua irmãzinha, mas em 10 de agosto o juiz de paz de Andover que tomara seu depoimento falou com a menina. A conversa o deixou inquieto, e ele submeteu suas anotações a John Hathorne e George Corwin, desculpando-se por "ter assumido insensatamente um posto para o qual sou inadequado". Mesmo assim esperava que seu relato fosse útil.[3]

E foi. Conduziram Sarah Carrier a Salem no dia seguinte. Ela conversou delicadamente com os guardas ao longo do caminho e antes da audiência com Hathorne, que conhecia sua história mesmo antes de interrogá-la.

Ela era bruxa desde os seis anos. "Quantos anos tem agora?", Hathorne perguntou, para ficar registrado. "Faço oito anos em novembro." Sarah afligia suas vítimas com um espeto que a mãe lhe dera e na companhia dos mesmos indivíduos que o irmão havia indicado. Embora fisicamente na prisão, Martha Carrier lhe aparecia na forma de gato preto.

Uma porção de gatos pretos e livros vermelhos aparecera em Salem, mas a bruxaria em Andover era diferente. Para começar, era mais numerosa. Envolvia o leste de Massachusetts e, por um breve período, um canto de Connecticut, em 1692. Espalhou-se a partir de Salem para 24 outras comunidades. Nenhum lugar sucumbira de forma tão cabal quanto Andover, onde a epidemia produziu mais acusadas que as duas Salem juntas. Entre o momento em que Martha Carrier enfrentou o julgamento e um mês depois, quando o funcionário de Andover viu-se tomado pela insatisfação, apareceram cinquenta bruxas numa comunidade de seiscentas pessoas. Filhos incriminavam avós, mães incriminavam filhos, irmãos se voltavam contra irmãos, quase todos os bruxos pertenciam a cinco clãs; afinada com as meninas de Salem, uma dúzia de pessoas forneceu todos os nomes.

Ao lado de um novo elenco, Andover fornecia uma narrativa revisada. Os fantasmas não incomodavam muito essa comunidade. Ela preferia batismos satânicos – em rios, lagoas, poços e baldes de água –, algo que não ocorrera antes na Nova Inglaterra, embora tivesse acontecido na Suécia. Sendo uma comunidade mais próspera, ali os vizinhos não costumavam enfeitiçar o feno ou os porcos alheios; seu foco era o diabólico, e eles preferiam sacramentos satânicos, reuniões de bruxas e coisas com que Tituba jamais sonhara. Esquecida em seu sexto mês na prisão, ela não testemunhara nem fora acusada, e no entanto armara o cenário em Salem. A história de Andover surgiu pronta, e em seu cerne estava o sacramento diabólico de Burroughs, do qual quase todos os confessos locais forneciam um relato e do qual aflorou um quadro consistente. Excetuando Tituba, só as bruxas de Andover sabiam voar.

O que tinha acontecido? A convicção que Burroughs demonstrara na audiência inquietara, atraindo uma áspera poeira de desconfiança. Próxima à fronteira, Andover era mais vulnerável a ataques indígenas, à não ortodoxia e à varíola. Mas em agosto as perguntas e respostas já eram conhecidas depois da terceira sessão do grande júri. Desde o começo Hathorne se empenhara numa hábil estimulação. Em agosto ele sabia o que queria ouvir, o que se alinhava com o que alguns queriam dizer. "Você tinha algum ferro quente ou agulha de tricô?", perguntou ele à filha de Ann Foster. Ela afirmou que tinha uma barra de ferro. "Você costumava em algum momento viajar em cima de um galho?", indagou à neta de Ann Foster. Ela disse que sim. "Mas o diabo não ameaçou despedaçar você se não fizesse o que ele mandava?", ele desafiou uma mulher de Boxford. "Sim. Ele ameaça me despedaçar", ela concordou.[4] Muito raramente uma testemunha o decepcionava.

Em parte como resultado disso aconteceu em Salem algo inédito. Antes de 1692, apenas quatro pessoas da Nova Inglaterra haviam admitido praticar bruxaria, sendo que uma delas provavelmente só tinha uma vaga ideia do que confessava. Nos primeiros três meses de julgamento, apenas oito admitiram, incluindo uma menina de quatro anos, Tituba, duas suspeitas que depois recuaram e a insolente Abigail Hobbs. Em agosto as confissões desabrocharam, acompanhadas de demonstrações comprometedoras de autoflagelação. Quase todas as incriminadas de Andover reconheceram o crime. A coerção judicial, com correntes retiradas e ameaças de calabouço, não era o único meio de extrair a admissão. A mulher de Boxford, de 52 anos, consentiu que estava a serviço do diabo havia sete anos. Depois ela revelou que Abigail Hobbs e Mary Lacey, filha, a haviam atormentado durante dias, "caçoando de mim e cuspindo na minha cara, dizendo que sabiam que eu era uma bruxa velha e se não confessasse ia ser enforcada".[5] A mulher não fazia ideia do que dissera no julgamento.

Ao iniciar o quarto interrogatório, Hathorne advertiu Ann Foster que ela não esperasse paz sem um reconhecimento completo. Os magistrados prometeram à neta da mulher que Deus a perdoaria caso confessasse. Aos dezessete anos, Margaret Jacobs devia optar entre a prisão e a vida. Em sua carta de maio, Cotton Mather recomendara punições menores para quem renunciasse ao diabo; depois de meados de julho ninguém precisava ser lembrado do preço da recusa. Numa estranha virada em Salem, William Stoughton poupou bruxas confessas, condenando apenas aquelas que se recusavam a admitir a culpa. A confissão era fácil para um povo que acreditava ser ela o caminho da salvação, que se filiara a uma igreja que não diferenciava claramente pecado e crime. A confissão estava no cerne da vida da Nova Inglaterra. Pela rústica lógica da época, se a pessoa era citada, isso se dava por alguma razão. Uma consciência pesada estava perto da cumplicidade com o diabo; lutar com a própria fé era lutar com o diabo. Não era difícil fazer uma menina de onze anos confessar quando ela sabia que "era feita de todas as modalidades de pecado".[6] Ao saber da extraordinária acusação que lhe era imputada, Rebecca Nurse dera tratos à memória para saber que pecado teria deixado de pagar.

Outra coisa assombrava quem comparecia perante as autoridades de Salem. Mary Toothaker sentia-se indigna com seu batismo, que lhe impunha uma expectativa de progresso inevitavelmente frustrada. Muitos se culpavam por não ter recorrido mais às Escrituras. Na neve, o corpo esfolado, a filha de seis anos moribunda no colo, Mary Rowlandson meditava diante da fogueira como deixara de usar melhor seus sábados. Mary Toothaker não tinha outra explicação além do diabo para a voz dúbia, maligna, tentadora que soava dentro de sua cabeça. Se a pessoa tentava rezar e não conseguia, quem mais poderia detê-la? Grande número de confessos lamentava ter se esforçado menos do que desejava em suas devoções. Quando as mulheres lamentavam sua natureza vil, os erros anteriores apareciam: uma tentativa de suicídio, um furto, uma bebedeira, um aborto, um adultério. A mãe de Margaret Jacobs gemia na prisão por uma filha que se afogara sete anos antes. Ela acreditava ter matado a criança. As confissões desnudavam a alma. Se alguém ia confessar, fazia sentido que o fosse em termos religiosos, porque isso repunha a pessoa no caminho da graça. Renunciar ao diabo significava alívio, mesmo que a confissão tivesse pouco a ver com as acusações em pauta.

Como bem sabe o leitor de histórias de mistério, as negações tendem a ser complexas, as confissões, extremamente simples. Nada é mais oportuno para o promotor que ser poupado de um julgamento longo. Do ponto de vista de um juiz de bruxaria em 1692, as confissões aliviavam a tensão de provas espectrais tênues. Eram recebidas com avidez e tranquilizavam, porque insinuada em cada uma delas vinha uma brilhante farpa de acusação. Nem todos eram tão cuidadosos quanto Tituba ao citar como conspiradores apenas os já detidos. Quando Richard Carrier voltou de sua dolorosa provação, ele forneceu onze nomes. Num ponto se manteve irredutível: não incriminou a mãe.

Martha Carrier e Ann Foster, vizinhas de lados opostos do rio e companheiras de voo, seguiram rumos diferentes sob interrogatório. Ann entregou-se, Martha não cedeu. Ambas tinham residência no extremo sul de Andover, muito mais perto de Middlesex que do condado de Essex, na parte mais nova, menos prestigiosa da cidade. Moravam o mais longe possível da igreja, mas ainda em Andover. Com as confissões de 11 de agosto a bruxaria penetrou o cerne da comunidade. As duas filhas mais novas de Martha Carrier implicaram Elizabeth Johnson, filha, que relatou uma versão familiar do encontro de bruxas: eram cerca de oitenta, dispostas a desmantelar o reino de Cristo. Elizabeth era neta de um antigo pastor de Andover, Francis Dane. Nesse dia, a filha de Dane, grávida, compareceu perante Hathorne e Corwin. Embora um toque de sua mão afastasse a crise da criada dos Procter, Abigail Faulkner, mãe, não confessou. A sobrinha insistiu com ela "em honra de sua cidade". Abigail fincou pé, teimando que "Deus não exigiria que confessasse algo de que não era culpada". Ela resistiu mesmo quando forças invisíveis atiraram a linda Mary Warren debaixo da mesa dos juízes. Abigail objetou que tinha olhado para as meninas quando visitaram Andover sem afligir nenhuma delas. Mas, informaram os juízes, isso tinha sido antes de ela começar a praticar bruxaria.

Quinze dias depois, Abigail admitiu ter ficado furiosa com a prisão da sobrinha. Realmente "lançou mau-olhado" nas enfeitiçadas. Ela esperava que sofressem porque estavam destruindo sua família. Em nada ajudava o fato de Abigail Faulkner, mãe, embora expressando compaixão pelas garotas, não derramar nem uma lágrima por elas. Tampouco ajudava ela ser prima de Martha Carrier e de Mary Toothaker, e aparentada por casamento com Elizabeth How, enforcada em 19 de julho. Dentro de poucas semanas, as filhas de Abigail, de sete e doze anos, também foram detidas, e ambas confessaram. Em meados de setembro duas filhas do reverendo Dane, uma nora, quatro netos e várias sobrinhas e sobrinhos estariam sob custódia. Dane viria a descobrir que mantinha relações com nada menos que vinte bruxas.

Tendo se casado numa das principais famílias de Andover, Francis Dane era pastor da cidade desde antes de Samuel Parris nascer. Tinha assumido a responsabilidade de servir também como professor, e a maioria dos homens adultos de Andover que aprendeu a escrever o fez sob sua tutela. A aldeia conhecera poucas disputas litigiosas por terras, e guerras pastorais não haviam maltratado os egos locais. Mesmo assim, Andover tinha razões para se ressentir de seu velho pastor artrítico que não queria se aposentar, mas que só dava conta de parte de seus deveres. Contrataram um homem mais jovem, mais ortodoxo, colega de classe de Parris, para substituir o velho pregador. Dane entrou com um processo legal. Andover acabou pagando aos dois pastores, vizinhos imediatos, que repartiam o púlpito com visões de mundo bem diferentes. Dane agia com pulso firme, Thomas Barnard era mais afiado, e reclamou que a escola em que ensinara antes da ordenação podia ser comparada a um chiqueiro. No fim, o mais jovem veio a custar mais caro à cidade que o mais velho.

Ninguém acusou Barnard nem sua jovem família, enquanto ao longo das semanas seguintes a família de Dane seria sistematicamente atingida. Ele não conseguia se livrar da sensação de que havia uma acusação a caminho; Massachusetts agora sentenciava seus pastores à morte. Ao menos um membro da congregação tentou lutar a seu favor. Antes do grande júri de setembro, uma matrona de Andover revelou seu voo para o batismo diabólico. Ela e um diácono da igreja compartilharam um galho com duas outras bruxas. Será que ela sabia que o diabo podia afligir na forma de um cúmplice sem o consentimento dele? – perguntaram os magistrados. Ela garantiu que não. Na segunda-feira anterior, ela e a sra. Dane haviam tomado emprestado o espectro do reverendo para implicá-lo. A manobra não funcionara. "O Senhor não admitiu que assim fosse, que o diabo pudesse afligir na forma de uma pessoa inocente", ela explicou.[7]

O torvelinho do terceiro ato em Salem começou quando o ritmo de prisões e confissões se acelerou loucamente. Depois de 19 de agosto não havia corajosos John Procter nem desdenhosas Martha Carrier. Quando as filhas de Martha foram convocadas, elas confessaram, e suas palavras tocaram num problema fundamental. Quando a pessoa podia se considerar suficientemente reformada? Os magistrados da aldeia trabalharam quase diariamente no fim de agosto e em setembro, ouvindo a litania de variações de uma história conhecida e pungente. Se a prisão comum não garantia que os indivíduos confessassem, o método de interrogatório e o preço da resistência, sim. Não se sabe se Ann Foster admitiu voluntariamente ter voado ou se lhe perguntaram se o tinha feito. Ela não havia mencionado o voo na audiência inicial, descreveu a queda na segunda audiência e acrescentou o sabá na terceira. Uma mulher de Andover negou qualquer participação em bruxaria até não negar mais. Um camponês inseriu um batismo satânico em sua confissão. O que ajudava era ninguém saber o que fazia uma bruxa. Composição em parte bíblica, em parte folclórica, vagamente sueca e menos vagamente indígena, a bruxa era alguém que em julho beliscava e em agosto derrubava reinos.

Em setembro, só pequenas questões não se encaixavam. John Willard era velho ou moço? Richard Carrier respondeu cuidadosamente: "Ele não é velho." Questionada sobre como tinha viajado à reunião de bruxas, a filha do reverendo Dane disse que o fizera a cavalo. Mas depois mudou a resposta, revelando que "tinha sido levada num galho".[8] O diabrete peludo de Tituba desapareceu, assim como as tramas subversivas contra governadores. Naquele mês a conspiração satânica ocupou o centro do palco. Presentes diariamente ao tribunal, as moças de Salem colaboravam. Em 2 de setembro a atração principal, Mary Warren, teve ataques violentos, aproximando-se dos juízes com "um alfinete atravessado na mão e sangue escorrendo da boca".[9] A simples menção do nome de um suspeito era capaz de derrubá-la. Era impossível negar bruxaria em presença das meninas. As confissões se combinavam com precisão quase científica, reconfortantes para os esforçados juízes de Salem. Levaria algum tempo para sua natureza reprodutiva parecer mais suspeita que comprovadora de uma conspiração mortal. Enquanto isso, a maior parte do condado de Essex parecia voar em galhos lotados.

ENQUANTO EXPURGAVAM a conspiração demoníaca em Andover, as autoridades expunham outra coisa em meio ao processo: uma vastidão de superstições se aninhava sob as tábuas simples do piso puritano. A filha de Dane acabou confessando bruxaria, mas primeiro sugeriu que havia praticado magia popular. Em 11 de agosto, a cunhada de Abigail Faulkner apresentou à corte uma coleção completa de bonecas, uma delas com três alfinetes espetados. Andover acabou se revelando repleta não apenas de bruxas, mas também de magia popular, meia-irmã popular e voluntariosa da religião. As famílias Barnard e Dane, assim como os Higginson e Hale, estavam infestadas de superstição. Ironicamente, apenas a casa de Parris parecia imune.

Se as mulheres eram tradicionalmente taumaturgas, Andover virou de cabeça para baixo as convenções. O rezador mais talentoso da cidade era um carpinteiro de 49 anos nascido em Exeter, displicente pai de sete filhos, de espírito livre, algo como uma celebridade local. Samuel Wardwell lia mãos e havia predito que a mulher do guarda teria cinco filhas antes de dar à luz um menino. Anunciara que Elizabeth Ballard iria sucumbir à bruxaria. Uma boa dose de expiação reverberou no testemunho contra Wardwell. Nenhum daqueles cujo futuro ele tão incrivelmente previra acorreu em seu favor.

Relutante, em 1º de setembro, Wardwell confessou bruxaria. Talvez tivesse invocado o diabo vezes demais. Era difícil não o fazer ao imprecar contra os animais desgarrados que armavam confusão nos campos. Ele admitiu ter encontrado o príncipe do ar. Não demorou para que o guarda voltasse à isolada fazenda de Wardwell a fim de prender sua esposa, as duas filhas mais velhas e um bebê. A família revelou que um tipo de bruxaria chamava outro; a enteada de Wardwell admitiu que havia usado uma peneira e uma tesoura na primavera. O diabo lhe aparecera com propostas. Depois ela o encontrara três vezes, inclusive na reunião da aldeia, onde vira doze pessoas voarem. Mexer com o oculto alimentou outras confissões; muitos admitiam praticar magia popular, razão por que se sentiam culpados e haviam sido pegos.

O protestantismo negava a magia, mas quando se tratava de caça às bruxas o limiar entre as duas coisas perdia a nitidez. Em março Deodat Lawson tinha investido contra a maior parte das práticas que os residentes de Andover confessavam, alertando contra a tentação de "afastar a bruxaria com encantamentos".[10] O experimento do bolo de Mary Sibley lhe valera uma repreensão muito pública; a sobrinha de Martha Carrier tentara matar uma bruxa engarrafando e cozinhando a urina de uma pessoa afligida. Mary Toothaker consultava um livro de astrologia. Em 6 de setembro, o reverendo Hale testemunhou que Dorcas Hoar lia a sorte regularmente. Dorcas desenvolvera sozinha a prática das previsões baseada nas rugas em torno dos olhos. Em seu julgamento, a corte mandou que lhe cortassem o rabo de cavalo. Ela disse que se o fizessem cairia doente ou morreria. A corte prevaleceu.

Cotton Mather admitiu que, na presença do mal, muitos buscavam refúgio em "coisas queimadas, garrafas, ferraduras e não sei mais quais cerimônias mágicas" ilícitas.[11] Ao mesmo tempo, o pastor do século XVII era capaz de distinguir com mais clareza que nós a "bobagem católica" (ferraduras, bolos de urina, teste de toque) da teologia puritana propriamente dita. Increase Mather descartou como tola superstição o teste de flutuação usado para identificar bruxas. Qual a diferença entre Samuel Wardwell alertar que a esposa de Ballard ia cair doente e Increase Mather rosnar que o mal iria atingir os Sewall, depois da altercação entre este e seu filho? Como distinguir entre oração e encantamento? Entendia-se que o padre-nosso era uma espécie de "encantamento sagrado" diante do qual fantasmas e duendes fugiam.

Oculto, religião, folclore e medicina tendiam a ultrapassar suas fronteiras e o faziam nas casas ricas e nas pobres. Um estatuto de dezembro de 1692 determinaria que procurar tesouros escondidos era uma forma de bruxaria; o governador de Massachusetts devia sua carreira a essa atividade. Phips consultara um vidente de Londres que lhe previra um futuro glorioso. Muitos juízes de Salem possuíam volumes de astrologia, outros se envolviam com alquimia, todos liam almanaques. A biblioteca de Wait Still Winthrop era particularmente rica em literatura mística.

O sobrenatural sempre pairava por perto, em trajes religiosos ou não. Em seu leito de doente, aos doze anos, o futuro pastor de Marblehead havia conversado com uma figura etérea que lhe forneceu três pílulas mágicas. Elas o curaram, e ele depois concluiu que o visitante era um anjo. Quando uma jovem que havia recebido um anjo começou a aterrorizar todos à sua volta, em prol da tranquilidade local, Mather declarou que o espírito era um diabo. Em 1694, os pastores de Massachusetts ainda invocavam uma questão, que definiram em sua reunião de setembro: como diferençar a visita angélica da diabólica? Bruxaria podia ser confundida com providência divina, profecia com estimativa racional, pecado com conluio diabólico.

Quando se tratava de relatar os julgamentos, de apregoar seu amado projeto sueco para Salem, Cotton Mather dava livre trânsito ao folclórico. Ele sabia que o mundo oculto estava em algum lugar; não abria mão de nenhum recurso para exibi-lo. Fazia cálculos científicos com a Bíblia para determinar a data do fim do mundo. As visitas angélicas no estúdio e as demoníacas na sala falavam das mesmas ansiedades e serviam a fins semelhantes. Sarah Good parecia amaldiçoar seus vizinhos, e Cotton Mather desejava tamanho mal a um odioso genro que rezou três dias contínuos pela sua morte. Os rogos funcionaram, e Mather assumiu o crédito por ter despachado o maldoso rapaz.

ENQUANTO SALEM SE PREPARAVA para executar mais cinco bruxas, quatro delas homens, um pastor, dúvidas chegaram às autoridades. Robert Pike, de 76 anos, não fora ao juramento de Phips em maio porque estava ocupado tomando testemunhos contra Susannah Martin, a viúva de Amesbury. Perdeu parte do verão ouvindo o caso contra a sogra do pastor local, Mary Bradbury. Membro popular do Conselho de Massachusetts, Pike era capitão da milícia e o mais eminente cidadão de Salisbury. Na primavera anterior ele viajara ao Maine com Stoughton e Gedney para negociar uma trégua com os indígenas. Era conhecido de Burroughs, seu filho fora colega de classe do filho de Parris em Harvard, ele era casado com a filha de Joshua Moody e sua filha se casara com um Putnam. O marido de Mary Bradbury, colega de Pike no Conselho Municipal, estava entre seus amigos mais próximos. Ele era um homem devoto, de muita leitura e convicções firmes. Décadas antes tinha desafiado uma norma sobre liberdade religiosa. Considerado culpado de difamar a corte, fora banido do serviço público.

Quando as multidões de meados de agosto começaram a convergir para Salem, talvez tenha sido Pike o primeiro funcionário a registrar reservas quanto aos procedimentos. Numa longa carta ao juiz Corwin, ele examinou a lógica do caso. Acreditava em bruxas, embora observasse que eram raras no Antigo Testamento. Nem por um minuto duvidava dos poderes do diabo. Sem dúvida, qualquer bom homem podia sofrer nas mãos de Satã. Diante disso, um caráter duvidoso não devia ser prova para detenção. Pike apontou que havia muita "gente inocente que não é santa". Ele duvidava dos fantasmas: como podia alguém estar simultaneamente em Salem e Cambridge? Pike insinuou que devia haver alguma fraude no ar.

Pike não tinha visto as moças oraculares em ação, mas ouvira muita coisa. O que quer que elas estivessem fazendo era divino ou diabólico. Mas que ficasse registrado que se relacionar com aqueles publicamente atingidos era contra a lei. O Levítico alertava de maneira específica contra a consulta a médiuns ou espíritos. Pike se perguntava quem estava instigando quem. O diabo podia fazer suas artes sem ajuda humana, mas o contrário não era verdadeiro. As meninas visionárias só podiam saber o que sabiam por obra de Satã. Como seu testemunho seria válido? O mesmo valia para os confessos, dos quais ele era o primeiro a duvidar. Além disso, não fazia sentido que as acusadas praticassem bruxaria na corte enquanto alegavam inocência. Ele não aceitava marcas de bruxa e achava melhor deixar o culpado viver que executar o inocente.

Se Pike recebeu uma resposta, ela não chegou até nós. Cotton Mather questionou temas semelhantes em 17 de agosto. John Foster, um dos comerciantes mais ricos de Boston e membro do Conselho, indagou se Mather ainda acreditava que a horrenda bruxaria estava em ação. Mather temia que sim. Dez semanas tinham se passado desde que ele apresentara ao juiz Richards suas opiniões de livre-pensador; seis bruxas tinham sido executadas e havia mais cinco com execução marcada para dali a 48 horas. Uma vez mais Cotton Mather alertou contra as provas espectrais. Mesmo assim, achava possível recorrer a elas. Seus efeitos podiam servir para "dar força a outras presunções". Todos os autores protestantes concordavam que o diabo abusava de inocentes. Mais uma vez ele frisou que nem o teste do toque nem o mau-olhado deviam ser base de condenação. De novo optou por punições menores. Por que não libertar sob fiança os que tinham sido presos por acusações espectrais? Ele ficaria mais satisfeito caso se distribuíssem indultos, se aqueles sob suspeita fossem deportados.

Cotton Mather se manteve longe da falta de lógica que tanto perturbava Pike. Ele acrescentou, porém, um novo refrão, repisando as virtudes dos magistrados, homens de discernimento pelos quais ninguém tinha "maior veneração" que ele. Mestre da inconsistência, o diabo podia agir do mesmo jeito dezenove vezes e mudar de curso na vigésima. "É nossa singular felicidade sermos abençoados com juízes conscientes desse perigo." Insinuou em termos gerais que a corte podia contar com um ou dois pastores. "Nosso caso é extraordinário", ele concluiu.

No dia seguinte, outro pastor formado em Harvard ouviu um conjunto diferente de apreensões. Margaret Jacobs, de dezessete anos, estava acorrentada na imunda prisão de Salem desde o começo de maio, quando a sobrinha de Parris a acusara. Margaret deve ter ouvido o avô caçoar de Hathorne e Corwin, dizendo que eles podiam queimá-lo ou enforcá-lo, mas era tão bruto quanto bruxo. Presa no mesmo dia, ela confessara logo, na taverna Beadle. Era bruxa, tinha assinado o livro do diabo. (Preso na sala ao lado, Jacobs ficou assombrado ao saber disso.) No dia seguinte, Margaret acusou uma mulher de Salem e passou a ser presença regular nas audiências da semana. Estava acorrentada desde então. Seu pai e seu tio tinham fugido. A mãe, semienlouquecida, estava sob correntes esperando julgamento.

Em 18 de agosto, Margaret não suportava mais. O enforcamento de seu avô estava marcado para a manhã seguinte, juntamente com o de

Burroughs e John Willard, que ela ajudara a condenar. Havia um problema em sua confissão, anunciou Margaret na véspera da execução: era "totalmente falsa e mentirosa". Em sua audiência, as meninas afligidas tinham se contorcido ao vê-la, o que assustara a ré. Os juízes tinham feito pressão: "Eles me disseram que se eu não confessasse seria posta no calabouço e enforcada, mas se confessasse ficaria viva." Optara pela vida, e desde então vinha sofrendo "tamanho horror de consciência que não conseguia dormir, temendo que o diabo viesse me levar por ter contado mentiras tão horríveis".[12]

Arrasada, ela pediu permissão para falar com Burroughs, que conhecia desde criança. Implorou o perdão de seu antigo pastor. Burroughs rezou "com e por ela", acorrentado, como sempre resoluto em sua fé. Margaret era uma moça conscienciosa, com viva inteligência. Puxara do avô a facilidade de expressão. Era também uma das "falsas testemunhas" que Burroughs culpava por sua condenação. Não fica claro quando vazou a notícia de que ela recuara, e foi uma das duas únicas suspeitas a fazê-lo. Isso não adiantou muito para Margaret. Os magistrados não acreditaram nela, mandaram-na para um sufocante calabouço, e ela descobriu que preferia "a morte com a consciência tranquila" a um fardo de culpa paralisante. Do calabouço escreveu ao pai. Tinha visto a mãe, que continuava fora de si, mas mandava a ele seu amor. Sabia que sua família estava efetivamente arruinada. Estava arrasada, sem saber quando a iriam enforcar. Margaret garantiu ao pai que esperava "um alegre e feliz encontro no céu".[13]

Outros tinham lembrança diferente da noite de 18 de agosto. Enquanto no calabouço consolava a adolescente chorosa que ajudara a condená-lo, Burroughs ao mesmo tempo presidia uma reunião de bruxas no centro de Andover, onde ministrou o sacramento. Tirando o chapéu, se despediu de seus recrutas incitando-os a continuar firmes; não deviam admitir nada. Parece não ter explicado por que resolveu não torturar os confessos que o haviam traído. Um velho agricultor expressou a esperança de ver Burroughs de novo. O pastor espectral achava pouco provável.

Na manhã seguinte, os guardas atravessaram o pátio da prisão de Salem conduzindo George Burroughs, John Willard, John Procter e George

Jacobs para a carroça. Martha Carrier juntou-se a eles, condenada por ter servido ao lado de Burroughs, que não conhecera antes do julgamento. Embora condenada a morrer no mesmo dia que o marido, Elizabeth Procter teve uma licença concedida por Stoughton porque estava grávida. A maior multidão já reunida até então viu os primeiros homens de Massachusetts serem executados por bruxaria. Como Parris tinha observado num sermão de 1689: "Ver um homem dar seus últimos passos a caminho do local da execução (embora com valor) comove qualquer um cujo coração não seja duro como o diamante."[14] Os cinco homens na carroça insistiam em que eram acusados em falso. Willard e Procter pareciam especialmente dignos para um observador presente. Tão "sinceros, eretos e cônscios de suas circunstâncias" mantiveram-se eles que provocaram lágrimas em todos. Perdoaram acusadores, juízes e jurados, e rezaram para serem perdoados de seus verdadeiros pecados.

Fizeram isso diante de uma multidão especial. Cotton Mather viajou a Salem para a execução. Sua presença imponente denotava o significado do momento. Ao menos um dos condenados apelou para ele, em termos comoventes. Poderia prepará-los espiritualmente para a jornada? Não se sabe se Mather o atendeu ou manteve a mesma linha de Noyes, que não rezava por bruxas.

George Burroughs, de 42 anos, foi executado primeiro. Ele subiu a escada com altivez, porém parou no meio; muitos esperavam uma confissão. Mais uma vez o homenzinho moreno – uma sombra do que era antes das catorze semanas no calabouço – fez o contrário. Acima da multidão de que faziam parte seus parentes e antigos paroquianos, com a corda no pescoço, explodiu num discurso apaixonado. Tinha total domínio das Escrituras, tivera tempo para se preparar e se superou. Burroughs sabia como fazer um sermão grave e ardoroso, a voz se elevando nas ênfases, baixando para provocar assombro "como o produzido pela queda de um raio". Os raios que ele lançou conquistaram "a admiração de todos os presentes". Falou com sinceridade e se entregou ao Todo-Poderoso. Lágrimas rolavam pelos rostos antes que ele concluísse com os dizeres conhecidos: "Pai-Nosso, que estais no céu", recitou ele sem um deslize, feito impossível para um bruxo.

Burroughs deixou a plateia aturdida. Durante alguns momentos parecia que a multidão ia suspender a execução.

Esse feito da parte de um mago genuíno exigia uma explicação, logo fornecida pelos acusadores. O diabo estava parado ao lado de Burroughs, assoprando suas palavras. Quem poderia pregar com tamanha eloquência? Minutos depois o corpo do pastor pendia da forca. A vida ainda não deixara seu corpo quando Mather avançou para apagar as fagulhas de descontentamento. Ele falou com firmeza e determinação. De cima de seu cavalo, lembrou aos espectadores que Burroughs nunca fora ordenado. (Isso valia para Bayley e Lawson também, mas fazia o pastor morto parecer não ortodoxo.) Que melhor disfarce o diabo poderia escolher na ocasião que se mascarar de "anjo de luz"?[15] A sentença tinha sido justa, Mather garantiu à multidão. Os protestos se aquietaram, e Willard e Procter subiram a escada, seguidos por Martha Carrier e o desinibido George Jacobs, avô de Margaret.

Os corpos foram arrastados para uma cova comum entre as pedras. Segundo o único relato que chegou até nós, a camisa e a calça de Burroughs foram tiradas, e ele foi vestido com roupas mais simples; não se podia desperdiçar uma calça de boa qualidade. O homem que onze anos antes, na presença do pai de Ann Putnam, concordara em morar entre os aldeões e "viver e morrer em suas obras clericais entre eles" era agora enterrado com desmazelo, com Willard e Carrier, "a mão, o queixo e o pé [de] um deles para fora da terra".[16]

A EXECUÇÃO DE UM PASTOR atraente e articulado, que recitava as Escrituras e protestava inocência, criou quase tanta inquietação quanto a ideia de que ele fora recrutador do diabo. Os fatos materiais não estavam em questão, só a responsabilidade. Será que John Higginson – que vira de tudo em seus 53 anos como pastor de Salem e repreendera os aldeões, em 1687, pelo "entranhado preconceito e determinada animosidade" – acreditava que sua filha era bruxa? Evidente que sim. Ela admitia que ajudara a condenar inocentes, mas até Margaret Jacobs achava que bruxas voavam sobre a aldeia. As execuções de agosto levaram Cotton Mather a procurar um sentido para a história. Samuel Sewall estava em outro lugar na sexta-feira, mas a anotação de 19 de agosto em seu diário mostra que ele admitia a última palavra de seu antigo colega de escola. "O sr. Mather", escreveu sobre os cinco executados, "diz que eles todos morreram por sentenças justas." E prosseguia: "O sr. Burroughs, em seu discurso, oração, protesto de inocência, muito fez para comover pessoas impressionáveis." Sewall não registrou qualquer nota de solidariedade a um colega que ele e a família haviam recebido ao longo de anos. Tampouco permitiu que um vestígio de dúvida se insinuasse em suas linhas.

Seis dias depois da execução de Burroughs, Hathorne e Corwin examinaram uma moça de Andover, de dezoito anos, sobrinha de Elizabeth How. Ela negou qualquer conhecimento de feitiçaria até que, ao saber que sua irmã a acusara, admitiu ter encontrado com o diabo no inverno anterior. Ela se submetera ao batismo satânico, voara e comparecera a uma reunião de duzentas bruxas. (A irmã mais velha confirmou esse número, mas alertou que quinhentas bruxas infestavam Massachusetts.) No decorrer do processo, a moça incriminou outras duas irmãs e respondeu a diversas perguntas não formuladas antes do enforcamento de Burroughs: sabia de algum inocente na cadeia? (Sabia, mas de apenas um.) Seria possível que as moças enfeitiçadas fossem elas próprias bruxas? "Não", a adolescente afiançou. Os juízes de Salem buscavam garantias. E elas chegaram em ondas de confissões cada vez mais céleres: em agosto, foram denunciadas mais bruxas que em julho. Em setembro os relatos eram uniformes e tinham como figura de proa o reverendo Burroughs.

William Barker, de 46 anos, e Samuel Wardwell, de 49, adivinhos de Andover, confessaram com poucos dias de diferença. Ambos estavam financeiramente ligados a fazendeiros locais. Wardwell não mencionou o sabá, apenas as aflições que havia provocado. Assinara um pacto de dez anos com o diabo. Barker era um recruta recente e forneceu uma das maiores estimativas da equipe diabólica – em sua versão, mais da metade da população da aldeia de Salem – e a história mais atraente. Alertou que, furiosas por terem sido descobertas, as bruxas conspiravam para fazer as enfeitiçadas parecerem culpadas.

Enquanto Stoughton preparava a convocação de novos jurados para a próxima sessão da corte, Barker entregou outras preciosidades. Implorando perdão aos honrados magistrados e a todo o povo de Deus, ele forneceu uma base lógica para a escolha do campo de Salem como sede da reunião infernal, explicação que gratificou as autoridades, Parris em particular: o diabo visava destruir os aldeões porque eles brigavam entre si e com seus pastores. E confirmou aquilo para que a corte alertara dezessete anos antes: com as incessantes querelas, tinham dado força a Satã. O plano do diabo pedia urgente atenção em toda parte: o arquimaligno pretendia cuidar para que "não houvesse dia da ressurreição nem julgamento, tampouco castigo ou vergonha pelo pecado". Ele prometera que "todas as pessoas deviam ser iguais", ideia igualmente herege em 1692.[17]

Andover, enquanto isso, parecia não se saciar das adivinhas de Salem. Mandaram as moças para a aldeia em múltiplas ocasiões, instalando-as à cabeceira e aos pés dos doentes. Provavelmente no começo de setembro o pastor secundário de Andover, Thomas Barnard, reuniu-as com outra finalidade. Sem explicação, convocou sete mulheres locais para a igreja, entre elas uma menina de treze anos e sua mãe, bem como a filha de Dane, de 41 anos. Barnard liderou a oração do grupo, depois vendou as mulheres. Enquanto as meninas de Salem se retorciam e caíam, Barnard instruiu as mulheres de Andover a pousar as mãos sobre as visitantes, e todas se acalmaram imediatamente. As sete foram presas.

Acumulavam-se confissões e acusações, o que significava novas prisões e relatos mais intrincados. Quando confessou pela primeira vez, Rebecca Eames, de 51 anos, estava a serviço do diabo havia sete anos; relutou em concordar que seu filho era mago e não citou nomes. Depois de doze dias na prisão, ela havia praticado bruxaria durante 26 anos e fora batizada; revelou que o filho era mago havia treze anos e citou nomes. Cinco irmãs de Andover confessaram. Susannah Martin e Margaret Jacobs foram enforcadas. Todo mundo agora conhecia uma acusada de bruxaria. Naquela confusão, onze membros de uma família foram incriminados, nove deles por parentes. A idade dos novos suspeitos variava entre sete e oitenta anos; quase metade era adolescente. Maridos acreditavam o pior de suas esposas. Elizer Keyser acusou outro homem, um comerciante de lenha de Manchester.

Desde o início havia furos nos registros. Como explicou Stephen Sewall, era simplesmente impossível registrar tudo. Grande número de acusações não era registrado. Depois de certo ponto no verão, as negativas mal figuravam no papel. O peso dos julgamentos se fez sentir no sistema judicial, que, com os magistrados presos às audiências de bruxaria, deixava de lado todo assunto menos urgente. A riqueza de detalhes era excessiva. Até Hale, escrevendo posteriormente, ficou "cansado com a narração de particularidades".[18]

Para os carcereiros e taverneiros como os Ingersoll, os julgamentos eram um bom negócio. Para os outros, representavam um período de dificuldades. Os guardas trabalhavam horas extras ao percorrer grandes distâncias para entregar mandados, escoltar suspeitos, perseguir fugitivos e fazer os arranjos de transferência de prisão. A tensão se manifestava de diferentes maneiras. O juiz de paz de Andover que se preocupara por não ser adequado à função assinou seu último mandado de prisão por volta de meados de setembro. Ele havia expedido quase quarenta mandados e simplesmente se recusou a prosseguir. O resultado foi previsível: ele e sua mulher foram acusados de bruxaria. O irmão também foi citado, ao lado de seu cachorro, cúmplice não espectral, no qual foi visto montado. As duas famílias fugiram para o norte e o cachorro foi executado. Por toda parte o feno não era empilhado, os grãos não eram colhidos, as cercas não eram consertadas, o gado não era cuidado. Enquanto isso, as noites iam ficando frescas. As semanas de trabalho mais intenso estavam por vir. O outono era a estação de fabricar sidra, de secar, salgar e fazer as conservas de inverno, de debulhar o milho. Era difícil realizar essas tarefas entre visitas à prisão, depois de longos dias no tribunal ou enquanto se cuidava de parentes enfeitiçados ou feiticeiros. Muitos estavam à beira da ruína, tendo vendido gado a preço baixo para sustentar parentes presos.

Era quase impossível não ter pena do subxerife, que no final do ano alegou exaustão e penúria. Desde março ele não fizera mais que entregar mandados, prender suspeitos, assistir a acareações e julgamentos, conduzir bruxas de prisão em prisão. (E em nada ajudava o fato de Massachusetts acreditar que pagar a servidores públicos era opcional.) O xerife implorou ajuda a Phips e Stoughton "neste duro inverno, para que eu e meus pobres filhos não fiquemos destituídos de sustento e não venhamos a morrer".[19] O xerife do condado de Middlesex e o carcereiro de Cambridge pagaram com seus próprios meios cavalos, lenha para a prisão, guardas para acompanhar os carros, gente para perseguir suspeitos e provisões para os encarcerados, sem receber reembolso.

Mais difícil é se apiedar do sobrinho do juiz Corwin, o xerife do condado de Essex. George Corwin se esbaldou pilhando as casas dos acusados. Em tese ele estava em seu direito, depois da prisão dos donos, mas não se esperava tanto. Margaret Jacobs sabia que Corwin havia saqueado a propriedade de seu avô, confiscando gado, feno, barris de maçãs e alqueires de milho, um cavalo, cinco porcos, camas e cobertores, duas chaleiras de latão, utensílios de estanho, galinhas e cadeiras. Tiraram até a aliança de casamento do dedo da mãe de Margaret. Os English escaparam em segurança, mas não sua mansão. Corwin pilhou desavergonhadamente a propriedade, deixando-a depois aberta ao saque. Levou móveis, utensílios domésticos e retratos de família, além de uma bolada de 1.500 libras. (Os English nem tinham sido condenados, fugindo antes de serem julgados.) Quando uma mulher de 61 anos foi enforcada em setembro, um agente da lei foi até sua casa e confiscou o gado da família, grãos, feno, e aconselhou os filhos dela a falar com o subxerife Herrick para evitar a venda do que restava.

As prisões criavam outra complicação. O que fazer com as crianças órfãs? Muitas foram abandonadas, os Procter ficaram sem nada para comer. Logo depois da prisão de Burroughs, sua terceira esposa "passou a mão em tudo o que pôde", inclusive a biblioteca, vendeu os bens e emprestou o dinheiro a juros. Ela e a filha foram para o sul, abandonando sete enteados, que não receberam nem uma lembrança do pai. No fim de setembro, os conselheiros de Andover recorreram à corte de Ipswich para indagar o que fazer com os sete filhos do adivinho Wardwell e sua mulher, que estavam na prisão. A corte ordenou que a maioria fosse instalada com "boas e honestas famílias". O mais velho ficou com o tio, John Ballard, cujo irmão prendera Wardwell.

    Hathorne, Corwin e Gedney, que dedicavam imenso número de horas ao processo, compareceram à corte durante todo o mês de setembro. Parris fazia a viagem de oito quilômetros até a cidade incontáveis vezes por semana, dedicando à bruxaria o que foi estimado em cinquenta dias entre o fim de março e começo de setembro, negligenciando seus deveres em casa. Durante meses nada escreveu no caderno de sermões. Ele acompanhou a sobrinha à corte para testemunhar contra dez suspeitos. Sentiu que era seu dever ajudar na missão em curso, missão da qual ninguém se mostrou mais incansável que o juiz presidente Stoughton. Batalhando para libertar a terra das bruxas, o juiz convocou o grande júri para uma terceira sessão, ao meio-dia de terça-feira, 6 de setembro.

    Nessa semana, a corte indiciou dezenove bruxas, o maior número até então, com base em provas frágeis e em ritmo acelerado. Stoughton enfrentava diversas complicações. Embora a própria sobrinha testemunhasse contra ela, Mary Esty deixou confusa a corte, que já tivera dificuldade em ligar a delicada mulher às acusações de bruxaria. Em setembro, até os carcereiros de Ipswich defendiam a mãe de sete filhos, prisioneira-modelo, educada e sóbria. Mary apresentou uma petição à banca. Em abril ela havia sido tirada de sua fazenda em Topsfield, presa, solta e presa de novo. Sua irmã mais velha fora enforcada em julho. Ela e sua irmã Sarah Cloyce tinham apenas três pedidos. Primeiro: já que a corte não lhes permitia ter advogado nem o privilégio de apresentar seu caso sob juramento, os juízes advogariam por elas? Segundo: poderiam convocar testemunhas a seu favor? O pastor de Topsfield estava pronto a jurar a inocência das duas. Terceiro: ecoando Robert Pike, perguntavam se poderiam ser julgadas por outras provas que não "o testemunho de bruxas, ou, como se supõe, de afligidas por bruxas". As mulheres pediam "uma audiência justa e equilibrada do que pode ser dito a nosso favor, assim como contra nós".[20] Em cada uma das solicitações elas censuravam sutilmente a corte; a lei inglesa garantia tais direitos. Stoughton condenou as duas à forca.

Ele enfrentou outra dor de cabeça quando o grande júri ouviu o caso do promotor-geral contra Giles Corey. Ao menos sete moças de Salem atestavam os dotes sobrenaturais do agricultor. Quando convocado perante o grande júri em 9 de setembro, Corey deu um passo à frente e ergueu a mão. Lidas as acusações, declarou-se inocente. A corte então perguntou: "Réu, como será o senhor julgado?" O julgamento só podia prosseguir com as palavras "Por Deus e por meu país". Corey já dissera isso antes diante de magistrados; nessa sexta-feira de setembro ele se calou, obstruindo o processo.[21]

Felizmente para Stoughton, alguns homens continuavam prontos a apoiá-lo. Em 2 de setembro, Cotton Mather escreveu ao juiz presidente. Ele já tinha feito mais nos bastidores do que Stoughton poderia supor. Vinha jejuando quase toda semana ao longo do verão para acabar com o cáustico ataque e achava que os pastores deviam apoiar a corte nessa missão extraordinária; nenhum o tinha feito ainda. Ele se ofereceu como voluntário para preencher esse espaço. Começara a escrever algo, em parte "para pôr a nossa calamidade sob uma luz tão verdadeira quanto possível". Prometeu dissipar as dúvidas sobre inocentes em perigo, passagem que sublinhou. Esperava "aplacar a fúria, que neste momento tanto voltamos uns contra os outros".[22] Mather disse que submeteria cada sílaba de sua narrativa a Stoughton. (Sabia muito bem que não podia publicar nada sem permissão, mas tinha em mente uma história oficial.) O juiz presidente e seus colegas assinariam abaixo de seu pequeno trabalho, lembrando às pessoas seus deveres diante de tamanha crise? Ao contrário de Mary Esty, ele obteve a resposta que queria.

Parris conhecia em primeira mão as fúrias de que Mather falava. À medida que Stoughton prosseguia, o pastor da aldeia parecia entender que a destruição da Igreja começaria em sua casa. Ele escolheu o Apocalipse 17:14 como sermão de 11 de setembro. Avaliando o combate em curso, plagiou aguda e liberalmente Cotton Mather. A guerra em que estavam empenhados lançava "o diabo e seus confederados" contra Cristo e seus seguidores. Eles eram os escolhidos, venceriam. Cercado por descrentes e diabos, Parris condenava a dissidência; os que se opunham à corte não eram melhores que os "amotinados e intrigantes israelitas" que se rebelaram contra Moisés. Resistir aos magistrados era ficar do lado do diabo. Em seguida ele pediu um voto de excomunhão para Martha Corey, que em março zombara da sobrinha dele e suas companheiras como "pobres crianças possuídas". O voto foi concedido, mas não por unanimidade.

Na quarta-feira, Parris visitou Martha Corey na prisão, acompanhado por Nathaniel Putnam e diáconos da igreja, dois deles tios das afligidas. Martha recebeu friamente os visitantes e foi direta; Parris – que transcreveu o relato da audiência do marido dela – considerou-a "muito obstinada, se justificando e condenando todos os que tivessem feito qualquer coisa para sua condenação". Ele sugeriu que rezassem. Aquela que se descrevia como uma mulher do Evangelho não se interessou; os visitantes rezaram sozinhos. Depois Parris anunciou "a terrível sentença de excomunhão" contra sua amarga paroquiana, exonerando-a de todos os privilégios e expectativas da igreja e entregando sua alma a Satã. A visita foi breve.

EM 1º DE SETEMBRO, três dias depois de William Barker expor o depravado esquema de Satã para tornar todos os homens iguais, o juiz de bruxaria John Richards se casou em Boston. Um tanto rústico, Richards era relativamente recém-chegado a Massachusetts, embora muito bem-sucedido no lugar. Ele tomou por esposa Ann Winthrop, irmã de Wait Still Winthrop. Stoughton realizou a cerimônia, à qual Samuel Sewall compareceu. Dois outros juízes juntaram-se a eles; o armador Bartholomew Gedney era parente de Winthrop por casamento. A irmã da noiva era a sra. Jonathan Corwin. Não era incomum que quatro juízes de bruxaria se vissem relacionados pela via do casamento e reunidos numa tarde de quinta-feira. Os mesmos homens eram diáconos e conselheiros públicos, os maiores contribuintes de impostos, com os nomes mais célebres, e dominavam os negócios civis, legais e religiosos locais. Saídos de uma minúscula coorte, constituíam uma elite autoperpetuada precisamente pelas uniões como a de Richards-Winthrop. Aquele era o segundo casamento de Richards. Sua primeira mulher era uma Winthrop, tia da nova esposa.

Os círculos pastorais também se sobrepunham e se cruzavam. A esposa de Stephen Sewall (escriturário da corte de Salem), encarregada de cuidar de Betty Parris, era filha de um influente pastor de Cambridge, amigo de longa data dos Mather. Os reverendos Noyes e Hale eram parentes por casamento, assim como Hale e John Emerson, Samuel Parris e o pastor de Milton. Como grupo, o clero – assim como a corte – formava uma fraternidade.

Não se pode dizer que os membros da corte sempre concordavam em suas opiniões políticas. Política e negócios, porém, aproximavam os juízes. Quase todos possuíam grandes interesses na fronteira. Tinham sofrido as maiores perdas financeiras em 1689 e 1690, quando os indígenas destruíram seus moinhos. Stoughton e Sewall haviam viajado a Nova York a fim de obter apoio para um ataque conjunto a Montreal; Hathorne e Corwin foram ao Maine e a New Hampshire para revisar as defesas de fronteira. Em 1681 Stoughton foi escolhido para viajar de novo a Londres e tentar negociar uma nova Carta, encargo que coube afinal a Richards, quando o primeiro o recusou. Stoughton já tinha ouvido o bastante acerca da insolência da Nova Inglaterra.

Samuel Sewall se encontrava regularmente com a maior parte dos outros juízes. Stoughton e Winthrop figuravam entre seus amigos mais próximos; era mais íntimo ainda de Noyes. O ocupadíssimo xerife Corwin era sobrinho do juiz Winthrop e genro do juiz Gedney. O mesmo padrão dominava em toda a Nova Inglaterra, onde uma trama cerrada unia pequeno número de famílias. Os juízes de bruxaria – e os pastores a quem eles apelavam, cujos salários em grande parte eram pagos por eles – faziam jejuns, rezavam, jantavam, nadavam e viajavam juntos. Eles batizavam, ensinavam e pranteavam uns os filhos dos outros, cortejavam as viúvas uns dos outros; administravam as propriedades uns dos outros.

Juntos tinham conspirado e derrubado um governo. Cotton Mather havia escrito a declaração que justificava a revolta contra Andros, lida diante de uma vasta multidão na galeria do Conselho. Cercado por diversos futuros juízes de bruxaria, Stoughton censurara o governador deposto. Em Londres, Increase Mather fizera um duro lobby pela nova Carta. Tendo agido em favor do golpe, anunciado conspirações muito antes de um acordo, esses homens precisavam demonstrar que a Nova Inglaterra era capaz de controlar seus próprios negócios, de repelir os invasores.[23] Levou um bom tempo antes que um vestígio de desavença aparecesse na corte. Eles tinham o pendor de se alinhar e todo o incentivo político para isso. Em outubro, um crítico da corte prefaciou suas observações com um repúdio: preferia morder os próprios dedos "a voluntariamente conspurcar a autoridade ou censurá-la de alguma forma".[24] Membro da congregação de Willard, ele era íntimo de Sewall, e logo seria aparentado de Winthrop por matrimônio.

Ao longo de todo o seco verão, a história pertencia àqueles que acusavam e confessavam. Seus relatos se uniam. A partir de meados de setembro, a corte enfrentou repetidos obstáculos. Por volta do meio do mês, a esposa do reverendo Hale foi citada; mãe de três crianças pequenas, ela estava no sétimo mês de gravidez. Hale formulara algumas questões desagradáveis, como fizera no julgamento de Burroughs. Foi mais ou menos aí que o juiz de paz de Andover, Dudley Bradstreet, não vendo razão para deter mais uma bruxa, suspendeu suas ações. Stoughton também teve de ouvir Mary Esty, que apresentou a segunda petição. Dessa vez ela se dirigia à banca e ao governador Phips. Com o enforcamento marcado para a semana seguinte, Mary estava conformada com seu destino. "Dirijo esta petição a Suas Excelências não por minha própria vida", escreveu, "porque sei que devo morrer." A corte estava fazendo o melhor para erradicar a bruxaria, mas procedia incorretamente. Ela se aventurou a expor novas ideias. Poderiam os juízes tomar com cuidado o depoimento das moças afligidas e apartá-las por algum tempo? Ela recomendava que julgassem uma bruxa confessa. Várias tinham cometido perjúrio.[25]

No final de julho, na prisão de Ipswich, "com o corpo muito fraco, mas a memória perfeita", Giles Corey, cujo julgamento não havia progredido, escrevera seu testamento, deixando sua fazenda de quarenta hectares para dois de seus genros. John Procter tinha sido enforcado, e a excomungada Martha o seguiria daí a dias. Seu marido não tinha intenção de confessar, muito menos de agradar aos juízes, diante dos quais comparecera várias vezes, se recusando a pronunciar a frase essencial. Obstinado desde o início, ficara ainda mais teimoso depois de fazer o tour das prisões da Nova Inglaterra. Ele sabia que qualquer pessoa que pisasse na sala do tribunal de Stoughton estava condenada. Homem que se vangloriava de nunca ter recorrido ao termo "medo" em sua vida, Corey se recusou a pronunciar as seis palavras obrigatórias. A recusa, alertou Stoughton, resultaria na horrível sentença medieval de "castigo duro e severo". Pedras e chumbo seriam empilhados sobre ele até ceder ou morrer. Essa era uma punição nunca antes aplicada na Nova Inglaterra.

Provavelmente em 17 de setembro os guardas levaram Corey para o pátio fechado da prisão de Salem, ou para o outro lado da rua, num campo. Ele tirou os sapatos e se despiu antes de se deitar de braços abertos no chão. Os encarregados puseram uma prancha sobre ele e ali empilharam pedras; Dounton, o carcereiro, provavelmente ajudou. As autoridades agiam de acordo com o código legal, que pedia que o réu fosse pressionado sob o "maior peso que conseguisse suportar, e além". Corey não receberia "nenhum sustento, exceto, no primeiro dia, três bocados de pão seco e, no segundo dia, três goles de água parada". Nas primeiras horas a tortura devia apresentar resultados. Depois de certo ponto seria tarde demais. Os espectadores se reuniram, entre eles um amigo de Corey, próspero e truculento capitão do mar de Nantucket. Ele entendia a situação, assim como os reveses, porque um cunhado seu estava entre os fugitivos, e tentou argumentar com Corey.

Embora Giles Corey tivesse muito a dizer entre uma respiração difícil e outra, a frase sacrossanta não figurou entre seus pronunciamentos. Ele se arrependia, não reconsiderava sua obstinação. Pela segunda vez naquela semana a igreja excomungava um Corey; a sentença parece ter sido pronunciada durante a tortura. Como não podia ser declarado culpado de bruxaria, ele foi excomungado como suicida. O velho expirou por volta do meio-dia de 19 de setembro. Corwin procedeu à imediata reivindicação de sua propriedade, numa curiosa ironia, uma vez que 43 anos antes Giles Corey tinha feito sua primeira aparição no tribunal acusado de roubar trigo, tabaco, bacon e uma porção de outros bens da família do xerife.

George Burroughs detém a honra de ser o único formado em Harvard a morrer enforcado por bruxaria, mas Giles Corey foi o único indivíduo a ser morto por esmagamento nos Estados Unidos. Não há registro de como Martha recebeu a notícia nem se ouviu os gemidos do marido. Outros evitaram a abominável provação, como tinham estremecido diante da execução de um pastor. Enquanto Corey sufocava debaixo das pedras, as bruxas voltavam a atacar Ann Putnam, filha. Elas ameaçaram esmagá-la até a morte no sabá daquela noite, mesmo antes de Corey expirar. Ann afinal encontrou alívio quando um fantasma se materializou. Ele contou uma história enrolada que a menina se sentiu obrigada a revelar a Sewall. Era o fantasma de um homem que diziam ter sido assassinado por Corey anos antes. Disse que o diabo vaticinara que Corey sofreria morte dolorosa. Edward Putnam, autor da carta, deslumbrou-se com a conversa fantasmagórica de Ann por duas razões. Ele próprio tinha conhecido a vítima de Corey. No entanto, tudo acontecera antes de sua filha nascer. A menina de doze anos parecia dominar o passado assim como o futuro.

Por que ninguém havia mencionado isso antes? – Putnam perguntava. O júri anterior tinha considerado Corey culpado de assassinato, "mas como, se algum encantamento tivesse obstado a questão, a corte não ficara contra Giles Corey".[26] Sewall leu a carta logo depois da morte de Corey e com o espírito adequado. A correção prevalecera, e a aparição do sábado garantia isso, as peças se encaixavam. Pela carta, Sewall tomou o fantasma como Corey e inferiu, compreensivelmente, que este havia "pisado e esmagado o homem até a morte". O júri de 1676 ouvira que Corey aplicara no homem quase cem golpes de bastão e o considerara inocente.

Martha Corey seria viúva apenas durante dois dias. Na manhã de 22 de setembro, ela fez o duro trajeto por Salem até o que seria depois conhecido como morro da Forca. Era dia de sermão. Mary Esty seguia com ela, assim como Samuel Wardwell e cinco outros. Embora devesse acompanhá-los, Dorcas Hoar não estava ali. Dias antes havia confessado "o hediondo crime de bruxaria". Noyes e Hale intervieram a seu favor, apelando pela suspensão da pena. Hale não sabia explicar por que Dorcas assinara o livro do diabo, mas ficou sensibilizado com sua confissão. Diante da angústia da mulher, poderiam protelar a execução por um mês, "para aperfeiçoar seu arrependimento" e "prepará-la para a morte e a eternidade"?[27] Eles insinuaram que Dorcas estava revelando os nomes de seus confederados. A protelação foi concedida. Sewall observou que era a primeira vez que uma bruxa condenada confessava. Seria também a única.

Outros manifestaram maior preocupação com suas almas que com suas vidas nos dias que antecederam a execução de setembro. O adivinho Samuel Wardwell também mudou de atitude. Não era bruxo. Como a corte podia condená-lo com base apenas em provas espectrais? Ele se retratou, mas descobriu que não era tão fácil renunciar ao batismo diabólico. Pela lógica do momento, Dorcas Hoar continuava na prisão quando Wardwell seguiu para a forca. Ele seria o único confesso a ser enforcado. Os homens de Corwin logo confiscaram as posses de Wardwell. Prematuramente, Corwin foi à casa de Dorcas e partiu levando as cortinas e a cama.

Enquanto o carro de bois subia lentamente o caminho naquela quinta-feira seca e baça, uma roda emperrou. Levou algum tempo para ser liberada. As moças disseram que o diabo atrapalhava o trajeto. Protestando inocência até o fim, Martha Corey terminou a vida com uma ardente oração pronunciada nos degraus da forca. Quando Wardwell se dirigiu à multidão, a fumaça do cachimbo do carrasco voltou sobre seu rosto e ele engasgou; o diabo o interrompera, caçoaram os acusadores. A numerosa família Nurse soluçou quando Mary Esty subiu a escada acenando para o marido, os filhos e amigos. Ela falou em tom neutro e sóbrio sobre a petição. Quase todos os presentes se viram às lágrimas quando o carrasco passou a corda sobre sua cabeça.

Nicholas Noyes não chorou. Voltando-se para os corpos que pendiam da estrutura primitiva, ele zombou: "Que coisa triste ver oito brasas do inferno penduradas ali!"[28] Nenhum deles deixou sequer um traço na história de Mather. Todos negaram qualquer participação em bruxaria, assim como, ao longo de quatro sessões, os 27 suspeitos que haviam comparecido perante a corte, todos sentenciados à morte. Foram condenados por terem torturado as garotas da aldeia de Salem, das quais muitos nunca tinham ouvido falar e que a maioria nunca tinha visto. Muitos na Colônia da Baía contavam as vítimas. Com menos exatidão, mas muito prazer, os inimigos puritanos se deslumbravam com o frenesi de Massachusetts. Eles estavam "enforcando uns aos outros" exatamente pelo crime de que os acusavam, observaram dois comerciantes quacres que visitaram Salem no outono: adorar o diabo. De fato, "acalorada e loucamente atacavam uns aos outros no escuro", como Cotton Mather lamentou.[29] A caça às bruxas parecia estimulá-los a agir como as criaturas que abominavam: católicos, franceses e magos.

10. Publicado para evitar relatos falsos

> Pois profecia é história pré-datada; e história é profecia pós-datada: ambas dizem a mesma coisa.[1]
> NICHOLAS NOYES, 1698

CENTO E VINTE SUSPEITOS de bruxaria sujos e subnutridos estavam presos naquele outono. Havia algumas grávidas, vários caíram doentes, outros já tinham cuidado de suspeitos agora mortos, quase metade havia confessado. A nora do reverendo Francis Dane e a cunhada de William Barker descreveram desvairadas e exaustivas acusações. Tinham concordado com tudo que lhes fora imputado, "nosso entendimento, nossa razão, nossas faculdades quase extintas". Confusas e envergonhadas, não faziam ideia do que esperar: acusadas e bruxas confessas enfrentariam o mesmo destino? Se ao longo do verão a uniformidade corroborava uma trama diabólica, no final de setembro isso começou a perder credibilidade. A abrangência da crise também era desconcertante. A corte enfrentava crescente resistência. Precisavam de uma versão fidedigna acerca da invasão demoníaca que validasse seu árduo trabalho, enfatizando o perigo e afastando as dúvidas. Felizmente eles já tinham um voluntário.

No começo de setembro, Cotton Mather solicitou à corte as transcrições de Stephen Sewall. O escrevente de Salem concordou em fornecê-las, mas não as entregou. Não sabemos o motivo da hesitação, mas ele já estava muito ocupado com a papelada para transcrever cópias adicionais. Insistente, enjoado, Mather tentou obter as páginas antes do enforcamento de 22 de setembro. Para se mostrar "mais capaz de erguer um estandarte contra o inimigo infernal", implorou a Sewall que cumprisse sua promessa. Ele precisava do relato de meia a uma dúzia dos casos principais.[2] O esforço a mais não seria nada diante da luz de seus benefícios. Mather lembrou Sewall de que ele estava no limbo por causa de seus amigos. Não precisava informar que um desses amigos era o irmão mais velho de Sewall.

Mather ditava os termos, queria as partes mais convincentes. O relator da corte devia apresentar as páginas em forma narrativa. Era mais difícil de desacreditar o processo depois que onze bruxas tinham sido enforcadas. Ele tinha uma razão a mais para insistir na refrega: Hale e Noyes também pensavam em escrever. O que quer que estivessem presenciando, os participantes de Salem reconheciam que era algo histórico. Num pós-escrito, Mather recorreu à artilharia pesada: trabalhava sob as ordens do governo e insinuou duras repercussões políticas.

Sewall não teve muito tempo. Talvez tenha entregue uma pilha de documentos, embora sem fornecer um relato de testemunha ocular. Aquela quinta-feira encontrou Stephen Sewall na rica residência de seu irmão, na companhia de William Stoughton, John Hathorne, John Higginson Jr. e Cotton Mather. Em 22 de setembro, enquanto Salem enforcava oito bruxas, os homens enfrentavam as críticas à corte. Todos continuavam satisfeitos com os trabalhos, inclusive Higginson, cuja irmã estava presa e tinha assinado o mandado de prisão para uma nova suspeita de Gloucester dias antes. Era imperativo que os juízes continuassem no papel de heróis, deviam exterminar bruxas, não criar mártires. Era dia de sermão, e eles se reuniram para rezar.

Quando chegara, o governador Phips tinha encontrado os correligionários assolados pela "mais horrível bruxaria ou possessão", mas deixara a infestação a cargo de Stoughton, preferindo enfrentar os inimigos visíveis.[3] Agora já não era possível ignorar o fato. Em 29 de setembro ele retomou a "agitada controvérsia" que atrapalhava todos os outros negócios. Os que viam a nova Carta e a nova administração com maus olhos exploravam os julgamentos para desacreditar Phips, transformando o "estranho fermento da insatisfação" em disputa aberta. Mesmo que politicamente tentasse evitar o tema, pessoalmente o governador não tinha como escapar, e no outono viu-se entre um filho doente e uma acusada de bruxaria. Em sua ausência, sua esposa fora citada.[4]

Cotton Mather observou que os juízes trabalhavam "com comovente solicitude, buscando a melhor maneira de servir a Deus e aos homens", outra maneira de dizer que estavam absolutamente confusos. Um chiar de discórdia logo vazou da corte: diversos juízes revelaram suas preocupações ao governador. Temiam ter sido severos demais. Se viessem a se reunir de novo, admitiram, agiriam de modo diferente. (Não sabemos os nomes dos discordantes. Muito provavelmente eram o recém-casado Richards e o comerciante de Boston Peter Sergeant. Richards já havia pedido orientação. Sergeant contava com a proteção de uma grande fortuna e estava livre da rede de associações comerciais que ligava o restante da corte. Sewall se submetia a Stoughton; Winthrop não tomava partido. Os três juízes de Salem mantinham-se firmes.) Clérigos renomados formulavam perguntas pertinentes. Estimados cidadãos eram acusados e um importante bostoniano viajou com o filho doente 32 quilômetros até Salem, para ser avaliado pelas moças da aldeia, incorrendo na fúria de Increase Mather. "Não existe um Deus em Boston" – explodiu o reitor de Harvard – "para esse homem ter de procurar o Diabo em Salem para se aconselhar?"

Mais uma vez uma Era de Ouro da bruxaria coincidia com uma Era de Ouro da literatura sobre bruxas; os dois Mather trabalhavam em livros. Increase terminou primeiro. Na segunda-feira, 3 de outubro, a associação de pastores se reuniu na clara biblioteca de Harvard para abordar uma questão normativa. Porém, problemas mais urgentes se interpuseram. Cotton Mather leu em voz alta páginas do recém-terminado livro de seu pai, *Cases of Conscience*, originado nas discussões de agosto da associação. O ensaio era um assentimento à obra inglesa de 1646 que Increase Mather recomendara aos juízes de bruxaria. Ele reiterava os argumentos de maio, descartando a prova espectral. Pela terceira vez insistia em que, embora o diabo pudesse encarnar em pessoas inocentes, a artimanha poucas vezes era bem-sucedida. As cortes raras vezes condenavam erradamente, "de forma que talvez não houvesse nenhum exemplo de pessoa inocente condenada por qualquer corte de justiça na terra" por pura ilusão satânica.[5] O diabo tampouco fazia as pessoas viajarem quilômetros pelo ar.

Increase Mather lidava em grande parte com provas forenses. A visão espectral existia, mas não se sabia se as meninas de Salem a possuíam. Tampouco era claro que estivessem enfeitiçadas. Ele suspeitava de possessão, que podia explicar convulsões, membros retorcidos, profecias, a saúde florescente das meninas. Pelos seus cálculos, o mau-olhado era "uma lenda antiga". Quanto ao teste de toque: "Às vezes o poder da imaginação é tal que o toque de uma pessoa inocente e não acusada pode ter o mesmo efeito." Increase rejeitava esses "experimentos mágicos" assim como rejeitara o bolo de bruxa, uma "grande loucura". Ele não mencionava nenhuma morte em Massachusetts no texto, tampouco citava que a corte havia desconsiderado qualquer conselho do pastor em junho.

O que constituía prova suficiente de bruxaria? Uma "confissão livre e voluntária" era a norma de ouro. Contudo, uma jovem acusou a mãe de tê-la conduzido voando para reuniões noturnas, a mulher foi queimada e a filha depois compareceu à corte dizendo que a acusara falsamente para se vingar. Provas de encantamento ou adivinhação secreta eram determinantes, assim como feitos de força incomum. (Os dois Mather fizeram o impossível para sanar dúvidas a respeito de Burroughs.) Quando homens e mulheres dignos de crédito, em plena posse de suas faculdades, atestavam tais coisas, a prova era sólida. Increase Mather votava pela clemência: "Prefiro julgar que uma bruxa é uma mulher honesta a julgar que uma mulher honesta é bruxa."[6]

Oito pastores endossaram a declaração de Increase Mather. Quando as páginas foram para a gráfica, outros seis se juntaram a eles, alguns cujos paroquianos tinham sido executados e outros cujos paroquianos aguardavam julgamento. Na manhã da leitura do ensaio, os juízes de Salem ouviram testemunhas contra uma bruxa de Lynn. Um homem ficara apavorado demais para dormir e "uma coisa preta enorme" passara rente a uma mulher enquanto ele se vestia. Os juízes convocaram a convulsa Mary Warren, e um toque da mão suspeita a acalmou. Mary foi para casa, a bruxa de Lynn para a cadeia. Os ventos mudaram, soprando em duas direções. Nessa época, Phips ou alguém de sua confiança despachou uma série de perguntas para um grupo de clérigos de Nova York solicitando uma posição definitiva sobre bruxaria. Alguns acreditavam que os pastores de Massachusetts não estavam capacitados para sua tarefa.

No dia seguinte, pela primeira vez sete suspeitos foram para casa sob fiança, todos com menos de dezoito anos. As mais novas eram a filha de Martha Carrier, de sete anos, e a neta do reverendo Dane, de oito. Entre as mais velhas estava a jovem Mary Lacey, neta voluntariosa e obstinada de Ann Foster. Nem todos ficaram tranquilos com isso. Três suspeitos escaparam da prisão de Boston: William Barker, o agricultor de Andover, e um casal que passara nove meses preso. O xerife George Corwin comparecera prontamente para confiscar o que sobrara da propriedade deles na aldeia de Salem. Doze filhos continuavam na fazenda, e em outubro o filho mais velho conseguiu se livrar dele com uma propina de dez libras. Essa foi a última tentativa de confisco.

AO LONGO DE OUTUBRO, só o silêncio era mais assustador que o miado das meninas. Até homens que haviam deposto governadores ingleses ficaram mudos. Os céticos se calavam. O ex-vice-governador Thomas Danford conduzira a audiência de abril na qual a sobrinha de Parris mencionara pela primeira vez a assembleia de bruxas. Desde então tinha suas dúvidas, mas só em meados de outubro disse que a corte não poderia continuar sem o apoio do povo e do clero, pois suas práticas eram segregantes. O famoso clérigo Michael Wigglesworth endossou *Cases of Conscience*, mas não opinou sobre os julgamentos até bem depois. O custo foi alto. Com muita frequência os discordantes acabavam citados. Samuel Willard emitira notas de cautela o tempo todo. Ele auxiliou os English em sua fuga e participou do jejum por John Alden. Em troca, recebeu apenas "maldade, maus-tratos e censura" – e uma acusação de bruxaria.

Finalmente a maré mudou de forma abrupta. Os que vacilavam deram um suspiro. Assim que o clima se tornou seguro, todos começaram a falar ao mesmo tempo, raramente aparando arestas e poupando as instituições, como Increase Mather fizera. Quando acusado, um notável bostoniano registrou queixa de difamação. Cotton Mather observou que, à medida que a bruxaria se intensificava, era como se eles caíssem sob um "encantamento de raiva, disposições escandalosas e pouco razoáveis".[7] Quando o encanto se quebrou, todos estavam feito "loucos, se lançando uns contra os outros".[8]

A mudança ocorreu por diversas razões. O sistema e a mente dos homens já estavam exauridos. Os movimentos da corte tinham sido muito agressivos e abrangentes. A questão era espinhosa, o governo, afinal, era uma criação de Increase Mather. Quando os juízes pediram aconselhamento, recorreram a ele. Ninguém investia mais na administração Phips. Tampouco a colônia contava com um servidor público mais dotado que o culto Stoughton, indicado por Mather. Agora Stoughton parecia se alinhar com os pastores rurais mais ortodoxos, os reverendos Parris, Noyes, Barnard e Hale, que rejeitavam todas as dúvidas sobre provas espectrais. A falta de modulação surpreendeu alguns; como podia "um homem com as habilidades, o conhecimento e a experiência de Stoughton" adotar tal crença?, perguntaria um correspondente de Londres que acompanhava os fatos à distância. Quem fizesse as mesmas perguntas formuladas pelo juiz Richards em maio já não ficaria tranquilo enquanto se enforcava um pastor; o discurso de Burroughs na forca abalara mais que o obstinado silêncio de Giles Corey.

Poucos devem ter se sentido tão dilacerados quanto Samuel Sewall, que endossara de coração o lema "A concórdia faz os reinos florescerem" e evitava qualquer controvérsia ou confronto. No começo de outubro, seu irmão Stephen caiu doente com uma febre séria e prolongada. Era impossível não se indagar sobre a causa; deve ter havido algum exame de consciência por toda parte. A doença não cedeu, e no fim do mês o escrivão da corte de Salem pleiteou servir melhor ao Senhor se a vida do irmão fosse poupada. Em Boston e arredores, Samuel Sewall passou o mês de outubro dando palestras e lendo textos sobre bruxaria, assunto sobre o qual todo mundo tinha opinião. Os quacres tinham previsto que as bruxas continuariam a assolar Massachusetts até que a colônia se arrependesse de ter enforcado pessoas da mesma religião.

Numa úmida manhã da primeira sexta-feira de outubro, Sewall e Samuel Willard foram ao Norte visitar um colega de confiança. Sewall recorria regularmente ao pastor de Wenham, Samuel Torrey, em busca de conselhos. O pastor de Wenham acreditava em irregularidades nos julgamentos, as quais podiam ser corrigidas quando a corte retomasse seus trabalhos. Encorajado, Sewall partiu debaixo de uma garoa de inverno. A neve veio logo em seguida, enquanto Sewall tentava uma difícil leitura – provavelmente uma prévia das páginas que Willard compusera para o prefácio de *Cases* de Mather; ele já sabia a opinião de seu pastor, mas não era algo que um juiz que mandara onze pessoas para a morte gostaria de escutar.

Em abril Willard fizera uma palestra sobre o celebrado exemplo de Satã abusando de um inocente. A criatura não podia ser culpada por suas ações "para além de sua natureza, além de sua apreensão".[9] Willard não duvidava da malícia diabólica; se identificadas, as bruxas deviam ser exterminadas. Mas o Deus que determinara tal coisa (Êxodo 22:18) também determinava que houvesse duas testemunhas para um crime capital (Deuteronômio 17:6). Dada a severidade da punição, era preciso mais provas. No prefácio que escreveu para o livro de Mather podem-se ouvir as incômodas objeções à crise, e Willard fez uma apaixonada defesa da inocência até prova em contrário.

Sewall tinha grande admiração por seu pastor, que pregava com genialidade incomum. Dentre os ministros de Massachusetts, só Cotton Mather superava a produção literária de Willard. Quando se tratava de experimentar "anjos maus" e "desígnios infernais", ninguém na Nova Inglaterra rivalizava com o pastor da Terceira Igreja de Boston. Quando era jovem clérigo na remota Groton, ele enfrentara algumas estranhezas. Em 1671, sua criada de dezesseis anos começara a rugir e gritar. Ela atravessou crises de tamanha intensidade que ninguém conseguia contê-la. Elizabeth Knapp também via criaturas encantadas na lareira. Era tudo igual a Salem, só que 21 anos antes. Antecipando-se a Cotton Mather, Elizabeth afirmava que havia mais diabos que homens no mundo. Willard chamou um médico para tratar da menina, e ele diagnosticou um problema estomacal. Depois de um segundo exame, o médico se recusou a tratar da moça, porque o mal teria origem diabólica.

Elizabeth foi muito visitada no inverno, e Willard notou que as aflições ficavam mais violentas à medida que as visitas aumentavam; ninguém passava tanto tempo perto dela nem enfrentava tantas ofensas quanto seu patrão. Ele dedicava dias inteiros à moça, rezando por ela, consolando-a. Elizabeth acusava um vizinho de tê-la enfeitiçado e admitia ter assinado um pacto satânico. O diabo lhe oferecera "dinheiro, sedas, folga de trabalho para lhe mostrar o mundo inteiro". Willard permaneceu calmo todo o tempo, mesmo quando Elizabeth revelou que o diabo a instruíra a matá-lo e a seus filhos.

Quando enfim afirmaram que ela não estava possuída, um rosnado grave, masculino, saiu de sua boca. Willard saiu direto do púlpito para vê-la. "Ah! Que grande malandro é você", ela o saudou, com voz rouca, sem mexer os lábios. O sangue de Willard gelou. Ele rezou por uma luz, sem dúvida havia alguma trama em andamento. Desafiou o diabo a se revelar, conversando durante algum tempo com o rude espírito através da adolescente. Por fim, pediu que a família se ajoelhasse em oração ao pé da cama de Elizabeth, e o diabo começou a grunhir: "Cale a boca e suma daqui, maldito malandro." Willard fez copiosas anotações, mas nada concluiu. Era possível simular muitas coisas, mas aquilo ele tinha certeza de que não podia ser simulado. Se Elizabeth tinha compactuado com o diabo ou não, Willard concluiu que não havia resposta para o caso. Manteve a moça sob estrita vigilância por um ano e fez algo ainda mais difícil: suspendeu qualquer juízo a seu respeito.

Elizabeth acabou se recuperando e ninguém foi enforcado. O estudo clínico de Willard, afirmando que aquele parecia um caso de possessão demoníaca, teve ampla circulação, e Increase Mather referiu-se a ele em *Cases of Conscience*. Elizabeth Knapp voltaria a aparecer trinta anos depois, em *Magnalia*, de Cotton Mather. Em circunstâncias diferentes, também os filhos de Parris se encaixariam num estado que merecia apenas compaixão, sem criar inquietações para além da aldeia de Salem. Willard concluiu que Satã fora a Groton por alguma razão. Os habitantes precisavam examinar como haviam aberto as portas para o diabo e, juntos, deviam expulsá-lo. Em 1692, Samuel Willard era um dos poucos homens em Massachusetts que entendiam os julgamentos de Samuel Parris, que também se indagava o que tinha feito para atrair tamanha desgraça.

Quatro anos depois do caso de Elizabeth Knapp, os indígenas caíram sobre Groton e queimaram parte da cidade. Willard e sua família fugiram para Boston. Excelente pregador e com um livro já editado, ele teve pouca dificuldade para encontrar emprego. Acabara de se associar à Terceira Igreja quando, em 1677, diversas mulheres quacres correram semivestidas, rostos pretos de cinzas, para dentro da igreja, provocando "a maior e mais incrível confusão" que Samuel Sewall jamais vira. Dez anos depois, Andros se apropriou da congregação de Willard, a mais rica de Boston, para os ritos anglicanos. Em rápida sequência, portanto, Willard, pensador com profundo pendor filosófico, enfrentara ataques do demônio, dos indígenas, dos quacres e dos anglicanos. Tinha mais razão que ninguém para ser ortodoxo. O *Book of Common Prayer* maculara seu púlpito, sua igreja fora reduzida a cinzas e ele conversara, senão com o diabo, com algum espírito a serviço dele.

Willard integrou a diretoria de Harvard juntamente com Increase Mather, e ficou satisfeito em endossar um texto que questionava os métodos da corte sem comprometer os veredictos. Mas sentiu que tinha mais a dizer além do que podia inserir no prefácio do ensaio de seu colega. Em algum momento antes de outubro, Willard produziu algumas páginas que imprimiu de forma clandestina, atribuídas a P.E. e J.A., iniciais de dois acusados de magia que o pastor ajudara a escapar. Ele escrevia mais para esclarecer do que para condenar, criando um diálogo imaginário entre dois adversários equilibrados, e o folheto foi publicado anonimamente em Boston.

Em *Some Miscellany Observations on Our Present Debates Respecting Witchcraft*, S e B – provavelmente Salem e Boston, uma vez que os bostonianos começavam a se separar de seus colegas rurais – concordavam sobre dois pontos: a bruxaria assolava a Nova Inglaterra, e a insatisfação com a corte fomentava traiçoeiras animosidades. Willard reforçava os pontos que enfatizara no prefácio a Mather, mas ia adiante, com alertas sobre a subversão do Estado. Só a contenção judicial podia evitá-la. S discorda: bons homens podem ser sacrificados ao diabo nesse ínterim! B lembra ao interlocutor que, onde quer que a culpa recaia, há questões mais graves em jogo. Conhecimento sobrenatural, argumenta ele, não tem lugar numa sala de tribunal. As meninas estavam em conexão com o diabo, caso contrário, como poderiam fazer previsões, relatar coisas que aconteceram antes de nascerem ou acusar pessoas que nunca tinham visto?

S indaga se B pretende "invalidar absolutamente o testemunho de nossas afligidas". Efetivamente, é isso que B propõe: como a pessoa perturbada pode se qualificar como testemunha ou atestar sobre quem não conhece? A regra de duas testemunhas é crucial, relembra B, mas S discorda. "Se um homem diz que viu leões na África no ano passado e outro diz que viu leões lá este ano, embora não tenha sido ao mesmo tempo, nem provavelmente os mesmos leões, por que não pode ser assim neste caso?"

Embora os dois não tenham comparecido ao julgamento, S garante a B que nenhum suspeito foi encarcerado apenas por provas espectrais. B discorda. S afirma que o teste de toque e o mau-olhado nunca falharam, mas B despreza essas práticas.[10] B pergunta como a bruxa confessa pode dar testemunho digno de crédito. "Você realmente acredita que todas as pessoas acusadas são bruxas?" A escala do ataque parece implausível. B alega que os acusados mentiram ou estavam iludidos. Os dois acabam por concordar em discordar. S dá uma alfinetada final: "Você é um admirável advogado das bruxas." B diz que esse era o rótulo recebido por qualquer pessoa que ousasse questionar a corte antes de outubro.

No DIA 8 DE OUTUBRO outra publicação começou a circular privadamente. Nela ficamos sabendo o que era debatido por toda parte no outono. O autor do texto era Thomas Brattle, 34 anos, de tendências anglicanas, comerciante educado em Harvard, filho de um dos homens mais ricos de Massachusetts. Brattle escreveu para um pastor cujo nome não é revelado e que, em meio à tempestade, solicitou sua opinião. Ele estava bem posicionado para isso: era um dos homens mais cultos de Massachusetts, não pregava nem tinha posto no governo. Como muitos dos pastores de Boston, era um homem de ciência. Ao contrário de muitos deles, observara as acusações e os julgamentos de Salem, estivera a postos nas instruções ao júri de Stoughton e no enforcamento de 19 de agosto.

Quase uma geração mais novo que Sewall, Brattle era o mais jovem dos juízes de bruxaria. Ele estivera ausente durante a crise provocada pelas crianças Goodwin porque passara os anos 1680 na Inglaterra, em parte trabalhando com o químico Robert Boyle. Já antes da viagem Brattle entrara em atrito com o provincianismo da Nova Inglaterra. Acreditava que as soluções simples eram as melhores, ideia nova em Boston. Sob vários aspectos, parecia ter caído de paraquedas em 1692, vindo de um século completamente diferente. Não acreditava que os homens fossem infalíveis e, quando erravam, era essencial admiti-lo. Não tinha pretensões políticas, não se opunha à nova Carta, mas manter silêncio era inconsciência. Cauteloso, questionou todas as suposições do tribunal de Stoughton.

Na visão de Brattle, os julgamentos eram notáveis por irregularidades de todos os tipos. Como o reverendo Noyes, "bom homem, culto, caridoso", acreditava em mau-olhado? Tudo era uma espécie de bobagem de aldeia praticada por gente "das mais rudes e ignorantes". Quem não tinha algum sinal em alguma parte do corpo? Desde quando não chorar indicava culpa? Além disso, o volume de acusações não tinha nada a ver com bruxaria. Brattle rejeitava os procedimentos judiciais: a corte era parcial; seus métodos, ignorantes; suas audiências, uma caricatura. Os magistrados afirmavam nunca ter condenado com base apenas em provas espectrais? Isso era mentira. Por que a sogra do juiz Corwin – acusada diversas vezes – ainda estava solta? A corte permitia que bruxas confessas, que haviam renunciado a Deus e a Cristo, jurassem pela Bíblia; Brattle questionava o próprio termo "confessas". Testemunhos haviam sido extraídos à força de algumas das mulheres mais piedosas da Nova Inglaterra.

Ele ia muito além de Willard, que não fez uma crítica à corte. Brattle enfatizava o custo humano, famílias inteiras tinham sido dilaceradas. Os miseráveis maridos de Andover tinham acreditado nas palavras de meninas mais que nas de suas esposas! De fato, 55 haviam confessado tramas diabólicas, mas algumas defenderam a própria inocência durante mais de dezoito horas, "depois que os métodos mais violentos foram usados contra elas". Brattle deixava claro como "a maioria preferiria cair nas mãos do bárbaro inimigo que nas mãos de seus irmãos da igreja".

Brattle não inquiria como um incidente tão notável veio a ocorrer, mais preocupado com a direção que os fatos estavam tomando. Não engolia os procedimentos da corte e reservava especial desprezo pelas enfeitiçadas. Quem as qualificara como visionárias? Se elas realmente sofriam – e nesse ponto ele contradizia as instruções de Stoughton ao júri, de que a intenção de operar bruxaria bastava –, como se apresentavam "sadias, robustas e vigorosas"? Quanto à visão espectral, o cientista em Brattle se rebelava. Não era preciso ter formação em óptica para entender que era "uma impossibilidade absoluta" ver com os olhos fechados.

Assim como todos, ele tinha grande respeito por Stoughton. Mas, como todos, concordava que o juiz presidente era brutal, fanático, impaciente com o que contrariava suas opiniões. Ao lado de Stoughton, os juízes de Salem constituíam os proponentes primordiais. Hathorne, Corwin e Gedney – e os reverendos Noyes, Parris e Higginson – franziam a testa para questionamentos, mesmo os formulados por seus amigos mais próximos. Críticas de qualquer tipo os inflamavam, recebendo respostas iradas.

Brattle achava risível a ideia de ataque infernal sem precedentes às igrejas da Nova Inglaterra. Ele temia outro desígnio de Satã. Sugeria que a corte é que participava de "um diabólico desígnio de arruinar e destruir esta pobre terra". Se as pessoas eram presas em decorrência da reclamação das afligidas, e estas agiam a partir de informações fornecidas pelo diabo, então os próprios juízes colaboravam com o diabo. Os agentes infernais estavam sentados à banca; os cavalheiros de Salem eram os possuídos "pela ignorância e a loucura". Brattle reservava sua compaixão não para as moças convulsas nem para os juízes, mas para os maridos que tinham desconfiado das esposas, para John Willard e John Procter, que haviam demonstrado tamanha nobreza nos últimos minutos, e para a Nova Inglaterra. Ele também foi o primeiro a pensar na mancha indelével que pesaria sobre a Nova Inglaterra – que as eras futuras não conseguiriam apagar.

Brattle sabia que o futuro da corte estava entre as primeiras questões a se debater na reunião da assembleia legislativa de 12 de outubro, e esperava que a reunião dissolvesse o tribunal. Se não, "podemos concluir que a N.I. está desfeita". Pouco antes da sessão, Phips recebeu a segunda opinião que fora buscar em Nova York. Seus clérigos protestantes formularam oito perguntas concisas. Que prova serve para condenar, que papel desempenha a boa reputação ou uma transgressão anterior? A prova espectral é suficiente para condenar? Pelos quesitos, fica evidente quais eram os pontos problemáticos; Brattle não era o único a ter dúvidas sobre as meninas da aldeia.

Os pastores de Nova York e os de Massachusetts comunicavam-se em sua linguagem comum, o latim. Todos calvinistas, havia concordância entre eles. Os nova-iorquinos repassaram a carta de Massachusetts a John Miller, jovem graduado de Trinity, culto e idealista, recém-chegado a Nova York como capelão das forças inglesas e, nessa altura, o único clérigo episcopal em ação na província.[11] Todos concordavam: o diabo lançava mão de "mentiras, milagres, promessas, indulgências sensuais fictícias ou reais, honrarias, riquezas e outras seduções". Atraía pessoas para negociar com ele, e a bruxaria consistia nesse pacto. No entanto, mais uma vez o grupo de peritos considerava a prova espectral insuficiente para a condenação. Quanto às moças, sua saúde robusta não devia entrar em conta. O diabo fazia com que as vítimas ficassem mais fortes.

A resposta chegou quando o juiz Sewall lia *Wonders of the Invisible World*, de Cotton Mather. Este último corria para não perder o prazo da sessão legislativa de outubro, e terminou na última hora. Em 11 de outubro, tanto Sewall quanto Stoughton confirmaram a acuidade do relato, diferente do de Brattle sob todos os aspectos. Eles também apresentaram as páginas de Mather como se fossem escritas por determinação do governador. Phips as tinha em mãos quando, pela primeira vez, escreveu a Londres a respeito da peste sobrenatural da Nova Inglaterra. A conselho de Stoughton, o governador tinha estabelecido uma corte especial. Em seguida estivera fora da província e, ao voltar, encontrara o cataclismo. Muitos condenavam os juízes. Além disso, o diabo tinha começado a encarnar em inocentes. Por essa razão, ele agora adiava os novos julgamentos. Sempre que possível, proibia novas prisões. Fez questão de especificar que o fazia inteiramente por vontade própria. A situação era explosiva; os negócios do rei sofriam; o clamor punha em perigo a jovem administração. Alguns servidores públicos tinham se excedido, agindo grosseiramente. Segundo dizia, seus inimigos conspiraram para usar a bruxaria contra ele. Os que preferiam a Carta antiga e invejavam sua indicação procuravam denegrir seu nome.

Pela primeira vez as autoridades inglesas eram oficialmente informadas da bruxaria em Massachusetts. A carta de Phips era também uma trama de mentiras.[12] Ele não estivera tão ausente da colônia. Insistia em que a corte se norteava apenas por provas empíricas, alegação falsa que Brattle, Dane, Willard, Wardwell e até Lawson confirmaram. Dificilmente Phips agia sem pressões, e se preocupava menos em proteger os súditos inocentes de Suas Majestades que em salvaguardar sua precária posição política. Para proteger a ordem pública, ele proibira todas as publicações relativas a bruxaria, "porque vi a possibilidade de se alimentar uma fogueira inextinguível". Phips dizia que esperava ordens, o que era impraticável, se não insincero. O fluxo de cartas entre os dois mundos, como se observou, "era como a reprodução de elefantes: levava quase dois anos". E se ele tinha resolvido dissolver a corte e suspender as condenações, ainda não informara o vice-governador e a legislatura sobre a decisão.

Além disso, a proibição de publicações só se aplicava a volumes que não trouxessem o nome de Mather na capa. Tanto *Cases of Conscience* quanto *Wonders of the Invisible World* logo recaíram, artisticamente, em edições pós-datadas, de 1693, o segundo, inclusive, anunciando-se: "Publicado a pedido especial de Sua Excelência o governador." Stoughton escreveu um prefácio para o volume, com o qual se declarava ligeiramente surpreso, mas imensamente gratificado. O juiz presidente ficou muito grato pelos esmerados esforços de Mather, "considerando o lugar que ocupo no grande júri, ainda batalhando e prosseguindo no julgamento de pessoas acusadas e condenadas por bruxaria".[13]

PHIPS BEM QUE desejava estar fora da província nas semanas seguintes. Todo tipo de apelo lhe foi encaminhado. No mesmo momento em que ele apresentava o relatório a Londres, nove homens de Andover encaminhavam petições por suas mulheres e seus filhos. Poderiam ser mandados para casa? "Penitentes confessos", sem dúvida mereciam confiança para ficar em prisão domiciliar até seus casos serem julgados. Sofriam terrivelmente na prisão, com fome, frio e dor. As despesas eram pesadas para as famílias. Outro tipo de apelo foi feito a Phips em 18 de outubro, da parte de muitos dos mesmos homens e seus parentes. Vinte e seis homens de Andover desejavam que o lugar ficasse livre de bruxas. Mas "pessoas destemperadas" haviam deturpado as palavras de seus amigos e vizinhos inocentes, confessos sob coerção. Os problemas na cidade iriam aumentar se a corte não reconsiderasse os métodos. "Não sabemos quem pode estar seguro", pleiteou um dos homens, "se acreditarem nas acusações de crianças e outros sob influência diabólica contra pessoas de boa fama."[14] Eles insinuavam que a corte talvez tivessse entendido as coisas ao contrário. Não seriam as próprias moças os agentes diabólicos? De Ipswich, de Reading, outros falaram a favor de seus infelizes parentes.

Com Brattle a reboque, Increase Mather partiu para a investigação. Na prisão de Salem, descobriram muita coisa sobre os métodos da corte e a imaginação humana. Das oito mulheres atormentadas, envergonhadas, malcuidadas e famintas, eles ouviram a mesma história. As prisioneiras não tinham afligido ninguém, assinado nenhum pacto, comparecido a nenhuma reunião, nem se submetido a qualquer batismo diabólico. Mas tinham sido assustadas até a loucura. Suas confissões tinham sido "inteiramente falsas". A cunhada de William Barker estava inconsolável. Seus interrogadores tinham lhe declarado que "ela *efetivamente* sabia que era bruxa, e *tinha* de confessar". Ela por fim se rendeu. Achou insuportável a vergonha, assim como Martha Tyler, que, para salvar sua alma eterna (e sua vida), devia concordar com todas as alegações. As prisioneiras choravam amargamente por terem implicado outras pessoas.

As mulheres enfrentaram uma nova leva de perguntas em outubro, formuladas por interrogadores mais amenos. Brattle estava interessado em especificidades, como as acusadas tinham inventado detalhes tão vívidos? Uma mulher de Andover, forçada a confessar a data de seu batismo diabólico, fixara um dia, doze anos antes, quando acabara de ter o último filho. Estava triste e melancólica, pensara que aquela seria uma boa data para mencionar, como outra qualquer. Por que dizer que Satã lhe aparecera como gato? Pouco antes de sua prisão, ela vira um gato à porta de casa, e aquela foi a primeira coisa que lhe viera à mente. A maioria das mulheres fora vendada no teste de toque de Barnard, experimento que o jovem pastor agora lamentava, e uma mulher ficara em dúvida. Garantiu aos visitantes que nunca tinha falado com o diabo nem afligido ninguém. Não achava que fosse bruxa, mas os uivos das meninas ressoavam em seus ouvidos, ela não conseguia abstraí-los. Três das mais jovens contavam uma história diferente. Insistiam nos relatos de voos, em sufocar vítimas, espetar bonecos.

Foi nesse clima instável, turvo, destemperado que Cotton Mather apresentou *Wonders of the Invisible World*. Bem consciente da "sujeira e do lodo" em que pisava, Mather prefaciou o volume com um tributo à própria coragem. Era crucial, porém, que se usassem de modo adequado as "estupendas e prodigiosas coisas que estão acontecendo entre nós". E delineou suas intenções: queria "frustrar toda a trama do diabo contra a Nova Inglaterra". Seu relato visava ao estrangeiro e foi publicado para interceptar "falsos relatos". Cotton nada falava sobre justificar a corte, mas nem era preciso; o objetivo era claro em todas as páginas, assim como no amplo prefácio de Stoughton.

Os volumes dos dois Mather seguiram seus próprios caminhos. Enquanto o pai falava em abstrato, defendendo os inocentes, o filho viajava pelo oculto, condenando as bruxas. Ele escrevia para provar que a catástrofe continuava possível e que a tempestade fora prevista. Mais de quarenta anos antes, uma bruxa condenada predissera uma "horrível conspiração contra o país por meio de bruxaria, e a fundação de bruxaria, que, se não fosse descoberta a tempo, provavelmente poria abaixo todas as igrejas do país". Esse destino pairava agora sobre eles! O teste crítico da previsão é sua realização. Em 1676, Increase Mather tinha transformado uma história da Guerra do Rei Felipe em prova de que suas profecias estavam corretas, num uso eficiente do terror.

Cotton Mather confessou que não ficaria surpreso se a profecia fosse ainda mais longe do que se suspeitava. Ele não parecia um homem decidido a apagar o incêndio. Em seu livro, encaixou um elogio aos peritos, seu sermão de 4 de agosto e o relato de um célebre caso inglês, de trinta anos antes, semelhante ao de Salem. Escolheu esse processo de propósito, pois a condenação repousava sobre provas espectrais. Cotton recebera menos transcrições do que esperava, ou encontrou menos casos que atendessem às suas necessidades narrativas. De vez em quando, parece ornamentar os depoimentos com detalhes ausentes nos papéis que chegaram até nós: cheiro de enxofre, chuva de dinheiro, alfinetes removidos por juízes. À parte isso, ele se limita às provas disponíveis, introduzindo certa magia em suas páginas. Nada sobre a absolvição de Rebecca Nurse, nada sobre a petição de Esty, nada em defesa de Elizabeth How aparece em *Wonders*. Ele incluiu todas as histórias espectrais, bem ao gosto das massas, ao mesmo tempo que emitia lembretes regulares de que voos e pactos desempenhavam apenas papel secundário nas condenações.

Cotton Mather expressou sua ardente esperança de que algumas das acusadas se provassem inocentes. Elas mereciam "nossa maior compaixão, até haver prova mais consistente de que são menos merecedoras de tal coisa". Mas isso era falsidade. Dezesseis páginas adiante, ele escreveu a respeito de George Burroughs: "Feliz eu seria se nunca tivesse sabido o nome desse homem." Suas simples iniciais deixavam Mather revoltado. (Só Burroughs continuava a ser um mago tão poderoso que não podia ser mencionado.) Ele era essencial para a história, sua peça-chave e grande idealizador. Segundo Cotton, o governo havia solicitado especificamente que ele incluísse esse caso em seu volume. Isso não era nada comparado ao resto do livro. O autor já denunciara o teste de toque e o mau-olhado, desacreditara a prova espectral, solicitara precaução. Em *Wonders of the Invisible World*, ele sugere que toque, efeitos visuais, voos e desaparecimentos eram parte das blasfemas imitações de Cristo feitas pelo diabo.

Tendo se desincumbido de suas obrigações, Cotton Mather lançava algumas "curiosidades avulsas", incluindo um *précis* da Suécia, antecedente da Nova Inglaterra. Ele selecionava as passagens mais memoráveis e enfatizava os detalhes que concordavam com Salem. As expressões "crianças sofredoras", "instrumentos encantados", "confissão livre" e "tentativas vãs de matar os juízes" saltavam das páginas.[15] Ele incluía uma história sueca tardia, da menininha que se retratou, favorita da família Mather. Adicionou também a carta incriminadora de Thomas Putnam sobre Giles Corey e a acusação de assassinato. Mather dizia ter trabalhado como nunca o fizera antes. A obra é confusa, irregular, às vezes delirante, incoerente. Ele admitia que erros haviam sido cometidos, mas como se portar quando Satã brincava com eles, injetando enganos nos processos? A prova espectral podia não ser suficiente para condenar, mas não era negligenciável.

Por mais depressa que Cotton Mather tenha trabalhado, *Wonders of the Invisible World* chegou tarde. Concebido como justificativa e para prevenir falsos relatos, o livro soava como sonora apologia. Entre meados de setembro e de outubro – enquanto Phips ponderava se dispersava a corte – a maré virou. Agora havia outro problema. Se o pai não gostava de julgamentos, o filho parecia estimulá-los. Cotton Mather se preocupava menos com a condenação de um inocente que com a liberação da bruxa. Ele via-se sob fogo cerrado, e não apenas por seu servil abraço na corte, mas por uma infração para qual a Nova Inglaterra era particularmente sensível: o desrespeito filial. Cotton não endossara o volume do pai e minara sua posição. Em meio às desvairadas acusações de 1692, nunca um pai acusara um filho ou um filho implicara o pai. "Prefiro esquecer a relatar a pecaminosa e raivosa aspereza com que fui tratado desde então", gemeu Cotton, dias depois da publicação do livro. Uma cascata de "maldades, abusos e censuras" se dirigiam contra ele, que tentara aplacar discordâncias num momento crítico. Como se podia dizer que ele se colocara contra o pai e os pastores da Nova Inglaterra quando seus críticos empalavam uns aos outros? Não havia nada a fazer senão morrer (ele tinha 29 anos).

Em sua explicação, os dois tinham feito um esforço conjunto para cobrir todas as áreas. Cotton se preocupara que *Cases of Conscience* comprometesse a corte e "permanentemente sufocasse qualquer outro procedimento da justiça". Abominava um ataque aberto aos magistrados, cujo trabalho os expunha à "turba mais rude".[16] Pai e filho compartilhavam o púlpito da Segunda Igreja, viam-se diariamente e tinham estreita colaboração. Antes haviam trabalhado em conjunto para justificar um golpe. É mais plausível que Cotton Mather achasse os dois livros extensões lógicas da mesma declaração equívoca. "The return of several ministers" era só um documento elástico que ampliava a boa vontade com a corte e a misericórdia com os acusados. *Cases* se tornara um apelo de "extrema cautela"; *Wonders* era um "muito embora" gigantesco. Na visão de Mather, seu caso era processar os culpados, o de seu pai, proteger os inocentes. Não diriam os dois a mesma coisa?

Wonders foi publicado sob a proteção de Stoughton, mas se mostrou insuficiente. Increase Mather correu em socorro do filho – a administração Phips não podia admitir uma rachadura. Quando o livro foi para a gráfica, Increase anexou um pós-escrito retroativo a *Cases* tentando alinhar os dois volumes. Ele continuava plenamente convencido de que bruxas rondavam a terra, e as confissões que ouvira ao visitar as prisioneiras confirmavam isso. Não pretendia negar a bruxaria, mas tornar sua condenação mais exata. Nem pretendia comprometer os juízes, sempre valorosos. Eles mereciam "piedade e preces, mais que censura". E era muito grato ao filho por ter esclarecido que ninguém fora condenado somente por provas espectrais. Também fez questão de mencionar Burroughs, o único bruxo citado pelo nome. O pastor merecera ser enforcado, garantia Increase a seus leitores. Burroughs realizara coisas que só "com um amigo diabo poderia fazer".[17]

Com altivo distanciamento, Increase Mather indicou ter ouvido que os livros discordavam. Que coisas estranhas os homens imaginam! Ele examinara minuciosamente *Wonders* antes da publicação. Só não o endossara por aversão ao nepotismo. Se estava reprimindo o descontentamento com o livro do filho, foi bem convincente. A respeito de uma questão pai e filho estavam em perfeito acordo: fosse qual fosse o destino da corte de bruxaria, a ordem civil não podia ser sacrificada. Os juízes – e o governo, que os julgamentos comprometiam, convidando os críticos da nova Carta a atacar – não podiam ser comprometidos. Increase não emitiu palavra a respeito dos procedimentos da corte. E só mais tarde, em seu diário, Cotton Mather afirmaria que, embora defendesse a honra dos juízes, não podia concordar com seus métodos. Esse era um difícil ato de equilíbrio. À frente do tribunal achava-se a mais confiável autoridade legal de Massachusetts, um juiz presidente absolutamente dedicado à sua missão, confiante de que estava ao lado dos anjos e feliz porque o jovem Mather, em seu relato, dirimia as dúvidas e "erguia um estandarte contra o inimigo infernal, que caíra como uma inundação sobre nós".[18]

Pelo sermão de Samuel Parris, em 23 de outubro, fica evidente como os ventos tinham mudado. Nesse domingo, ele fez um discurso doce e sensual de reconciliação. Nada sabemos das circunstâncias em que o escreveu, se na casa paroquial Abigail continuava a ter convulsões, se Betty Parris já voltara dos Sewall, como as crianças saudáveis suportavam a crise. Mudando de tom, o pastor aventurou-se em abraços, além das palavras. Partiu dos Cânticos de Salomão, oferecendo um arrebatado catálogo de beijos: beijos de luxúria, sagrados, traiçoeiros, de despedida, sujeição, aprovação, reconciliação. Um beijo era prova de amor e boa vontade. A imagética não era incomum; o amor divino se traduzia naturalmente numa imersão de corpo inteiro na graça. Nada podia constituir reviravolta maior que esse discurso radiante e singular de Parris. Isso era o máximo que se podia esperar de um homem cujos lar e paróquia tinham sido revirados, cuja igreja estava esvaziada, que ainda combatia um grupo de paroquianos malvados e perdera outros de forma permanente. Só na conclusão Parris voltou à forma. O Senhor enviara Cristo ao mundo para oferecer seu amor. Quem podia negá-lo?, pregou Parris.

Três dias depois, a assembleia legislativa avaliou um projeto com uma pesada censura. Satã pairava sobre Massachusetts "com uma grande raiva e tortuosa sutileza". Uma comissão ilibada tinha feito o melhor possível para contê-lo. "Apesar do infatigável empenho desses valorosos cavalheiros", a peste continuava inabalável. A colônia continuava debaixo de "desanimadoras nuvens de escuridão". Não seria conveniente um dia de jejum para pedir orientação divina? Parecia prudente que um grupo de pastores se reunisse com o Conselho de Phips para determinar um curso de ação. Careciam de sabedoria, pois a raiva do diabo ameaçava "a ruína e destruição absoluta de nosso pobre país". O voto pelo projeto de lei constituía um ataque direto ao grande júri. A sessão foi altamente controversa, a questão dividia a assembleia. Depois de um debate ferino, a lei foi aprovada por 33 votos contra 29. Alguns daqueles que cumprimentaram Cotton Mather por suas páginas o fizeram muito sinceramente.

Sewall – que votara contra o projeto – supôs que a corte devia se considerar dissolvida, mas nem todos concordaram. A assembleia abordara o assunto indiretamente, e a corte devia se encontrar dentro de seis dias. Stoughton pressionou Phips por uma decisão. Ele e Cotton Mather concordavam que a dissolução seria desestabilizadora, uma admissão de erro e um convite à bruxaria. Ambos acreditavam que seu trabalho ainda estava inacabado. Stoughton fez viagens regulares a Boston na tentativa de arrancar de Phips uma resposta, mas não conseguiu obtê-la. Os dois não eram amigos, e o escorregadio governador parecia acuado por seu vice, homem de grande habilidade política, que podia reunir círculos intelectuais em torno de si. Em uma das tentativas, Stoughton apareceu encharcado, depois de uma cavalgada sob a chuva, na casa de Sewall. Se não reconhecia a torrente como mau agouro, deveria fazê-lo: em sua ausência, no dia seguinte, Phips dissolveu oficialmente o grande júri.

As petições choviam. Dez acusadas de bruxaria de Ipswich solicitaram soltura. Era pouco provável que fossem julgadas no inverno, já estavam congelando e logo morreriam de frio. Algumas tinham quase oitenta anos, uma delas estava grávida, outra amamentava um bebê de nove semanas. No ano que sua filha passara na prisão, um pai de Chelmsford cuidara sozinho dos netos e estava sem recursos. Um homem de Ipswich abjurou seu testemunho contra Elizabeth Procter. Em 27 de janeiro ela deu à luz na cadeia de Salem. Condenada à forca em agosto, fora poupada por causa da gravidez. Também condenada, a filha do reverendo Dane solicitou perdão diretamente a Phips. Ela passara quatro meses em isolamento. Seus acusadores admitiam ter mentido e ela estava grávida. Era inocente, tinha o marido incapacitado e seis filhos. Em 14 de dezembro, o pai de Abigail Hobbs foi solto quando dois vizinhos de Topsfield enviaram por correio um bônus de duzentas libras.

As garotas visionárias continuavam em operação. Gloucester mandou chamá-las no começo de novembro. No dia 7, mais três bruxas foram presas, inclusive uma parenta de Higginson. Novas indiciadas surgiam em meio às antigas. No último dia de 1692, Elizabeth Colson foi presa em Cambridge. Elizabeth Hubbard continuava a ter convulsões e a acusar. Beliscada, espetada e cutucada, Mary Warren ainda testemunhava contra suspeitos em janeiro de 1693.

Num dia escuro e frio de dezembro, os conselheiros de Massachusetts constituíram nova corte para julgar as suspeitas de bruxaria que restavam. Por unanimidade, nomearam Stoughton juiz presidente. Três dos antigos colegas do grande júri se juntaram a ele, assim como Thomas Danforth, que em abril apontara a primeira menção à reunião de bruxas. Em 22 de dezembro, Phips prestou juramento na nova corte superior. Cada homem prestou juramento, como resumiu Sewall, para "administrar justiça imparcial de acordo com nossa melhor habilidade".[19] Segundo a nova Carta, o júri de dezembro era constituído por homens cujas propriedades, mais que vínculos com a Igreja, os qualificassem para a função, sendo menos propensos a se curvar aos caprichos dos juízes. Embora não familiarizados com as questões da aldeia de Salem, todos tinham sido tocados pela crise, fosse como acusadores, fosse por parentesco com as bruxas. Uma vez instalados, pediram orientação à banca. Que uso deveriam fazer das provas espectrais? Nenhum – veio a resposta. A corte julgou 52 casos no começo de janeiro e absolveu todas, menos três acusadas. A neta do reverendo Dane foi condenada, mas a filha, não. O júri concluiu que a viúva do vidente Samuel Wardwell era culpada, mas sua filha inocente. A corte libertou Margaret Jacobs.

Stoughton continuou apegado à validade da prova espectral. Assinou apressadamente três mandados de execução, acrescentando cinco às suspeitas condenadas em 1692, entre elas Elizabeth Procter, Dorcas Hoar e Mary Lacey, filha, e marcou um enforcamento para 1º de fevereiro. Parecia decidido a provar que as leis da Inglaterra efetivamente vigoravam nos Estados Unidos. Enquanto isso, Phips conferenciava com o promotor-geral Checkley, que temia não ser mais capaz de distinguir inocetes de culpados, e se contrapôs à execução, suspendendo a sentença das oito condenadas. Não fica claro como Stoughton soube disso, mas, num acesso de raiva, fuzilou: "O Senhor tenha piedade desta terra", últimas palavras dele registradas a respeito de bruxaria.[20] Não compareceu em 2 de fevereiro, quando Danforth assumiu seu lugar. Dentre as próximas suspeitas estava uma viúva de oitenta anos que mal pronunciou uma palavra em sua defesa. Trinta testemunhas depuseram contra ela, dizendo que coisas tendiam a acontecer a quem a desagradava. "Se alguém é bruxa", observou Lawson, presente no julgamento, "esse alguém era ela." A anciã se livrou.

Em 21 de fevereiro de 1693, Phips estava pronto para declarar terminada a epidemia, e deixou claro a quem aludia na carta a Londres ao sugerir que alguns servidores haviam extrapolado. Era culpa de um só homem os julgamentos terem sido "violentos, sem sólida fundamentação": o juiz que saíra batendo o pé da corte semanas antes, "enfurecido e cheio de raiva".[21] Stoughton fora precipitado, negligente, possivelmente corrupto. Autorizara confiscos ilegais de propriedades, dispusera delas sem conhecimento do governador. Phips questionara seus métodos; o juiz prosseguira, apesar das advertências e de um vigoroso protesto. Se antes Phips seguira o sábio conselho do vice-governador, agora parecia mais assediado por Stoughton que pela bruxaria. Ele suspendeu o julgamento até que alguém mais versado em leis pudesse intervir, creditando a decisão a Increase Mather e aos pastores de Nova York. (Ao longo das semanas seguintes Stoughton boicotou as reuniões do Conselho, alegando que sofrera uma queda.) Phips avançou com determinação: "A nuvem negra que ameaçava a província de destruição" estava superada, garantiu ao secretário de Estado de Suas Majestades. Agora os negócios reais podiam prosseguir sem impedimentos. "A mente do povo, antes dividida e perturbada por diferentes opiniões, agora está apascentada", exultou ele.

Phips e o Conselho já tinham designado que a quinta-feira, 23 de fevereiro, era o dia de ação de graças de toda a colônia para "a eliminação do inimigo com o ataque desferido contra o formidável assalto da bruxaria".[22] A administração voltou a se concentrar na "fonte original de nossos problemas": os franceses. Começou o reembolso do condado de Essex pelo custo dos julgamentos; os impostos iam aumentar para pagar estalajadeiros, guardas, carcereiros, um ano de falsos testemunhos, falsas confissões e livros falsos publicados para evitar relatos falsos. As prisões se esvaziaram, as acusações cessaram, a maior parte das aflições cedeu. Já em 3 de abril de 1693 Phips se referia aos acontecimentos de 1692 como "suposta bruxaria".[23] No mesmo mês, uma carta aplaudindo sua indulgência partia para Londres. A carta chegou em julho. Nessa altura, Phips estava convencido de que chegara a hora de uma demonstração de boa vontade. Ao suspender os processos, ele, sozinho, salvara da ruína a Nova Inglaterra.

As confissões continuavam a pipocar. Cotton Mather continuava inquieto por achar que não se fizera o suficiente para exterminar as bruxas. Quando visitou Salem em setembro de 1693, não se surpreendeu ao ouvir uma mulher predizer uma nova tempestade, um castigo pela corte ter sido dissolvida antes de completar seu trabalho. Homem bem informado, de maneiras suaves, ele tinha o mesmo temor. John Hale achava que, se a situação fosse mais estável, seria oportuno um segundo inquérito. "No entanto, considerando a combustão e confusão em que o tema nos lançou, considerou-se mais seguro fazer menos do que mais", concluiu. "Dessa forma, a questão terminou abruptamente", registrou Hale, que observara Abigail e Betty nas primeiras crises, ouvira a sólida confissão de Tituba, testemunhara contra Dorcas Hoar e Bridget Bishop, obtivera detalhes do voo de Ann Foster.[24]

Situada entre as últimas vítimas de bruxaria, Ann Foster morreu na prisão em 9 de dezembro de 1692. Seu filho pagou seis libras e dez xelins – o preço de uma vaca – para recuperar seu corpo. Primeira a assinar o pacto diabólico, Tituba foi a última a ser solta. Tendo dado forma ao ano anterior, introduzindo voos e espíritos nos processos, sem ser questionada nem mencionada desde então, em 9 de maio de 1693 ela compareceu perante o grande júri por se consorciar com o diabo. Os jurados se negaram a condená-la.[25]

11. Essa escura e misteriosa estação

> A coisa verdadeiramente terrível é que todo mundo tem suas razões.[1]
>
> Jean Renoir

O TRABALHO DE STOUGHTON acabou de repente; já o retorno à normalidade demorou mais. O fim do encantamento cobrou seu preço econômico e emocional. Pomares, celeiros e lenha tinham se sacrificado à Justiça, que consumira um prodigioso número de horas. Vinte e cinco anos antes, os agricultores de Salem haviam advertido que as famílias sofriam quando os maridos partiam para combater os invasores. Elas padeceram também quando as esposas eram levadas como bruxas. Afortunados foram aqueles que, à custa de despesas exorbitantes, receberam de volta os parentes – que, em alguns casos, eles mesmos haviam denunciado. Os desentendimentos entre vizinhos evaporaram, suplantados por assuntos mais graves, a gripe foi varrida pela peste. A feitiçaria os envolvera; o que estava em questão era mais o castigo que o crime. A prova espectral estava extinta. A crença em bruxaria, não.

Havia certa estranheza. O que dizer da mulher que você tinha acusado e estava de volta à fazenda vizinha? Bruxas perdoadas de repente sentavam-se a seu lado na igreja. Como abraçar uma menina de seis anos que acusara alguém de sua família? Muitas confianças foram traídas por pais, filhos, vizinhos, esposos. Como Francis Dane podia pregar para a congregação que denunciara quase toda a sua família? Quase 10% de Andover fora acusado. Que perspectiva matrimonial podia ter uma moça cuja mãe fora enforcada por bruxaria, implicando-a no processo?

Havia perdas de fé e de fortuna. Recém-chegado de Boston, John Alden não compareceu à comunhão em 18 de dezembro. Seus amigos haviam rezado por ele em sua ausência, mas Alden tinha razão de acreditar que o haviam prejudicado. Meses depois, Sewall apareceu na casa dos Alden, num gesto raro de reaproximação. As famílias Nurse e Tarbell continuaram a boicotar os serviços religiosos de Salem. Sarah Cloyce sobrevivera, mas as duas irmãs mais velhas tinham sido enforcadas. Depois de quase nove meses de acusações contra ele, Philip English voltou a uma casa saqueada e logo começou a remar de Salem a Marblehead para comparecer aos cultos anglicanos. Em abril de 1693 encaminhou a primeira petição para ressarcimento de suas perdas; 25 anos depois ainda insistia.

No domingo, depois que Alden se ausentou dos bancos da Terceira Igreja, Deodat Lawson pregou em Charlestown. Ele falou em disciplina familiar, lembrando aos chefes de família suas obrigações com filhos, criados, escravos. Os pais não deviam ser muito exigentes, pastores podiam ser tão relapsos quanto qualquer um. Por alguma razão dirigia seu lamento especificamente às crianças de "doze, treze, catorze ou dezesseis anos", grupo negligenciado. Não eram esses jovens a causa dos sofrimentos da Nova Inglaterra? Não admirava que Satã os assustasse, os obrigasse "a se sujeitar a ele, a fazer pactos com ele".[2] Os pais os abandonaram, gerando confusão, rebeldia, desobediência e pactos diabólicos. Lawson publicou o texto – com endosso de Increase Mather e uma dedicatória a Sewall – em 1693. As páginas decerto perturbaram Samuel Parris.

Havia tanto motivo para exame de consciência na casa paroquial da aldeia de Salem quanto em qualquer outro lugar; cinco acusadores e quatro afligidas viviam ali. Parris tinha pleno conhecimento do peso de sua família na comunidade. Semanas depois do sermão de Lawson, ele se propôs a renunciar a seis libras de seu salário de 1692, "para compensar os vizinhos e conquistar a harmonia".[3] Não fez nenhum movimento para libertar Tituba, um estorvo e uma despesa. Dissolvida a corte, as prisões esvaziadas e as famílias reunidas, ela continuou atrás das grades. Alguém pagou as custas da prisão no final de 1693, efetivamente comprando a escrava, e ela deixou Massachusetts.

Para alguns, o retorno à normalidade era impossível. A mancha da bruxaria perdurava, a pessoa carregava para sempre uma "indefinível peculiaridade".⁴ Antes de sua morte, John Procter alertara que os suspeitos eram condenados antes do julgamento, e isso continuou depois da absolvição. O caso de sua viúva era pior que a maioria: Procter não deixara testamento, obrigando Elizabeth a enfrentar em vão seus parentes. Ela se mudou para Lynn, onde casou de novo. A filha do reverendo Dane – absolvida por causa da gravidez – voltou para o marido doente e os seis filhos. Acusada "do mais hediondo crime da humanidade", sua vida estava em frangalhos com o que ela chamava de "marca perpétua da infâmia".⁵ Os robustos filhos de Martha Carrier tinham sobrevivido à tortura depois que ajudaram a condenar a mãe. Órfãos, eles se viram eternamente ligados a uma mulher imortalizada como "Rainha do Inferno".

Se os enforcamentos aliviavam as aflições, os julgamentos as alimentavam. Sarah Cloyce saiu da prisão decrépita, depois de cinco meses com mãos e pernas acorrentadas. Mary English voltou do exílio inválida, para morrer em 1694. Ao menos quatro suspeitas de bruxaria pereceram na prisão. Na época de sua libertação, a pequena Dorothy Good tinha passado oito meses e meio com miniaturas de algemas. Sua irmã ainda bebê morreu diante de seus olhos e ela viu sua mãe, contra a qual havia testemunhado, ir para a forca. Dorothy ficou louca, precisando de cuidados pelo resto da vida. Mary Esty e Susannah Martin deixaram sete filhos cada uma. Havia grande número de órfãos.

A bruxaria demandava memórias abrangentes e confiabilidade; ninguém gostava disso em 1693, quando aldeões que jamais esqueciam nada de repente esqueceram tudo. A Nova Inglaterra não queria ser lembrada como a "Nova Terra das Bruxas!". Contudo, levaria tempo para esquecer os voos misteriosos e mais ainda para alguém mencionar que vinte inocentes tinham sido executados.

Quanto à afirmação de Brattle, de que quando os homens erram é nosso dever admitir, ela também evaporara. A vergonha obliterava a culpa. Por fim, a única pessoa que ousou apontar um dedo foi o desgovernado governador Phips, ao censurar o juiz presidente. Stoughton não sentiu necessidade de se defender, e ninguém se importou que ele não o fizesse. As confessas desmentiam suas histórias, algumas dizendo que as tinham inventado para salvar a vida. Vários acusadores e testemunhas, conforme se revelou, eram "pessoas dissolutas e viciosas". Poucos admitiam ter mentido; outros insistiam em que não se lembravam do que tinham testemunhado. Era como se todos despertassem de repente de um sonho sobrenatural, espanando suas estranhas histórias.

Os Mather continuariam profetizando a Segunda Vinda e calculando sua data. Num sermão de meados de 1693, Cotton protestou contra "os encantamentos e possessões sem-par" de Salem. As bruxas viraram "anjos maus". Só ocasionalmente alguém aludia a engodos ou a "criaturas destemperadas", "pessoas más e ardilosas que se fingiam enfeitiçadas, possuídas ou lunáticas".[6] Já se observou que, nos anos imediatamente posteriores aos julgamentos, não foi fácil condenar as mulheres por qualquer coisa. Depois da crise, 1692 deixou em sua trilha uma trovejante reticência. A maior parte do que o condado de Essex lutava para olvidar é o que nós queremos saber.

Alguns erros foram logo corrigidos. Em junho de 1693, John Ruck, primeiro jurado do grande júri, passou a ser guardião dos filhos órfãos e abandonados de George Burroughs. Também nesse mês a viúva de George Jacobs se casou com o viúvo de Sarah Wilds. A viúva de John Willard se casou com um Towne em 1694. Muita coisa continuou igual. Libertada da prisão, Mary Thoothaker não tinha para onde voltar, pois os indígenas haviam destruído Billerica. Dois anos mais tarde eles voltaram para matá-la, levando sua filha de doze anos para o cativeiro. O outono de 1693 também presenciou uma nova carnificina no Maine. Moças de Massachusetts continuavam a perturbar sermões e a ter convulsões. No outono de 1693, Cotton Mather trabalhava num novo caso de possessão, o primeiro de dois que ele conjurou pós-Salem.

As autoridades que tinham feito todo o possível para justificar a derrubada do governador quatro anos antes não sentiram necessidade de se justificar em 1693. Em 31 de maio, todos os membros da corte de bruxaria foram reeleitos para o Conselho de Massachusetts. À sua maneira desajeitada, Phips continuaria a alienar o eleitorado de Massachusetts. Em 1693 muitos tinham passado a concordar com a descrição que o governador de Nova York fizera dele: "Uma máquina movida por dedos fanáticos, o desdém dos homens sábios, um brinquedo dos tolos" – estado de coisas que logo poria o vice-governador no lugar de Phips.

Maníacos colecionadores de registros, os habitantes da Nova Inglaterra não gostavam que as coisas "caíssem no esquecimento". Abriram uma exceção para 1692 como tinham aberto para os anos de Burroughs, quando Thomas Putnam reecreveu o livro de transações da aldeia omitindo fatos "ofensivos a qualquer um de nós no passado ou que possam não ser lucrativos para nós no futuro".[7] O relatório salta de 27 de janeiro de 1692 para 7 de dezembro, negligenciando as prisões e os julgamentos.[8] Parris conservou registros das mortes na aldeia e neles incluiu duas que atribuiu a bruxaria e uma a obra de outros, omitindo Giles Corey ou qualquer aldeão enforcado. Ninguém anotou com exatidão onde os enforcamentos tiveram lugar, e durante 150 anos o fantasma de Corey assombrou o campo no qual se acredita ele ter sido esmagado até a morte.

Stephen Sewall praticamente ignora os eventos em seu diário, omissão que corrigiria cinco anos depois. As páginas relativas a 1692 se perderam. Os críticos dos julgamentos e os homens que preservavam cada detalhe da vida colonial não deixaram registros. Os sermões de Willard no verão desapareceram do corpo de suas obras publicadas. As cartas de Wait Still Winthrop de 1692 e 1693 não estão entre a correspondência de sua família. Cotton Mather compactou seu relato dos julgamentos em poucas páginas. Seus relatos sobre 1692 foram todos reescritos. Quem procurar uma verdadeira história de fantasmas deve perguntar o que aconteceu com o livro de relatórios oficiais da corte, com o qual Sewall tomava especial cuidado e que certamente mantinha à mão. Esse silêncio seria a real conspiração de 1692.

Mesmo os que tinham razão para se acreditar prejudicados continuaram calados. Num pedido de reparação, os filhos de Corey observaram que o pai fora esmagado sob pedras, mas sobre a mãe só conseguiram dizer que "também foi morta, embora de outra maneira". A palavra "bruxa" não figura em nenhum dos inúmeros pedidos de reparação. As famílias se referiam às "sofredoras de 1692", aos entes queridos que tinham suportado as "perturbações de Salem".

As RELAÇÕES PASTORAIS na aldeia de Salem pareciam irrecuperáveis. Phips ainda não escrevera a Londres sobre sua hábil administração da crise quando Parris convidou cinco clérigos para se encontrar com três representantes do descontente clã Nurse na casa paroquial, na tarde de 7 de fevereiro. Cabia atraí-los de volta à igreja, e a recusa da família a participar dos cultos comprometia espiritualmente a congregação. Depois de rezar, ele perguntou aos visitantes quais suas reclamações, mas os três não responderam. Parris sugeriu que voltassem dentro de duas semanas. Segundo os Nurse, ao apelar para que as meninas dessem os nomes das bruxas, Parris permitira o mesmo tipo de desavergonhada superstição praticada por quem faz bolos de bruxa. Se não fosse por ele, vociferaram um filho e o genro de Rebecca, ela ainda estaria viva, portanto, se recusavam a aceitar a comunhão das mãos do pastor enquanto ele não se desculpasse.

Com a maior parte da literatura sobre bruxaria do seu lado, Parris não viu motivo para rever sua posição. Os "irmãos insatisfeitos", como os chamou, voltaram no dia seguinte, mas nada se resolveu. No fim de março de 1693, os reclamantes apresentaram uma petição não assinada, não datada, solicitando conselho da igreja para determinar "causa culpável" – duas palavras que a maioria do condado de Essex evitava. Insatisfeito com o pedido de consulta a um clérigo vizinho, Parris perguntou quem subscrevia o documento. Os Nurse admitiram que falavam em nome de muitos da província. "Disse a eles que ia pensar", anotou o pastor. No mesmo dia, em Boston, Cotton Mather e a esposa perderam um filho recém-nascido, morte que ele atribuiu a bruxaria.[9]

Em abril, outra delegação apareceu na casa paroquial – agora incluindo o viúvo Francis Nurse –, e Parris disse que não podia recebê-la. Cercado de vários Putnam e seus diáconos, na semana seguinte ele se encontrou com os detratores. Até o anoitecer os dois lados pareciam empatados. Em petições irrefutáveis e saídas dramáticas, nenhuma família se expressara com tamanha energia quanto os Nurse, mas ninguém se empenhara tanto na exatidão dos registros quanto Samuel Parris, que agora se via acusado de produzir anotações adulteradas.

Uma grande reunião teve lugar na casa paroquial na semana seguinte. Depois das orações, Parris perguntou aos dissidentes o que tinham a dizer. Eles pediram para expor suas reclamações em público, mas Parris conseguiu contê-los. Seguiu-se uma troca de palavras ferozes, pouco cristãs, e os dissidentes apelaram para Phips e as autoridades provinciais, mas não chegaram a lugar nenhum. No outono de 1694 voltaram-se para o clero de Boston. Willard orientou Noyes, Hale e Higginson a convencer Parris a resolver a questão diante de um conselho de pastores. A palavra "bruxaria" não figurava em nenhum ponto das mensagens.

Cotton Mather estava na cidade de Salem naquele outono e sem dúvida reiterou a mensagem de Willard: Parris estava provocando escândalo. (Foi nessa visita que espectros sumiram com papéis de Mather. Ao voltar para casa, ele encontrou sua jovem vizinha Margaret Rule atormentada por oito demônios – e perguntando, sem ser perguntada, sobre suas anotações desaparecidas. A garota tinha ouvido os espectros se gabando de tê-las roubado.) O pastor explicou a rixa aos colegas bem-intencionados, alegando que insistira na ordem. Tentara aplacar os reivindicadores com seus sermões, as portas da igreja continuavam abertas. Ele achava que havia tentado todo tipo de persuasão "bondosa e comovente". Mesmo assim os desertores não voltavam à Ceia do Senhor. O impasse persistiu. Os Nurse não divulgariam os detalhes de suas reivindicações enquanto Parris não convocasse um conselho. O pastor não convocaria o conselho enquanto não revisasse as queixas.

Na tarde de 13 de novembro de 1693, ainda sem saber como proceder, Parris leu para seus críticos suas próprias reclamações, em número de dezessete. Os Nurse haviam rompido o pacto, eram desordeiros, impiedosos, censuravam a comunidade em casa e a difamavam na rua, caluniavam seu pastor e o atormentavam, espalhando para o governador, a corte e os pastores de Boston que Parris era "impeditivo". Duas semanas depois, Parris informou aos Nurse que a igreja recusara a convocação do conselho – e passou-se mais um ano.

Semanas depois de Phips receber uma resposta da Coroa para sua carta de fevereiro de 1693 a respeito dos julgamentos – a rainha Mary enviou uma resposta vaga, elogiando o cuidado com que o governador conduzira a crise e aconselhando-o a agir contra qualquer bruxaria ou possessão com "comedimento e a devida circunspecção" –, sete pastores exortaram Parris a resolver a disputa.[10] Ele passou o dia 5 de julho de 1694 rezando, jejuando e meditando sobre a questão e rejeitou o conselho dos pastores. Semanas depois, eles se perguntavam se teriam sido pouco claros. Traçaram uma estratégia simples de arbitragem: Parris devia resolver o problema antes do inverno – nessa altura já surgiam torres anglicanas e batistas em Boston.

No livro de registros desses meses, a caligrafia de Parris fica progressivamente ilegível. A pressão sobre ele era grande, e na tarde de 18 de novembro de 1694 ele leu na igreja uma declaração que diversos colegas tinham vetado, a primeira admissão pública de que havia desacertos em 1692, um documento que chamou de "Meditações para a paz". Parris considerava uma "mui amarga repreensão e humilhante providência" o fato de a bruxaria ter irrompido em sua casa. Sua família tinha tanto acusados quanto acusadores, e confessou: "Deus vem corretivamente cuspindo em meu rosto." Denunciou as práticas supersticiosas a que outros tinham recorrido em sua ausência, admitiu que errara a respeito da prova espectral. As meninas que acusaram Rebecca Nurse de torturá-las haviam falado com exatidão, assim como Rebecca, que negara a responsabilidade. Parris não devia ter contado com as meninas para os diagnósticos e lamentava qualquer observação desavisada que tivesse feito do púlpito, assim como qualquer erro cometido ao registrar testemunhos. Estendia sua compaixão a todos os que haviam sofrido. Humildemente implorava perdão ao Senhor por "todos os meus erros e transgressões em questão de tamanha importância", e fez o mesmo com os paroquianos.

Parris expressou seu desejo de que, na congregação, "de coração, com sinceridade e plenitude", perdoassem uns aos outros. Implorou perdão pelas ofensas que seus paroquianos julgavam ter cometido, mais do que pelas que ele acreditava ter perpetrado. Visivelmente comovido, o genro de Rebecca Nurse admitiu que, se o seu pastor tivesse admitido a metade disso antes, muita coisa desagradável teria sido evitada. Convocou-se uma reunião pública para 26 de novembro. Pressionados a revelar suas razões para abandonar a igreja, os dissidentes prepararam um texto que se recusaram a entregar ao pastor. Não tinham intenção de repetir as acusações contra ele até se apresentarem perante as autoridades. Parris prevaleceu.

Em 26 de novembro de 1694, mais de dois anos depois do fim do tribunal de bruxaria, Parris leu no púlpito uma severa condenação de seu exercício como pastor. Francis Nurse, com o original no colo, acompanhava a leitura para ter certeza de que o reverendo não omitia nada. O pastor tinha alimentado um clima de acusação, as meninas tornavam impossível a oração, as famílias atingidas preferiam comparecer a cultos em que era possível ouvir o sermão. Elas se recusavam a receber a comunhão das mãos de um homem em choque com a doutrina aceita, que não expressava caridade e adotava métodos estranhos com as "pessoas enfeitiçadas ou possuídas". Os relatórios de Parris na corte eram deficientes, sua doutrina era fraca. Quando terminou, perguntou se só com ele havia problemas. Sim. Quatro noites depois os Nurse foram à casa paroquial insistindo na convocação do conselho da igreja. Tinham achado frágeis as desculpas de Parris.

Parris não foi o único a ser convocado para se justificar no outono. Em novembro de 1694, William Phips foi a Londres responder a acusações de conduta inadequada que iam de apropriação indébita a agressão; nos trinta meses como governador ele não satisfizera uma única facção de Boston. Stoughton ofereceu-lhe um jantar de despedida que o convidado de honra boicotou. Enquanto isso, Parris continuava a se esforçar. Em abril de 1695, reuniu-se na aldeia um conselho de arbitragem do qual faziam parte Willard, os dois Mather e os pastores da antiga congregação de Parris em Boston. Havia problemas para todo lado. O pastor dera inúmeros "passos injustificados e incômodos". Ele precisava demonstrar mais compaixão com os Nurse. A menos que a congregação quisesse continuar se entredevorando – era o conselho dos anciãos de Salem de 1687, transformados em juízes de bruxaria de novo –, deviam aceitar suas desculpas. Se a reconciliação fosse impossível, Parris devia ir embora.

Um mês depois, outro grupo de pastores se mostrou mais explícito. Estava na hora de Parris partir. (Ele se sairia melhor que Phips, que morreu logo depois de chegar a Londres. Stoughton, que fizera um trabalho árduo ao compilar as acusações contra ele, assumiu o posto de governador, que ocupou até a morte.) Tendo celebrado a cerimônia de casamento de Mary Walcott em abril, Parris fez o último sermão em 28 de junho de 1696. Semanas depois, Elizabeth Parris morreu, aos 48 anos. Terceiro pastor a perder a esposa na casa paroquial, ele a enterrou na aldeia, onde sua lápide está até hoje. A maior parte da comunidade ficou do lado de Parris, já havia perdido três pastores, e fez uma petição para sua permanência.[11] Seguiram-se petições contrárias. Em julho de 1697 a questão foi encaminhada a três árbitros, incluindo dois antigos juízes de bruxaria. A família Nurse reclamou que Parris induzia seus paroquianos a "erros perigosos e pregava imoralidades escandalosas". Na visão de seus críticos, ele tinha sido "o iniciador e produtor das mais amargas aflições que atingiram não apenas a aldeia, mas toda esta terra". Os árbitros decidiram contra ele, e Parris voltou a Stow, o remoto povoado onde antes pregava. Envolvido imediatamente numa disputa por salário, ficou lá só por um ano.

EM 12 DE AGOSTO DE 1696, Samuel Sewall, corpulento, cabelos grisalhos, foi vítima de um comentário duro. Do nada, um amigo nascido em Amsterdam observou que a credulidade dos juízes de bruxaria e a opinião de "gente idiota" sobre pactos diabólicos o deixavam perplexo. Ele era funcionário em Boston, e sua afirmação era contundente.

Sewall não era o único a estremecer ante a menção ao assunto. No domingo, 16 de setembro de 1696, Stoughton, o Conselho e a Assembleia de Massachusetts se reuniram para um dia de orações na Prefeitura de Boston. Cinco pastores oficiaram o rito, e, quando chegou a sua vez, o reverendo Willard castigou as autoridades. Inocentes tinham perecido, por que não haviam promulgado uma ordem para rogar o perdão de Deus? O pecado coletivo pesava numa temporada em que o Senhor castigara a Nova Inglaterra com más colheitas, enxames de moscas, epidemias, emboscadas de indígenas, fracassadas expedições contra os franceses. A previsão de Mather, de que o milênio teria início em 1697, começava a parecer deslocada. O inverno foi o mais brutal da história, uma grossa camada de gelo paralisou o porto de Boston. Com o comércio interrompido, o preço dos grãos atingiu níveis sem precedentes e a comida ficou escassa.

Em meados de novembro, Samuel Sewall foi ao norte para um desconcertante julgamento. Mesmo antes de construir a pequena igreja quacre de Salem, Thomas Maule se encarregara de advertir o reverendo Higginson de que ele pregava mentiras. O comerciante parecia ter sido enviado à Nova Inglaterra para irritar as autoridades. Em 1695 Maule publicou um livro castigando Massachusetts pelas perseguições aos quacres. Stoughton ordenou que a casa dele fosse revistada em busca da publicação ofensiva, e o xerife Corwin se encarregou da tarefa. Apreendeu trinta exemplares e prendeu o autor, que transportou para a cadeia de Salem.

Em novembro, Maule foi julgado pela publicação blasfema e por comportamento desregrado e insultuoso na audiência preliminar. Sewall juntou-se a outros dois juízes para a audiência. Em nada ajudou o fato de o réu associar perseguição aos quacres e caça às bruxas. Ele disse que as autoridades tinham combatido bruxaria com bruxaria e caçoou das moças da aldeia e de seu absurdo poder visionário. Preso cinco vezes e açoitado duas, ele não tinha medo. A corte ousava julgá-lo depois de ter executado inocentes? Apresentado o caso, Maule dirigiu-se ao júri. A corte tinha atraído a ira de Deus para a província. Como podia processá-lo por "mentiras perversas" quando tinha matado inocentes sem se arrepender? Em 1696 era mais difícil ser condenado, e Maule apresentou uma defesa que só podia ser eficiente naquele inverno desanimador: de fato, seu nome aparecia no livro, mas os jurados teriam de consultar o editor de Nova York para provar que o "Thomas Maule" da capa correspondia ao homem que estava diante deles.

Maule alertou o júri de que devia proceder com cuidado. Não iam querer suportar o mesmo fardo de culpa sob o qual gemiam outros jurados do condado de Essex. Qualquer resolução era deles. Para choque da banca, os doze homens consideraram Maule inocente, explicando que as provas eram insuficientes, o editor podia ter colocado o nome de Maule na capa. Os juízes vociferaram que Maule tinha escapado ao julgamento dos homens, mas não conseguiria escapar do julgamento de Deus.

Em dezembro havia um clima propício ao reconhecimento público – em condições semelhantes às que haviam produzido a bruxaria, a Nova Inglaterra parecia "à beira da ruína". Coube a Cotton Mather redigir a carta. Ele continuava a afirmar que, muito embora não apoiasse seus princípios, só podia falar honrosamente dos juízes, que tinham sido prudentes, piedosos, pacientes. Cotton elaborou uma lista de atos impiedosos, inserindo "perversas feitiçarias" em meio a bebida, palavrões e crianças insubordinadas, que tinham atraído tormentas, levando "a erros pelos quais grandes sofrimentos foram impostos a pessoas inocentes".[12] Ao rascunho de Mather outros acrescentaram palavras reconhecendo "negligência na aplicação da justiça". O Conselho – do qual faziam parte todos os juízes de Salem – irrompeu em fúria. Sewall nunca o tinha visto tão incendiado. As "perversas feitiçarias" podiam permanecer. O erro da Justiça tinha de ser eliminado. Cabia a ele reescrever a carta. No fim, a proclamação muito abreviada não fazia nenhuma referência à palavra "bruxaria". Massachusetts se arrependia de qualquer erro cometido de todos os lados na "tragédia encerrada".

A disputa e as imputações de Maule pesaram sobre Sewall, que correu em busca de seu pastor. Sua esposa e sua filha de dois anos, Sarah, estavam doentes. Nesse inverno, o antigo juiz de bruxaria estava mais suscetível à culpa; na mesma semana, uma mulher de Boston o censurou em relação a outro veredicto, no qual ele teria se deixado "seduzir por lisonjas". Na manhã seguinte, ao amanhecer, a pequena Sarah morreu. Depois do funeral, Sewall passou alguns minutos sozinho no porão, num frio extremo, em comunhão com os mortos na cripta familiar. Sarah era a segunda filha que enterrava em 1696. Em cinco anos tinha sofrido repetidas perdas. Estava arrasado.

Em 14 de janeiro de 1697, a colônia fez jejum de arrependimento, implorando ao Senhor "perdão por todos os erros de seu povo", com especial referência a Salem. Quando o pastor passou por Sewall, este entregou-lhe um bilhete. No meio da cerimônia, Willard apontou-o, e ele se pôs de pé, de cabeça baixa. Perante toda a congregação o ministro leu as palavras de

Sewall. Dados os "reiterados golpes de Deus a ele e à sua família", tinha plena consciência da culpabilidade de seus atos no tribunal de bruxaria. Implorava a Deus que perdoasse seu pecado e não castigasse mais ninguém nem a Nova Inglaterra. Quando Willard terminou a leitura, Sewall curvou-se e se sentou.

Aquilo deve ter sido uma agonia para um homem que evitava a crítica e preferia não se expor sozinho; ele sabia que seu ato de arrependimento público seria reprovado no mínimo por Stoughton, que passou a evitá-lo. Evidentemente sentiu desnecessário um pedido de desculpas; a carta ordenando o jejum bastava. Ao condenar a administração de Andros, Stoughton apontara procedimentos judiciais desarrazoados, enganosos. Depois ele se declarou "disposto a fazer qualquer reparo aos desmandos do último governo".[13]

Naquela noite, Sewall transcreveu o texto de seu bilhete cuidadosamente no diário. A poucos quarteirões dali, Cotton Mather se inquietava com o "desprazer divino", que poderia "atingir minha família, por eu não ter agido com vigor suficiente para deter os juízes quando a inextricável tormenta do mundo invisível se abateu sobre esta terra".[14] A culpa saltava das páginas.

Outros também aproveitaram o dia de jejum para lavar a alma. Doze jurados de Salem pediram perdão a Deus e a todos os que haviam ofendido. Cotton Mather pregou essa tarde na congregação da North Church, incluindo uma saudação aos magistrados e pastores que tinham sofrido por seus íntegros serviços. Depois, o comerciante de Boston Robert Calef o abordou. Os dois mantinham correspondência havia algum tempo. Em suas observações, Mather definia a bruxaria como pacto com o diabo, e Calef perguntou-lhe qual sua fonte. Mather decerto sabia que Calef pagara por correio a fiança de Thomas Maule, porém não imaginava os problemas que o comerciante de lã poderia lhe causar.

Em 1693 Calef começara a trabalhar em *More Wonders of the Invisible World* – o título já era uma provocação. Concluído em 1697, o livro foi impresso em Londres. O comerciante já fizera circular um texto chocante, acusando Cotton Mather de criar uma nova Salem com o tratamento dado a Margaret Rule – adolescente que anunciara o sumiço das anotações de Cotton. Calef sugeria que os dois Mather tinham manipulado a moça de forma indecente. Cotton garantiu-lhe que não tinha feito nada. Um amigo de Mather fornecera a Calef o relato do pastor sobre os desvarios e levitações de Margaret, e este o divulgara, criando grande embaraço cinco anos depois de Salem. O comerciante dizia que as Escrituras não forneciam meios confiáveis para identificar as bruxas, enforcá-las não afetava o diabo. Achava que os homens não deviam se meter nos assuntos divinos. Cotton o denunciou do púlpito e quase mandou prendê-lo por difamação.

A questão imediata lidava mais com reputações do que com consciências. Quando George Corwin morreu, na primavera de 1696, Philip English ameaçou pegar o corpo. Ele o devolveria, gritou, mas só em troca de alguma parte da propriedade de 1.500 libras que o falecido xerife lhe confiscara. English depois compareceu repetidamente ao tribunal por não pagar os impostos à igreja (transgressão que o pôs na cadeia) e comprometer a autoridade dos conselheiros de Salem (posto para o qual tinha sido eleito semanas antes). Ele chamou pastores e juízes de ladrões e recusou-se a rezar numa igreja "infestada" de puritanos, "a igreja do diabo". Ainda vituperava contra o clero em 1722, quando a corte o condenou por chamar Nicholas Noyes – morto 21 anos antes – de assassino.

Naturalmente ninguém se empenhou mais numa análise que Cotton Mather. Como era típico dele, aproximava-se da cena, postando-se em Salem em 1692 com mais frequência que a realidade; o leitor concluía que ele assistira aos julgamentos. Como insistia em se colocar no centro dos acontecimentos, é compreensível que tenha sido inculpado por eles, embora tivesse insistido na moderação, denunciasse a prova espectral, não participasse nos inquéritos nem desempenhasse qualquer papel no processo. Cotton não se arrependia de nenhuma página de *Wonders*, apesar dos ataques que o livro lhe valeu. Tampouco questionava a fidelidade dos juízes, mas punha o dedo em algo que continuava invisível: as considerações políticas haviam desfigurado grosseiramente as morais. Cotton formulara uma teoria, talvez no final de 1692 ou pouco depois. Não seria a infestação de anjos maus, perguntava em seu diário, "um desafio particular aos *meus* pobres esforços para levar as almas dos homens ao *céu*"?[15]

Cotton Mather dá algo mais que uma explicação em seu livro sobre a vida de William Phips, de 1697, um conto de fadas eximindo de culpa uma administração desastrosa e os homens por trás dela. Ele atribui a epidemia de Salem a encantamentos juvenis e à leitura da sorte. Livros de superstições tinham envenenado as adolescentes, atraindo o diabo "de maneira assombrosa". Insiste em pactos diabólicos, mas descarta as reuniões de bruxas. Felizmente Phips havia chegado na hora para reunir uma distinta corte. O que estava em jogo, porém, era a subversão do governo: Satã tentava arrancar de suas mãos a nova Carta, duramente conquistada. Em junho Cotton reeditou "The return of several ministers", mas omitindo o chamado às armas introdutório e a recomendação final de "condenação rápida e vigorosa". Escrevendo com finalidade política, relatava que seus inimigos estavam "angustiados por causa do livro". Ele não esquecera a Suécia, ao contrário, admitia que lá também o assunto terminara em confusão.

Cotton Mather não expressava nenhum remorso. Mas não ia deixar fecharem-se as cortinas sobre a bruxaria depois de ter lutado anos para mantê-la em cena, algo que viria a lamentar. Stoughton escolheu o silêncio e escapou ao ódio. Mather escreveu seu nome na história. Dedicou *Magnalia*, de 1702 – o épico da história da Nova Inglaterra do qual faria parte a hagiografia de Phips –, aos portentos e introduziu os chefes indígenas na epidemia de Salem. Há muito suspeitava que aqueles "horrendos feiticeiros e conjuradores do inferno" tinham precipitado a "guerra inexplicável".[16]

Quando *Magnalia* foi publicado, John Hale tinha produzido um relato diferente sobre os julgamentos. Estava bem qualificado para a tarefa: presenciara a perturbação das meninas; passara horas no tribunal, em inquéritos e enforcamentos; testemunhara contra três mulheres. Hale se esforçava para acomodar a verdade inegável de que inocentes haviam morrido à convicção de que os juízes tinham agido corretamente. "Mas eram tais as trevas na época que não conseguíamos enxergar um rumo." Tentou distribuir a culpa e estabelecer um método para detectar a bruxaria, chegando mais perto que ninguém de reconhecer o erro. Admitiu o que nenhum de nós assume com facilidade: os acontecimentos de 1692 o levaram a um "exame mais estrito dos princípios de que estava imbuído, a questioná-los e a rejeitar muitos deles". Mais que as bruxas em si, fora a crença na bruxaria que desequilibrara Salem.[17]

Crises pedem dois tipos de memória: a versão "Não me culpe, eu não estava lá" e a versão "Teria sido pior se eu não estivesse lá". Salem recebeu apenas o primeiro tratamento. Não havia heróis. John Higginson, o pastor mais velho da cidade, escreveu a introdução do relato de Hale apontando o dedo para Satã. Talvez alguns punidos fossem inocentes, alguns dos que escaparam talvez fossem culpados. Ele tinha dúvidas quanto aos procedimentos da corte, embora juízes e júri fossem impecáveis. E então se dissociava dos julgamentos. "Eu me envolvi pouco", escreveu, referindo-se à sua idade (tinha 76 anos na época), "estava incapacitado para avaliar as ocorrências na época."[18] Higginson não testemunhara contra ninguém, mas tinha orado na sala do tribunal e sabia cada detalhe dos processos. Seu filho passou um tempo registrando testemunhos, sua filha passou alguns dias de 1692 na prisão. O ensaio de Hale é corajoso ao tratar de um assunto delicado, e ele escolheu não o publicar em vida. *A Modest Inquire into the Nature of Witchcraft* só veio a lume em 1702, um ano depois da morte de Stoughton.

É notável como poucos traços de reprovação às autoridades sobreviveram. Pais ainda mandavam os filhos para serem educados pelo reverendo Noyes. Cotton Mather fez o sermão do funeral de JoshuaMoody cinco anos depois de este ter ajudado os English a escapar. Sewall dedicaria um panfleto apocalíptico a Stoughton, que consagraria sua administração a enfrentar incursões indígenas e frustrar as pretensões francesas. Já juiz presidente, conselheiro e vice-governador, ele serviria como comandante das tropas da colônia e assumiu as responsabilidades de juiz do almirantado. Seriam necessários vários homens para substituí-lo. Sewall estava à beira de sua cama em 4 de julho de 1701, e as últimas palavras de Stoughton foram: "Reze por mim."[19] Willard fez o sermão de seu funeral, talvez demorando-se na ausência de arrependimento.

O testamento de Stoughton era um modelo de generosidade esclarecida. Ele não se esqueceu de ninguém, da arrumadeira ao porteiro do conselho de Harvard, para quem deixou terra, um prédio de quatro andares e dinheiro para os estudos. Estipulou que diversas salas da Ala Stoughton fossem reservadas a indígenas bolsistas. Estipulou uma vasta soma para a escola de Dorchester e dezesseis hectares para os pobres de Milton. Por um século, ninguém rivalizou com ele entre os benfeitores de Harvard.[20]

Cotton Mather e Maule continuaram em peleja, Mather atribuindo a guerra dos indígenas aos quacres, Maule, a bruxaria a *Wonders*. Mesmo assim a nuvem não se dissipou; empilhavam-se apelos de reparação econômica e de reputação. Pairava uma maldição sobre a terra. Quando antes as bruxas eram a explicação para a má vontade de Deus, agora a justificativa eram as perseguições desordenadas. Como Brattle havia alertado, não era fácil se livrar da culpa. Ela empesteava e era mais potente que os atos em si, algo que 1692 tinha deixado claro.

Doze anos depois de Ann Foster, sua filha e sua neta terem incriminado umas às outras, Michael Wigglesworth, clérigo de Malden, de 73 anos, alma escrupulosa e sensata, escreveu a Increase Mather acerca de suas inquietações. Mais velho, ele formara Sewall e os dois Mather. A preocupação com a justiça surgira de uma percepção da injustiça. Nesse ano, uma seca ameaçou as fazendas da Nova Inglaterra, e Wigglesworth temia "que Deus tivesse uma peleja conosco vinda do tempo da bruxaria". Os juízes tinham sofrido "as imposturas do diabo", tinham derramado sangue inocente pelo qual não assumiram responsabilidade pessoal.[21] Chocava-o especialmente o saque de propriedades, que não ocorrera em processos de bruxaria anteriores. A não compensação às famílias dos condenados aumentava a vergonha, e a maldição não se dissiparia enquanto a corte não tomasse as medidas necessárias. Ele insistia com Mather para rever o assunto. Nenhum juiz agiu, e o único que o fez logo lamentou sua coragem; em 1720 Samuel Sewall viu como estavam sendo escritos os livros de história e ficou mortificado. Lá estava sua humilhante confissão para a posteridade!

Restava um acerto a ser feito. Em 25 de agosto de 1706, Ann Putnam, filha, se apresentou à congregação da aldeia de Salem para ser admitida como membro pleno da igreja. Tinha 27 anos. Pai e mãe haviam morrido, deixando nove irmãos sob seus cuidados. Fora afligida por 62 pessoas, entre elas dois pastores e um vizinho, já mortos, e a adolescente Dorothy Good, agora louca. Testemunhara contra dois dos dezenove enforcados. Durante mais de oito meses comunidades inteiras dependiam de cada sílaba que ela pronunciava. Agora Ann estava em silêncio diante do mesmo púlpito no qual acusara tantas pessoas e implorou o perdão dos parentes de quem incriminara ou levara à prisão. Por duas vezes lembrou à congregação que tinha agido em conjunto "com outras", e declarou que agira "por ignorância e inadvertidamente". Também não fora capaz "de entender e suportar as misteriosas ilusões do poder das trevas e do príncipe do ar".[22]

Não havia por que continuar procurando um culpado. Seu companheiro constante e implacável as havia forçado a fazer o que fizeram. Na aldeia de Salem, como em outras partes, ele se escondia no discurso. Numa fala particularmente fervorosa de 1693, Cotton Mather via diabos por todo lado. Enquanto isso, as bruxas aos poucos se tornavam mártires. Levaria anos para que alguém perguntasse quem eram os iludidos, antes que alguém ousasse sugerir que os próprios juízes eram aprendizes de feiticeiro, que tinham sido "cegos, insensíveis".

Em 1710 a legislatura de Massachusetts estabeleceu um comitê para processar os pedidos de reparação em Salem. Em outubro de 1711 o nome da maioria das vítimas estava limpo, e algumas famílias receberam reembolso dos custos da prisão, ainda sem admissão de responsabilidade. A decisão isentava carcereiros, guardas e xerifes de qualquer ato ilegal, mas mencionava os juízes. Muitos questionavam a lógica do comitê, que deixava feridas abertas e produzia novas indignidades. Cotton Mather fez questão de visitar Salem depois para "buscar a cura de toda tendência de discórdia". Agora parece sem sentido atribuir culpa, assim como parece impossível entender os acontecimentos de 1692. Poucos eram inocentes, exceto os que foram enforcados.

ANTES DE PARRIS ADMITIR que elas estavam enfeitiçadas, antes de se transformarem em visionárias e mártires, antes que fossem descartadas como "vis servidoras", Abigail Williams e Betty Parris foram consideradas possuídas pelo diabo. Nunca saberemos o que atacou as moças, se tinha a ver com suas almas, seus afazeres, com atenção ou falta de atenção paterna. Tremores, caretas, membros retorcidos, costas encurvadas, delírios e "furiosas invectivas contra indivíduos imaginários" se encaixam no que o neurologista Jean-Martin Charcot, seguido por Sigmund Freud, chamou de histeria no século XIX.[23] Onde a autoridade do século XVII via o diabo, observamos um sistema nervoso tenso; o que a era anterior chamou de histeria nós chamamos de desordem de transposição, o corpo traduzindo emoções em sintomas. Quando sublimada, a angústia se manifesta fisicamente, usando o corpo como refém. Os desenhos de histéricas convulsas feitos por Charcot coincidem em todos os detalhes com as cenas que deixaram Deodat Lawson tonto.

As condições favoreciam a explosão. A conversa em torno de Betty e Abigail era pesada, severa, apocalíptica, a casa era fria. Fiéis descontentes circulavam pela casa paroquial para expor seus ressentimentos. Betty e Abigail não tinham como escapar dessa fúria no começo de 1692. Ajudava também o fato de as moças morarem num lugar pequeno, isolado; as acusações de bruxaria apareciam menos em endereços urbanos. Numa comunidade isolada, numa casa rigidamente controlada, as pessoas que observavam as meninas e lhes causavam aflição eram as únicas para as quais elas podiam apelar. Precipitado por uma visita de Sarah Good, uma mensagem do púlpito ou uma angústia interna, algo as incapacitava.

As meninas expressavam em crises o que não conseguiam dizer em palavras. Mather e Sewall estavam errados quanto à preferência pelas casas paroquiais, contudo Parris estava correto ao observar que o alvo do diabo eram os piedosos. A histeria parecia preferir as famílias mais decorosas e sóbrias, em que as tensões se acumulavam. Educadas para ficarem quietas, as bem-comportadas Betty e Abigail convulsionavam. Não conseguiam desabafar, como as espalhafatosas e intrigantes Abigail Hobbs e Mary Lacey, filha, que talvez acreditassem ter assinado pactos com o diabo. Na casa paroquial, era bem mais fácil ter uma visão que uma opinião.

As desordens de conversão psicológica também preferem locais atrasados, mulheres (sobretudo as muito jovens) e órfãos. Tendiam a irromper em conventos, escolas e hospitais, ambientes restritos e emocionalmente pesados. Freud anotou que as crianças observadoras, intelectualmente astutas, estavam mais propensas a desenvolvê-la. Os sintomas são contagiosos, sobretudo nas famílias mais notáveis da cidade. (Da mesma forma, os devotos tendem a ver o diabo com mais frequência. A possessão raramente ocorre na ausência de intensa religiosidade.)

Já no centro da comunidade, Betty e Abigail reclamaram atenção absoluta. Mary Rowlandson foi franca a esse respeito em sua narrativa: "Antes de saber o que a aflição significava, às vezes eu já desejava isso."[24] Ela não devia ser a única mulher da Nova Inglaterra a desejar um teste para provar sua santidade. Elizabeth Knapp se lamentava porque não levava uma vida espiritual correta e dizia que o trabalho era pesado para ela. Ninguém castigava uma moça afligida nem a mandava catar lenha. Ann Putnam, mãe – a primeira adulta a ser atingida –, se esgotou porque as meninas com cujo trabalho contava começaram a se contorcer. Em outro desabafo, uma jovem observou que suas irmãs convulsas pareciam ser objeto do amor e dos cuidados dos pais. Não demorou muito para ela apresentar os mesmos sintomas. As acusações descreviam as enfeitiçadas como "consumidas, fracas e atormentadas", mas não viam que as meninas jamais haviam sido tão mimadas.[25] Sem dúvida aquilo era sedutor, um convite a se fingir doente.

Quando as meninas mais velhas começaram a se contorcer, outras forças passaram a atuar. As cinco que viriam a se tornar as acusadoras mais ferozes só entraram em cena depois do testemunho de Tituba. Todas eram empregadas domésticas e tinham chegado à idade em que se armam emboscadas para os adultos, quando a dependência se torna revoltante. Viviam situações tensas que as mais novas não conheciam, tendo se aventurado mais longe no pecado e na tentação. Estavam mais antenadas com choques, confidências e avanços de adultos. Havia um elemento sexual em ação? Em sua maioria, eram os homens que reclamavam de bruxas em suas camas. Mas o que na adolescência não é carregado de medo erótico e desejo? Os gestos e gemidos na cama ao lado decerto eram provocantes para as meninas. E as mãos masculinas nem sempre eram indesejáveis.

A histeria é contagiosa. Devia ser difícil para uma moça de dezenove anos descontente e pobre, como Mercy Lewis, não sentir prazer em estar no centro do palco. Para moças sem pai, as enfeitiçadas se davam brilhantemente bem, conquistando companhia e compaixão de todos os homens que conheciam. Muitas tinham razões para traumas, algumas certamente usavam seus problemas. As mais velhas conspiravam umas com as outras e com alguns adultos. As demonstrações de telepatia nos julgamentos não poderiam ser orquestradas de outra forma. Ann Putnam, filha, e Elizabeth Hubbard não chegaram separadamente à conclusão de que o conjurador Burroughs estava acima de um mago, distinção sem precedentes em Massachusetts. Apesar das aflições, a sobrinha de Parris conseguiu encontrar um rapaz que, com seu florete, a salvou de um espectro.

Nunca saberemos até onde ia o ludíbrio. Em 1720, um caso de bruxaria idêntico irrompeu a 48 quilômetros da aldeia de Salem. O centro era uma menina de onze anos com uma memória tenaz, uma irmã mais nova leal, um pacto de segredo e uma escada para as cenas de voo. Afinal não é tão difícil beliscar a própria testa ou fincar os dentes no próprio braço. As moças admitiram que queriam se divertir. Pela primeira vez, não estavam se submetendo a seus patrões, mas comandando o show. Sob esse aspecto, Salem supera a convenção, é a inversão do conto moral: uma criança se comporta mal e o mundo à sua volta é castigado.

Alucinando ou confabulando, as afligidas revelavam o que absorviam do mundo adulto em alertas de invasão, profecias históricas, imagética bíblica, fofocas. Sabiam que Sarah Good tinha um furo no casaco e Deliverance Hobbs, uma ferida que sofrera antes do pretenso esfaqueamento na taverna. Sabiam os nomes dos integrantes destacados, desagradáveis ou adversos de outras comunidades. A questão não é por que contavam histórias absurdas, mas por que, em 1692, acreditaram nelas; é mais fácil entender suas visões reais ou artificiais que as histórias vertiginosas dos outros. Os adultos transfiguraram a perturbação adolescente, vendo nela planos (Putnam), convicções (Hathorne), obsessões (Mather), atribuindo às adolescentes poderes de que elas não tinham consciência.

Naquela segunda-feira lamacenta do fim de fevereiro, antes de sair a cavalo para fazer acusações de bruxaria, Thomas Putnam devia se sentir amaldiçoado por ter perdido duas heranças, terras, filhos, uma vaca. Ele só tinha a ganhar com a série de intrincados acontecimentos. Estava ressentido com os invasores vizinhos de Topsfield. Ao mesmo tempo, Putnam tinha em casa uma filha de doze anos muito amada, sensível, desesperadamente convulsionada. Logo sua esposa também seria atingida. É difícil acreditar que ele tivesse uma estratégia de longo alcance desde o começo. Decerto intensificou as questões e reclamou pelo menos contra 35 pessoas, testemunhou contra dezessete e transcreveu mais de cem depoimentos. Parece que redigiu todos os testemunhos de sua filha, de Mercy Lewis e de Mary Walcott. É difícil dizer quem servia de procurador de quem, as meninas convulsas ou os pais em cruzada.

As convulsões ratificavam a bruxaria, mas a história pertencia à banca. Uma vez na corte, as mulheres desempenhavam papel secundário; a bruxaria permitia que os homens se atacassem através das esposas ou das filhas. Os três juízes da cidade tinham sofrido reveses financeiros; a reclamação de Putnam em fevereiro talvez os tenha encontrado num espírito de acerto de contas. Hathorne muito fez para garantir que as provas se encaixassem com suas ideias. Só depois de várias semanas veio à tona outro tipo de prova, quando as meninas começaram a invocar esposas mortas e torturadas. Esses retornos do túmulo eram outra novidade da Nova Inglaterra. O que os homens mais temiam chegou em seguida: mulheres difíceis, ardilosas, que lhes tiravam o fôlego. Os súcubos – a mulher que invade a cama dos homens – são tão antigos e panculturais quanto o tempo. Essa pesada pressão – que Bridget Bishop evidentemente impôs aos homens em cuja cama pulou – está na origem da própria palavra *nightmare*.*

Os pastores acrescentam o tom apocalíptico, reforçando o contexto e extraindo lições. Eles impunham um esquema onde não havia, mas não o fizeram por ignorância. A elite de Massachusetts tinha lido tudo o que havia à mão, alguns atentamente demais. Como diria John Wise, esses

---

* *Nightmare*: "pesadelo"; palavra formada por *night* ("noite") e *mare* ("égua"). (N.T.)

homens não eram tanto os senhores, mas as vítimas de seu conhecimento. Tinham lido e relido os textos sobre bruxaria, conheciam a sua história e trabalhavam em nome da razão.

Se solicitassem à aldeia de Salem que votasse em alguém para ser expulso, sem dúvida teriam escolhido Sarah Good. Logo depois podiam ter expelido Sarah Osborne também. Não fica evidente como Tituba apareceu na primeira lista, ela parecia diferente dos outros na comunidade, onde havia escravos, mas poucos indígenas. Possuía um mágico dom narrativo, e o círculo se expandiu com facilidade enquanto a promotoria incorporava medos, ressentimentos e antipatias. Havia muitas razões para acusar alguém de bruxaria em 1692: inveja, insegurança, inimizade política, amor não correspondido. Famílias conturbadas se viam como alvo, assim como homens que ameaçavam as esposas. Alguns acabavam no tribunal só por se recusar a participar dos processos. (Elizabeth Procter talvez tenha sido sacrificada pelas transgressões do marido.) A bruxaria forneceu um meio para erradicar toda virulência de uma só vez. Não era possível questionar legalmente testamentos desrespeitados ou egos contrariados, mas se podia eletrizar uma sala de tribunal com histórias de animais malignos e fantasmas dançantes. Não se distingue um padrão claro nas acusações. Grande parte do que aconteceu em Salem em 1692 foi escrito quando os ânimos se exaltaram a respeito das fronteiras com Topsfield, ou em 1679, quando Putnam e Bradbury entraram em choque, ou em 1683, quando Burroughs abandonou sua congregação.

Mais da metade das mulheres enforcadas em 1692 já fora acusada de bruxaria. Dizia-se que as mães de Rebecca Nurse, Mary Esty, Elizabeth Procter e Mary English eram bruxas. Samuel Wardwell tinha um tio quacre; os Nurse tinham criado um órfão quacre; Alden tinha parentes quacres. Abigail Hobbs deu início à violenta disputa em que Willard e Wild se envolveriam, embora a traição interfamiliar existisse antes de 1692. Philip English e o cunhado de George Jacobs tinham sido eleitos conselheiros de Salem semanas antes de serem acusados, e as eleições tinham produzido perdedores. À medida que a crise se expandia, ampliavam-se as razões para citar nomes. Era menos perigoso acusar que protestar. A culpa explicava por que a oração arranhava os ouvidos, por que tantos pareciam ter medo da própria sombra.

Terá Ann Putnam, mãe, acusado Rebecca Nurse por uma disputa de fronteira? Por seu marido se opor a Parris, ou a James Bayley? Pelos Nurse terem se apropriado de grande área da aldeia? Por Rebecca vir de uma família intoleravelmente harmoniosa? Ou porque tomou o sacramento na cidade de Salem, ocupando um banco pertencente aos Putnam? Será que teria sido acusada se visitasse as meninas na casa paroquial, coisa que não fez por medo de contágio? Antipatias e tentações são escritas com tinta invisível; jamais as descobriremos. Todos estavam nervosos. A bruxaria localizava a ansiedade em um tempo deslocado. Mesmo os que se sabiam inocentes acreditavam que uma trama diabólica estava em curso. Será que Ann Putnam, mãe, citou Rebecca Nurse porque os Nurse prosperaram e os Putnam não? A bruxaria permitia que uma boa mulher cristã falasse o que tinha em mente.

Se juntarmos velhos inimigos, céticos, pervertidos, ofensores, filhas de bruxas, abusadores, arrivistas e privilegiados, sobra apenas George Burroughs. Dos cinco homens enforcados – e todos os homens presos foram executados –, a maior parte tinha relacionamento com bruxas. Burroughs foi o que viajou mais longe e desempenhou o papel principal. Nenhum outro membro de sua família foi acusado. Na família Mather, assim como na fazenda Putnam, havia especial animosidade contra ele. Qual o crime do pastor? Ele não questionara a herança de ninguém, não tinha relação com as mulheres suspeitas. No entanto, Burroughs substituíra o cunhado dos Putnam no púlpito da aldeia, era um homem difícil, reservado, descontrolado, pecador e vítima de pecados. Mais gente testemunhou contra ele que contra os outros. É pouco provável que todos tivessem as mesmas razões. Mather dizia que tinham solicitado especificamente a inclusão de Burroughs em *Wonders*, e ele atendeu ao pedido alegremente; a aversão escorre de sua pena. Sewall talvez não tenha perdoado Burroughs por ter tido a temeridade de sobreviver quando um primo dele, único pastor ordenado do Maine, perecera.

Hathorne tinha razão para não gostar do pastor do Maine, seu ex-cunhado, homem perigoso sob todos os aspectos. Foi por causa de homens da fronteira como Burroughs que as comunidades de Massachusetts ficaram indefesas. Seu toque de heroísmo parece ter passado sem comentários pelos juízes, que talvez não conseguissem perdoar seus fracassos. Tinham retirado os milicianos do Maine em 1690, e como resultado Casco foi incendiada. Quando indiciaram Burroughs, sugeriu-se que os juízes se afastassem.[26] Em 1691, ele havia solicitado tropas de fronteira e um comandante. Semanas depois de começada a revolta, a fronteira, abandonada pelas tropas, foi dominada pelos indígenas. Os colonos tinham razão de se sentir traídos. Burroughs talvez fosse negligente com as práticas religiosas, mas sua infração era política: ele reclamava em público do regime de Andros.

Do outro lado da fronteira, a força de caráter era pobre. Mais de cinquenta pessoas incriminaram falsamente a si mesmas, algumas só para salvar a vida. Contudo, algo espreitava no escuro, mesmo que não fosse a bruxaria. Às vezes o que vinha à tona era apenas um sentimento pesado, uma preocupação de que a pessoa fosse imune à fé. "O plano do diabo", observou Cotton Mather em 1695, "é levar você a ter uma áspera opinião sobre si mesmo."[27] O limite entre a consciência culpada e o conluio com o diabo ainda não estava traçado.

Era frequente os acusadores citarem nomes muito em voga: pretensas bruxas, a família de um pastor, uma mulher cuja filha havia sido selvagemente assassinada. Andover pegou a febre em parte porque tinha suas próprias tensões. Estava a ponto de se dividir, gerações se chocavam numa comunidade que crescera mais que sua terra. Todavia, qualquer cidade com um pastor que endossasse o teste de toque teria servido. Na época em que a bruxaria chegou a Andover, os juízes tinham refinado seus métodos de localizá-la. Confissões não exigem tortura, embora a tortura tenda a produzir as respostas desejadas. Alguns ficavam aliviados de não compartilhar um calabouço com Burroughs, outros ficavam felizes em evitar humilhantes julgamentos públicos. Muitos só pensavam em agradar. Pelo tom dos pedidos de reparação, fica evidente quanto os aldeões estimavam as autoridades.

O magistrado também pode fazer a pessoa acreditar em coisas a respeito de si mesma. Com uma testemunha sugestionável e uma figura autoritária, não é incomum se chegar à opinião plantada. Nas mãos do adulto certo, a criança jura que seu cuidador faz coisas extraordinárias.[28] Ninguém repousava com facilidade numa prisão do século XVII, e a privação de sono também produz alucinações. Onde Ann Foster encontrou os detalhes de seu voo fantástico? Batismos satânicos eram críveis, embora raros em Massachusetts, onde nenhuma bruxa tinha voado antes de 1692.

O que torna Salem um caso isolado não são as acusações, mas as condenações. Em outros tempos, mulheres desvairadas foram consideradas bruxas e homens sonharam com o diabo sem que ninguém desse importância. Por que foi impiedosa a perseguição de 1692? Diversos participantes do grande júri se curvavam com facilidade a uma vontade mais forte. Hathorne, Corwin e Gedney – os primeiros motores – agiram no interesse da ortodoxia, que coincidia com seus projetos pessoais. Eles sabiam quem criava problemas, pois eram convocados a mediar questões na aldeia de Salem havia anos. Quando as expressões impiedosas e reflexões inadequadas fermentaram em bruxaria, eles promoveram essa transformação. Parris, Noyes, Barnard e Hale os apoiaram. Todos os sinais indicam que se submetiam a William Stoughton.

A pergunta sobre por que Stoughton continuou inflexível com a bruxaria nos leva mais perto do enigma de Salem. É difícil entender o sentido de sua intransigência. Ele aceitou a prova espectral contrariando a opinião legal. Depois de rearranjar alianças políticas, assumiu e manteve uma posição. Era preciso pulso firme, e Stoughton respondeu de punhos fechados. Ele já conhecera o descrédito: ao lado de dois outros juízes de bruxaria, havia colaborado ativamente com o "íncubo externo" que era norma durante o Domínio. Ali estava uma oportunidade para se reabilitarem, para provar seu empenho em expulsar o novo intruso. A única pessoa que podia tornar mais lento o processo de Salem era Stoughton, que escolheu não o fazer. Ele trabalhou sob as ordens de um governador fraco, ausente, que mostrava pouco interesse pelos julgamentos.

Stoughton batalhou para provar sua constância e a legitimidade do novo governo. Estava mais consciente que ninguém de que a colônia parecia frouxa, impertinente, desordenada, tinha pagado um preço exorbitante por se afastar das leis da Inglaterra. Ao processar as bruxas, ele se redimia em casa e irradiava para o exterior a competência da Nova Inglaterra; os colonos podiam se governar sozinhos, de forma ordenada, à maneira do Velho Mundo. Não eram tumultuosos e irresponsáveis adolescentes, eles processavam os subversivos. Aos funcionários ingleses que julgavam Massachusetts uma terra sem lei, podiam exibir cortes, justiça e governo.[29]

A nova Carta reconstituiu o sistema judiciário que Andros transformara numa caricatura e do qual a nova administração dependia. A colônia ainda cambaleava por causa desses "costumes bárbaros". Stoughton pode ter decidido provar que a Nova Inglaterra não era "um lugar onde ninguém, ou poucos, se dá ao trabalho de entender as leis ou os métodos da Inglaterra".[30] Eles tinham muito a perder, uma reputação de desobediência civil a desmentir. O clero da Nova Inglaterra havia incentivado a história do implacável invasor antigo e seu sinistro plano, que zombava dos puritanos como "gente que serve apenas para ser eliminada da face da terra".[31] Eles atribuíram isso a um bando de bruxas decididas a instalar "talvez o maior *diabolismo* que o mundo jamais viu".[32] Não precisavam imaginar essa história, tendo eles próprios participado dela. Os julgamentos permitiram que apagassem uma mancha que era deles.

O clero não tinha como resistir de forma significativa. Sabia-se que tinha alimentado os gritos contra a administração anterior, que pregara a rebelião, incentivara o tumulto. Não conseguia minar um governo que com grande esforço ele próprio instalara. Defender a corte era defender a nova Carta, e o clero também procurava se afirmar em Londres, para onde Mather apontara *Wonders*. Três anos de anarquia e cinco de Domínio tiveram um alto preço. Além disso, os juízes eram seus clientes e patrocinadores, os homens que pagavam seu salário. Os pastores estavam tão limitados pela crise quanto os demais, e a bruxaria permitia que eles provassem o compromisso especial de Deus com a Nova Inglaterra, lugar muito importante, pois Satã se empenhava em destruí-lo! O ataque a Salem permitia que uma geração mais nova de clérigos provasse seu valor numa batalha cósmica e cumpria uma profecia: era a tempestade antes da anunciada bonança do milênio, o último estágio de enfrentamento com o diabo.

Com todos os jejuns de 1692, todos os alertas contra provas espectrais, torturas e testes de toque, Cotton Mather não achava o ataque de anjos maus ruim de todo. Num documento de 1693, não dirigido ao público, ele forneceu o que pode ser classificado como a mais genuína avaliação do episódio. Sem dúvida era algo danoso. A bruxaria de Salem cedera e ninguém de valor se comprometera. As "vivas demonstrações do inferno" tinham despertado muitas almas – almas jovens de ambos os gêneros. Mather sabia que se podia confiar numa calamidade para encher a igreja. "O diabo não conseguiu nada", afirmou ele, "mas Deus obteve louvores, Cristo obteve fiéis, o Espírito Santo conseguiu templos, a Igreja, adeptos, e as almas dos homens colheram benefícios eternos." Invertendo a posição de seu próprio envolvimento, ele se gabou: "Não sou vaidoso a ponto de dizer que qualquer virtude minha tenha contribuído para a boa ordem das coisas, mas sou lúcido para dizer que não criei barreira a esse bem."[33] Qualquer incômodo por não ter encerrado os julgamentos havia desaparecido. Ele protestava apenas contra uma monstruosa injustiça: o ataque à sua reputação.

Cases of Conscience, o conselho aos pastores de Nova York, a petição de Mary Esty e a morte terrível de Giles Corey podem ter ajudado a extinguir a bruxaria. Mas, com o acúmulo de mortes, o terror chegara às portas das autoridades. Quando o fez, o momento havia passado. Não se podia localizar a culpa, uma vez que ela se distribuía por tantos endereços. A mistificação gerava mortificação. Em outubro muitos vinham relembrando (ou inventando) transgressões de 25 anos antes para acusar qualquer um. Firmemente estabelecida, a bruxaria exercia uma atração magnética sobre qualquer lampejo de irritação, medo, peculiaridade, transgressão.

A ironia de eles terem chegado ao Novo Mundo para escapar da interferência da autoridade civil não era registrada pelos colonos, que lançavam uns contra os outros o tipo de ataque que tinham deplorado nos funcionários reais. As preocupações políticas superavam as demais, assim como elas tinham produzido *Illustrious Providences* e *Memorable Providences*. O relato de Cotton Mather sobre a bruxaria seria inseparável da vida de Phips; as autoridades acreditavam proteger uma administração inexperiente. Tinham contraído uma espécie de doença autoimune, mobilizando contra si mesmos as fúrias que tanto temiam. Em 1692 não havia perpetradores nem consequências. Apenas uma pequena figura sobrenatural permanecia na cena do crime, e efetivamente dissipou um mistério quando esteve em Salem: o diabo carece do conluio humano para fazer o mal.

A bruxaria teve o efeito de despertar uma geração não praticante, morosa, mas não do modo como o clero previra. Quando o encanto se rompeu, a torrente de recriminações eliminou uma rica camada de fé. Os líderes de Massachusetts nunca mais recorreriam à Igreja para obter aconselhamento. Nem qualquer outro indício de reuniões de bruxas ou acidentes aéreos viria a ocorrer. Quanto aos fantasmas de franceses e de indígenas, em 1698 os garbosos invasores tinham sido considerados agentes satânicos, "demônios na forma de indígenas e franceses armados".[34] As melhores cabeças do condado de Essex continuaram a acreditar que eles estavam de alguma forma implicados em bruxaria, porém, as bruxas nunca mais apareceram, dissolvendo-se imperceptivelmente.

12. Uma longa trilha de miseráveis consequências[1]

> Estavam perseguindo o coelho errado.[2]
> DONALD RUMSFELD

QUASE METADE DAS MOÇAS afligidas cresceu, casou e teve filhos. Betty Parris casou tarde e criou sua família em Concord. Não resta nenhum traço de sua prima Abigail, a exuberante caçadora de bruxas. Assim como Ann Putnam, Susannah Shelden não se casou, coisa pouco comum na Nova Inglaterra do século XVII. Ela acabou em Rhode Island, como uma "pessoa de má fama". Betty Hubbard só encontrou marido aos 36 anos. Sarah Churchill, a criada de Jacobs, casou-se aos 42, tendo antes pagado uma multa por fornicação. Mercy Lewis, a criada dos Putnam, teve um filho ilegítimo, depois casou e se mudou para Boston. Mary Walcott, Abigail Hobbs e Mary Lacey, filha, criaram suas famílias à maneira tradicional. Apesar de todos os desvios, ao menos algumas das moças da aldeia parecem ter se tornado o que se tornou a afligida menina Goodwin, descrita na idade adulta como "mulher muito sóbria e virtuosa".[3]

Os pastores da aldeia não se deram tão bem. James Bayley enfrentou tempos duros em Roxbury e teve uma morte dolorosa em 1707. Autor do mais indelével retrato dos gritos e mordidas de Salem, Deodat Lawson voltou à Inglaterra, reeditou seu relato sobre bruxaria em 1704, sofreu a permanente censura dos amigos e insistiu de novo na ação dos poderes das trevas. Primeiro a tentar encontrar um sentido na epidemia, foi o último a falar no assunto. Não muito depois, cometeu uma indiscrição que o fez pedir desculpas solenes ao clero de Londres. Ele admitiu ter desonrado a profissão com sua conversa "irregular e descuidada" e batalhou durante anos para limpar seu nome. Em 1714 vivia em abjeta pobreza, a família passando fome, três filhos pequenos com varíola, a esposa debilitada. Ele seria lembrado como "o infeliz sr. Deodat Lawson".[4]

Samuel Parris casou de novo e formou outra família. Perseguido pelas "dificuldades e perturbações" de seu exercício como pastor, perambulou por seis comunidades ao longo de doze anos. Lecionou, criou gado, vendeu tecidos, pregou no menor assentamento de Massachusetts e especulou com terras, mas numa transação foi longe demais: preso por dívidas, passou várias semanas de 1706 na cadeia de Cambridge. Parris morreu em Sudbury, aos 67 anos, medianamente rico e achando que o mundo o espoliara. Se escreveu mais alguma coisa sobre isso, nada chegou até nós.

A aldeia substituiu Parris por um ministro muito mais novo. Nascido em Cambridge, Joseph Green frequentara Harvard desde 1692; conhecia muito bem a história peculiar da casa paroquial para onde se mudou, também com um escravo indígena. Mais moderado, herdou um rebanho disciplinado. Deu boas-vindas aos dissidentes e redistribuiu os lugares na igreja, colocando os Nurse ao lado dos Putnam, uma filha de Rebecca Nurse ao lado da acusadora de sua mãe. Enfrentando grande oposição, Green reverteu a sentença de excomunhão de Martha Corey. Precisou de menos esforço para convencer os paroquianos de que precisavam de uma igreja nova. Os fiéis ainda dormiam nos bancos e os Putnam ainda reclamavam da pregação.

Em 1704, um visitante achou Massachusetts um lugar incômodo, onde não se sabia, "ao deitar para dormir, se perderia a vida antes do amanhecer nas mãos de selvagens impiedosos". Sewall teve pesadelos com os franceses em 1706, Cotton Mather quase cruzou com indígenas vagando em torno de Andover no mesmo ano; uma sobrinha dele desapareceu em cativeiro por volta da mesma época. A conversa sobre anjos maus se aquietou, mas o Apocalipse continuava iminente. Mather o preconizou para 1715. Sewall e Noyes ainda debatiam passagens do Apocalipse. No começo de 1730, o clero de Boston interferiu para sanar "as nocivas divisões pouco cristãs e os conflitos que surgiam e dominavam" os paroquianos da cidade de Salem e seu ministro.

Os julgamentos não derrubaram a Igreja, mas – ajudados pela nova Carta e pela conjunção de forças em andamento – erodiram suas bases. Tentando provar uma coisa, a ortodoxia puritana acabou demonstrando outra. A própria ideia de confissão estava contaminada. Mather alertara que o Senhor enviara diabos para "tapar a boca dos infiéis"; não incorretamente, Robert Calef observou que esses anjos maus haviam criado bom número de ateus. Quando o novo governador de Massachusetts assumiu o posto dez anos depois de Salem, ele o fez numa cerimônia anglicana tradicional, beijando a Bíblia. Ninguém voava desde 1692 e ninguém voaria depois. As pessoas continuaram a se acusar de bruxaria até o século XVIII, mas Massachusetts não executaria mais nenhuma bruxa.[5]

Nós todos nos desculpamos, ou não, à nossa própria maneira. Increase Mather voltou-se para o estudo de anjos. Em 1721, uma epidemia de varíola assolou Boston, e Cotton Mather virou as costas para o establishment médico ao defender algo que parecia tão dúbio quanto a prova espectral: a inoculação. Ele estudara medicina em Harvard, entendia de doenças infecciosas. A batalha ficou tão cáustica que tirou Salem da toca, permitindo que Mather fosse acusado por demência a respeito da questão. (Também permitiu que ele arrastasse os diabos de volta para a cena. Dado o "amaldiçoado clamor", parecia que Satã tinha se apossado de Boston.)[6] Cotton teimou na inoculação tal como se equivocara com a bruxaria, e nunca mais recuperou sua reputação.

Os julgamentos tinham causado mais baixas do que se percebera na época; nem o próprio diabo se recuperou. Embora continuasse presente, o velho enganador saíra de cena, se tornara, como diz um pensador moderno, mais parecido com "um *leprechaun** do que com o velho grande mestre do inferno".[7] Depois de Salem, as mulheres voltaram a ser invisíveis, e assim continuaram, em termos históricos, até um flagelo diferente encorajá-las a erguer suas vozes, com o direito ao voto e a Lei Seca.

Em 1728, ano da morte de Cotton Mather, Salem estava bem perto de se tornar um conto de fadas remodelado. No mesmo ano Sewall renunciou

---

* Figura mitológica irlandesa, o sapateiro do reino das fadas. (N.T.)

ao posto de juiz presidente. Viveu dois anos mais, sempre preocupado com a salvaguarda da Carta de Massachusetts e tropeçando até o fim em sua consciência. Topsfield e Salem resolveram sua disputa de fronteiras. Antes de morrer, aos 109 anos, o viúvo de Martha Carrier teve a satisfação de ver que a bruxaria de Salem tinha se tornado "suposta bruxaria", e que o vilão da história não era mais sua esposa, a "Rainha do Inferno". A feitiçaria cedera à possessão e, em meados do século XVIII, à fraude. Seria preciso apenas algumas décadas para se confirmar a sugestão de Thomas Brattle, de que era mais provável que os bruxos fossem os acusadores.

Os julgamentos de Salem ocupariam seu lugar entre aqueles eventos históricos que jamais aconteceram até uma ou duas gerações depois. Uma vez de volta à vida, não foram mais apagados. De todas as profecias, apenas as de Brattle se concretizaram: o tempo "não iria esgotar a censura e as manchas que a passagem dessas coisas deixou em nossa terra".[8] John Adams chamou o processo de "suja mancha em nosso país".[9] O frenesi produzido por um imposto de três pence sobre o chá pareceu absurdo para um advogado de Massachusetts, em 1773, "e uma desgraça maior para os anais da América do Norte que a bruxaria". Salem foi especialmente providencial na segunda metade do século XIX, fornecendo um estilhaço eficiente quando o Norte e o Sul apontaram armas um para o outro. Frederick Douglass perguntou como a defesa da escravidão podia ser menos censurável que a bruxaria. A abolição, argumentavam outros, era um delírio comparável à bruxaria de Salem. A eleição de Lincoln, em 1860, aterrorizou o Sul dono de escravos, levando uma revista popular a clamar: "O Norte, que começou queimando bruxas, vai acabar queimando a nós!"[10] Todos concordavam numa coisa: quando se queria atingir grandes notas emocionais recorria-se a Salem.

É questionável que os inimigos da Nova Inglaterra tenham feito mais que qualquer um para manter Salem viva, já que durante tanto tempo a Igreja nutriu o diabo. No século XIX o Sul acordou para o fato de que "aqueles beatos, fanáticos, pretensos esclarecidos" ao norte da Linha Mason-Dixon escreviam manuais escolares com efeitos duradouros. Algo precisava ser feito. O erro de Salem ajudou a remodelar o passado da Nova

Inglaterra. Em meio à Guerra Civil, o presidente Lincoln definiu oficialmente o Dia de Ação de Graças preferindo banquetes peregrinos aos jejuns puritanos. Décadas antes, Daniel Webster pronunciara sua oração do Rochedo Plymouth, e as pessoas que não tinham perseguido bruxas passaram a ser os verdadeiros protoamericanos. Irrepreensíveis, embora apagados, os peregrinos eram melhores ancestrais que os obstinados caçadores de bruxas urbanos da classe alta.

No fim, acaba sendo extremamente útil ter uma desgraça no passado. Salem perdura não apenas como metáfora, mas como vacina e insulto. Ela nos encara quando o medo paralisa a razão, quando reagimos exageradamente ou procuramos uma correção excessiva, quando caçamos ou mandamos embora o estranho ou o revoltoso.

Os monarcas ingleses continuaram a conspirar – ou dar a aparência de conspirar – contra o povo. Não surpreende que as autoridades de Massachusetts no século XVII soassem como atores substitutos dos Pais Fundadores. Em algum momento esses homens tinham decidido que a obediência a Deus não concordava com submissão aos monarcas; tratava-se menos de amor pela democracia que de ódio pela autoridade, sua maior contribuição para o DNA nacional. Segundo John Adams, Massachusetts tinha se comprometido mais aceitando a Carta de Mather de 1691 que condenando bruxas.[11] O mesmo desafio, a mesma sensação sombria de propósito santificado que deu origem aos julgamentos culminou numa revolução.

Assim como o dogma, a cruzada contra o mal e o abraço da justiça se combinaram em Salem. Essa mancha apocalíptica ainda sangra em nosso pensamento. Os planos contra a Nova Inglaterra eram ilusórios, "falsos e estranhamente ridículos", mas podiam ser reais. Nós somos regularmente sacrificados aos nossos adversários pagãos; em tempos perturbados, procuramos traidores, terroristas, agentes secretos, embora, em nossa imaginação, a coisa nem sempre seja tão imaginária. Um pouco de paranoia é salutar, embora, às vezes, a tempestade prevista caia violenta sobre nossas cabeças. Um grande número de norte-americanos fez a mesma surpreendente descoberta que Francis Dane: eles se relacionam com bruxas.

Ninguém reprocessou o derrame tóxico de 1692 tão criativamente como Nathaniel Hawthorne, que remoía a culpa por seu bisavô. Ele redimiu o mais puritano dos legados com páginas frias, sombrias, que ficam em algum ponto entre sermões e histórias. Outros puseram Salem no mapa literário antes que ele escrevesse "O jovem Goodman Brown" ou o best-seller de 1851 *A casa das sete torres*, mas Hawthorne provou que o território ainda era radioativo. A culpa e a censura cresceram na cena, atraindo escritores, de Walt Whitman a John Updike. Arthur Miller leu os documentos da corte sob a pressão do macarthismo e descobriu, como a própria Nova Inglaterra havia feito, que os acontecimentos precisam ser absorvidos antes de se erguerem os monumentos. *As bruxas de Salem* não foi um sucesso em 1953.[12] Só quando deixou para trás as manchetes e amadureceu como alegoria a peça teatral finalmente encontrou seu público. Os puritanos chegam até nós através de *A letra escarlate* e *As bruxas de Salem*, que lemos, apropriadamente, na adolescência.

O GENERAL WASHINGTON presidia a Convenção Constitucional em 10 de julho de 1787 quando um bando atacou uma velha na rua em frente. Acusando-a de bruxaria, eles a agrediram com uma saraivada de objetos. Ela lançara um encantamento sobre uma criança; semanas antes, alguém tinha cortado a testa dela de "acordo com um costume antigo", como disse um jornal.[13] A mulher morreu por causa dos ferimentos. As bruxas podiam estar entre os fantasmas e as fadas, mas não era tão fácil se livrar delas. O Alasca enfrentou uma epidemia de bruxaria no final do século XIX. Em 1908, uma mulher da Pensilvânia acabou na cadeia por encantar uma vaca. Ataques esporádicos continuam até hoje, embora a bruxa moderna seja menos malvada.

A aldeia de Salem afinal conquistou a independência da cidade em 1752. Mudou o nome para Danvers sessenta anos depois dos julgamentos. Em 1895 um repórter observou que os residentes da cidade ainda relutavam em falar sobre o passado. Quando falavam, era para deixar bem claro que não tinham *queimado* nenhuma bruxa. Anos depois Arthur Miller encontrou o mesmo silêncio quando pesquisava para *As bruxas de Salem*. "Não havia ninguém que quisesse falar a respeito", reclamou.[14] Desde então, as duas comunidades tomaram caminhos diferentes. Quando o atual arquivista de Danvers, Richard B. Trask, começou uma escavação no lugar da antiga casa paroquial, em 1970, duas irmãs idosas sacudiram os punhos fechados para ele, num comportamento que outrora levaria à acusação de bruxaria. Enquanto isso, em Salem, a casa do juiz Corwin se tornou "Casa da Bruxa". A cidade optou por uma impetuosa comercialização: o mascote dos times esportivos de Salem é uma bruxa montada numa vassoura; ela voa também no alto do prédio do jornal da cidade e na porta dos carros de polícia.

Quando Massachusetts isentou as vítimas de Salem, em 1710, esqueceu-se de seis mulheres. Elas continuaram perdidas durante os anos 1940 e 1950, enquanto a comunidade ponderava os perdões, mas não conseguia tomar uma decisão legislativa. Um advogado que compareceu perante um comitê do Senado objetou que estavam "brincando com a história".[15] Alguns legisladores temiam os dispendiosos processos por danos. Outros sugeriam que um perdão poderia derrubar as bruxas de Salem de suas vassouras turísticas. Como a Commonwealth de Massachusetts não existia em 1692, certamente não havia jurisdição sobre um veredicto da baía de Massachusetts. No Halloween de 2001 Massachusetts perdoou as últimas condenadas. Entre elas estavam Susannah Martin e Bridget Bishop. Parris testemunhara e Mather escrevera contra ambas. Bridget Bishop não tinha bem certeza do que era uma bruxa. As garotas convulsas a deixavam totalmente intrigada. "Acha que elas estão enfeitiçadas?", Hathorne perguntou a Susannah Martin. "Não", ela respondeu 309 anos antes de seu perdão, "não acho que estejam."

Notas

Três séculos de documentação somam o mesmo volume de notas de fonte. Edições que condicionaram o texto como um todo ou que consultei regularmente constam da bibliografia selecionada; são citadas a seguir, pelo último nome do autor e título abreviado. Quase todos os relatos de 1692 foram editados e reeditados; tentei citá-los em suas versões mais acessíveis. Os textos de apoio sobre o século XVII estão disponíveis no website da Cornell University Library's Witchcraft Collection; a maior parte dos sermões está on-line; o grosso das documentações originais de Salem pode ser encontrado no excelente website de julgamentos de bruxaria da University of Virginia. As principais fontes – como o magistral *Records of the Salem Witch-Hunt*, de 2009, que pela primeira vez oferece os registros em ordem cronológica, dando à caçada sua real forma – estão representadas a seguir:

B&N	Boyer e Nissenbaum (orgs.), *Salem-Village Witchcraft: A Documentary Record of Local Conflict in Colonial New England*
Burr	*Narratives of the New England Witchcraft Cases*
CM Diary	Mather, *Diary of Cotton Mather*
Magnalia	Mather, *Magnalia Christi Americana*
MP	Mather, *Memorable Providences*
WOW	Mather, *Wonders of the Invisible World*
IP	Mather, *Illustrious Providences*
JH	*John Hale: A Man Beset by Witches*
SPN	Cooper e Minkema (orgs.), *The Sermon Notebook of Samuel Parris*
RFQC	*The Records and Files of the Quarterly Courts of Essex County*
R	Rosenthal et al. (orgs.), *Records of the Salem Witch-Hunt*
SS Diary	Sewall, *The Diary of Samuel Sewall*
Sibley	*Sibley's Harvard Graduates*
EIHC	*Essex Institute Historical Collections*

Thomas Putnam – dentre os mais prolíficos redatores da corte, mas de forma alguma dos mais criativos – escrevia alternadamente *witch* ("bruxa") e *wicth*. Uma aparição era uma *apperishtion*, uma *daughter* ("filha"), uma *dafter*; *melancholy* ("melancolia") era *malloncely*. Pelo bem da legibilidade modernizei as grafias e ocasionalmente tomei liberdades com a pontuação. Todos os nomes próprios seguem as grafias de *Records of the Salem Witch-Hunt*. John Hale, Cotton Mather, Increase Mather e Samuel Parris estão abreviados como JH, CM, IM e SP; NI é Nova Inglaterra. Nomes dos principais arquivos constam da seguinte forma:

MHS   Massachusetts Historical Society
AAS   American Antiquarian Society
DAC   Danvers Archival Center, Peabody Institute Library
NEHGS   New England Historic Genealogical Society
PEM   Phillips Library, Peabody Essex Museum
PRO   Public Records Office, Kew

1. As doenças da perplexidade (p.19-25)

1. Anton Chekhov, *Letters on the Short Story, the Drama, and Other Literary Topics*, Nova York, Benjamin Blom, 1964, p.8.
2. O historiador do século XIX era Charles W. Upham.
3. É difícil definir os números por causa de identidades equivocadas e registros parciais. Boyer e Nissenbaum, *Salem Possessed*, p.141; Rosenthal, *Salem Story*, p.156; Emerson W. Baker, *A Storm of Witchcraft*, Nova York, Oxford, 2015, p.169 e 172; Koehler, *Search for Power*, p.204. Um cálculo contemporâneo indica que mais de duzentas pessoas foram acusadas. Se isso for verdade, o volume de documentação perdida é muito maior do que imaginávamos.
4. Estudiosos de todas as disciplinas opinaram. Algumas das melhores revisões da imensa bibliografia sobre o assunto: John Demos, *The Enemy Within*, p.189-215; David D. Hall, "Witchcraft and the literature of interpretation", *New England Quarterly*, jun 1985, p.253-81; John M. Murrin, "The infernal conspiracy of Indians and grandmothers", *Reviews in American History*, dez 2003, p.485-94; Trask, "The devil hath been raised", p.x; hostilidade geracional: Demos, *Entertaining Salem*; diferenças regionais e hostilidade étnica: Elinor Abbot, *Our Company Increases Apace*, Dallas, SIL International, 2007, e Richard Slotkin, *Regeneration Through Violence*, Nova York, Harper, 1996; hostilidade econômica: Boyer e Nissenbaum, *Salem Possessed*; hostilidade regional importada: Cedric B. Cowing, *The Saving Remnant*, Urbana, University of Illinois Press, 1995; hostilidade sexual: Koehler, *Search for Power*; fungo: Linda R. Caporael, "Ergotism: the Satan loosed in Salem?", *Science*, n.192, abr 1976, p.21-6; tensões eclesiásticas: Richard Latner, "'Here are no Newters': witchcraft and religious discord in Salem village and Andover", *New England Quarterly*, mar 2006, p.92-122; Benjamin C. Ray desmascara a ordenada divisão leste-oeste concebida por Boyer e Nissenbaum in *Salem Possessed*: "The Geography of witchcraft accusations in 1692 Salem village", *William and Mary Quarterly*, n.65, jul 2008, p.449-78.
5. Nicholas Noyes, *New-England's Duty and Interest to Be an Habitation of Justice and Mountain of Holiness*, Boston, 1698.
6. *CM Diary*, n.1, p.171-3. Enganando o diabo, ele pregou de memória, em setembro de 1693; CM viajara para Salem em parte para garantir "que a história completa das possessões e bruxarias recentes não se perdesse".
7. CM in Burr, p.101.

8. John Higginson a seu filho, 31 ago 1692, Fam. Mss., p.433. Higginson Family Papers, PEM; Norton, *In the Devil's Snare*, p.13, afirma que Samuel Parris queimou suas anotações.
9. R, p.127. Sobre os testemunhos e registros multiautorais, transcrições e lacunas, ver especialmente Marion Gibson, *Reading Witchcraft: Stories of Early English Witches*, Londres, Routledge, 1999; Peter Grund, o esplêndido "From tongue to text: the transmission of the Salem witchcraft records", *American Speech*, n.82, verão 2007, p.119-50; *Studia Neophilologica*, n.84, 2012, espec. ensaios de Matti Peikola, Matti Rissanen, Leena Kahlas-Tarkka; Grund et al., "Editing the Salem witchcraft records: an exploration of a linguistic treasury", *American Speech*, n.79, verão 2004, p.146-67; Grund, "The anatomy of correction", *Studia Neophilologica*, n.79, 2007, p.3-14.
10. R, p.196-7.

2. Aquele velho enganador (p.26-45)

Para os melhores perfis dos limites de desconforto em que viviam os puritanos: David D. Hall, "The mental world of Samuel Sewall", *Proceedings of the MHS*, vol.92, 1980, p.21-44; Edward Eggleston, *The Transit of Civilization: From England to America in the Seventeenth Century*, Boston, Beacon, 1959; Eve LaPlante, *Salem Witch Judge: The Life and Repentance of Samuel Sewall*, Nova York, Harper, 2007; Silverman, *Life and Times of Cotton Mather*; Richard P. Gildrie, *The Profane, the Civil, and the Godly*, University Park, Pennsylvania State University Press, 1994. Sobre a escuridão, o frio e o clima: Peter N. Carroll, *Puritanism and the Wilderness*, Nova York, Columbia University Press, 1969; Roger Ekirch, *At Day's Close: A History of Nighttime*, Londres, Weidenfeld, 2005. Para os detalhes litúrgicos, Charles E. Hambrick-Stowe, *The Practice of Piety: Puritan Devotional Disciplines in Seventeenth Century, New England*, Chapel Hill, University of North Carolina Press, 1982. Ninguém explorou melhor o registro histórico das texturas da vida cotidiana que Alice Morse Earle em vários trabalhos. Ver também George Francis Dow, "Domestic life in New England in the Seventeenth Century", *Topsfield Historical Collections*, n.29, 1928; Jonathan L. Fairbanks (org.), *New England Begins: The Seventeenth Century*, Boston, Museum of Fine Arts, 1982; Roger Thompson, *Sex in Middlesex: Popular Mores in a Massachusetts County, 1649-1699*, Amherst, University of Massachusetts Press, 1986; Laurel Thatcher Ulrich, *Good Wives*, Nova York, Vintage, 1991; e Ola Elizabeth Winslow, *Meetinghouse Hill*, Nova York, Macmillan, 1952. Sobre o terreno, Katherine Alysia Grandjean, "Reckoning: the communications frontier in early New England", dissertação de mestrado, Harvard, 2008. O som: Richard Cullen Rath, *How Early America Sounded*, Ithaca, Cornell University Press, 2003. Ao arquivista da cidade de Danvers, Richard B. Trask, devo incontáveis detalhes.

1. *CM Diary*, vol.1, p.144.
2. O voo é reconstruído a partir dos testemunhos de Ann Foster, Martha Carrier e de seus filhos e netos: R, p.467-75; Hale in Burr, p.418; *WOW*, p.158; a paisagem:

Cronon, *Changes in the Land*, Nova York, Hill e Wang, 1983, p.22-31; Joshua Scottow, *A Narrative of the Planting of the Massachusetts Colony, Anno 1628*, Boston, 1694; Hull, *The Diaries of John Hull*, Boston, John Wilson, 1857, p.225; entrevistas com Richard Trask, 28 nov 2012 e 8 fev 2015; o acidente sueco: Glanvill, apud Anthony Horneck, *An Account of What Happened in the Kingdom of Sweden*, Londres, St. Lownds, 1682, p.10; o caminho intransitável: RFQC, n.9, p.69.
3. Sobre o silêncio misterioso: Ekirch, *At Day's Close*.
4. SS *Diary*, vol.1, p.331. Baxter já havia notado muito tempo antes que raios atingiam igrejas com mais frequência que castelos, observação a que CM se referiria em *A Midnight Cry*, Boston, 1692. Ele insistiu na preferência dos raios por casas de clérigos, *Magnalia*, vol.2, p.313.
5. *Magnalia*, vol.2, p.537; quatro índios armados: RFQC, vol.4, p.230; casa reduzida a cinzas: Charles H. Lincoln (org.), *Narratives of the Indian Wars, 1675-99*, Nova York, Barnes and Noble, 1959, p.83.
6. Ibid., p.515.
7. Jill Lepore, o magnífico *The Name of War: King Philip's War and the Origins of American Identity*, Nova York, Vintage, 1999.
8. Ver, de Emerson W. Baker e James Kences, o excelente "Maine, Indian land speculation, and the Essex County witchcraft outbreak of 1692", *Maine History*, n.40, outono 2001, p.159-89. As baixas do outro lado foram ainda mais pavorosas. Na melhor das estimativas, a população indígena da Nova Inglaterra girava em torno de 100 mil em 1600. No fim do século – com mais ou menos 90 mil ingleses nos Estados Unidos – ela havia caído para aproximadamente 10 mil.
9. John Dunton, *John Dunton's Letters from New England*, Boston, Prince Society, 1867, p.293.
10. Em 2 de março de 1692 Tituba testemunhou que o encantamento havia começado pouco mais de seis semanas antes: R, p.135.
11. *Magnalia*, vol.2, p.396-403. Epidemias assim haviam estourado pelo menos três vezes antes: Koehler, *Search for Power*, p.175; um "corcel aéreo": MP, p.29.
12. Sanford J. Fox, *Science and Justice: The Massachusetts Witchcraft Trials*, Baltimore, Johns Hopkins University Press, 1968, p.55.
13. Thomas Ady, *A Candle in the Dark*, Boston, 1656, p.120.
14. JH in Burr, p.413.
15. *SPN*, p.188-90.
16. *CM Diary*, vol.1, p.471.
17. Goodwin in Burr, p.131; "escola de devoção": *CM Diary*, vol.2, p.265.
18. John Indian recorreu a uma antiga receita inglesa citada dos dois lados do Atlântico (e explicitamente denunciada por IM in *IP*). Ver Roger Thompson, "Salem revisited", *Journal of American Studies*, n.6, dez 1972; variações reapareceriam em depoimentos de Salem: R, p.318 (nessa versão, o curandeiro sugeriu que a bruxa seria encontrada morta na manhã seguinte). SP foi explícito: Mary teve a ideia e John a executou, contudo, a escrava Tituba chega até nós como a confeiteira do bolo: Burr, p.413 e Deodat Lawson in Burr, p.162.

19. Parris in B&N, p.278; "pelo que fez": SP no livro de registros da igreja, 27 mar.
20. Ver, de Richard Trask, o inestimável "The devil amongst us: a history of the Salem village parsonage", *Danvers Historical Society*, 1971, p.1-12; Richard P. Gildrie, *Salem, Massachusetts, 1626-1683: A Covenant Community*, Charlottesville, University Press of Virginia, 1975; Gildrie, "Salem society and politics in the 1680's", EIHC, n.114, out 1978, p.185-206. Há detalhes minuciosos nas cartas da família Higginson, MHS, 1838.
21. B&N, p.229-31, em petição datada de 1667.
22. *SPN*, p.184.
23. Salem Village Book of Transactions, 25 nov 1680, DAC. Ver Hall, *Faithful Shepherd*, p.187-94, sobre o aumento de formalidades nos contratos dos pastores.
24. Lawson, 6 out 1713, Ms. Rawlinson, D839, Bodleian Library. Não há registros de Lawson ter estudado ou se graduado em Cambridge, Oxford, ou no Trinity College, ainda que dissesse ter frequentado Cambridge, o centro da educação puritana. Sou grata a Suzanne M. Stewart, dos NEHGS, e a Tim Wales, na Inglaterra, pela extensa pesquisa sobre os Lawson. Ver também Charles Edward Banks, *The History of Martha's Vineyard*, Boston, George H. Dean, 1911, vol.2, p.149-50.
25. B&N, p.344-5.
26. Gildrie, *The Profane*, p.148. Também sobre o sustento dos pastores, ver Samuel S. Green, *The Use of the Voluntary System in the Maintenance of Ministers*, Worcester, Charles Hamilton, 1886.
27. *CM Diary*, vol.1, p.351.
28. IM, "Practical truths tending to promote the power of Godliness", 1682.
29. *SPN*, p.290.
30. Apud Samuel P. Fowler, *An Account of the Life, Character, etc. of the Reverend Samuel Parris of Salem Village*, Salem, William Ives, 1857, p.1. Não era incomum enfatizar a enormidade da tarefa, ainda que geralmente o fizessem para apontar as inadequações de alguém. Ver "Memoir of rev. John Hale", *Proceedings of the MHS*, vol.7, 1838, p.257.
31. *SPN*, p.84.
32. "A general account of the transaction between the inhabitants of Salem village and my self, Samuel Parris", W.L. Clements Library, University of Michigan.
33. Alice Morse Earle, *The Sabbath in Puritan New England*, Charleston, Bibliolife, 2008, p.140. Com duas lareiras, eram necessários trinta esteres – ou um acre de madeira viva – para sobreviver por um ano: David Freeman Hawke, *Everyday Life in Early America*, Nova York, Harper and Row, 2003, p.55. A multa por cortar uma árvore com mais de 61 centímetros de diâmetro era de cem libras, ou duas vezes o salário anual de pastor: *Journal of Lords of Trade*, 2 set 1691, CO n.391/7, p.42-4, PRO. O novo estatuto reservava todas as árvores desse porte para a Marinha Real.
34. SP, "A general account", W.L. Elements Library, University of Michigan.
35. *SPN*, p.51; entrevista com David Hall, 21 set 2013.
36. Lista de propostas de SP, 28 out 1690, Simon Gratz Collection, The Historical Society of Pennsylvania.

37. Apud David H. Flaherty, *Privacy in Colonial New England*, Charlottesville, University Press of Virginia, 1972, p.135; ver também o diário de Peter Thacher, P-186, MHS; "Autobiography of the rev. John Barnard", n.219, p.233; CM, "A monitory letter", 1700.
38. The Old Deluder Act, de 1647, *Records of the Governor and Company of the Massachusetts Bay in NE*, 1853, vol.2, p.203.
39. *SPN*, p.183, 193. Na mesma veia, Cotton Mather achou necessário preparar a filha de oito anos para sua morte iminente; acabou sobrevivendo a ela doze anos.

3. A operação de portentos (p.46-68)

1. Arthur Conan Doyle, "The man with the twisted lip", *The New Annotated Sherlock Holmes*, Nova York, Norton, 2005, p.183.
2. Até os céticos encaixariam Sarah Good no perfil de bruxa. Ver descrição de Reginald Scot, de 1584, "dessas desgraçadas miseráveis", in Katherine Howe (org.), *The Penguin Book of Witches*, Nova York, Penguin, 2014, p.20; RFQC, vol.9, p.579-80.
3. Ver J.M. Beattie, *Crime and the Courts in England*, Princeton, Princeton University Press, 1986; John H. Langbein, *The Origins of Adversary Criminal Trial*, Oxford, Oxford University Press, 2003, p.43; Langbein, "The criminal trial before the lawyers", *University of Chicago Law Review*, n.45, inverno 1978, p.263-316; sobre o interrogatório de Sarah Good: entrevista com J.M. Beattie, 29 set 2014. R, p.127-30; para a coreografia do interrogatório: R, p.46.
4. R, p.127-8.
5. Ver Chadwick Hansen, "The metamorphosis of Tituba, or why American intellectuals can't tell an Indian witch from a negro", *New England Quarterly*, n.47, mar 1974, p.3-12. Rosenthal, "Tituba's story". Para um estudo detalhado de Tituba e uma tese sobre suas origens sul-americanas: Elaine G. Breslaw, *Tituba, Reluctant Witch of Salem*, Nova York, New York University Press, 1996; para o depoimento de Tituba: Matti Rissanen, "Candy no witch, Barbados", in Heinrich Ramisch e Kenneth Wynne (orgs.), *Language in Time and Space*, Stuttgart, Franz Steiner, 1997, p.183-93. Dawn Archer, "Can innocent people be guilty?", *Journal of Historical Pragmatics*, 2002, p.220, aponta que, ao todo, Hathorne fez 39 perguntas a Tituba; Kathleen L. Doty, "Telling tales: the role of scribes in constructing the discourse of the Salem witchcraft trials", *Journal of Historical Pragmatics*, 2007, p.35, aponta que a Justiça tratou Tituba com mais gentileza que a Sarah Good. Ver também Risto Hiltunen, o excelente "'Tell me, be you a witch?': questions in the Salem witchcraft trials of 1692", *International Journal for the Semiotics of Law*, n.9, 1996, p.17-37.
6. Pactos com o demônio surgiam raramente na Nova Inglaterra, mas havia; ver David D. Hall (org.), *Witch-Hunting in Seventeenth-Century New England*, Boston, Northeastern University Press, 1991, p.119. Nenhum havia desempenhado papel central num caso de bruxaria; depois de Tituba, os pactos estavam em toda parte.
7. JH in Burr, p.415.

8. Joseph Glanvill, *Saducismus Triumphatus*, Gainesville, Scholars' Facsimiles, 1966, p.268. O volume data de 1681.
9. Ver Richard Bernard, *A Guide to Grand-Jury Men*, Londres, Felix Kyngston, 1629, para uma descrição dos efeitos; outros sintomas se alinham perfeitamente à descrição de Michael Dalton, *The Country Justice*, Boston, 1678, cuja cópia Sewall carregava na ronda; EIHC, n.129, 1993, p.68-9.
10. Há vasta bibliografia a respeito; apoiei-me em Robin Briggs, *Witches and Neighbors: The Social and Cultural Context of European Witchcraft*, Londres, Penguin, 1998; Fox, *Science and Justice*; Christina Lamer, *Witchcraft and Religion: The Politics of Popular Belief*, Londres, Blackwell, 1984; Brian P. Levack, *The Witchcraft Sourcebook*, Nova York, Routledge, 2010; Alan Macfarlane, *Witchcraft in Tudor and Stuart England*, Nova York, Harper & Row, 1970; Brian A. Pavlac, *Witch Hunts in the Western World*, Westport, Greenwood, 2009; Thomas, *Religion and the Decline of Magic*.
11. Ou como disse Samuel Willard em um sermão (jun 1692), o diabo "almeja a alma, mas se não tiver sucesso vai fazer o máximo contra o corpo" (caderno de sermões de Sewall, Ms. N-905, MHS).
12. O diabo se gaba de uma ascendência católica, como lembra a Daniel Webster na história de Stephen Vincent Benét, de 1937: "Verdade que o Norte diz que sou sulista e o Sul diz que sou nortista, mas não sou nem uma coisa nem outra. Sou apenas um americano honesto como você – e da melhor origem –, porque, para dizer a verdade, sr. Webster, embora eu não goste de me gabar, meu nome é mais antigo que o seu neste país"; Edward K. Trefz, "Satan in puritan preaching", *Boston Public Library Quarterly*, n.8, 1956, p.71-84; Trefz, "Satan as the Prince of Evil", *Boston Public Library Quarterly*, 1955, p.3-22; Andrew Delbanco, *The Death of Satan: How Americans Have Lost the Sense of Evil*, Nova York, Farrar, Straus and Giroux, 1995; Paul Carus, *The History of the Devil and the Idea of Evil*, La Salle, Open Court, 1974.
13. Numericamente, a Alemanha católica e o norte da França executaram a maior quantidade de bruxas. Apesar de ecumênicas, as bruxas tinham suas predileções. Como disse John Gaule, *Select Cases of Conscience*, de 1646, obra conhecida na Nova Inglaterra: "Existiram, existem e provavelmente existirão mais bruxas sob o papado que sob a religião protestante. Pois não apenas seus papas, padres, freis, freiras (muitos deles) foram notórios bruxos: seus prestigiados milagres e ritos supersticiosos são pouco mais que variações de bruxarias."
14. *Journal of Jasper Danckaerts*, Nova York, Scribner's, 1913, p.290.
15. JH in Burr, p.412; sobre a leniência do sistema: David D. Hall, *A Reforming People*, Nova York, Knopf, 2013, p.87. Por outro lado, das 56 pessoas executadas em Massachusetts entre 1630 e 1692, a maior parte – entre metade ou quase todas – foi por bruxaria.
16. Uma autoridade alemã argumentou: "Muitas coisas neste mundo são feitas pela força de demônios, e, em nossa ignorância, as atribuímos a causas naturais." Albert Kyper apud Stuart Clark, *Thinking with Demons: The Idea of Witchcraft in Early Modern Europe*, Oxford, Oxford University Press, 1999, p.233.

17. Glanvill, *Saducismus Triumphatus*, p.67.
18. *Magnalia*, vol.1, p.187.
19. CM in Burr, p.261. A descrição, ele apontou, coincidia com o que haviam ouvido do exterior. É interessante que em países católicos o diabo interferia na leitura dos "livros papais", enquanto na Nova Inglaterra ele não deixava uma garota puritana ler as obras de Mather.
20. RFQC, vol.8, p.272. Os epítetos pareciam diferentes em outras colônias, onde ele poderia ser descrito como fracote, grosseirão ou velho safado; ver John Demos, *Remarkable Providences*, Boston, Northeastern University Press, 1991, p.288.
21. *SPN*, p.184.
22. *WOW*, p.10.
23. Na década de 1640, o Apocalipse foi profetizado para a década de 1650: Hall, *Faithful Shepherd*, p.86; era iminente desde 1655, de acordo com David E. Stannard, *The Puritan Way of Death*, Nova York, Oxford University Press, 1977, p.123.
24. Lawson in Burr, p.342. Pode ter havido outra razão para despachar as crianças. Como observou Moody sobre os Goodwin em 1688: "Quando eles pisam em casa, são imediatamente afligidos, e quando ficam longe continuam bem."
25. É interessante observar o contraste entre as expectativas de uma escrava na Nova Inglaterra e as da filha de um pastor: a Tituba o diabo prometeu "coisas bonitas" e um canário de estimação; ele tentou Betty com uma visita à "Cidade Dourada".
26. R, p.160-1.
27. Ibid., p.155.

4. Um de vocês é um diabo (p.69-95)

1. Blaise Pascal, *Thoughts*, Nova York, Collier Press, 1910, p.220.
2. Lawson in Burr, p.152.
3. Levack, *The Witchcraft Sourcebook*, p.207.
4. Calef in Burr, p.148-53.
5. Earle, *The Sabbath*, p.96-7. Mulheres falavam tanto nas reuniões dos quacres que poderiam ser chamadas de pastoras, reclamou CM em *Little Flocks Guarded Against Grievous Wolves*, Boston, 1691, p.94.
6. B&N, p.296.
7. Lawson in Burr, p.157-8. Lawson tinha razões para hesitar, a bibliomancia era fortemente desencorajada. A passagem em questão oferecia uma espécie de teste de fogo sobre onde se estaria no dia do Juízo Final; era um texto desenvolvido para fazer os ímpios se contorcerem; e-mail de David Hall, 24 set 2013; Ann estava grávida de seis semanas; em seus transes Mercy Short tendia a oferecer passagens memoravelmente apropriadas: CM in Burr, p.275.
8. Os únicos homens convictos de que havia bruxaria em Massachusetts antes de 1692 eram os casados com as bruxas; havia razão para os maridos tecerem comentários incriminadores.

9. Lawson in Trask, "The devil hath been raised", p.95; "pessoas vis e más" até "é um diabo": *SPN*, p.194-8; para March, SP não acreditava que ninguém conspirasse contra a própria vontade com o demônio; a porta batida é de Lawson in Burr, p.161, e entrevista com Richard Trask, 29 nov 2012; saída de Sarah Cloyce: R, p.415.
10. R, p.537.
11. Stout, *New England Soul*, p.31.
12. Edward Johnson, *Johnson's Wonder-Working Providence*, Nova York, Elibron Classics, 2005, p.250.
13. Historiadores notaram que a revolta aconteceu 86 anos antes da cavalgada de Paul Revere.
14. Aldous Huxley, *The Devils of Loudun*, Nova York, Harper and Brothers, 1953, p.39.
15. Os grandes pensadores do Iluminismo não eram muito diferentes; Robert Boyle propôs entrevistar mineiros que haviam encontrado "demônios subterrâneos"; Newton dividia seu tempo entre a física e o ocultismo, praticando alquimia e dedicando 300 mil palavras ao livro do Apocalipse; Isaac Newton identificou o anticristo; John Locke aplicava astrologia à colheita de ervas medicinais. Ver Lawrence Stone, "The disenchantment of the world", *New York Review of Books*, 2 dez 1971; David Stannard, "Death and the puritan child", *American Quarterly*, dez 1974, p.472.
16. O almanaque de 1692 dizia que o alinhamento dos astros em março prenunciava desentendimentos e escaramuças: "Em resumo, a humanidade em geral estará se inclinando para a violência nessa época do ano." John Partridge, *Monthly Observations and Predictions for This Present Year, 1692*, Boston, Benjamin Harris, 1692, p.4.
17. David Harley, "Explaining Salem: calvinist Psychology and the diagnosis of possession", *American Historical Review*, n.101, abr 1996, p.315.
18. Karen Kupperman, "Climate and mastery of the wilderness in Seventeenth-Century New England", in David Hall e David Allen (orgs.), *Seventeenth-Century New England*, Boston, Colonial Society of Massachusetts, 1984, p.9; sexo demais: Edward Taylor apud Koehler, *Search for Power*, p.80; o joelho inflamado: "The autobiography of Increase Mather", *Proceedings of the AAS*, Worcester, 1961, p.350; ver também Ann Kibbey, "Mutations of the Supernatural: Witchcraft, Remarkable Providences, and the Power of Puritan Men", *American Quarterly*, n.34, verão de 1982.
19. "Records of the Cambridge Association of Ministers", 13 out 1690; *Proceedings of the MHS*, vol.17, 1880, p.264.
20. George Lee Haskins observou que o estatuto/escritura inicial se baseava em dois rios que só eram paralelos se a pessoa semicerrasse os olhos: *Law and Authority in Early Massachusetts*, Nova York, Macmillan, 1960, p.9.
21. Lista de propostas de SP, 28 out 1690, Simon Gratz Collection, The Historical Society of Pennsylvania; CM descreveu o diabo como "o pomo da discórdia do mundo": "Things to be look'd for", 1691, p.18.
22. Lawrence W. Towner, "'A fondness for freedom': servant protest in puritan society", *William and Mary Quarterly*, n.19, abr 1962, p.212; Roger Thompson, "Adolescent culture in colonial Massachusetts", *Journal of Family History*, verão 1984, p.133; RFQC, vol.3, p.66; "porque ela é": RFQC, vol.8, n.222-4.

23. CM in Burr, p.95.
24. CM, *Midnight Cry*, p.21.
25. Rosenthal, *Salem Story*, p.125; Doty, "Telling tales"; Gibson, *Reading Witchcraft*, p.12-49; Parris mais tarde reconheceu seus erros.
26. R, p.173-4.
27. Ibid., p.182.
28. Ibid., p.181; Rosenthal acha que Procter talvez tivesse sido preso antes; *Salem Story*, p.110-1; nenhum mandado chegou até nós.
29. RFQC, vol.1, p.152, 172; RFQC, vol.7, p.90-1, 134; o episódio da água suja: RFQC, vol.1, p.208-9; para um maravilhoso trabalho de detetive sobre Corey, David C. Brown, "The case of Giles Corey", EIHC, n.121, 1985, p.282-99; também Eleanor V. Spiller, "Giles Corey", *Essex Genealogist*, n.5, fev 1985.
30. R, p.184-5; alguém a apontou e jurou que ela o havia enfeitiçado: RFQC, vol.7, p.329; RFQC, vol.4, p.90, 386; sobre os dois Bishop, David L. Greene, *American Genealogist*, n.227, jul 1981, p.131-8.
31. R, p.203.
32. R, p.204; Benjamin C. Ray, *Satan and Salem*, Charlottesville, University of Virginia Press, 2015, calculou que Thomas Putnam escreveu mais de 120 depoimentos e queixas, ou um terço do total; de acordo com Ray, a frase-assinatura de Putnam, "tão gravemente", ocorre 172 vezes em sua documentação; Putnam preencheu sua primeira queixa, bem como a última, no dia 17 de setembro.

5. O bruxo (p.96-122)

1. Charles Dickens, *Great Expectations*, Nova York, Oxford University Press, 1993, p.65.
2. Breslaw, *Tituba*, p.118, observa que um dos relatores não achou sequer relevante citar o homem alto de Boston descrito por Tituba.
3. Robert Calef, *More Wonders of the Invisible World*, Londres, Nath. Hillar, 1700, p.165.
4. CM a John Richards, 31 mai 1692, *Cotton Mather Letters*, John J. Burns Library, Boston College.
5. Um homem de Topsfield, de cabelos compridos e severamente marcado pela varíola, foi solto quando as meninas não conseguiram concordar se ele era bruxo. "Como sabiam o nome dele?", Hathorne desafiou, perplexo com a indecisão. "Ele não me contou pessoalmente, mas outras bruxas me contaram", uma delas explicou. Nehemiah Abbott, de sessenta anos, seria o único acusado a sair livre de um inquérito de Hathorne: R, p.205; David C. Brown, *A Guide to the Salem Witchcraft Hysteria of 1692* (publicado em 2000), sugere que as meninas fizeram isso de propósito para reforçar sua credibilidade.
6. R, p.237; Lawson in Burr, p.163; R, p.555, 561-3.
7. Ibid., p.220.
8. Ibid., p.505-6. Em *The Country Justice*, Dalton reconheceu a distinção entre conjuradores e bruxas; os primeiros alegavam que podiam invocar o diabo.

9. Apêndice de Lawson em *Christ's Fidelity: The Only Shield Against Satan's Malignity*, Londres, J. Lawrence, 1704, p.99; cf. R, p.246. As duas ex-esposas ameaçaram aparecer no tribunal caso Burroughs não confessasse; sobre o medo de fantasmas: *Magnalia*, vol.1, p.189; IM dissera que a diferença entre fantasmas e espectros não era clara: *IP*, p.204; sobre as esposas de Burroughs: David L. Greene, "The third wife of the rev. George Burroughs", *American Genealogist*, n.56, 1980, p.43-5.
10. R, p.243-4.
11. "Quando o diabo encontra uma pessoa ociosa", Cotton Mather alertou em 1689, "ele convoca outros de seu tipo: 'Venham! Venham! Um belo prêmio para todos nós!'": CM, "A discourse on the power and malice of the devils", *MP*, p.15.
12. Ross W. Beales Jr., "In search of the historical child", *American Quarterly*, n.27, out 1975, p.384.
13. Em Salem as visões tendiam a aparecer no sábado, quando a pessoa tinha ido à igreja; Thomas White, *A Little Book for Little Children*, Boston, 1702, p.13; Eli Faber, "Puritan criminals: the economic, social, and intellectual background to crime in Seventeenth-Century Massachusetts", *Perspectives in American History*, vol.II, 1978, p.91; ou, como disse James Janeway: "Eles não são pequenos demais para morrer, eles não são pequenos demais para ir para o inferno." Estranhamente, cenas apocalípticas podiam soar como sabás obscuros, em que mulheres voavam em direção ao desconhecido para enfrentar bestas míticas: Stout, *New England Soul*, p.48.
14. Stannard, *Puritan Way of Death*, p.70. Os indígenas tratavam a infância de outro jeito; as mães tinham menos filhos, davam mais liberdade que castigo e choravam pelos filhos mortos; isso não passava despercebido pelos puritanos: "Que os pais ingleses não sejam tão indulgentes e negligentes como os indígenas", alertou Mather; Peter C. Hoffer, *Law and People in Colonial America*, Baltimore, Johns Hopkins University Press, 1998, p.71; Steven Mintz, *Huck's Raft: A History of American Childhood*, Cambridge, Harvard University Press, 2004, p.8; James Axtell, "The white Indians of colonial America", in Stanley N. Katz e John M. Murrin (orgs.), *Colonial America: Essays in Politics and Social Development*, Nova York, Knopf, 1983, p.43; Cotton Mather, *Small Offers*, p.44; Stannard, "Death and the puritan child", p.476; James E. Kences, "Some unexplored relationships of Essex County witchcraft to the Indian Wars of 1675 and 1689", EIHC, n.120, jul 1984, p.186.
15. *CM Diary*, vol.2, p.359; ele se afligia de os conselhos não serem pungentes o bastante.
16. Mintz, *Huck's Raft*, p.33.
17. Demos observa, em *A Little Commonwealth: Family Life in Plymouth Colony*, Nova York, Oxford, 1999, p.145, que a infância na Nova Inglaterra era curta; não existia uma palavra no século XVII para o período entre a puberdade e a vida adulta.
18. Apud Alice Morse Earle, *Customs and Fashions in Old New England*, Nova York, Scribner's, 1896, p.101; ver também: Faber, "Puritan criminals"; RFQC, vol.7, p.419; diário de Peter Thacher, P-186, MHS; Towner, "'A fondness for freedom'", p.208.

19. No momento em que davam por falta de alguém, observou um colono huguenote, bastava notificar os indígenas, que por soma modesta o localizavam. De qualquer forma, as fugas eram raras, "pois eles não saberiam aonde ir, havendo poucas estradas transitáveis": E.T. Fisher, *The Report of a French Protestant Refugee in Boston, 1687*, Boston, 1868, p.21.
20. Hull, *Diaries*, p.130; John Bowle (org.), *The Diary of John Evelyn*, Oxford, Oxford University Press, 1983, p.235; sobre a insubordinação nos anos 1690: Stout, *New England Soul*, p.105-30; Richard S. Dunn é incisivo sobre as tentativas dos colonos para manter sua dignidade mesmo seguindo ordens: *Puritans and Yankees: The Winthrop Dynasty of New England*, Princeton, Princeton University Press, 1962.
21. *Publications of the Colonial Society of Massachusetts*, vol.22, Boston, Colonial Society, 1920, p.274.
22. Com nove filhas a quem idolatrava, CM dedicava muito tempo a pensar sobre as mulheres e seu valor. Elas não eram mais imorais ou malvadas que os homens, ainda que ele não deixasse de notar que fofocavam avidamente e tendiam a ser obscenas e fúteis. Sabia, entretanto, quem preenchia os bancos de sua igreja. Adaptando Lutero em *A Good Master Well Served*, pregava que "o trabalho de uma leiteira pobre, se feito como um exercício de graça, é mais glorioso que as vitórias de César" (p.34).
23. Hall, *Worlds of Wonder*, 41; "mulheres culpavam a si mesmas": Elizabeth Reis, *Damned Women: Sinners and Witches in Puritan New England*, Ithaca, Cornell University Press, 1999, p.121-64, e Reis, "Confess or deny? What's a 'witch' to so?", *OAH Magazine of History*, jul 2003, p.11-3; a autora faz a ótima observação de que, nas descrições de conversão, as mulheres tendiam a se concentrar mais em suas naturezas vis, enquanto os homens citavam bebida ou apostas.
24. Sobre Burroughs: Gilbert Upton, *The Devil and George Burroughs*, Londres, Wordwright, 1997; Mary Beth Norton, "George Burroughs and the girls from Casco: the Maine roots of Salem witchcraft", *Maine History*, n.40, inverno 2001-2, p.258-77; Edward E. Bourne, *The History of Wells and Kennebunk*, Portland, B. Thurston, 1875, p.171-8; GB parece ter pregado para IM em 1675; sobre Burroughs e a igreja, ver Francis Baylies, *An Historical Memoir of the Colony of New Plymouth*, Boston, Wiggin and Lunt, 1866, p.75-8; sobre Casco em 1690, ver correspondência entre John Usher e Lidget, CO 5/855, n.100-1, PRO.
25. Era uma péssima troca. Ansioso por discutir a defesa da área, o recém-instalado vice-governador de New Hampshire reclamou com as autoridades da Coroa no outono de 1692 que, "depois de tediosa espera, não conseguia resposta além de negligência, desculpas e censuras" da parte do governador de Massachusetts, William Phips. Em abril de 1693, ele alertou que "pelos próximos navios o senhor saberá que a província de Massachusetts e a província de Hampshire estão em guerra civil"; Usher para o conde de Nottingham, 20 out 1692, John Usher Papers.
26. Para encorajar outros colonos a se instalarem nas ruínas, funcionários municipais perguntaram a Burroughs se ele renunciaria a três quartos de sua terra litorânea. Em troca, podiam oferecer quarenta hectares mais para o interior; Burroughs cedeu parte ainda maior da propriedade original e, numa atitude sem precedentes

para um pastor da Nova Inglaterra com uma família grande, recusou mais terra, ficando com doze hectares de pântano salgado.
27. Roland L. Warren, *Loyal Dissenter: The Life and Times of Robert Pike*, Lanham, University Press of America, 1992, p.167.
28. Carta de Burroughs, 27 jan 1692, Massachusetts Archives Collection, vol.37, p.259, Massachusetts State Archives; ver também James E. Kences, "Some unexplored relationships of Essex County witchcraft to the Indian Wars of 1675 and 1689", EIHC, n.120, jul 1984, p.190.
29. R, p.532; o divórcio de Sarah Burroughs: *Records of the Court of Assistants of the Colony of Massachusetts Bay*, Boston, 1901, vol.3, p.146.
30. Sarah Ruck era infeliz no amor; seu primeiro marido era bígamo; livrando-se legalmente dele em 1664, casou-se com William Hathorne, irmão mais velho do juiz; Burroughs era seu terceiro marido.
31. CM in Burr, p.219.
32. R, p.249.
33. R, p.254, 256 ou 257; David L. Greene, "Salem witches II: George Jacobs", *American Genealogist*, n.58, abr 1982, p.65-76.
34. R, p.355.
35. R, p.281-2, 295-6, 297.
36. Dunton, *Dunton's Letters*, p.119; CM registrou a família ímpia como o verdadeiro subúrbio do inferno em *Batteries upon the Kingdom of the Devil*, p.62: era melhor um homem "viver na prisão, no calabouço, que entre uma família daquelas!".

6. Um subúrbio do inferno (p.123-50)

Sobre política: a excelente obra de Richard A. Johnson, *Adjustment to Empire*, Nova Brunswick, Rutgers University Press, 1981; Owen Stanwood, *The Empire Reformed: English America in the Age of the Glorious Revolution*, Filadélfia, University of Pennsylvania Press, 2011; William Pencak, *War, Politics, and Revolution in Provincial Massachusetts*, Boston, Northeastern University Press, 1981; Viola Florence Barnes, *The Dominion of New England*, Nova York, Ungar, 1960; Edward Randolph, *Documents and Letters*. Para excelentes retratos da administração colonial: Gertrude Ann Jacobsen, *William Blathwayt: A Late Seventeenth-Century English Administrator*, New Haven, Yale University Press, 1932, e Michael Hall, *Edward Randolph and the American Colonies*. Obra especialmente arguta do período entre Cartas – e do novo e desestabilizante papel do povo em casos civis –, Breen, *Puritans and Adventurers*, p.81-105. O golpe serviu bem à ortodoxia puritana. Também produziu uma população empoderada, entre a qual muitos esperavam se fazer ouvir.

1. Flannery O'Connor, *A Prayer Journal*, Nova York, Farrar, Straus and Giroux, 2013, p.6.

2. Calef in Burr, p.349.
3. Arthur Miller, "Introdução", *The Crucible*, Nova York, Penguin, 1995, p.ix.
4. *Magnalia*, vol.1, p.183; "mil perplexidades": CM, *The Present State*, p.35.
5. Diário de John Knepp, Egerton Ms. 2526, 5r, 9r, British Library.
6. É justo dizer que naqueles anos se podia morrer de varíola em quatro dias, mas a notícia levava quinze meses para atravessar o oceano. Quando a rainha Mary ordenou que Massachusetts estabelecesse um sistema postal adequado, a carta levou dez meses para chegar a Phips, e ele a ignorou.
7. Apud Baker e Reid, *New England Knight*, p.113.
8. *MP*, Apêndice 8. O próprio Mather fora contra a nova Carta. Depois de ter bufado que preferia morrer a consentir num documento que mutilava a liberdade de Massachusetts – a colônia preferia eleger seus próprios funcionários, como fazia antes –, lembraram-lhe de que ele não provinha de um Estado soberano.
9. IM, *The Great Blessing of Primitive Counsellors*, Boston, 1693, p.19-21.
10. Nottingham a Blathwayt, Add. Ms. 37991, fl.138r, British Library; IM para Nottingham, 23 jun 1692, CO/5/571, n.7, PRO.
11. Phips a William Blathwayt, 12 out 1692; R, p.686.
12. Ibid., p.309-11; Bernard Rosenthal suspeita que Elizabeth Cary fosse Hannah, como Upham sugeriu em "Salem witchcraft and Cotton Mather", *The Historical Magazine*, set 1869; isso esclareceria várias discrepâncias de data – tal como a teoria de Rosenthal, de que duas mulheres Cary, Elizabeth e Hannah, foram acusadas: e-mail de Rosenthal, 21 mai 2015; para um caso Cary anterior, ver *Records of the Court of Assistants*, vol.1, p.106; sobre a generosa venda de bebidas alcoólicas: Gildrie, "Taverns and popular culture", p.178.
13. Phips para o Conselho de Estado, 12 out 1692, R, p.686; sobre a justiça de Salem: Benjamin C. Ray, "Satan's war against the covenant in Salem Village, 1692", *New England Quarterly*, n.80, mar 2007, p.72.
14. *CM Diary*, vol.1, p.148.
15. R, p.332; para a experiência desses homens: Langbein, "The criminal trial", p.276-7.
16. R, p.335-6.
17. CM in Burr, p.244.
18. Em Massachusetts nunca tentaram esse experimento, embora, um dia depois de Mather ter escrito a Richards, uma acusada de bruxaria de Connecticut o tenha solicitado; o método tinha uma limitação: a inocente só conseguia se livrar se quase morresse afogada.
19. Calef in Burr, p.383.
20. Ibid., p.334.
21. R, p.362; havia certa confusão quanto ao propósito a que serviam os sinais; como explicava um grande caçador de bruxas inglês do século XVII, os mamilos permitiam ao diabo entrar no corpo para controlá-lo.
22. Ibid., p.369.
23. CM in Burr, p.223.
24. R, p.394.

25. Como se seu destino já não fosse sombrio o bastante, Bridget Bishop parece ter sido confundida com outra suspeita: John Hale testemunhou contra Sarah Bishop, e o depoimento foi erroneamente ligado a Bridget; Rosenthal, *Salem Story*, p.72-81.
26. R, p.366; essas eram as expressões-padrão.
27. Ibid., p.390; "estar enlouquecida": carta de John Higginson a seu filho, 31 ago 1692, Higginson Family Papers.
28. R, p.390.
29. Higginson in Burr, p.401.
30. R, p.394; sobre a frase inesperada: e-mail de Elizabeth Bouvier, 30 abr 2015.
31. Saul Bellow, *Herzog*, Nova York, Penguin, 1964, p.23.
32. *Magnalia*, vol.2, p.534.
33. *CM Diary*, vol.1, p.150.

7. Agora dizem que são mais de setecentos (p.151-72)

1. Samuel Johnson ao rev. Taylor, 18 ago 1763, in Bruce Redford (org.), *The Letters of Samuel Johnson*, Princeton, Princeton University Press, 1992, vol.1, p.228.
2. William Offutt Jr., apud Hoffer, *Law and People*, p.78. Como diz um estudioso, a sabedoria aceita era: se você processa é porque está bem economicamente; se processa muito, está ainda melhor.
3. Langbein, *Origins of Adversary Criminal Trial*, p.253; ver também Murrin, "Magistrates, sinners, and a precarious liberty", *Saints and Revolutionaries*, p.152-206; entrevistas com Richard Trask, 1º abr 2014, e J.M. Beattie, 9 set 2014.
4. Bernard, *Guide to Grand Jury Men*, p.244.
5. Um homem com mestrado em Oxford presidiu os julgamentos de 1692, enquanto um ministro sem qualquer graduação pregava na aldeia de Salem; ambos eram anomalias para a época.
6. Joshua Brodbent a Francis Nicholson, 21 jun 1692, CO 5/1037, n.112, f.227r, PRO.
7. RFQC, vol.3, p.420; sobre difamação: Thompson, "'Holy watchfulness' and communal conformism", *New England Quarterly*, n.56, dez 1983, p.504-22.
8. Cartas de Cotton Mather, John J. Burns Library, Boston College.
9. R, p.399; petição de Milborne: ata do Conselho de Massachusetts, CO 5/785 PRO; sobre a família Milborne: David W. Voorhees, "'Fanatiks' and 'fifth monarchists': the Milborne family in the Seventeenth-Century Atlantic world", *New York Genealogical and Biographical Record*, n.129, jul 1998, p.174-82.
10. R, p.399.
11. Observação de Cary, ibid., p.311.
12. CM in Burr, p.236.
13. Ibid., p.232-4. Mesmo quem tinha bom convívio com Susannah Martin não a defendeu.
14. CM in Burr, p.237-40; ver também Philip Graystone, *Elizabeth Jackson of Rowley*, Hull, Lampada Press, 1993; "Se você for bruxa": R, p.438.

15. R, p.373-4.
16. Ibid., p.462-3.
17. Ibid., p.380.
18. Ibid., p.465.
19. Calef in Burr, 359.
20. R, 465; ver também Thomas, *Religion and the Decline of Magic*, p.546, sobre a balbúrdia no tribunal.
21. David C. Brown, "The keys of the kingdom: excommunication in colonial Massachusetts", *New England Quarterly*, n.67, dez 1994, p.531-66; sobre Ann Hibbins: Hall, *Witch-Hunting*, p.89; *CM Diary*, vol.1, p.180; entrevista com David Hall, 21 mai 2014.
22. 10 jun 1692, carta anexada para Deodat Lawson, *A Further Account*.
23. Calef in Burr, p.360.
24. Sobre Stoughton: Conyers Francis, *An Historical Sketch of Watertown*, Cambridge, Metcalf, 1830, p.59; *SS Diary*, vol.1, p.148; *Records of the First Church at Dorchester*, Boston, George H. Ellis, 1801, p.50-65; William D. Northend, "Address Before the Essex Bar Association", EIHC, n.22, 1885, p.258n. Jurista respeitado, Stoughton revisou as leis da Nova Inglaterra em 1680.
25. Stoughton havia se posicionado humildemente contra a nomeação desse funcionário real em 1678. Dada a sua falta de capital, era improvável que ele fosse honesto, e essa era uma observação particularmente preciosa naquelas circunstâncias. Como disse o funcionário, Stoughton e seus associados haviam "acumulado grandes quantidades deste país": Randolph a Blathwayt, 21 mai 1687, *Letters and Official Papers*, vol.6, p.221.
26. Mary Lou Lustig, *The Imperial Executive in America: Sir Edmund Andros*, Madison, Fairleigh Dickinson University Press, 2002, p.196. Ver também Charles M. Andrews, *Narratives of the Insurrections*, Nova York, Scribner's, 1915, p.199-203.
27. C.D., *New England's Faction Discovered*, Londres, 1690, p.4.
28. Ver, de Evan Haefeli, o inestimável "Dutch New York and the Salem witch trials: some new evidence", *Proceedings of the AAS*, n.110, out 2000, p.277-308.
29. Apud *Tracts and Other Papers Relating Principally to the Origin, Settlement and Progress of the Colonies of North America*, Nova York, Peter Smith, 1947, vol.4, p.52, 57.
30. Stoughton, *New England's True Interest*, p.24.
31. CM a John Cotton, 5 ago 1692, Silverman, *Selected Letters*, p.40.
32. Calef in Burr, p.358. No esplêndido *Commerce and Culture: The Maritime Communities of Colonial Massachusetts*, Nova York, W.W. Norton, 1984, p.115-6, Christine L. Heyrman aponta que essa ameaça não era nova.
33. Reza a lenda que as famílias discretamente recuperaram os corpos, sendo que os filhos de Nurse o fizeram após o anoitecer; depois não se encontrou nenhum traço dos restos mortais das cinco mulheres.
34. R, p.481; CM in Burr, p.243.

8. Nessas reuniões infernais (p.173-200)

Sobre Andover: Philip Greven, *Four Generations: Population, Land, and Family in Colonial Andover Massachusetts*, Ithaca, Cornell University Press, 1970; Abbot, *Our Company Increases*; Enders Anthony Robinson, *Andover Witchcraft Genealogy*, Andover, Goose Pond Press, 2013; Marjorie Wardwell Otten, *The Witch Hunt of 1692*, s/n, s/d; Jeremy M. Sher, "Brand of infamy: the Andover witchcraft outbreak of 1692", tese de doutorado, Universidade de Princeton, 2001; Sarah Loring Bailey, *Historical Sketches of Andover*, Boston, Houghton, 1880.

1. Voltaire a Frederick William, 28 nov 1770, in *Voltaire in his Letters*, Nova York, Putnam's, 1919, p.232.
2. Para um homem acusado de bruxaria pelo criado: William E. Nelson, "The persistence of puritan law: Massachusetts, 1660-1760", *Willamette Law Review*, 2013, p.337. Benjamin C. Ray debate acusações entre os menos abastados, "Teaching the Salem witch trials", *Past Time, Past Place: GIS for History*, Redlands, ESRI Press, 2002, p.26. Demos, *The Enemy Within*, p.84, sugere que nenhum nativo americano foi processado. Tampouco algum habitante de Jersey foi acusado, à exceção de Philip English. Abbot, *Our Company*, explora as tensões étnicas em Andover, que podem ter contribuído para a perseguição às mulheres escocesas como Martha Carrier e, pelo casamento, Ann Foster. Sher, "Brand of infamy", p.98, observa a estranheza de Thomas Carrier nunca ter sido acusado, embora pai de quatro bruxas e marido de outra.
3. R, p.469; Brattle in Burr, p.180. Rosenthal, *Salem Story*, p.54, acha que as convocadas teriam sido Ann Putnam, filha, e Mary Walcott. Norton, "George Burroughs", p.233, menciona Mercy Lewis e Betty Hubbard; todas haviam provado suas habilidades em diagnosticar durante o verão. Sabemos que Hubbard e Walcott assinaram acusações contra Ann Foster: R, p.634. É impossível que Ann tenha sido presa antes de as videntes de Salem chegarem a Andover.
4. Reconstruído sobretudo dos testemunhos de Mary Toothaker, R, p.491-2; Mary Barker, ibid., p.559-61; William Barker, pai, ibid., p.561-6; os Lacey e Carrier, ibid., p.479-82; Sarah Bridges, ibid., p.553-4; Susannah Post, ibid., p.555; Sarah Wardwell, ibid., p.577-8; Elizabeth Johnson, filha, ibid., p.543; Elizabeth Johnson, mãe, ibid., p.568; Ann Foster, ibid., p.471-7; Mary Warren, ibid., p.350; JH in Burr, p.419; Lawson, Apêndice a *Christ's Fidelity*. Ver, de Benjamin C. Ray, o ótimo "They did eat red bread like man's flesh", *Common-Place*, n.9, jul 2009.
5. R, p.479-83; Roger Wolcott a Henry Wolcott, 25 jul 1692, Connecticut Historical Society.
6. CM in Burr, p.236.
7. R, p.480.
8. A lei de Massachusetts proibia a tortura com uma exceção: num caso capital, podia ser empregada para extrair os nomes de confederados, desde que as medidas não

se mostrassem "bárbaras e desumanas". Embora malvisto, o procedimento não era desconhecido. Dez anos antes, um homem havia pendurado seu criado "como os açougueiros penduram animais no matadouro": William H. Whitmore (org.), *The Colonial Laws of Massachusetts*, Boston, 1889, p.187.
9. R, p.573.
10. Procter não era o primeiro réu a invocar a Inquisição. Em 1668, um veemente carpinteiro naval aparecera na corte depois de bradar que os magistrados de Massachusetts agiam como os inquisidores espanhóis. Uma vez preso, dizia ele, um homem "podia se considerar enforcado". Três testemunhas apoiaram sua diatribe, ao mesmo tempo enfatizando que não faziam ideia do que fosse a Inquisição: RFQC, vol.4, p.78-82.
11. *IP*, p.179.
12. *SS Diary*, vol.1, p.293; entrevista com David Hall, 18 mai 2014.
13. Morison, *Harvard College*, vol.2, p.428-30; a resposta de agosto: R, p.392; "raro e extraordinário": *Proceedings of the MHS*, vol.17, 1879, p.268.
14. Fletcher a Blathwayt, 10 nov 1693, CO 5/1083, PRO. Fletcher sabia algo sobre perseguições; sete anos antes, como protestante, foi dispensado do Exército irlandês.
15. John Winthrop, *A Model of Christian Charity*, Boston, 1630.
16. Stoughton, *New England's True Interest*, p.14.
17. Um grupo que efetivamente se beneficiava da fluidez social na Nova Inglaterra era o clero. Na Inglaterra, ele tinha baixo status social, mas saltou para a linha de frente na América do Norte, onde, na ausência de nobreza, ocupava o nível logo abaixo do dos magistrados. A posição dos pastores era tão invejável que em 1699 vários reverendos impostores chegaram a Boston. Ver David Hall, *Faithful Shepherd*, p.68, 152. Os reverendos estavam entre os 15% mais privilegiados dos colonos (p.183). Isso contribuía, segundo Hall, para que fossem os partidos perfeitos para as filhas dos comerciantes.
18. William Hubbard, *The Happiness of a People in the Wisdom of their Rulers*, Boston, 1676, p.8.
19. Moody in Sibley, p.373.
20. Em 1676, quando Nathaniel Saltonstall, então juiz de bruxaria, escreveu sobre a emboscada indígena que levou Mary Rowlandson, ele relatou uma "ralé voadora de bárbaros pagãos". Podia estar descrevendo também os hereges que infestavam a aldeia de Salem; Lincoln, *Narratives of the Indian Wars*, p.80.
21. CM, *The Present State*, p.38.
22. *Andros Tracts*, vol.1, p.18.
23. Apud Grandjean, "Reckoning", p.152. Os nativos norte-americanos exploravam plenamente essa ingenuidade. Todo ano, desde que chegaram, os colonos ouviam falar de conspirações indígenas, muitas vezes de facções opostas: Hall, *Faithful Shepherd*, p.245-7; James Axtell, *The School Upon a Hill: Education and Society in Colonial New England*, Nova York, W.W. Norton, 1976, p.35.
24. *The Present State*, p.28. Richard Godbeer sublinha a semelhança entre um sermão de Mather e um panfleto anti-Andros em *The Devil's Dominion*, Cambridge, Cambridge University Press, 1994, p.189.

25. *WOW*, p.81.
26. R, p.334; "da mais clara reputação": ibid., p.535; sobre Wise: George Allan Cook, *John Wise: Early American Democrat*, Nova York, Columbia University Press, 1952, especialmente p.50-7; Hall, *Ways of Writing*, p.182; *Proceedings of the MHS*, vol.15, 1902, p.281-302; Wise in Miller e Johnson, *The Puritans*, vol.1, p.256-69.
27. B&N, p.88.
28. CM in Burr, p.222. CM evidentemente tinha à mão a obra de Gaul, de 1646, *Select Cases of Conscience*; ele usou passagens para difamar Burroughs.
29. Hale in Burr, p.421.

9. Nosso caso é extraordinário (p.201-27)

1. Ambrose Bierce, *The Devil's Dictionary*, Cleveland, World Publishing, 1944, p.367.
2. IM, *Cases of Conscience*, nota de adendo.
3. R, p.540.
4. Ibid., p.479; "Você costumava": ibid., p.473; "Mas o diabo": ibid., p.548. Não mais que seis ou sete acusadas de bruxaria de Andover negaram as alegações.
5. Ibid., p.705-6.
6. Sobre a centralidade que a confissão ocupava na vida da Nova Inglaterra, ver Hall, *Worlds of Wonder*, p.174-96; Reis, *Damned Women*, p.131, sobre pecados, mulheres e como homens e mulheres confessavam de forma diferente (p.121-64); "era feita": Mintz, *Huck's Raft*, p.25. Sobre confissão em geral: Kathleen Doty e Risto Hiltunen, "'I will tell, I will tell': confessional patterns in the Salem witchcraft trials, 1692", *Journal of Historical Pragmatics*, 2002, p.299-335; Margo Burns, "'Other ways of undue force and fright': the coercion of false confessions by the Salem magistrates", *Studia Neophilologica*, n.84, 2012, p.24-39; em *Discourse on the Damned Art of Witchcraft*, Perkins sugere que uma confissão é muito mais substancial quando contém uma acusação; Rosenthal, "Witchcraft, magic, and religion in Seventeenth-Century Massachusetts", *New England Quarterly*, n.57, dez 1984, p.601.
7. R, p.608.
8. Ibid., p.530.
9. Ibid., p.578.
10. Lawson, *Christ's Fidelity*, p.73.
11. "Discourse on witchcraft", *MP*, p.29.
12. R, p.743.
13. Ibid., p.549. Um menino de dezesseis anos a acusaria, algumas semanas depois, de ameaçar atravessá-lo com um espeto caso ele se recusasse a assinar o livro. Adolescentes confessas na prisão a incriminaram também.
14. *SPN*, p.76.
15. Calef in Burr, p.360-1. Murrin, "The infernal conspiracy", p.342, interpreta o relato como indicação de que a multidão praticamente avançou para resgatar Burroughs.

Lawson também relatou que algumas pessoas viram o demônio na forca incitando os condenados "quando eles estavam prestes a morrer, até enquanto faziam o último discurso".
16. RFQC, vol.9, p.31; "a mão, o queixo": Calef in Burr, p.361.
17. R, p.562-4. Barker era parente distante de Ann Foster.
18. Hale in Burr, p.421.
19. R, p.711.
20. Gragg, *Quest for Security*, p.132.
21. Brown, "The case of Giles Corey"; entrevista com J.M. Beattie, 9 set 2014. Langbein, *Origins of Adversary Criminal Trial*, p.279, observa que em mais de um século e milhares de casos ninguém exerceu o direito de permanecer em silêncio. Como ele diz, "este direito era literalmente o direito de cometer suicídio". Um homem de Massachusetts tentou fazê-lo, recusando-se a responder num caso de pirataria em 1689. A banca implorou para que reconsiderasse, e "ele enfim veio a responder à acusação"; Samuel Melyen Commonplace Book, Ms. SBd-7, MHS.
22. CM a WS, 2 set 1692, Cotton Mather Letters, John J. Burns Library, Boston College. Reproduzido parcialmente em Silverman, *Selected Letters*, p.43-4. CM rogou pela libertação da Nova Inglaterra dos "anjos malignos" que os ludibriavam. Rezou também para que o Senhor o guiasse na publicação de "tais depoimentos, desde que possam ser úteis à ocasião".
23. Oito anos antes, oficiais do Domínio haviam ordenado que Winthrop prendesse CM por sedição; ele não o fez. Sobre as saudações de Stoughton a Andros: Lustig, *Imperial Executive*, p.196. Da perspectiva dos ingleses, o golpe fora encorajado por "pastores habilidosos"; os Mather foram seus proponentes primordiais. De fato, a Nova Inglaterra preferia responder a Deus que a um rei.
24. Brattle in Burr, p.169.
25. R, p.658.
26. R, p.671. Sobre o caso anterior de Corey, RFQC, vol.6, p.190.
27. R, p.673.
28. Calef in Burr, p.367-9. Os cuidadosos contadores incluíram Lawrence Hammond, *Diary*, Ms. SBd-98, MHS; "enforcando uns aos outros": Thomas Wilson a James Dickinson, 11 nov 1692, Library of the Society of Friends, vol.1, portfólio 31/93, resumido in *The Epistle to the Monthly and Quarterly Meetings of Friends of England, Wales and Elsewhere, from our Yearly Meeting*, Londres, 1693.
29. WOW, p.84.

10. Publicado para evitar relatos falsos (p.228-51)

1. Noyes, *New-England's Duty*.
2. CM a Stephen Sewall, 20 set 1692, NEHGS.

3. Carta de Phips, 12 out 1692; R, p.686-78.
4. Com a aproximação da data de julgamento de uma das prisioneiras, ela apelara para lady Phips em busca de ajuda, e esta tomou para si o encargo de assinar um mandado de soltura, que o carcereiro honrou. A retaliação veio a cavalo: a esposa do governador foi imediatamente acusada.
5. O argumento era o seguinte: se o diabo assumia a forma de inocentes para fazer bruxarias, ele podia também emprestar suas formas para matar e roubar. Se o fizesse, ponderava Mather, "não haveria seres vivos no mundo".
6. IM, *Cases of Conscience*.
7. *CM Diary*, vol.1, p.151.
8. CM a John Cotton, 20 out 1692, John J. Burns Library, Boston College.
9. Samuel Willard, sermão n.53, 19 abr 1692, in *Compleat Body of Divinity*, p.184.
10. Willard parece ter usado o teste de toque com Elizabeth Knapps. De qualquer modo, ele afirmava que a moça conseguia distinguir a mão do vizinho da acusada em meio a todas as outras. A Nova Inglaterra conhecia a história de Elizabeth por meio do *Illustrious Providences*, no qual Increase Mather também usou a palavra "toque". Quando Cotton Mather incluiu a história de Elizabeth Knopps em *Magnalia*, ela meramente sentia – de olhos bem fechados – a aproximação da mulher que a afligia; as duas não estabeleciam contato físico.
11. John Miller ficou feliz por dar sua opinião. Ele estava muito insatisfeito com as maneiras da Nova Inglaterra. Seu conselho, ele observou depois, foi solicitado e "dado generosamente", embora ninguém tenha tido a civilidade de agradecer por isso. John Miller in Victor Hugo Paltsits (org.), *New Yorke Considered and Improved A.D. 1695*, Nova York, 1901, p.15.
12. Phips in Burr, p.196-8. Ele se atém a *Cases*, de IM. Em uma carta à parte, tocava em outros assuntos, relatando seu sucesso no combate a franceses e nativos, propondo nova investida sobre o Canadá. Ele assegurava a Londres que tinha o país a seu favor. Com seiscentos homens vencera os inimigos da NI; com navios suficientes, poderia derrotá-los na primavera. Ele soava invencível; ver Phips a Nottingham, 12 out 1692, arquivo do Reino Unido, CO 5/751, n.15, PRO. Norton, in *In the Devil's Snare*, p.237-9, foi o primeiro a notar que a ausência de Phips de Boston era fictícia.
13. Prefácio de Stoughton para *WOW*, p.6.
14. R, p.690.
15. *WOW*, p.159.
16. CM a John Cotton, 20 out 1692, Cotton Mather Letters, John J. Burns Library, Boston College.
17. Nota de acréscimo de IM para *Cases*.
18. Prefácio de Stoughton a *WOW*, p.7. Ele citava carta de CM a Stephen Sewall, 20 set 1692, NEHGS.
19. *SS Diary*, vol.1, p.302. Não existia nenhuma norma de qualificação antes de novembro, mas devia existir.

20. Calef, *More Wonders*, p.152, e Lawson, carta anexada a *A Further Account*.
21. Carta de Phips, 21 fev 1693, in R, p.810-1.
22. Ata do Conselho de Massachusetts, 2 fev 1693, 23 fev 1693, CO 5/785, fls.108v-109v, PRO.
23. Phips aos Lords of Trade and Plantations, 3 abr 1693, CO 5/857, n.46, PRO.
24. Hale in Burr, p.422. "Inquired": Hale in Burr, p.418.
25. R, p.820. Para o destino de Tituba: Rosenthal, *Salem Story*, p.31, 226n. Aparentemente ela passou 22 meses na prisão.

11. Essa escura e misteriosa estação (p.252-80)

1. *As regras do jogo*, Jean Renoir, 1939.
2. Lawson, *The Duty and Property*, sermão de 25 dez 1692. David Hall acha que Lawson talvez quisesse repreender os pais de crianças não batizadas.
3. 17 jan 1693, Corwin Family Papers, Mss., vol.45, PEM.
4. Nathaniel Hawthorne, *The House of the Seven Gables*, Mineola, Dover, 1999, p.15.
5. R, p.848.
6. Carta de Melyen, 12 jan 1693, apud Haefeli, "Dutch New York", p.308.
7. Salem Book of Records, 18 fev 1687, DAC.
8. Os aldeões não estavam sozinhos na convicção de que destruir documentos reverteria a história. Os indígenas queimaram os registros de terra de Andover, em 1676, na esperança de mandar os ingleses de volta para casa. Sou grata a Carol Majahad, da North Andover Historical Society, por essa observação.
9. Maria Mather levou um susto quando encontrou uma aparição na varanda de sua casa nas últimas semanas de gravidez; os espectros que atormentavam a moça de Boston assumiram a responsabilidade. Imediatamente depois do parto, Increase Mather recebeu uma carta venenosa na qual uma mulher – provavelmente uma das acusadas de 1692 – alertava que Cotton "não fazia ideia do que poderia se abater sobre sua posteridade". Novamente era Sarah Good. *CM Diary*, vol.1, p.163-4.
10. R, p.800.
11. Assinaram a petição a mulher que assara o bolo de bruxa, os fazendeiros a quem o espectro de Sarah Good havia aterrorizado, Ingersoll, o dr. Griggs e o homem que Martha Corey saudara calorosamente na soleira de sua porta.
12. George H. Moore, "Notes on the History of witchcraft in Massachusetts", *AAS Proceedings*, 1882, p.174; *CM Diary*, vol.1, p.214-6, 361-3. Ver também William DeLoss Jr., *The Fast and Thanksgiving Days of New England*, Boston, Houghton, 1895, p.265-9; Calef in Burr, p.385-6.
13. Sibley, p.200.
14. *CM Diary*, vol.1, p.216. Foi sua última anotação de arrependimento explícito.
15. *CM Diary*, vol.1, p.156.
16. *Magnalia*, vol.2, p.537. Os indígenas e franceses adicionados retroativamente: Burr, p.281-2.

17. JH, p.131. Provavelmente não foi por acidente que Hale escreveu logo depois das retratações de 1697.
18. Higginson in Burr, p.400-1.
19. SS *Diary*, vol.1, p.450.
20. O Fundo William Stoughton continua a financiar o estudo de vários alunos de Harvard todo ano, de acordo com suas determinações de 1701.
21. Wigglesworth para IM, Mather Papers, MHS. Cada vez mais, bruxaria se tornou "suposta bruxaria".
22. Seu pedido de desculpas está no livro de registros do pastor de Salem, DAC; entrevista com Richard Trask, 1º abr 2015.
23. Charcot apud Hansen, *Witchcraft at Salem*, p.17. Pierre Janet, em 1907, disse que os sintomas de histeria começam com dores nas partes inferiores do corpo, que se espalham subindo até a garganta, onde produzem sensações de asfixia e rictos faciais.
24. Mary Rowlandson, *A Narrative of the Captivity and Restoration of Mrs. Mary Rowlandson*, Cambridge, Cambridge University Press, 1902, p.72.
25. R, p.82.
26. O apontamento é de Norton, *In the Devil's Snare*. CM localizou "talvez a mais unânime resolução que jamais se soube ter inspirado alguém" por trás do golpe de Andros. É improvável que Burroughs a tenha assinado. Maule também reconheceu o ódio do clero a Burroughs em *Truth Held Forth*, p.189. Sobre a inabilidade para proteger a fronteira pós-Andros, ver Bullivant a Cel. Lidget, CO 5/855, n.103, PRO.
27. CM, *Batteries Upon the Kingdom of the Devil*, p.24.
28. Debbie Nathan e Michael Snedeker, *Satan's Silence: Ritual Abuse and the Making of a Modern Witch Hunt*, Nova York, Basic Books, 1995, p.157. Dorothy Rabinowitz, *No Crueler Tyrannies: Accusation, False Witness, and Other Terrors of Our Times*, Nova York, Free Press, 2003, p.29, aponta que a compreensão era de que se a criança afirmava ter sido abusada ela dizia a verdade; se negasse o abuso era porque não estava pronta para falar. Para um caso moderno de histeria e alucinação, Lawrence Wright, "Remembering Satan", *New Yorker*, 17 e 24 mai 1993.
29. Edward Randolph Papers, vol.IV, p.283.
30. Andros a lorde Sunderland, 30 mar 1687, in John R. Bartlett (org.), *Records of the Colony of Rhode Island and Providence Plantations*, Providence, Knowles, 1858, vol.3, p.224.
31. Apud Lustig, *Imperial Executive*, p.213, com ressonâncias em CM, *Midnight Cry*, p.63.
32. WOW, p.16.
33. CM in Burr, p.322-3.
34. *Magnalia*, vol.2, p.541. John Emerson, que escreveu sobre os quiméricos invasores, era pastor em Salmon Falls quando a cidade queimou em 1690. Ele também alertara as autoridades para as aflições de Gloucester. Tantos de seus homens estavam fora, na fronteira, que a cidade se sentia exposta, "dia e noite sob expectativa" de ataque, ainda mais tendo em vista seu porto, o melhor na NI. Suas forças eram tão escassas que mal podiam operar uma vigília; preferiram abandonar a cidade a "viver em contínuo risco e medo". Isso soa como os aldeões de Salem reivindicando o serviço de vigilância para a cidade em 1667.

12. Uma longa trilha de miseráveis consequências (p.281-87)

Obras inteiras foram dedicadas ao legado de Salem. Ver, em particular, de Gretchen Adams, o excelente trabalho *The Specter of Salem*, de 2010, assim como seu "The specter of Salem in American culture", *OAH Magazine of History*, jul 2003, p.24-7; Owen Davies, *America Bewitched: The Story of Witchcraft After Salem*, Nova York, Oxford University Press, 2013; Dane Anthony Morrison e Nancy Lusignan Schultz (orgs.), *Salem: Place, Myth, and Memory*, Boston, Northeastern University Press, 2004. Um resumo histórico mais genérico: Foote, "To remember and forget".

1. "Return of several ministers consulted", B&N, p.117-8.
2. Apud Mark Danner, "Donald Rumsfeld revealed", *New York Review of Books*, 9 jan 2014, p.65.
3. Apud Justin Winsor, *The Memorial History of Boston*, Boston, James R. Osgood, 1881, vol.2, p.146.
4. Edmund Calamy, *A Continuation of the Account of the Ministers, Lecturers, Masters and Fellows of Colleges and Schoolmasters, Who Were Ejected and Silenced After the Restoration*, Londres, R. Ford, 1727, vol.11, p.629.
5. Quando, em 1712, uma moça de Westfield acusou sua mãe de bruxaria, a corte a considerou culpada de violar o quinto, o sexto e o nono mandamentos: Emil Oberholzer Jr., *Delinquent Saints: Disciplinary Action in Early Congregational Churches of Massachusetts*, Nova York, Columbia University Press, 1956, p.124.
6. Ver Ernest Caulfield, "Pediatric aspects of the Salem witchcraft tragedy", *American Journal of Diseases of Children*, 1943, p.788-802. É interessante que CM não considerasse um ângulo psicossomático em 1692. Naturalmente, tanto IM quanto CM reivindicaram ter previsto a epidemia de 1721.
7. Delbanco, *The Death of Satan*, p.64-9; Reis, *Damned Women*, p.164-93.
8. Brattle in Burr, p.190.
9. Apud Adams, *Specter of Salem*, p.36.
10. Ibid., p.118.
11. Adams, *Specter of Salem*, p.35. Ele dava voz ao sentimento contra o qual Phips e IM batalharam.
12. Miller, *Timebends*, p.347-9; Miller, "Why I wrote 'The Crucible'", *New Yorker*, 21 out 1996, p.164.
13. *Independent Journal*, 18 jul 1787; *Massachusetts Sentinel*, 1º ago 1787; *Pennsylvania Evening Herald*, 27 out 1787. Para Edmund S. Morgan sobre o incidente: "The witch and we, the people", *American Heritage*, n.34, ago 1983, p.6-11. O último julgamento colonial por bruxaria aconteceu na Virginia em 1706.
14. Apud Morrison e Schultz, *Salem: Place, Myth, and Memory*, p.55. Ver também Miller, *Timebends*, p.335-49; Miller sente que a cidade começou a explorar e investigar seu passado somente após *As bruxas de Salem*.
15. Daniel Lang, "Poor Ann", *New Yorker*, 11 set 1954, p.100.

Bibliografia selecionada

Baker, Emerson W. e John G. Reid. *New England Knight: Sir William Phips, 1651-1695*. Toronto, University of Toronto Press, 1998.

Boyer, Paul e Stephen Nissenbaum. *Salem Possessed: The Social Origins of Witchcraft*. Cambridge, Harvard University Press, 1974.

_____. *Salem-Village Witchcraft: A Documentary Record of Local Conflict in Colonial New England*. Boston, Northeastern University Press, 1993.

Burr, George Lincoln. *Narratives of the New England Witchcraft Cases*. Mineola, Dover, 2002.

Cooper Jr., James F. e Kenneth P. Minkema. *The Sermon Notebook of Samuel Parris, 1689-1694*. Boston, Colonial Society of Massachusetts, 1993.

Demos, John. *The Enemy Within: 2.000 Years of Witch-Hunting in the Western World*. Nova York, Viking, 2008.

_____. *Entertaining Salem: Witchcraft and the Culture of Early New England*. Nova York, Oxford University Press, 2004.

Dow, George Francis (org.). *The Records and Files of the Quarterly Courts of Essex County*, 9 vols. Essex Institute, 1911-75.

Felt, James Barlow. *Annals of Salem*, 2 vols. Boston, James Munroe, 1845.

Gragg, Larry. *A Quest for Security: The Life of Samuel Parris*. Nova York, Greenwood, 1990.

Hall, David D. *The Faithful Shepherd: A History of the New England Ministry in the Seventeenth Century*. Cambridge, Harvard University Press, 2006.

_____. *Ways of Writing: The Practice and Politics of Text-Making in Seventeenth-Century New England*. Filadélfia, University of Pennsylvania Press, 2008.

_____. *Worlds of Wonder, Days of Judgment: Popular Religious Belief in Early New England*. Cambridge, Harvard University Press, 1990.

Hansen, Chadwick. *Witchcraft at Salem*. Nova York, George Braziller, 1969.

Harris, Marguerite L. et al. *John Hale: A Man Beset by Witches*. Beverly, Hale Family Association, 1992.

Karlsen, Carol F. *The Devil in the Shape of a Woman: Witchcraft in Colonial New England*. Nova York, Norton, 1998.

Koehler, Lyle. *A Search for Power: The "Weaker Sex" in Seventeenth-Century New England*. Urbana, University of Illinois Press, 1980.

Konig, David Thomas. *Law and Society in Puritan Massachusetts*. Chapel Hill, University of North Carolina Press, 1981.

Mather, Cotton. *Diary of Cotton Mather*, 2 vols. Nova York, Frederick Ungar, 1911.

_____. *Magnalia Christi Americana, or the Ecclesiastical History of New England*. Hartford, Silas Andrus, 1820.

_____. *Memorable Providences Relating to Witchcrafts and Possessions*. EEBO Editions, s.d.

_____. *The Wonders of the Invisible World*. Forgotten Books, 2012.

Mather, Increase. *An Essay for the Recording of Illustrious Providences*. EEBO Editions, s.d.

Norton, Mary Beth. *In the Devil's Snare: The Salem Witchcraft Crisis of 1692*. Nova York, Vintage, 2003.

Perley, Sidney. *The History of Salem, Massachusetts, 1626-1716*, 3 vols. Salem, 1924.

"Perspectives on witchcraft: rethinking the Seventeenth-Century New England experience". *Essex Institute Historical Collections*, vols.128-9, out 1992-jan 1993.

Phillips, James Duncan. *Salem in the Seventeenth Century*. Boston, Houghton Mifflin, 1933.

Roach, Marilynne K. *The Salem Witch Trials: A Day-by-Day Chronicle of a Community Under Siege*. Lanham, Taylor Trade, 2004.

Rosenthal, Bernard. *Salem Story: Reading the Witch Trials of 1692*. Nova York, Cambridge University Press, 1999.

_____ et al. (orgs.). *Records of the Salem Witch-Hunt*. Nova York, Cambridge University Press, 2009.

Sewall, Samuel. *The Diary of Samuel Sewall*, 2 vols. Nova York, Farrar, Straus and Giroux, 1973.

Sibley, John Langdon. *Biographical Sketches of Graduates of Harvard University in Cambridge, MA*, vols.2-3. Cambridge, C.W. Sever, 1873-85.

Silverman, Kenneth. *The Life and Times of Cotton Mather*. Nova York, Welcome Rain, 2002.

_____ (org.). *Selected Letters of Cotton Mather*. Baton Rouge, Louisiana State University Press, 1971.

Stout, Harry S. *The New England Soul: Preaching and Religious Culture in Colonial New England*. Nova York, Oxford, 1986.

Thomas, Keith. *Religion and the Decline of Magic*. Londres, Penguin, 1991.

Thompson, Roger. *The Witches of Salem*. Londres, Folio Society, 1982.

Trask, Richard B. *"The devil hath been raised": A Documentary History of the Salem Village Witchcraft Outbreak of March 1692*. Danvers, Yeoman, 1997.

Upham, Charles W. *Salem Witchcraft*. Mineola, Dover, 2000 [1867].

Weisman, Richard. *Witchcraft, Magic, and Religion in Seventeenth-Century Massachusetts*. Amherst, University of Massachusetts Press, 1984.

Créditos das ilustrações

Frontispício de *Saducismus Triumphatus*, de Joseph Glanvill. © The British Library Board 084228.
Xilogravura francesa, séc.XVI. The Bridgeman Art Library.
Exemplo de voo em vassouras, séc.XVIII, Inglaterra. © The British Library Board C13724-46, T. 1855 [19].
Samuel Parris. The Bridgeman Art Library/Massachusetts Historical Society.
Fragmento de prato de estanho. Foto de Richard B. Trask.
Muletas de George Jacobs. Peabody Essex Museum.
Alfinetes dos processos de Salem. Cortesia do Danvers Archival Center.
A casa dos Nurse. Foto de Richard B. Trask.
A igreja da aldeia de Salem. Foto de Richard B. Trask.
Do relato de um caso inglês de 1621. © The British Library Board B20051-69, Add. 32496, f.2.
Increase Mather. American Antiquarian Society.
Cotton Mather. American Antiquarian Society.
Registro de contabilidade da cadeia da cidade de Salem. Manuscrito 401, Phillips Library, Peabody Essex Museum.
William Stoughton. Harvard Art Museums/Fogg Museum, H37.
Samuel Sewall. Peabody Essex Museum.
Samuel Willard. Harvard Art Museums/Fogg Museum, H18.
Sir William Phips. Cortesia de Cory Gardiner.
Margaret Sewall. Peabody Essex Museum.
Lista de testemunhas contra Sarah Good. Dos registros do grande júri de 1692, propriedade da Suprema Corte Judicial, Divisão de Preservação de Arquivos e Registros. Depositado no Peabody Essex Museum.
Ilustração de convulsões e contorções. De *Études cliniques sur la grande hystérie ou hystéro-epilepsie*, Divisão de Coleções de Manuscritos Raros, Cornell University Library.
Acusação contra o reverendo George Burroughs. Manuscrito 401, Phillips Library, Peabody Essex Museum.
Detalhe de gravura alemã, séc.XVII. *Walpurgisnacht*, de Michael Herr: akg-images.
Voadoras francesas do século XV. akg-images.
De uma ilustração de 1670 da epidemia de bruxaria sueca. Biblioteca Nacional da Suécia.
Relato do reverendo Parris. Cortesia do Danvers Archival Center.
Depoimento de Martha Corey. Manuscrito 401, Phillips Library, Peabody Essex Museum.

Agradecimentos

Em 2008, David D. Hall observou que as décadas que dedicou ao estudo do século XVII o convenceram de que o passado continua eternamente aberto a indagações; ele mal podia imaginar que alguém iria ler essa frase como um convite. De modo paciente, incisivo e com muita frequência ele sugeriu questões que vão do elementar ao mais insano. É um prazer externar uma gratidão que só é igual à minha admiração por seu trabalho. Tenho também uma dívida incomensurável com John Demos, que tornou o século XVII um lugar mais receptivo do que seria mesmo na tarde mais ensolarada e banhada a sidra. Não são muitas as pessoas que podem dizer se, voando num galho acima das copas das árvores na direção sudeste, a partir de Andover, em 1692, dava para ter um vislumbre do mar ao longe. Sou muito grata ao arquivista da cidade de Danvers, Richard B. Trask, que sabe o que fala.

Muito aprendi, às vezes arduamente, com os seguintes estudiosos: J.M. Beattie, Elizabeth Bouvier, Richard Godbeer, Evan Haefeli, Hendrik Hartog, Richard R. Johnson, David Thomas Konig, Eve LaPlante, Kenneth P. Minkema, John M. Murrin, Daniel C. Richman, Bernard Rosenthal, David Grant Smith, Roger Thompson, Douglas Winiarski e Michael P. Winship. Pela ajuda com os arquivos e em torno deles, muito agradeço a Kent Bicknell, Robin Briggs, Carolyn Broomhead, Nicholas Cronk, Rebecca Ehrhardt, David Ferriero, Amanda Foreman, Jonathan Galassi, Malcolm Gaskill, Birgitta Lagerlöf-Génetay, Paul LeClerc, Marie Lennersand, Krishnakali Lewis, Maira Liriano, Megan Marshall, Scott McIsaac, Stephen Mitchell, Oliver Morley, Robert J. O'Hara, Eunice Panetta, Caroline Preston, Kathleen Roe, Rob Shapiro e Abby Wolf. Pela assistência com os arquivos e permissão para citar coleções de manuscritos, agradeço em particular a Irene Axelrod, Sidney E. Berger, Kathy M. Flynn e Catherine Robertson, do Peabody Essex Museum; D. Brenton Simons, Bridget Donahue, Timothy Salls e Suzanne M. Stewart, da New England Historic Genealogical Society; Barbara S. Meloni, dos arquivos da Universidade Harvard, Pusey Library; Amy Coffin, da Topsfield Historical Society; Inga Larson e Carol Majahad, da North Andover Historical Society; Kris Kobialksa, da Primeira Igreja de Salem; Dana C. Street, do Martha's Vineyard Museum; Richard B. Trask, do Danvers Archival Center,

Peabody Institute Library; Peter Drummey, Elaine Grublin, Elaine Heavey e Brenda Lawson, da Massachusetts Historical Society; Elizabeth Watts Pope, Ashley Cataldo e Kimberly Toney Pelkey, da American Antiquarian Society; Barbara Austen, da Connecticut Historical Society; Justine Sundaram e Andrew Isodoro, da John J. Burns Library, Boston College; e Elizabeth Bouvier, chefe dos arquivos da Suprema Corte Judicial de Massachusetts.

Matthew J. Boylan, Ella Delaney, Kate Poster, a incansável Mary Mann, Rachel Reiderer, David Smith, Tim Wales e Andy Young cederam pesquisas e ajudaram na checagem dos fatos. Tom Puchniak localizou habilmente as imagens. Anne Eisenberg, Lis Bensley, Ellen Feldman, Patti Foster, Harry G. Frankfurt, Shelley Freedman, Laurie Griffith, Mitch Katz, Charlotte Kingham, Souad Kriska, Mameve e Howard Medwed, Carmen Marino, Ronald C. Rosbottom, Robin Rue, Andrea Versenyi, Will Swift, Strauss Zelnick e William Zinsser forneceram vários dados sobre o século XVII. Elinor Lipman leu as encarnações anteriores destas páginas e as corrigiu. Eric Simonoff e Alicia Gordon são os agentes mais inspiradores e pacientes.

Foi um privilégio trabalhar novamente com o impecável Michael Pietsch. A ele devo muitas coisas, especialmente sua consumada habilidade de usar uma caneta azul apagável. Ele podia ter usado esferográfica. Do outro lado da bancada, a equipe Little, Brown, em particular Reagan Arthur, Amanda Brower, Amanda Brown, Victoria Chow, Heather Fain, Liz Garriga, Jayne Yaffe Kemp, Marie Mundaca; os visionários, talvez magos, Mario J. Pulice, Tracy Roe e Tracy Williams continuam a me assombrar. Famílias também sofrem quando as mulheres desaparecem nos arquivos. Se existe algum jeito de agradecer a Marc de La Bruyère e a nossos filhos por se desenvolverem em minha ausência, vou descobrir agora.

Índice onomástico

Ady, Thomas, 199
Alden, John, 12, 135-8, 167, 182, 183-5, 187, 232, 253, 274
Andros, Edmund, 82, 87, 106, 115, 124, 125, 127, 129-30, 132, 147, 153, 155, 164-5, 185, 191-2, 195, 223, 236, 264, 276, 278
anglicana, Igreja, 20-1, 82, 83, 113, 152, 165, 186, 191, 236, 243-4

Ballard, Elizabeth, 174-7, 179, 180, 208, 209
Ballard, John, 220
Ballard, Joseph, 174, 176, 179, 209
Barker, Mary, 228, 242, 305n4
Barker, William, 216-7, 222, 228, 232, 242, 308n17
Barnard, Thomas, 206, 217, 233, 243, 277
batista, Igreja, 113, 147, 154
Baxter, Richard, 140, 153, 292n4
Bayley, James, 35-6, 38, 43, 67, 100, 105, 215, 275, 281
Bernard, Richard, 140
Bibber, Sarah, 112, 153, 156, 159-60
Bishop, Bridget, 91-2, 94, 133, 138, 141-7, 148-9, 151-2, 154, 155-7, 251, 273, 287, 303n25
Bishop, Edward, 89, 92
Boyle, Robert, 64, 238, 297n15
Bradbury (família), 274
Bradbury, Mary, 210-1
Bradstreet, Dudley, 224
Brattle, Thomas, 237-40, 241, 242, 254, 268, 284
Burroughs, George, 36-7, 38, 100-1, 105, 109, 110, 112-6, 117-20, 121, 132, 134, 142, 150, 153, 154, 155, 175, 178, 180, 182, 186, 188, 190, 193, 196-200, 201-2, 211, 213-5, 216, 219, 224, 225, 231, 233, 244, 246, 255, 256, 272, 274, 275-6, 299n9, 300-1n26, 301n30, 307n28, 307n15, 311n26
Burroughs, Sarah Ruck, 116-8, 301n30

Calef, Robert, 264-5, 283
Carrier, Andrew, 178-9, 180, 291n2
Carrier, Martha, 26-7, 29, 30, 128, 136-7, 175-81, 189-90, 193, 194-5, 200, 201-2, 205, 207, 209, 214, 215, 232, 254, 284, 291n2, 305n2
Carrier, Richard, 177, 178-80, 181, 205, 207, 291n2

Carrier, Sarah, 201
Cary, Elizabeth, 130-2, 182, 185, 187, 189, 302n12
Cary, Nathaniel, 130, 132, 185
católica, Igreja, 59, 60, 125, 165, 185, 191-2, 209, 227, 295n12, 295n13, 296n19
Checkley, Anthony, 192-3, 196, 198, 249
Cheever, Ezekiel, 42, 65-6, 92, 185
Churchill, Sarah, 119-20, 281
Cloyce (família), 253
Cloyce, Peter, 74
Cloyce, Sarah, 78-80, 86-8, 89, 170, 220, 253, 254, 297n9
Colônia da Baía de Massachusetts, 19-21, 24, 28-9, 34, 37, 41, 82-4, 87, 106, 114, 123-5, 127, 129, 134, 138, 153, 164, 165, 187, 192, 193, 227, 233, 247, 250, 256, 263, 267, 278, 302n8, 312n13
Colson, Elizabeth, 189, 249
Corey, Giles, 47, 67-8, 70, 77-8, 86, 89-91, 93, 108, 221, 224-6, 233, 245, 256, 279, 298n29, 308n21
Corey, Martha, 47, 65-8, 69, 70-3, 75, 77-8, 86, 89, 169, 222, 224-6, 227, 256-7, 282, 310n11
Corwin, George, 148, 182, 201, 219, 232, 262, 265
Corwin, Jonathan, 48, 56, 57, 70, 75, 78, 86, 90, 110, 113, 114, 116, 121, 128-9, 130, 131, 133, 138, 147, 148, 149, 167, 171, 178, 189, 192, 205, 211, 212, 216, 219-20, 222, 223, 225, 227, 238, 239, 277, 287

Dane, Francis, 205-7, 208, 217, 228, 232, 241, 248, 249, 252, 254, 285
diabo/Satã, 21, 22, 25, 28, 32, 33-4, 44, 48-9, 50-1, 54-5, 56, 57-60, 61, 62-3, 64, 69-73, 77, 78-80, 81, 83, 86, 87-8, 89, 91, 92, 93, 97, 99-100, 101, 102, 104, 107, 109, 112, 117-8, 127-8, 132, 136-7, 138-40, 146, 147, 149, 152, 153, 154, 155, 157, 158, 161-2, 166, 167, 169, 172, 173, 175-9, 180-3, 184, 186, 187-8, 189, 190, 191, 192, 193-4, 195, 196-7, 198-200, 201, 202-4, 206, 207, 208, 210, 211-3, 215, 216-7, 221-2, 226-7, 228, 230-1, 234-7, 238, 239, 240, 242-5, 246, 247, 251, 253, 261, 264-7, 268,

318

Índice onomástico

269, 270, 271, 275, 276, 277, 278-9, 280, 283, 284, 290n6, 295n11, 295n12, 296n19, 296n25, 297n9, 297n21, 298n8, 299n11, 302n21, 307n4, 309n5
Dolliver, Ann, 147
Domínio (governo do), 127, 164, 185, 192, 277, 278, 308n23
Dounton, William, 132, 225
Dudley, Joseph, 163-4, 224

Emerson, John, 189, 223, 311n34
English, Mary, 185, 186, 187, 189, 219, 232, 254, 267, 274
English, Philip, 112, 129, 185-6, 187, 189, 219, 232, 253, 265, 267, 274, 305n2
Esty (família), 170, 227, 254
Esty, Mary, 129, 131, 170, 220, 221, 224, 226, 227, 244, 254, 274, 279

Faulkner, Abigail, mãe, 205-6, 208
Foster, Ann, 26, 29, 128, 171, 172, 174-6, 178, 180, 194-5, 203, 205, 207, 232, 251, 268, 277, 291n2, 305n2, 305n3, 308n17
Foster, John, 211
Freud, Sigmund, 270, 271

Gedney, Bartholomew, 134, 137, 167, 168, 178, 210, 220, 222, 223, 239, 277
Glanvill, Joseph, 56, 60, 62, 63, 140
Glover, Mary, 166
Good, Dorothy, 54, 73, 75, 78, 89, 97, 254, 269
Good, Sarah, 46-7, 48, 49-50, 51-4, 55, 61, 66, 73, 78, 85, 88, 89, 90, 93, 94, 107, 110, 115, 131, 155-6, 168-9, 171, 172, 210, 270, 272, 274, 294n2, 294n3, 294n5, 310n9, 310n11
Good, William, 46-7, 50, 169
Goodwin, John, 30, 31, 60, 61, 63, 84, 183, 238, 296n24
Goodwin, Martha, 30, 31, 60, 61, 63, 238, 296n24
Grã-Bretanha, 59, 61
Griggs, William, 32, 36, 45, 46, 53, 67, 92, 96, 310n11
Guilherme III (rei da Inglaterra), 29, 125, 126

Hale, John, 27, 32, 41, 55, 61, 64, 94, 107, 110, 130, 148, 156, 162, 175, 194, 199-200, 208, 209, 218, 223, 224, 226, 229, 233, 251, 258, 266, 267, 277, 289, 303n25, 311n17
Hale, Rebecca, 107, 110
Harris, Benjamin, 80
Hathorne, John, 48-51, 53, 54, 56, 57, 70, 71-3, 75-6, 78, 86, 87, 90-3, 96-100, 108, 110, 111-2,

113, 114, 116, 118, 121, 123, 128-31, 132, 133-4, 135-7, 141, 146, 147, 163, 167, 168, 171-2, 178, 189, 201-2, 203, 205, 212, 216, 220, 223, 229, 239, 272, 273, 276, 277, 287, 294n5, 298n5
Hawthorne, Nathaniel, 24, 286
Herrick, George (subxerife), 47, 51, 54-5, 56, 90, 99, 219
Hibbins, Ann, 108, 161
Higginson, John, 78, 82, 147, 178, 191, 208, 215, 239, 249, 258, 262, 267, 291n8, 303n27
Higginson, Jr., John, 165, 188, 208, 229, 291n8, 303n27
Hoar, Dorcas, 110-1, 209, 226, 227, 249, 251
Hobbs, Abigail, 25, 93, 94, 97, 98-9, 100, 147, 158, 160, 161, 174, 177, 180, 203, 248, 270, 274, 281
Hobbs, Deliverance, 98, 105, 110, 143, 158, 160, 161, 272
Hobbs, William, 99
How, Elizabeth, 157-8, 162, 168, 170, 174, 205, 216, 244
Hubbard, Elizabeth, 45, 52, 53, 76, 159, 167, 249, 272, 281, 305n3
Hughes, John, 53, 54
Hutchinson, Anne, 108, 161
Hutchinson, Benjamin, 94, 98, 101

Indian, John, 86, 87, 88, 89-90, 92, 111, 130-1, 292n18
Ingersoll, Hannah, 70, 79, 94, 218
Ingersoll, Nathaniel, 47, 70, 79, 86, 94, 98, 99, 113, 116, 120, 130, 218, 310n11

Jacobs, George, 118-9, 120, 129, 149, 174, 193, 200, 213-4, 215, 255, 274, 281
Jacobs, Margaret, 129, 174, 203, 204, 212-3, 215, 217, 219, 249
Joana d'Arc, 59, 102

Keyser, Elizer, 100, 120, 218
Knapp, Elizabeth, 234, 235-6, 271, 309n10

Lacey, Mary, filha, 176-80, 182, 203, 232, 249, 270, 281
Lacey, Mary, mãe, 175-80, 182
Lawson, Deodat, 37-8, 40, 59, 69-71, 73, 74-5, 76-8, 79, 80, 86, 99, 100, 101, 102, 135, 156, 162, 191, 194, 198, 209, 215, 241, 250, 253, 270, 281, 282, 292n18, 293n24, 296n7, 297n9, 304n22, 307-8n15, 310n2
Lewis, Mercy, 66-7, 79-80, 98, 100, 101, 104, 105, 112, 114, 117, 119, 120, 121, 129, 159, 195, 197, 272, 273, 281, 305n3

Locke, John, 64, 297n15
Lord, Margaret, 107
Louder, John, 144
Luís XIV (rei da França), 64, 112

Martin, Susannah, 27, 111, 146, 153, 156-7, 168, 169, 210, 217, 254, 287, 303n13
Mather, Cotton, 22, 24, 26, 28, 30, 33, 38, 39, 44, 60, 62, 63, 64, 69, 84, 86, 96, 102, 105, 108, 109, 115, 125, 127, 128, 129, 133, 134, 138, 139, 145, 154, 155, 156, 157, 167, 170, 188, 192, 193, 196, 199, 203, 209, 210, 211-2, 214, 215, 221, 223, 227, 228, 229-30, 232-3, 234, 235, 240, 243-6, 248, 251, 255, 256, 257-8, 263, 264-6, 267, 269, 276, 279, 280, 282, 283, 289, 294n39, 299n11, 309n10, 310n9
Mather, Increase, 38, 39, 60, 82, 83, 84, 102, 124, 125-7, 128, 138, 153, 164, 167, 182, 183, 184, 186, 197, 199-200, 201, 209, 223, 230-1, 232-3, 235, 236, 242, 243, 246, 250, 253, 268, 283, 289, 309n10, 310n9
Mather, Maria, 310n9
Maule, Thomas, 85, 262-3, 264, 268, 311n26
Milborne, William, 154-5, 303n9
Miller, Arthur, 19, 24, 123, 240, 286, 309n11, 312n14
Moody, Joshua, 185, 186, 188, 191, 211, 267, 296n24

Newton, Isaac, 64, 297n15
Newton, Thomas, 135, 137-8, 140-3, 144, 145, 155-6, 192, 297n15
Nova Inglaterra, 20-3, 24, 27, 28, 29, 32, 34, 36, 38, 39, 41, 44, 49, 56, 57, 60, 61, 62-3, 80, 81, 82, 83-4, 85, 100, 101, 102-3, 104, 105, 106-7, 108, 109, 115-6, 124, 125, 126, 129-30, 132, 134, 143, 146, 151, 152-3, 154, 163, 164, 165, 167, 168, 170, 172, 174, 177, 185, 187, 188, 190, 191-2, 193, 195, 199, 202, 203, 204, 223, 224, 225, 234, 236, 238, 239, 240, 243, 244, 245, 251, 253, 254, 256, 261-2, 263, 264, 268, 273, 278, 281, 284, 285-6, 289, 292n8, 294n6, 295n13, 296n19, 296n25, 299n17, 300-1n26, 304n24, 306n17, 307n6, 308n22, 308n23, 309n10, 309n11
Nova York, 186, 223, 231, 240, 250, 256, 262, 279
Noyes, Nicholas, 71, 73, 97, 137, 161, 162, 171, 172, 184, 188, 194, 214, 223, 226, 227, 228, 229, 233, 238, 239, 258, 265, 267, 277, 282
Nurse (família), 73-4, 89, 129, 159-60, 167, 168, 170, 227, 253, 257-8, 260, 261, 274, 275, 282, 304n33

Nurse, Francis, 73-4, 106, 153, 158-9, 160-1, 169, 257, 260
Nurse, Rebecca, 70, 73-4, 75, 76, 78-9, 86, 87, 89, 106, 129, 133, 140-1, 146, 158-9, 160, 161, 162, 164, 166, 167, 168, 169, 170, 174, 180, 183, 204, 244, 259, 274, 275, 282

Osborne, Sarah, 27, 49, 50-3, 54-5, 56, 61, 66, 107, 122, 156, 274

Parris (família), 29, 30, 31, 33, 35, 36, 41, 42, 46, 53, 56, 67, 70, 74, 75, 88, 90, 93, 98, 99, 104, 119, 124, 129, 136, 171, 174, 180, 212, 232, 235, 272
Parris, Betty, 29, 30, 75, 103, 105, 223, 247, 270, 281
Parris, Elizabeth, 30, 31, 33, 41, 44, 104, 171
Parris, Samuel, 27, 29, 30, 31, 32-4, 35, 36, 39, 40-5, 47, 48, 49, 51, 61, 63, 64, 67, 69, 70, 71, 74, 78-9, 84, 85, 86, 87, 88, 89, 92, 94, 99, 102, 112, 116, 121, 128, 134, 141, 143, 149, 153, 156, 159, 162, 164, 166, 169, 179, 188, 194, 195, 206, 208, 211, 214, 217, 220, 221, 222, 223, 233, 236, 239, 247, 253, 256, 257-61, 270, 275, 277, 282, 287, 289, 291n8, 298n25
Perkins, William, 60, 61-2, 140, 146, 307n6
Phips, William, 123-6, 127, 128, 131, 133, 134, 151, 154, 155, 161, 163, 165, 167-8, 185, 186, 191, 194, 209-10, 211, 224, 229, 231, 233, 239-42, 245, 246, 247-51, 254-6, 257, 258, 259, 260, 261, 266, 280, 300n25, 302n6, 309n4, 309n12, 312n11
Pike, Robert, 210-2, 220
Pope, Bathshua, 71, 73, 88, 92
Procter (família), 88-9, 92, 105, 178, 195, 205, 219
Procter, Elizabeth, 56, 79-80, 87, 88-9, 92-3, 180, 188, 195, 200, 214, 248, 249, 274
Procter, John, 79, 86, 89, 91, 92-3, 107, 119, 174, 181-5, 186, 187, 188, 193, 195, 196, 200, 207, 213-4, 215, 224, 239, 254, 274, 298n28, 306n10
Putnam (família), 36, 37, 44, 48, 51, 52, 66, 67, 70, 76, 80, 85, 86, 97, 98, 100, 101, 105, 113, 114, 117, 120, 141, 159, 170, 195, 211, 257, 273, 275, 281, 282
Putnam, Ann, filha, 45, 46, 51, 54, 65, 66-7, 71, 73, 75, 76, 79, 88, 93, 98, 99, 100, 101, 103, 105, 121, 128, 129, 166, 171, 188, 195, 215, 226, 268-9, 272, 281, 305n3
Putnam, Ann, mãe, 67, 70, 73, 74, 75, 76, 100, 105, 120, 140, 269, 271, 275

Putnam, Edward, 65, 226
Putnam, John, 37, 51, 112
Putnam, Nathaniel, 36, 159, 222
Putnam, Thomas, 36, 38, 45, 46, 51, 65-6, 79, 94-5, 96, 98, 100, 171, 185, 186, 188, 194, 215, 245, 256, 269, 273, 274, 289, 298n32

Richards, John, 134, 138-40, 154, 167, 187, 212, 222, 223, 230, 233, 302n18
Rowlandson, Mary, 39, 50, 191, 204, 271, 306n20, 311n24
Rule, Margaret, 258, 265

Saltonstall, Nathaniel, 153, 306n20
Sergeant, Peter, 152, 167, 230
Sewall (família), 97, 209, 247
Sewall, Betty, 64, 103
Sewall, Samuel, 27, 86, 103, 108-9, 113, 124-5, 127, 129, 135, 137, 144, 152, 161, 167, 171, 183-4, 185, 216, 222, 223, 224, 226, 230, 233-4, 236, 238, 240, 248, 249, 253, 261, 262, 263-4, 267, 268, 270, 275, 282, 283, 295n9
Sewall, Sarah, 263
Sewall, Stephen, 64, 134, 135, 142, 143, 185, 218, 223, 228-9, 256
Shattuck, Samuel, 144
Shelden, Susannah, 110-1, 117, 118, 129, 136, 143, 156, 159, 186, 194, 281
Short, Mercy, 296n7
Sibley (família), 54, 74
Sibley, Mary, 33-4, 36, 46, 51, 53, 70, 78, 79, 209
Sibley, Samuel, 33, 53-4, 79, 159
Starkey, Marion, 24
Stoughton, Israel, 166
Stoughton, William, 113, 126, 133, 134, 135, 141-2, 145-6, 147-8, 152, 154, 160-1, 163-8, 169, 175, 182-3, 184, 187, 188, 193, 194, 196, 197, 199, 200, 204, 210, 214, 217, 219, 220-1, 222, 223-5, 229, 230, 233, 237, 238, 239, 240, 241, 243, 246, 248, 249-50, 252, 254-5, 260, 261-2, 264, 266, 267-8, 277-8, 304n24, 304n25, 308n23, 311n20
Suécia, 26, 63, 128, 180, 202, 207, 210, 244-5, 266, 292n2
Swarton, Hannah, 109

Tarbell (família), 253
Tarbell, Jonathan, 79
Tituba, 27, 30, 51-3, 54-5, 56, 57, 61, 64, 66, 71-2, 75, 86, 93, 96, 97, 98, 99, 101, 107-8, 138, 155, 174-5, 187, 202, 203, 204, 207, 251, 253, 271, 274, 292n10, 292n18, 294n5, 294n6, 296n25, 298n2, 310n25
Toothaker, Mary, 189-90, 204, 205, 209, 305n4
Towne (família), 170, 255

Universidade Harvard, 35, 36, 39, 40, 83, 87, 110, 113, 133, 152, 153, 163, 165, 167, 184, 188, 195, 196, 199, 211, 212, 225, 230, 236, 237, 268, 282, 283
Upham, Charles W., 290n2, 302n12

Walcott, Jonathan, 70
Walcott, Mary, 70, 73, 76, 89, 94, 121, 137, 149, 174, 261, 273, 281, 305n3
Wardwell, Samuel, 208, 209, 216, 219-20, 226-7, 241, 249, 274
Warren, Mary, 25, 79, 92, 97, 101, 105, 107, 108, 120, 176, 177-8, 179, 205, 207, 231, 249
Wigglesworth, Michael, 232, 268, 311n21
Wilds (família), 170
Wilds, Ephraim, 98, 158
Wilds, Sarah, 94, 98, 158, 162, 168, 170, 255
Wilkins, Bray, 120-1
Wilkins, Daniel, 120-1, 122
Willard, John, 120-1, 183, 193, 200, 207, 213-4, 215, 239, 255
Willard, Samuel, 24, 103, 138, 152, 162, 164, 182, 191, 224, 232, 233-6, 238, 241, 256, 258, 260, 261, 263-4, 267, 274, 295n11, 309n9, 309n10
Williams, Abigail, 29-30, 32, 33, 34, 45, 64, 67, 70-1, 75, 76, 86, 87-8, 89, 93-4, 98, 99, 101, 103, 119, 128, 129, 130, 136, 171, 174, 180, 212, 232, 247, 251, 270, 271, 272, 281
Winthrop, Ann, 222
Winthrop, John, 166, 187
Winthrop, Wait Still, 152, 166, 167, 210, 222, 223, 224, 230, 256, 308n23
Wise, John, 195-6, 273-4, 307n26

Christ knows how many Devils there are

27. Mar. 169½ Sacrament day.

Occasioned by dreadfull Witchcraft broke out a few weeks past, & one Member of this Church, & an other of Salem upon publick examination by Civil Authority vehemently suspected for these — Witches, & in it committed

6. John. 70.

Have not I chosen you twelve, & one of you is a Devil. This chap: consists of. 3. principal parts

1. Part consists of a declaration of Christs miraculous feeding of 5000. with 5. loaves, & 2 small fishes. 1 — 15. v.

2. Part treats of Christs miraculous walking upon the Sea. 15 — 22. v.

3. Last part consists of Christs sermon to the Caper -naites. 22. v. ad finem concerning the Heavenly or truly vivifical bread. This part consists of sundry particles. viz:

1. The occasion of this sermon. 22. 23. 24. 25. v.
2. The sermon it self. 26 — 59. v.
3. Last: The event of this sermon. 59. ad finem Now this event consists of

1. The offence of many 59. v. &c.
2. A Reprehension of their error from whence their offence arose: in which Reprehension he shews them that it was not the eating of his flesh car -nally but spiritually that he spoke of. 61 &c.
3. Christs complaint of the incredulity of many 64 &c.
4. An other event which was worse than the for -mer, namely the total departure of several of his disciples from him. 66. v. Whereupon Rec our Lord takes occasion to ask his disciples whether

in his Churches, & who they are.

the mean while he doth admonish them, that there
are Hypocrites among them, a Devil among them
v. 71. verses. Have not I chosen you 12. & one
of you is a Devil. i.e. I have chosen 12. of you to
familiarly with me, to be my Apostles, & for all
one of you is a Devil.

: Our Lord Jesus Christ knows how many Devils
there are in his Churches & who they are.
there are Devils as well as Saints in Christs Church.
rist knows how many of these Devils there are.
ly: Christ knows who these Devils are.
up: There are Devils as well as Saints in the
Church of Christ: Here 3 things may be spoken to
ow you what is meant here by Devils
hat there are such Devils in the Church
ly: That there are also true Saints in such Churches
hat is meant here by Devils. One of you is a Devil.
y Devil is ordinarily meant any wicked Angel or
irit. Sometimes it is put for the Prince or head of
e evil spirits, or fallen Angels. Sometimes it is used
vile & wicked persons, the worst of such, who for
eir villany & impiety do most resemble Devils &
icked spirits. Thus Christ in our text calls Judas
Devil, for his great likeness to the Devil. One of
is a Devil i.e. a Devil for quality & disposi-
n: not a Devil for Nature, for he was a man &
a Devil for likeness & operation. 8. Joh. 38. 41
: Ye are of your Father the Devil
ere are such Devils in the Church: Not only sinners
notorious sinners: sinners more like to the Devil

A marca fsc® é a garantia de que a madeira utilizada na fabricação
do papel deste livro provém de florestas que foram gerenciadas de maneira
ambientalmente correta, socialmente justa e economicamente viável,
além de outras fontes de origem controlada.

Este livro foi composto por Mari Taboada em Dante Pro 11,5/16
e impresso em papel offwhite 80g/m² e cartão triplex 250g/m²
por Geográfica Editora em fevereiro de 2019.